贞观政要

任俊华 赵清文

华夏国学经典正宗文库

丛书主编 ◎ 任俊华 孙熙国

华夏出版社

图书在版编目(CIP)数据

贞观政要正宗/任俊华，赵清文著.—北京：华夏出版社，2010.8
（华夏文史名著正点文库）
ISBN 978-7-5080-5901-3

Ⅰ.①贞… Ⅱ.①任… ②赵… Ⅲ.①典章制度－中国－唐代 ②贞观政要－注释 ③贞观政要－译文 Ⅳ.①D691.5

中国版本图书馆CIP数据核字（2010）第165485号

出版发行：	华夏出版社
	（北京市东直门外香河园北里4号　邮编：100028）
经　　销：	新华书店
印　　刷：	北京建筑工业印刷厂
装　　订：	三河市万龙印装有限公司
版　　次：	2010年8月北京第1版
	2010年8月北京第1次印刷
开　　本：	720×1030　1/16开
字　　数：	413千字
印　　张：	20.5
定　　价：	29.00元

本版图书凡印刷、装订错误，可及时向我社发行部调换

前　言

　　《贞观政要》是一部非常著名的典籍,主要记述贞观年间唐太宗君臣关于治理国家问题的一些议论和思考,内容包括国家治理中内政、外交的方方面面,涉及政治、经济、军事、伦理、教育等各个方面。从思想内容上说,其中所提出的"国以民为本"、"善始善终"、勇于纳谏、忧患意识、礼乐教化等思想对社会治理都具有一定的积极意义,是研究中国政治思想史、社会思想史、经济思想史、伦理思想史和军事思想史等学科的重要史料,同时也是了解唐朝初年社会基本状况的不可或缺的历史文献。

　　《贞观政要》的作者,是唐代著名史学家吴兢。吴兢,汴州浚仪(今河南开封)人,根据《新唐书》和《旧唐书》本传记载,一般认为约生于公元669年,卒于公元749年,历经高宗、武后、中宗、睿宗、玄宗五朝。《旧唐书》中说他年轻时便"励志勤学,博通经史",后经魏元忠、朱敬则举荐,担任史官。除了《贞观政要》之外,吴兢还修撰或参与修撰了《则天实录》、《中宗实录》、《睿宗实录》、《唐史》、《唐春秋》等,修改了《梁史》、《齐史》、《周史》、《陈史》和《隋史》,是中国历史上一位崇尚简约、秉笔直书的史学家。

　　《贞观政要》共10卷,分为40篇,每篇的篇名揭示了该篇的基本内容,内容大体相近的若干篇合为一卷。第一卷,有《君道》、《政体》2篇。《君道》是全书的纲,论述为君之道,所以居全书之首。《政体》篇则揭示朝廷政治机构的运转程序和规范。第二卷,有《任贤》、《求谏》、《纳谏》3篇,说明君王对臣下应有的态度,指出君臣契合方可兴国之道。第三卷,有《君臣鉴戒》、《择官》、《封建》3篇,揭示出君王与臣下各自应有的责任与义务。第四卷,有《太子诸王定分》、《尊敬师傅》、《教戒太子诸王》、《规谏太子》4篇,从不同侧面论述皇朝王位继承人问题。第五卷,有《仁义》、《忠义》、《孝友》、《公平》、《诚信》5篇,讲的是以德治国问题,记录了唐太宗对仁义忠孝观念,以及这种观念的政治实用价值的高度重视。第六卷,有《俭约》、《谦让》、《仁恻》、《慎所好》、《慎言语》、《杜谗邪》、《悔过》、《奢纵》、《贪鄙》9篇,揭示统治者的个人修养对于政治的重大影响。第七卷,有《崇儒学》、《文史》、《礼乐》3篇,讲的是文化建设及礼乐教化问题。第八卷,有《务农》、《刑法》、《赦令》、《贡赋》、《辩兴亡》5篇,揭示了治国的几条大政方针,突出了以重农为基本国策和坚持法律的严肃性的思想。第九卷,有《征伐》、《安边》2篇,讲军事和外交问题,也包括如何处理朝廷与周边少数民族政权的关系问题。第十卷,有《行幸》、《畋猎》、《灾祥》、《慎终》4篇,谈论君王的行幸活动和需要正确看待的祥瑞灾异,以及晚年问题。全书40篇,以《慎终》结束,与开篇《君道》前后呼应,颇有深意。因为《贞观政要》成书的时间,正是唐玄宗由励精图治日渐趋于安逸奢侈之时,因而《慎终》篇无疑具有警示和鞭策的现实意义。

《贞观政要》问世后被历代皇帝当作教育皇家子弟的教科书,在历史上产生了重要影响,并传到国外,成为享誉世界的政治学名著。

关于《贞观政要》的注本,目前最常见的是元代戈直的《贞观政要集论》(又称《贞观政要集注》)。该著成于元至顺年间,除采纳了唐代柳芳、后晋刘昫、宋代宋祁、孙甫、欧阳修、曾巩、司马光、孙洙、范祖禹、马存、朱黼、张九成、胡寅、吕祖谦、唐仲友、叶适、林之奇、真德秀、陈惇修、尹起莘、程奇、吕祖谦22家之说之外,戈直自己也对贞观年间的史实进行了阐发和评论。这个注本备受后世学者推崇。此次,我们应华夏出版社陈振宇先生之约撰写《贞观政要正宗》,就是以戈直的《贞观政要集论》为底本(此本被文渊阁《钦定四库全书》收编,涵芬楼影印),参考了国内外各家注本,对原书的个别字句作了校改,并吸收了当今的一些研究成果。限于学识,不妥之处一定存在,敬希读者方家不吝指正。

目 录

吴兢原序		1
卷一	君道第一	1
	政体第二	15
卷二	任贤第三	31
	求谏第四	47
	纳谏第五	56
	直谏（附）	66
卷三	君臣鉴戒第六	81
	择官第七	92
	封建第八	105
卷四	太子诸王定分第九	119
	尊敬师傅第十	123
	教戒太子诸王第十一	131
	规谏太子第十二	140
卷五	仁义第十三	158
	忠义第十四	161
	孝友第十五	171
	公平第十六	174
	诚信第十七	192
卷六	俭约第十八	198
	谦让第十九	204
	仁恻第二十	207
	慎所好第二十一	210
	慎言语第二十二	213

　　　　杜谗邪第二十三…………………………………………… 217
　　　　悔过第二十四…………………………………………… 222
　　　　奢纵第二十五…………………………………………… 225
　　　　贪鄙第二十六…………………………………………… 229
卷七　崇儒学第二十七…………………………………………… 233
　　　　文史第二十八…………………………………………… 238
　　　　礼乐第二十九…………………………………………… 241
卷八　务农第三十………………………………………………… 253
　　　　刑法第三十一…………………………………………… 256
　　　　赦令第三十二…………………………………………… 267
　　　　贡赋第三十三…………………………………………… 270
　　　　辩兴亡第三十四………………………………………… 273
卷九　征伐第三十五……………………………………………… 277
　　　　安边第三十六…………………………………………… 292
卷十　行幸第三十七……………………………………………… 299
　　　　畋猎第三十八…………………………………………… 302
　　　　灾祥第三十九…………………………………………… 306
　　　　慎终第四十……………………………………………… 312

吴兢原序

　　有唐良相曰侍中安阳公、中书令河东公①,以时逢圣明,位居宰辅,寅亮帝道②,弼谐王政③,恐一物之乖所④,虑四维之不张⑤,每克己励精,缅怀故实⑥,未尝有乏。太宗时政化,良足可观,振古而来⑦,未之有也。至于垂世立教之美,典谟谏奏之词,可以弘阐大猷⑧,增崇至道者,爰命不才,备加甄录,体制大略,咸发成规。于是缀集所闻⑨,参详旧史⑩,撮其指要⑪,举其宏纲⑫,词兼质文,义在惩劝,人伦之纪备矣,军国之政存焉。凡一帙一十卷⑬,合四十篇,名曰《贞观政要》。庶乎有国有家者克遵前轨,择善而从,则可久之业益彰矣,可大之功尤著矣,岂必祖述尧舜,宪章文武而已哉⑭!其篇目次第列之于左⑮。

【译文】　大唐有两位贤良的宰相,一个是侍中安阳公源乾曜,一个是中书令河东公张嘉贞,他们因为时逢圣明之主,位居宰辅之位,恭敬地信奉理想中的帝王治国之道,辅佐圣上和谐地推行王道,恐怕一件事情违背事理,忧虑礼义廉耻等治国的纲领得不到实行,一直严于律己、振奋精神,追想前人有借鉴意义的往事,从来不知疲倦。唐太宗时的政令教化,的确值得称道,自古以来,从来没有这样的盛世。至于那时的足以垂范后世、推行教化的美行,典章、谋议、进谏、陈奏等言词,是可以用来弘扬光大治国大略,增进补益至善之道的,于是命令我,详备地加以甄别记录,构建起大致的结构,全面地发掘前人的规范和制度。于是我连缀汇集起自己的见闻,参酌详审原有的史籍,选取其中的要义,列举其中的主旨,文辞兼有质朴和文雅,目的在于惩诫和劝谏,这样做人的基本规则就很完备了,整军治国的政策措施也都具有了。一函共十卷,总计四十篇,命名为《贞观政要》。希望治理国家者能够遵循前人的仪轨,选择善德善行而学习,那么可以长久保持的基业就更加辉煌了,可以宏大的功绩就更加显著了,难道仅仅要仿效尧舜等帝王,效法周文王、周武王等君主吗?本书的篇目和顺序列于后边。

【注释】　①侍中安阳公:名源乾曜,开元年间曾任侍中,封安阳郡公。中书令河东公:名张嘉贞,开元年间拜中书令,累封河东侯。　②寅亮:恭敬信奉。出自《尚书·周官》:"貳公弘化,寅亮天地,弼予一人。"　③弼谐:辅佐协调。出自《尚书·皋陶谟》:"允迪厥德,谟明弼谐。"孔安国传曰:"言人君当信蹈行古人之德,谋广聪明,以辅谐其政。"孔颖达疏曰:"聪明者自是己性,又当受纳人言,使多所闻见,以博大此聪明,以辅弼和谐其政。"王政:指王道、仁政。　④乖所:背离事理,违背道理。　⑤四维:指礼、义、廉、耻四种治国的纲领。《管子·牧民》中说:"国有四维……何谓四维?一曰礼,二曰义,三曰廉,四曰耻。"　⑥缅怀:遥想,向往。故实:有参考或借鉴意义的旧事。　⑦振古:远古,极久远的古代。　⑧大猷:治国大道。　⑨缀集:连缀汇集,多用于著述、编辑。　⑩参详:参酌详审。　⑪撮:摘取,选取。指要:要旨,要义。　⑫宏纲:大纲,主旨。　⑬帙:古代竹帛书籍的套子,多用布帛制成。后世也指线装书之函套。　⑭祖述尧舜,宪章文武:出自《礼记·中庸》:"仲尼祖述尧舜,宪章文武。"祖述、宪章:都是效法、仿效的意思。　⑮左:古代书写顺序为从右到左,"左"即为本段文字的后面。

【评解】　这段序言中,吴兢讲述了自己编纂《贞观政要》的原因,一是受源、张二位宰辅之托,二是赞赏贞观年间的治道,三是期望能够给当今和后世提供一些治国的经验。

卷 一

君道第一

贞观初,太宗谓侍臣曰①:"为君之道,必须先存百姓②。若损百姓以奉其身,犹割股以啖腹③,腹饱而身毙。若安天下,必须先正其身,未有身正而影曲,上治而下乱者。朕每思伤其身者不在外物,皆由嗜欲以成其祸④。若耽嗜滋味⑤,玩悦声色⑥,所欲既多,所损亦大,既妨政事,又扰生民。且复出一非理之言,万姓为之解体⑦,怨讟既作⑧,离叛亦兴。朕每思此,不敢纵逸⑨。"谏议大夫魏征对曰⑩:"古者圣哲之主,皆亦近取诸身,故能远体诸物。昔楚聘詹何⑪,问其治国之要,詹何对以修身之术。楚王又问治国何如⑫,詹何曰:'未闻身治而国乱者。'陛下所明,实同古义。"

【译文】 贞观初年,唐太宗对身边的大臣说:"一国之君治理国家的基本准则,是一定要首先体恤和保护老百姓。如果通过损害老百姓来供养自己,就如同割下大腿上的肉来填饱肚子一样,肚子吃饱了,结果自己也死了。如果想使天下安定,一定要首先端正自身的行为,自身端正而影子却歪斜,上面有条理而下边却混乱,这样的事情从来没过。我经常想,对人自身造成伤害的因素并不是来自于外界的事物,都是由于自己的享受和欲望才酿成了灾祸。如果一个人过度追求口腹的享受,过分沉溺耳目的愉悦,那么他想要满足的欲望越多,则受到的损害也会越大,这一方面会妨碍国家的治理,另一方面又会对老百姓造成侵扰。如果再加上说一些不合事理的话,老百姓就会因此而人心离散,怨恨诽谤便由此而生,背弃叛逆的事情也会随之出现。我每当想到这些的时候,就不敢恣意放纵了。"谏议大夫魏征回答说:"古代聪明睿智的君主,也都是首先反省自身的行为,然后才能体悟身外的各种道理。当年楚国聘问詹何,向他请教治理国家的要领,詹何以加强自身修养的方法作为回答。楚庄王又进一步请教如何治理国家,詹何说:'我从来没有听说过治理国家的人自身端正而他所治理的国家却混乱的事情。'陛下您明白的这个道理,和古人的想法是完全一致的。"

【注释】 ①太宗谓侍臣:太宗,指唐太宗李世民(599~649年),祖籍陇西成纪(今甘肃境内),唐朝第二个皇帝,年号"贞观"。侍臣,指帝王左右的近臣。 ②存:《说文解字》中说:"存,恤问也。"这里指抚育,保护。 ③股:也有版本作"胫"。啖(dàn)腹:填饱肚子。啖,吃。④嗜欲：指对感官享受的追求。　⑤耽嗜：过度追求，深切爱好。滋味：即美味。　⑥声色：美好的声音与颜色，引申为歌舞与女色。　⑦解体：比喻人心离散。　⑧怨讟(dú)：怨恨诽谤。讟，《说文解字》："讟，痛怨也。"又引申为诽谤。　⑨纵逸：恣意放纵。　⑩谏议大夫：官名。唐时谏议大夫主要负责侍从皇帝，讽谏得失。魏征(580～643年)：字玄成，馆陶（今河北境内）人，隋朝末年曾参加农民起义军，后降唐，贞观年间任谏议大夫等职，以犯颜直谏著称。　⑪聘：访问，探问。詹何：又称"儋何"，先秦思想家，具体事迹不详。钱穆《先秦诸子系年考辨》中曾经考证说："《说文》：'何，儋也。儋，何也。'儋何二字，盖一义两音。单呼儋者，连其余音则为儋何，今人称担荷，或称儋负。如蟾之为蟾蜍，澹之为澹宕也。《古今人表》周儋桓伯，《左传》儋作詹。然则詹何宜可为儋何，或呼詹子（《庄子·让王》作瞻子），如匡章称章子，陈仲称仲子。则老聃、太史儋，又易与詹子相混。高诱注《淮南子·览冥》云：'詹何，楚人知道术者也。'则詹何为南方之道者，与老聃似。《韩非子·解老》：'詹何能坐堂上知门外牛黑而白在其角。'是詹何有前识，与太史儋似。《吕氏春秋·执一篇》：'楚王问为国于詹子，詹子对曰：何闻为身，不闻为国。'又《审为篇》：'中山公子牟谓詹子曰：身在江海之上，心居乎魏阙之下，奈何？詹子曰：重生。曰：虽知之，不能自胜。詹子曰：纵之。'是与道德之意五千言似。《淮南子·道应训》谓楚王问詹何治国者为庄王，此庄王不在春秋世，盖楚顷襄王又称庄王（参读《考辨》第一三一），故与公子牟相及。《吕览·重言篇》：'圣人听于无声，视于无形，詹何、田子方、老聃是也。'是犹以詹何与老聃为两人。其先后之序，盖自近以逮远。老聃在田子方前，非太史儋即孔子所见。而詹何在田子方后，则为与公子牟并世之人也。"（钱穆：《先秦诸子系年考辨》，上海书店，1992，第190页。）又说："《庄子》书有太公任，又有任公子。太公任即老聃，而任公子则为詹何。"（钱穆：《先秦诸子系年考辨》，第191页。）　⑫楚王：这里指的应是楚庄王，公元前613年至公元前591年在位，春秋五霸之一。"楚庄王问詹何"事，详见《吕氏春秋·执一》和《列子·说符》。

【评解】《论语·为政篇》说："为政以德，譬如北辰，居其所而众星共之。"即用道德来治理国家，君王就会像北极星一样，得到如众星辰（老百姓）的拥护。孟子说："君仁，莫不仁；君义，莫不义；君正，莫不正。一正君而国定矣。"意思就是说国君讲仁爱，老百姓就没有不仁爱的；国君取道义，老百姓就没有不道义的；国君正直，老百姓就没有不正直的；有一个正直的国君，整个国家就会安定了。在强调德治的中国传统社会中，社会管理者自身的品德和修养，一直被历朝历代的思想家和政治家所重视。

　　贞观二年，太宗问魏征曰："何谓为明君暗君？"征曰："君之所以明者，兼听也；其所以暗者，偏信也①。《诗》云：'先民有言，询于刍荛②。'昔唐、虞之理③，辟四门，明四目，达四聪④。是以圣无不照⑤，故共、鲧之徒，不能塞也⑥；靖言庸回⑦，不能惑也。秦二世则隐藏其身⑧，捐隔疏贱而偏信赵高⑨，及天下溃叛，不得闻也。梁武帝偏信朱异⑩，而侯景举兵向阙⑪，竟不得知也。隋炀帝偏信虞世基⑫，而诸贼攻城剽邑⑬，亦不得知也。是故人君兼听纳下，则贵臣不得壅蔽⑭，而下情必得上通也。"太宗甚善其言。

【译文】 贞观二年（公元628年），唐太宗问魏征："什么样的君主是明智的君主？什么样的又是昏暗的君主？"魏征回答说："君主之所以聪明，是由于能够广泛听取各种声音；之所以昏暗，是由于片面地相信一方观点。《诗经》中说：'先人有遗训，征询打柴人。'当初唐尧、虞舜治理国家的时候，打开四门招纳天下贤士，擦亮眼睛了解四方情况，努力让四方各种声音都能够传到自己耳中。所以他们才能圣明到对天下事物无所不知的程度，因而共工和鲧这些人不能遮蔽他们的视听，花言巧语和不良的用心不能使他们迷惑。至于秦二世，则将自己深藏于宫殿之中，舍弃了外面的大臣，疏远了贫贱的百姓，偏信身边的宦官赵高，等到天下混乱，百姓离叛，他还没有得到任何消息。梁武帝偏信宠臣朱异，叛将侯景领兵围攻皇宫，他竟然还毫不知情。隋炀帝偏信大臣虞世基，各路反隋人马攻城略地，他也还被蒙在鼓里。所以一国之君如果能广泛听取各种声音，勇于采纳臣民的意见，那么贵幸的大臣就无法遮蔽他的视听，而下面的情况就能够顺利地被上面所了解了。"太宗对他的回答非常赞同。

【注释】 ①君之所以明者，兼听也；其所以暗者，偏信也：语出东汉王符《潜夫论·明暗》，原文为："君之所以明者，兼听也；所以闇者，偏信也。"兼听，指广泛听取各种声音；偏信，指片面相信一方观点。　②先民有言，询于刍荛：出自《诗经·大雅·板》。刍荛（chúráo），割草打柴，这里指割草打柴的人。　③唐、虞之理：唐即唐尧，虞即虞舜，都是上古时的圣君。"理"本应为"治"，为避唐高宗李治之讳，故以"理"代"治"，下同。　④辟四门，明四目，达四聪：语出《尚书·舜典》。这里是广纳天下贤才，广开四方视听之意。《尚书》孔传曰："开辟四方之门未开者，广致众贤"；"广视听于四方，使天下无壅塞"。孔颖达疏曰："'辟'训开，开四方之门，谓开仕路，引贤人也。《论语》云：'从我于陈蔡者，皆不及门也。'门者行之所由，故以门言仕路。以尧舜之圣，求贤久矣，今更言开门，是开'其未开'者，谓多设取士之科，以此广致众贤也。""'聪'谓耳闻之也。既云'明四目'不云'聪四耳'者，目视苦其不明，耳聪贵其及远，'明'谓所见博，'达'谓听至远，二者互以相见。故传总申其意'广视听于四方，使天下无壅塞'。"　⑤照：查知，明了。　⑥共、鲧："共"指共工，"鲧"是禹的父亲，二人都是尧的大臣。共工"淫辟"，鲧治水无功，结果舜请求尧"流共工于幽陵，以变北狄"，"殛鲧于羽山，以变东夷"（《史记·五帝本纪》）。塞：遮蔽视听。　⑦靖言庸回：《尚书·舜典》作"静言庸违"。"靖"同"静"，"回"同"违"。靖言：指巧饰之言。庸回：指用心不良。《舜典》孔颖达疏曰："共工险伪之人，自为谋虑之言皆合於道，及起用行事而背违之，言其语是而行非也。貌象恭敬而心傲很，其侮上陵下，若水漫天，言貌恭而心很也。行与言违，貌恭心反，乃是大佞之人，不可任用也。"　⑧秦二世（公元前230~前207年）：秦始皇少子，名胡亥，在位三年为赵高所杀。他在位时严刑峻法、钳制言论、奢侈暴虐，与其父秦始皇比起来有过之而无不及，终于导致了秦王朝统治的瓦解。贾谊《过秦论》评论他说："始皇既没，胡亥极愚，郦山未毕，复作阿房，以遂前策。云'凡所为贵有天下者，肆意极欲，大臣至欲罢先君所为'。诛斯、去疾，任用赵高。痛哉言乎！人头畜鸣。不威不伐恶，不笃不虚亡。距之不得留，残虐以促期，虽居形便之国，犹不得存。"　⑨捐隔疏贱：舍弃不亲近的臣子，疏远低贱的百姓。赵高（公元前259~前207

年):秦朝宦官,秦始皇死后通过伪造诏书帮秦二世胡亥夺得皇位,得到秦二世宠信,把持朝政。后逼死二世,另立子婴为帝,结果不久被子婴杀掉。 ⑩梁武帝(464~549年):名萧衍,字叔达,南朝梁的开国皇帝,在位时笃信佛教,曾几次舍身入寺做和尚。549年被侯景叛军逼迫,病饿而死。朱异(483~549年):字彦和,吴郡钱唐(今浙江杭州)人。年少时不务正业,游手好闲,滋扰乡里。成年后发奋读书,立意进取,遍治《五经》,尤精《礼》、《易》,广涉文史百家,兼通杂艺,博弈书算。后经人推荐被梁武帝招用,深得恩宠四十多年,贪财受贿,欺罔视听,成为侯景叛乱,包围建康台城的理由。 ⑪侯景(?~552年):字万景,朔方(今内蒙古自治区杭锦旗北)人(一说雁门人),原为东魏大将,后投靠南朝梁,不久发动叛乱达四年之久,给南朝造成了沉重打击,致使南朝的统治中心建康"千里烟绝,人迹罕见,白骨成聚,如丘陇焉"(《南史·侯景传》),"中原冠带,随晋渡江者百家,故江东有《百谱》;至是,在都者覆灭略尽"(颜之推《观我生赋》)。552年被陈霸先、王僧辩所击败,逃亡途中被部下所杀。阙:原指宫殿门前两边供瞭望的楼或高台,这里引申为皇宫。 ⑫隋炀帝(569~618年):名杨广,隋朝的第二个皇帝,隋文帝杨坚次子。隋炀帝在位13年,大兴土木,穷兵黩武,激起大规模农民起义。618年4月被发动兵变的部下缢死于江都(今江苏扬州)。虞世基(?~618年):字茂世,余姚(今浙江境内)人。隋朝时历任通直郎、直内史省、内史舍人等职,深受隋炀帝器重,专典机密。他因看到高颎、张衡等对隋炀帝劝谏的大臣相继遭诛戮,于是对炀帝唯唯诺诺,百般逢迎。618年与隋炀帝一起被杀。 ⑬剽:抢劫,攻击。 ⑭壅蔽:遮蔽,阻塞,多用于形容用不正当手段故意隔绝别人的视听,使人受到蒙蔽。

【评解】 诸葛亮《出师表》说:"亲贤臣,远小人,此先汉所以兴隆也;亲小人,远贤臣,此后汉所以倾颓也。"即亲近贤臣,疏远小人,这是西汉所以兴盛的原因;亲近小人,疏远贤臣,这是东汉所以衰败的原因。诸葛亮对蜀汉后主的这段告诫,是说君主身边的人会对他最终会成为明君还是昏君产生重要的影响。但归根结底,与什么人交往,听取什么人的意见,还是取决于君主自身的修养。从这个角度说,魏征的这一见解同诸葛亮比起来对君主自身提出了更高的要求。

贞观十年,太宗谓侍臣曰:"帝王之业,草创与守成孰难①?"尚书左仆射房玄龄对曰②:"天地草昧③,群雄竞起,攻破乃降,战胜乃克。由此言之,草创为难。"魏征对曰:"帝王之起,必承衰乱,覆彼昏狡④,百姓乐推,四海归命⑤,天授人与,乃不为难。然既得之后,志趣骄逸⑥,百姓欲静而徭役不休⑦,百姓凋残而侈务不息⑧,国之衰弊⑨,恒由此起⑩。以斯而言⑪,守成则难。"太宗曰:"玄龄昔从我定天下,备尝艰苦,出万死而遇一生,所以见草创之难也。魏征与我安天下,虑生骄逸之端⑫,必践危亡之地,所以见守成之难也。今草创之难既已往矣,守成之难者,当思与公等慎之。"

【译文】 贞观十年(636年),唐太宗问身边侍从的大臣:"帝王的功业中,创业和守成哪个更难?"尚书左仆射房玄龄回答说:"天下混乱之际,各路豪杰竞相起兵,被攻破了的才能投降,被打败了的才能屈服。由此而言,创业更难。"魏征回答说:"帝王起兵,一定是在世道衰败混乱的时候,他去消灭那些昏庸狡诈的人,老百姓就乐意推举他,天下人都会归顺他,可谓是上天授命,百姓参与,因此开创帝业并不难。然而,帝位已经取得了之后,帝王在性情上往往变得骄横放纵,老百姓希望生活稳定,可是徭役征发不断,老百姓疲敝困顿,而过度的事务却不得休止,国家的衰败往往由此而起。从这个角度来说,守成更难。"唐太宗说:"房玄龄当年跟随我一起平定天下,饱尝艰难困苦,经历九死一生,因此看到了创业的艰难。魏征和我一起安定天下,担心一旦出现骄傲放纵的苗头,就必定会陷入危险甚至是灭亡的境地,因此看到了守成的艰难。如今创业的艰难已经成为过去,而守成的艰难,是我应当考虑如何与你们一起谨慎对待的。"

【注释】 ①草创:创建,开始兴办。守成:保持前人业绩。如《诗经·大雅·凫鹥序》有:"《凫鹥》,守成也。太平之君子,能持盈守成,神祇祖考安乐之也。"孔颖达疏曰:"言保守成功,不使失坠也。" ②尚书左仆射(yè):隋唐时,中央首要机关分为三省,尚书省即其中之一。尚书省置左右仆射各一,掌统理六官。《通典·职官典》中说:"秦时,少府遗吏四人在殿中,主发书,谓之尚书。尚犹主也。……隋及大唐皆有,其制略同,凡尚书省事无不总。""仆射:秦官。汉因之,自侍中、尚书、博士、郎皆有之。古者重武官,有主射以督课。(古者重武官,以善射者掌事,故曰仆射。仆射者,仆役于射也。一云,仆,主也。)军屯吏、驺、宰、永巷宫人皆有,取其领事之号。……大唐左右二仆射因前代,本副尚书令。自尚书令废阙,二仆射则为宰相。"房玄龄(579~648年):齐州临淄人(今山东境内),唐初名相,曾任中书令、尚书左仆射等职。李世民称赞他为"筹谋帷幄,定社稷之功"。 ③天地草昧:《周易·屯卦·象传》作"天造草昧",王弼注曰:"造物之始,始于冥昧,故曰草昧也。"指天地初开时的混沌、蒙昧的状态。这里指天下混乱。草:杂乱。昧:蒙昧。 ④昏狡:昏庸狡猾。 ⑤归命:归顺,投诚。 ⑥趣:同"趋"。 ⑦徭役:古代对人民进行剥削的一种方式,规定成年男子在一定时期内或特殊情况下要承担一定数量的无偿劳动,一般有力役、军役和杂役之分。凋残:原指叶或花衰败、脱落,这里指老百姓疲敝、困顿。 ⑧烦务:过分的事务,这里指过度的徭役。 ⑨衰弊:衰败。 ⑩恒:常,往往。 ⑪斯:这。 ⑫端:征兆。

【评解】 范祖禹说:"自古以来创业之主失去天下的很少,守成之君失去天下的却很多。……祸患和混乱无不是因为安逸而产生。然而不仅仅是创业之君守成很困难,他们的后嗣守成尤其困难啊。"从本章及"教戒太子诸王"各章可见,唐太宗君臣所最为担心的也正在于此。

贞观十一年,特进魏征上疏曰①:

臣观自古受图膺运②,继体守文③,控御英雄④,南面临下⑤,皆欲配厚德于天地⑥,齐高明于日月,本支百世⑦,传祚无穷⑧。然而克终者鲜⑨,败亡相继,其故何哉?所以求之,失其道也。殷鉴不远⑩,可得而言。

昔在有隋⑪,统一寰宇⑫,甲兵强锐,三十余年,风行万里,威动殊俗⑬。一旦举而弃之,尽为他人之有。彼炀帝岂恶天下之治安,不欲社稷之长久,故行桀虐⑭,以就灭亡哉?恃其富强,不虞后患⑮。驱天下以从欲⑯,罄万物而自奉⑰,采域中之子女,求远方之奇异。宫苑是饰,台榭是崇,徭役无时,干戈不戢⑱。外示严重⑲,内多险忌⑳,谗邪者必受其福,忠正者莫保其生。上下相蒙,君臣道隔,民不堪命㉑,率土分崩㉒。遂以四海之尊,殒于匹夫之手㉓,子孙殄绝㉔,为天下笑,可不痛哉!

圣哲乘机㉕,拯其危溺㉖,八柱倾而复正㉗,四维弛而更张㉘。远肃迩安㉙,不逾于期月㉚;胜残去杀㉛,无待于百年。今宫观台榭,尽居之矣;奇珍异物,尽收之矣;姬姜淑媛㉜,尽侍于侧矣;四海九州,尽为臣妾矣㉝。若能鉴彼之所以失,念我之所以得,日慎一日,虽休勿休㉞,焚鹿台之宝衣㉟,毁阿房之广殿㊱,惧危亡于峻宇㊲,思安处于卑宫㊳,则神化潜通㊴,无为而治㊵,德之上也。若成功不毁㊶,即仍其旧,除其不急,损之又损㊷,杂茅茨于桂栋㊸,参玉砌以土阶㊹,悦以使人,不竭其力,常念居之者逸,作之者劳,亿兆悦以子来㊺,群生仰而遂性㊻,德之次也。若惟圣罔念㊼,不慎厥终㊽,忘缔构之艰难㊾,谓天命之可恃,忽采椽之恭俭㊿,追雕墙之靡丽㉛,因其基以广之,增其旧而饰之,触类而长㉜,不知止足,人不见德,而劳役是闻,斯为下矣。譬之负薪救火㉝,扬汤止沸㉞,以暴易乱,与乱同道,莫可测也㉟,后嗣何观!夫事无可观则人怨,人怨则神怒,神怒则灾害必生,灾害既生,则祸乱必作,祸乱既作,而能以身名全者鲜矣。顺天革命之后㊶,将隆七百之祚㊷,贻厥子孙㊸,传之万叶㊹,难得易失,可不念哉!

是月,征又上疏曰:

臣闻求木之长者,必固其根本;欲流之远者,必浚其泉源⑩;思国之安者,必积其德义。源不深而望流之远,根不固而求木之长,德不厚而思国之理,臣虽下愚㉑,知其不可,而况于明哲乎!人君当神器之重㉒,居域中之大㉓,将崇极天之峻㉔,永保无疆之休㉕。不念居安思危,戒奢以俭,德不处其厚,情不胜其欲,斯亦伐根以求木茂,塞源而欲流长者也。

凡百元首㉖,承天景命㉗,莫不殷忧而道著㉘,功成而德衰。有善始者实繁,能克终者盖寡,岂取之易而守之难乎?昔取之而有余,今守之而不足,何也?夫在殷忧,必竭诚以待下;既得志,则纵情以傲物㉙。竭诚则胡越为一体⑩,傲物则骨肉为行路㉑。虽董之以严刑㉒,震之以威怒,终苟免而不怀仁,貌恭而不心服。怨不在大,可畏惟人,载舟覆舟⁷³，所宜深慎，奔车朽索⁷⁴，其可忽乎！

君人者，诚能见可欲则思知足以自戒，将有作则思知止以安人，念高危则思谦冲而自牧⁷⁵，惧满溢则思江海下百川，乐盘游则思三驱以为度⁷⁶，忧懈怠则思慎始而敬终⁷⁷，虑壅蔽则思虚心以纳下，想谗邪则思正身以黜恶⁷⁸，恩所加则思无因喜以谬赏，罚所及则思无因怒而滥刑。总此十思，弘兹九德⁷⁹，简能而任之⁸⁰，择善而从之，则智者尽其谋，勇者竭其力，仁者播其惠⁸¹，信者效其忠。文武争驰⁸²，君臣无事，可以尽豫游之乐⁸³，可以养松、乔之寿⁸⁴，鸣琴垂拱⁸⁵，不言而化。何必劳神苦思，代下司职，役聪明之耳目，亏无为之大道哉！

太宗手诏答曰：

省频抗表⁸⁶，诚极忠款⁸⁷，言穷切至⁸⁸。披览忘倦，每达宵分⁸⁹。非公体国情深，启沃义重⁹⁰，岂能示以良图，匡其不及！朕闻晋武帝自平吴已后⁹¹，务在骄奢，不复留心治政。何曾退朝谓其子劭曰⁹²："吾每见主上不论经国远图，但说平生常语，此非贻厥子孙者，尔身犹可以免。"指诸孙曰："此等必遇乱死。"及孙绥，果为淫刑所戮⁹³。前史美之，以为明于先见。朕意不然，谓曾之不忠，其罪大矣。夫为人臣，当进思尽忠，退思补过，将顺其美，匡救其恶⁹⁴，所以共为治也。曾位极台司⁹⁵，名器崇重⁹⁶，当直辞正谏⁹⁷，论道佐时⁹⁸。今乃退有后言，进无廷诤⁹⁹，以为明智，不亦谬乎！危而不持，焉用彼相？公之所陈，朕闻过矣。当置之几案，事等弦、韦¹⁰⁰。必望收彼桑榆¹⁰¹，期之岁暮¹⁰²，不使康哉良哉¹⁰³，独美于往日，若鱼若水¹⁰⁴，遂爽于当今¹⁰⁵。迟复嘉谋¹⁰⁶，犯而无隐¹⁰⁷。朕将虚襟静志¹⁰⁸，敬伫德音¹⁰⁹。

【译文】 贞观十一年(637年)，特进魏征上疏说：

在我看来，从古至今，无论是承受天命荣登帝位的创业之主，还是嫡子承续先王之位的继体之君，他们驾驭天下英杰，南面号令天下，都希望能够以高尚道德与天地匹配，以聪明睿智与日月齐光，子孙百代，昌盛不衰，帝位相传，福祚永享。然而，能够真正得到善终的却是少之又少，一个接着一个走向失败、灭亡，这是为什么呢？探求其中的原因，就在于他们偏离了治国的正道。前人的教训就在眼前，可以拿来作为例证。

想当初，隋朝一统天下，兵锋强劲，三十多年间，如疾风般横扫万里，声威震动异域，然而这一切一朝失去，整个天下就都为他人所有。难道是隋炀帝他讨厌天下安定有序，不想统治长远持久，所以才做事凶残暴虐，来自寻灭亡吗？他依仗自己富足强大，做事不顾及后患。为了满足自己的欲望驱使天下人民，为了供自己享用耗尽所有东西,在全国范围征选美貌女子,到遥远的地方搜寻奇珍异宝。宫殿花园要装饰得美观,亭台楼阁要建造得高峻,徭役征发不分时节,征战杀伐不知止息,外表装作严肃庄重,内心充满阴险忌刻,喜欢毁谤的人和奸邪的人一定能从他那里得到好处,忠心耿耿的人和正直的人没有一个能保得住性命。上下相互欺骗,君臣相互疏离,人民不堪忍受,天下分崩离析。于是身受四海尊崇的一国之君,竟然死于普通百姓之手,甚至连子孙都被灭绝,被天下人所耻笑,这种结局难道不让人痛心吗!

聪明睿智之君乘时而起,拯救天下使万民脱离危险、痛苦的境地,让混乱的国家局势重新走上正轨,使废弛的道德准则重新建立起来。远方民族前来朝拜,国内的安定祥和,不到一年的时间就可实现;让坏人接受道德感化,使死刑失去用武之地,也无需等上百年的时间。如今宫殿台阁,都已经为您所居住了;奇珍异宝,都已经被您所拥有了;美貌女子,都已经侍奉到您的身边了;四海之内,都已经成为您的藩属了。如果能够借鉴前人之所以灭亡的教训,思考我朝之所以隆兴的经验,一天比一天谨慎,即使听到别人的赞美也不要沾沾自喜,烧掉鹿台的绮丽服饰,毁掉阿房的宽广宫室,在高大的宫殿中常存危亡之忧虑,在低矮的房屋中保持安适的心态,这样就能够用品行感化百姓,使他们与自己心志相通;不需刻意作为而使天下得到治理,这是德治的最高境界。如果取得业绩而不对已有的东西造成毁坏,仍然保持原来的状态,免除那些不急迫的事务,对自己的欲望减之再减,让茅屋和豪宅混杂,玉雕与土坯相间,可以让老百姓感到愉悦才去驱使他们,不要耗尽他们的气力,常常感念安居者的舒适,劳作者的辛苦,这样万民就愿意投奔你而来,百姓依赖你以实现生存的需要,这是次一等的德治境界。如果身为国君而不思为善,做事不考虑后果如何,忘记了创业的艰难,认为有天命可以依赖,放弃居处陋室的勤勉节俭,追求雕梁画栋的轻浮华丽,在原有地基的基础上加以扩建,在旧有规模上不断增加和装饰,一有奢侈的念头,便生出大量铺张的举动,丝毫不知道停止和满足,人民看不到他有什么德行,只听到他发出的劳役征发的命令,这是治理国家的最下等的方式。这就如同背着柴草去救火,舀起开水来止沸一样,用残暴来代替混乱,与混乱结局无二,这种做法是不能效仿的,如果这样,后代对你还有什么可以赞美的!如果做的事情无一可以赞美,那么人民就会怨恨你;人民怨恨你,神明就会恼怒你;神明恼怒你,那么就必定会发生各种灾害;灾害一旦发生,那么就必定会引发种种祸乱;祸乱一旦兴起,君主能够保全性命、维护名声的就很少了。顺应天命改朝换代之后,就要设法使帝业福祚绵长,留给后世子孙,传至千秋万代,帝王基业取得艰难,失去容易,难道能不时时思量吗?

当月,魏征又上疏说:

我听说想要使树木长得高的人,一定要培固它的根本;想要使水流流得远的人,一定要疏通它的源头;想要使国家得到安定的人,一定要积累德行、道义。源头不深而期望水流远，本根不牢而期望树木高，道德不厚而期望国家有序，我虽然极度愚蠢，也知道这是不可能的，况且那些聪明睿智的人呢！国君担当着掌握政权这样的重任，处于四海至尊这样的高位，想要达到上天那样的崇高，永远保持长久的福祚。如果想不到在安定的环境下应当考虑到可能的危险，用节俭来抵御奢侈的念头，道德修养达不到深厚的程度，内心不能克制自己的欲念，这也就如同砍掉树根来让树木更茂盛，堵塞源头来使水流更长远一样。

历来那些国君，承受了上天赋予的大命，没有一个不是在忧患的状况下道义彰显，成功之后便德行衰退。开始时做得很好的人非常之多，能够坚持到最后的人又异常之少，这难道就是取得帝位容易而守住帝业困难吗？当初夺取天下的时候力量有余，如今守住天下却力量不足，这是为什么呢？这就是由于在忧患的状况下，一定会竭尽诚心来对待下属；一旦目标实现之后，就放纵情欲、傲慢待人。竭尽诚心异族也能结为一体，傲慢待人兄弟也会形同陌路。即使用严刑峻法来监督，用威严愤怒来震慑，他人最终也会仅仅企求苟且免于责罚但内心不会有仁爱之心，外表恭恭敬敬但并非心悦诚服。怨恨不在大小，可怕的是人心向背，水能载舟亦能覆舟的道理，是应当仔细考虑的，奔驰的马车系以腐朽的绳索，难道敢掉以轻心吗！

统治人民的国君，如果真正做到看见想要的东西就想想应当知道满足来自我提醒，将要有所兴作就想想应当知道用休止来安定百姓，想到处于高而危险的位置就想想应当谦逊平和来自我修养，害怕自满放纵就想想江河能够包容百川，喜欢游玩田猎就想想狩猎应有限度，担心松懈怠慢就想想应当善始善终，忧虑耳目闭塞就想想虚心接受臣下的意见，想到谄媚奸邪就想想端正自身来黜退邪恶，将要给人恩惠的时候就想想不要因为高兴就不当封赏，想要给人责罚的时候就想想不要因为气愤就滥行惩罚。能够做到这十个"应当想想"，就能够发扬帝王的种种美德，挑选有才能的人来任用，选择有德行的人来跟从，那么有智慧的人就能够充分发挥他们的谋略，有勇气的人就能够充分施展他们的力量，有仁德的人就能够广泛传播他们的恩惠，有信用的人就能够充分体现他们的忠诚。文武各种人才都竞相上进，君主和大臣都没有值得忧虑的事情，这样就可以充分体验游玩娱乐的乐趣，可以修养到仙人赤松子和王子乔那样的寿命，像前人"鸣琴"、"垂拱"一样达到无为而治，不要说教老百姓就得到了教化。这又何必使心神劳苦，代替下属处理各种事务，劳累本来敏锐、明亮的耳朵和眼睛，抛弃无为而治的根本原则呢！

太宗亲写诏书答复道：

看了你数次所上表章，从诚心的角度说极尽忠诚恳切，从言辞的角度说无比切直近理。我披阅的时候忘记了疲倦，常常看到夜半时分。如果不是您关心国事的情感深厚，启发开导我的责任心强烈，怎么能告诉我这些治国的良策，纠正我的各种不足呢！我听说晋武帝自从平定吴国之后，做事一味骄纵奢侈，不再将心思放在处理政事上。大臣何曾退朝之后对儿子何劭说:"我经常看到皇帝不谈论治理国家的宏图大略,只是说些日常生活的琐碎家常,这不是将帝业留给子孙后代的做法,你还是可以免于杀身的。"然后指着各位孙子说:"这些人一定会遭逢乱世而死。"后来他的孙子何绥,果然被酷刑所杀。前人的史书中都赞扬何曾,认为他的英明在于能预见以后发生的事情。我不这样认为,我说何曾不忠,他的罪过很大。作为一个臣子,应当面对君主时考虑如何恪尽忠心,离开朝堂后考虑如何弥补君主之过,顺势发扬君主的美德,匡正补救君主的恶行,这样是为了协力治理好国家。何曾身居三公这样的尊位,地位高,责任重,理应据实陈述,直言规劝,探讨治国正道,辅佐当世君主。如今他却退朝之后才发表议论,面君之时却不当廷诤谏,认为这种人高明有见识,不是很荒唐吗!国家危险的时刻不去扶持,用他们这些辅弼大臣干什么呢?您表章中所陈述的道理,使我明白了自己的过失。我将把它们放在案头,作为对自己的警示。我一定会采取措施,期望以前的过失在事后得到有效的弥补,预计到年底的时候,就不会再让"康哉良哉"之类天下安定、君臣相得的歌声,只在从前被传诵,如鱼得水这种君臣融洽的佳话,也会彰扬于当今之世。期望不久再见到你的治国良谋,希望你能犯颜直谏,不要有所隐瞒,我将虚心、沉静,恭敬地等待你的善言。

【注释】　①特进:官名。始设于西汉末年,授予列侯中有特殊功德或地位的人,位在三公之下。东汉至南北朝仅为加官,无实职。隋唐以后为散官,相当于正二品。　②受图:"图"指河图。《尚书·顾命》孔安国传说:"伏牺王天下,龙马出河,遂则其文以画八卦,谓之'河图'。"《周易·系辞上》中也有:"河出图,洛出书,圣人则之。"古代认为出现"河图"是帝王受命之祥瑞,因此称帝王受命登位为"受图"。膺运:指承受天命为帝王。　③继体守文:帝王承续皇位,遵循先王法度。《公羊传·文公九年》中有:"继文王之体,守文王之法度。"《史记·外戚世家》中"继体守文之君"与"受命帝王"相对而言,司马贞索引说:"继体谓非创业之主,而是嫡子继先帝之正体而立者也。守文犹守法也,谓非受命创制之君,但守先帝法度为之主耳。"　④控御:本义指取马时控制马匹使其就范,引申为控制、驾驭。英雄:此据成化元年内府刊本,有的版本作"英杰"。　⑤南面:古代以坐北朝南为尊位,所以地位尊贵的人如帝王、诸侯接见下属时,都面向南而坐,因而常以"南面"指身居尊位。这里指身居帝位。《周易·说卦传》有:"圣人南面而听天下,向明而治。"　⑥配厚德于天地:指以高尚的道德同天地相匹配。　⑦本支百世:指子孙百代,昌盛不衰。语出《诗经·大雅·文王》:"文王孙子,本支百世。"《毛传》曰:"本,本宗也;支,支子也。"郑玄笺曰:"其子孙适为天子,庶为诸侯,皆百世。""本支"一作"本枝",此据成化元年内府刊本。　⑧传祚:指帝位相传。祚:福运,禄位。这里指帝位。　⑨克终:指善终。鲜(xiǎn):很少。　⑩殷鉴:指可以作为借鉴的往事。《诗经·大雅·荡》有:"殷鉴不远,在夏后之世。"意思是殷商的子孙应以夏的灭亡作为鉴戒。　⑪有隋:即隋朝。有:副词,作为词缀附于动词、名词、形容词前,无实际意义。　⑫寰宇:即天下。　⑬殊俗:风俗不同的地方,指异域、外族。　⑭桀虐:凶残暴虐。桀:凶悍、凶暴。元代戈直《贞观政要集论》中以为"桀"即夏朝最后一个君主,"桀,名履癸,夏末淫暴之君,汤伐之而死。"此说过于牵强。　⑮不虞:不考虑,不提防。　⑯从欲:满足自己的欲望。　⑰馨:

用尽,消耗殆尽。《尔雅》中说:"罄,尽也。" ⑱戢:原意为收藏(兵器),引申为止息战争。 ⑲严重:严肃稳重。 ⑳险忌:阴险忌刻。 ㉑民不堪命:人民不堪忍受,疲于奔命。语出《左传·桓公二年》:"宋殇公立,十年十一战,民不堪命。" ㉒率土:"率土之滨"的省语,境域之内。"率土之滨"出自《诗经·小雅·北山》:"率土之滨,莫非王臣。"清代王引之《经义述闻·毛诗中》说:"《尔雅》曰:'率,自也。自土之滨者,举外以包内,犹言四海之内。'" ㉓殒:死。匹夫:古代指平民中的男子,泛指平民百姓。汉代班固《白虎通·爵》中解释说:"庶人称匹夫者,匹,偶也,与其妻为偶,阴阳相成之义也。" ㉔殄绝:灭绝。殄:绝、尽。 ㉕圣哲乘机:"圣哲"指过人的才智道德,引申为具有过人道德才智的人,常特指帝王。"乘机"即利用机会,抓住机遇。 ㉖危溺:指危险的境地。危:高处。溺:淹没。 ㉗八柱:中国古代神话认为天是由立在地上的八根柱子支撑起来的,后以"八柱"引申为国家局势。 ㉘四维:出自《管子·牧民》:"国有四维,一维绝则倾,二维绝则危,三维绝则覆,四维绝则灭。倾可正也,危可安也,覆可起也,灭不可复错也?何谓四维?一曰礼,二曰义,三曰廉,四曰耻。"所谓"四维",即礼、义、廉、耻四条治国的纲领,也可泛指封建道德规范。 ㉙肃:恭敬地揖拜。 ㉚期月:一说指一整月,如孔颖达疏《礼记·中庸》"择乎中庸,而不能期月守也"曰:"假令偶有中庸,亦不能期匝一月而守之。"一说指一整年,如邢昺疏《论语·子路》"苟有用我者,期月而已可也,三年有成"曰:"期月,周月也,谓周一年之十二月也。"李贤注《后汉书·左雄传》"观政於亭传,责成於期月"也说:"期,匝也。谓一岁。"这里形容很短的时间。 ㉛胜残去杀:语出《论语·子路》:"善人为邦百年,亦可以胜残去杀矣。"意思是通过教育感化,使残暴的人不再作恶,就能使国家不再使用死刑。 ㉜姬姜淑媛:指有品貌的女子。姬姜:周朝时,周王室为姬姓,齐国为姜姓,二姓常通婚姻,因而"姬姜"成为贵族妇女的代称,后泛指美女。淑媛:李贤注《后汉书·列女传·曹世叔妻》"若淑媛谦顺之人,则能依义以笃好,崇恩以结援"说:"淑,善也。美女曰媛。"亦指美好的女子。 ㉝臣妾:古时称男奴隶曰"臣",女奴隶曰"妾",后泛指臣服的藩属或被役使的民众。 ㉞虽休勿休:出自《尚书·吕刑》,原文为"虽畏无畏,虽休无休。"孔颖达疏曰:"虽见畏勿自谓可敬畏,虽见美勿自谓有德美,教之令谦而不自恃也。""虽休勿休"的意思是虽然受到别人的称赞也不要自以为品行很高尚了而沾沾自喜。休:赞美。 ㉟鹿台:殷商的末代君主纣王贮藏珠玉钱帛的地方,故址在今河南省汤阴县境内。纣王被周人打败之后,自焚于此台。宝衣:贵重的衣服。李善注《文选·陆倕〈石阙铭〉》"焚其绮席,弃彼宝衣"引《六韬》曰:"纣时妇人以文绮为席,衣以绫纨者三千人。" ㊱阿房:即阿房宫,秦始皇所造,故址在今陕西西安境内。项羽入据咸阳,将其焚毁。 ㊲峻宇:高大的屋宇。 ㊳卑宫:简陋的宫室。 ㊴神化潜通:指用精神感化老百姓,使其与己心意相通。 ㊵无为而治:自己无所作为而使天下得到治理。先秦时儒家和道家都推崇无为而治,但在具体主张上有所不同。儒家的无为而治是主张任用贤人,以德化民,使国家得到治理。如《论语·卫灵公》中有:"无为而治者其舜也与?夫何为哉?恭己正南面而已矣。"何晏集解曰:"言任官得其人,故无为而治。"道家的无为而治主张顺应自然,不求有所作为而使国家得到治理。如老子说"我无为而民自化,我好静而民自正,我无事而民自富,我无欲而民自朴。"(《老子》五十七章)《淮南子·说山训》中也说:"人无为则治,有为则伤;无为而治者载无也,为者不能有也;不能无为者,不能有为也。" ㊶成功:既成之功,指已经完成的东西。 ㊷损之又损:出自《老子》第四十八章:"为学日益,为道日损,损之又损,以至于无为。"指尽最大限度去除华伪,以归于纯朴无为的状态。这里引申为尽可能地节省用度,减少对百姓的征发和聚敛。　㊸茅茨:茅草盖的屋顶,代指简陋的居室。桂栋:桂木做的梁栋,代指华丽的房屋。　㊹参:相间,夹杂。玉砌:玉石砌的台阶,形容宫室华丽。土阶:土坯做的台阶,形容居室简陋。　㊺亿兆:指庶民百姓。　㊻遂性:实现生存需要。　㊼惟圣罔念:出自《尚书·多方》:"惟圣罔念,作狂。"孔安国传曰:"惟圣人无念于善则为狂人。"意思是圣人如果不思于善,也会成为狂人。罔念:不思为善。　㊽厥:其,他的。　㊾缔构:经营开创。　㊿采椽:用栎木或柞木作房屋的椽子,形容俭朴。采:栎木或柞木。《史记·秦始皇本纪》"尧舜采椽不刮",司马贞索隐曰:"采,木名。即今之栎木也。"《汉书·艺文志》:"茅屋采椽,是以贵俭。"颜师古注曰:"采,柞木也。"　㊿雕墙:饰以浮雕、彩绘的华美墙壁。靡丽:精美华丽。　㊿触类而长:出自《周易·系辞上》:"引而伸之,触类而长之,天下之能事毕矣。"孔颖达疏曰:"谓触逢事类而增长之。"原意为掌握一类事物的知识或规律,就能够增长对同类事物的了解。这里指在一事上奢侈,就引发大规模的铺张。　㊿负薪救火:出自《韩非子·有度》:"其国乱弱矣,又皆释国法而私其外,则是负薪而救火也,乱弱甚矣。"意思是抱着柴草去救火,由于使用了错误的方法,只能使灾祸扩大。　㊿扬汤止沸:舀起锅里的水阻止其沸腾,比喻不能从根本上解决问题。　㊿测:一作"则"。　㊿顺天革命:指君主顺应天命,改朝换代。　㊿七百:《左传·宣公三年》中有:"成王定鼎于郏鄏,卜世三十,卜年七百,天所命也。"后世以"七百"称颂封建王朝统治运祚绵长。　㊿贻:遗留,留下。　㊿万叶:万世,万代。叶:世,代。　㊿浚:疏通,挖深。　㊿下愚:极愚蠢的人。《论语·阳货》里有:"唯上智与下愚不移。"这里作谦词。　㊿神器:指玉玺、宝鼎等代表国家政权的实物,常借指帝位、政权。　㊿域中:世界上,国中。《老子》中有:"域中有四大,而王处其一焉。"　㊿峻:崇高。　㊿休:福禄。如杜预注《左传·襄公二十八年》"以礼承天之休"时说:"休,福禄也。"　㊿元首:指国君。　㊿景命:即大命,特指授予帝王之位的天命。如郑玄笺《诗经·大雅·既醉》"君子万年,景命有仆"说:"天之大命也。"景:高,大。　㊿殷忧:深切地忧虑。　㊿傲物:高傲自负,轻视他人。　㊿胡越:泛指四方的少数民族。"胡"是中国古代对北方少数民族的称呼,"越"是对南方少数民族的称呼。　㊿行路:相互陌生的路人。　㊿董:监督。　㊿载舟覆舟:出自《荀子·王制》:"传曰:'君者舟也,庶人者水也,水则载舟,水则覆舟。'此之谓也。""载舟覆舟"意思是水可以承载起船,也可以淹没船,后人用来比喻人民是国家兴亡的决定力量。《贞观政要》中,唐太宗和魏征多次提到这个比喻。　㊿奔车朽索:用腐朽的绳子来拉速度很快的车子,意为处于危险之中,应时时警惕戒惧。　㊿谦冲:谦虚平和。自牧:自我修养。　㊿盘游:即游乐。盘:娱乐。三驱:一说古代王者田猎时须让开一面,三面驱赶,以示好生之德。如《周易·比卦》有"九五,显比,王用三驱",孔颖达疏曰:"褚氏诸儒皆以为三面著人驱禽。必知三面者,禽唯有背己、向己、趣己,故左右及于后,皆有驱之。"一说田猎应一年以三次为度。如陆德明《释文》引马融云:"三驱者,一曰乾豆,二曰宾客,三曰君庖。"元代戈直《集注》曰:"三驱者,围合其三面,前开一路,使之可去,不忍尽物,好生之仁也。"取的是前说。　㊿慎始而敬终:自始至终都谨慎,不懈怠。敬:《释名·释言语》中说:"敬,警也,恒自肃警也。"指谨慎地对待,不苟且,不懈怠。　㊿黜:摒除。　㊿九德:古代称贤人所具备的九种优良品格。关于"九德"的具体内容,古代典籍中说法不一。《尚书·皋陶谟》中说:"皋陶曰:'都,亦行有九德,亦言其人有德,乃言曰:载采采。'禹曰:'何?'皋陶曰:'宽而栗、柔而立、愿而恭、乱而敬、扰而毅、直而温、简而廉、刚而塞、强而义,彰厥有常,吉哉!'"孔安国传曰:"言人性行有九德以考察,真伪则可知。"《左传·昭公二十八年》中说:"心能制义曰度,德正应和曰莫,照临四方曰明,勤施无私曰类,教诲不倦曰长,赏庆刑威曰君,慈和徧服曰顺,择善而从之曰比,经纬天地曰文。九德不愆,作事无悔。"《逸周书·常训》中则说:"九德:忠、信、敬、刚、柔、和、固、贞、顺。" ⑧简能:考核才能。 ⑧播:传布。 ⑧争驰:竞相向前。 ⑧豫游:即游乐。豫:快乐,如郑玄注《易·豫卦》中说:"豫,喜豫说乐之貌也。" ⑧松、乔之寿:即长生不老。松、乔:神话传说中的仙人赤松子与王子乔。 ⑧鸣琴垂拱:意即无为而治。鸣琴:《吕氏春秋·察贤》中说:"宓子贱治单父,弹鸣琴,身不下堂而单父治。"后人以"鸣琴"来比喻减省刑罚,推行礼乐,无为而治。垂拱:《尚书·武成》只有:"惇信明义,崇德报功,垂拱而天下治。"孔颖达疏曰:"谓所任得人,人皆称职,手无所营,下垂其拱。"后人多以"垂拱"称颂帝王无为而治。 ⑧省频抗表:省:察看。频:多次。抗表:给皇帝的奏章。 ⑧忠款:即忠诚。款:真诚,诚恳。 ⑧切至:切直尽理。 ⑧宵分:夜半。 ⑨启沃:出自《尚书·说命上》:"启乃心,沃朕心。"孔颖达疏曰:"当开汝心所有,以灌沃我心,欲令以彼所见,教己未知故也。"后以"启沃"谓竭诚开导启发君王。 ⑨晋武帝(236~290年):名司马炎,字安世,司马昭长子,晋朝的开国君主。266年1月,司马炎逼迫魏元帝曹奂禅让,即位为帝,国号晋。280年,晋灭吴,暂时结束了黄巾之乱以来的分裂局势。 ⑨何曾(199~278年):何曾,字颖考,陈国阳夏(今河南太康)人,西晋大臣。司马炎袭父爵为晋王时,何曾为曹魏丞相,在废曹立晋的过程中起了重要作用。晋朝建立后,曾官至太尉、太保兼司徒等职,权倾朝野。其子何劭(?~301年)字敬祖,晋武帝即位后,以劭为散骑常侍,累迁侍中尚书。何绥:何曾之孙,何遵之子,字伯蔚,位至侍中尚书。自以继世名贵,奢侈过度,简傲放纵,被东海王司马越所杀。 ⑨淫刑:重刑,酷刑。 ⑨进思尽忠,退思补过,将顺其美,匡救其恶:出自《孝敬·事君》:"子曰:'君子之事上也,进思尽忠,退思补过,将顺其美,匡救其恶,故上下能相亲也。'"将:行。匡:正。救:止。 ⑨台司:指三公等宰辅大臣。何曾西晋为位居太保兼司徒的高位。 ⑨名器:语出《左传·成公二年》:"唯器与名,不可以假人,君之所司也。"杜预注曰:"器,车服;名,爵号。"车服仪制和爵号,是中国古代用以区别尊卑贵贱等级的标志。 ⑨直辞正谏:据实陈述,直言规劝。 ⑨佐时:辅佐当世之君治理国家。 ⑨廷诤:在朝廷上直言诤谏。 ⑩弦、韦:《韩非子·观行》记载:"西门豹之性急,故佩韦以自缓;董安于之心缓,故佩弦以自急。"后以"弦、韦"借指用以警勉自己的事物。弦:弓弦。韦:熟牛皮。 ⑩收彼桑榆:语出《后汉书·冯异传》,原文为:"始虽垂翅回溪,终能奋翼渑池,可谓失之东隅,收之桑榆。"比喻初虽有失而终得补偿,引申为事犹未晚尚可补救。桑榆:本意为桑树与榆树,因日落时太阳光照桑榆树端,代指日暮、迟暮。 ⑩岁暮:年底,岁末。 ⑩康哉良哉:《尚书·益稷》记载:虞舜在位的时候,四海安定,舜"乃歌曰:'股肱喜哉,元首起哉,百工熙哉。'"他的大臣皋陶和道:"元首明哉,股肱良哉,庶事康哉!"此处以"康哉良哉"喻天下安定,君臣相得。 ⑩若鱼若水:《三国志·蜀志·诸葛亮传》记载:"(刘备)于是与亮情好日密。关羽、张飞等不悦,先主解之曰:'孤之有孔明,犹鱼之有水也,愿诸君勿复言。'"此处"若鱼若水"也是比喻君臣相得。 ⑩爽:明。《说文解字》:"爽,明也。" ⑩嘉谋:高明的治国谋略。 ⑩犯而无隐:出自《礼记·檀弓上》:"事君有犯而无隐。"犯:犯颜直谏。隐:隐瞒过失。 ⑩虚襟:虚心,虚怀。静志:使心神安定。 ⑩敬伫:恭敬地等待。期盼。德音:善言,以对别人言辞的敬称。

【评解】　魏征的"十思",历来评价颇高,正如吕祖谦所评价:"魏征教唐太宗十思,如果唐太宗能够把这十思作为自己的行为准则,那么当时国家治理的成就,不只是一个贞观盛世,即使和尧舜时期一样伟大也是可能的。而魏征的十思,也可以与孔子的九思一起流传于万世之后了。"之所以给予魏征的谏疏如此高的评价,因为他确实抓住了帝王治国与修身的关键。

贞观十五年,太宗谓侍臣曰:"守天下难易?"侍中魏征对曰①:"甚难。"太宗曰:"任贤能,受谏诤,即可,何谓为难?"征曰:"观自古帝王,在于忧危之间,则任贤受谏。及至安乐,必怀宽怠②,言事者惟令兢惧③,日陵月替④,以至危亡。圣人所以居安思危,正为此也。安而能惧,岂不为难?"

【译文】 贞观十五年(641年),唐太宗对身边侍从的大臣说:"守住天下是难还是易?"侍中魏征回答说:"非常难。"唐太宗说:"任用贤德而有才能的人,接受直言劝谏,就可以了,认为困难从何说起呢?"魏征说:"看看自古以来的历代帝王,身处忧患、危险之中的时候,就能够任用贤德的人,接受直言规谏。等到了安定、和乐的时候,一定会心怀松懈怠惰之情,对待提意见或建议的人只让他们诚惶诚恐,这样逐渐衰退、败落,最后以至于危险、败亡。圣人之所以处于平安的环境里还要想到危险的可能,就是因为这个原因。在平安的环境里还能有所畏惧,这难道还不算困难吗?"

【注释】 ①侍中:古代职官名,秦时始设,唐代为门下省长官,为宰相之职。 ②宽怠:松懈怠惰。 ③兢惧:惶恐,戒慎恐惧。 ④日陵月替:指逐渐衰退、败落。陵,日渐衰微。替,衰落,废弛。

【评解】 儒家经典《大学》指出:"自天子以至于庶人,壹是皆以修身为本。"即上自天子下至普通百姓,一律都以修养品德作为根本。百姓修身关系到身家的安危,天子修身则关系到国家的存亡。同时,天子居于容易骄傲怠惰的位置,自我约束松懈的可能性更大。因此"君道"一篇中,修身问题始终是唐太宗君臣关注的焦点。

政体第二

贞观初,太宗谓萧瑀曰①:"朕少好弓矢,自谓能尽其妙。近得良弓十数,以示弓工。乃曰:'皆非良材也。'朕问其故,工曰:'木心不正,则脉理皆邪,弓虽刚劲而遣箭不直,非良弓也。'朕始悟焉。朕以弧矢定四方②,用弓多矣,而犹不得其理。况朕有天下之日浅,得为理之意,固未及于弓,弓犹失之,而况于理乎?"自是诏京官五品以上,更宿中书内省③,每召见,皆赐坐与语,询访外事,务知百姓利害,政教得失焉。

【译文】 贞观初年,唐太宗对萧瑀说:"我从小喜欢弓箭,自认为能够完全了解其中的奥妙。最近我得到十多张好弓,拿去给造弓的工匠看。工匠却说:'这都不是用好材质做的。'我问他为什么这样说,工匠回答:'木料的中心不正,那么木头的纹理就会歪斜,这样的弓虽然刚劲有力,但是发出去的箭却运行不直,所以不是好弓。'我这才明白其中的道理。我是用弓箭平定的天下,使用过的弓已经够多的了,然而仍然不明白其中的道理。何况我得到天下的时间非常短,所明白的治理国家的道理,显然还不如对弓的了解,对于弓我还有理解错误的地方,更何况治理国家呢?"从此之后下令京城五品以上的官员,都要到中书内省轮流值宿,唐太宗每次召见他们,都赐给他们座位与他们交谈,向他们询问宫廷之外各种事务,努力去了解老百姓的利益得失,以及政治教化的成就与不足。

【注释】 ①萧瑀(575~648年):字时文,自幼便以孝行闻名天下,且博学多识,耿介正直。唐高祖李渊即位之后,即遣书招致,授光禄大夫,封宋国公,拜民部尚书,以心腹视之。唐太宗继位之后,拜为尚书左仆射。唐太宗曾经评价他说:"此人不可以厚利诱之,不可以刑戮惧之,真社稷臣也。" ②弧矢:弓箭。 ③更宿:轮流值宿。中书内省:为了方便处理政事和皇帝咨询,唐代在太极殿的东侧设有门下内省、宏文馆、史馆,西侧设有中书内省、舍人院,作为宰相和皇帝近臣处理公务的地方,并备皇帝随时顾问,以及随时根据皇帝的旨意撰写诏书。

【评解】 "学不可以已","三人行,必有我师焉。"没有人天生是全知全能的,唐太宗明白这个道理,所以才能够广开言路,虚心接受大臣们的劝谏。

贞观元年,太宗谓黄门侍郎王珪曰①:"中书所出诏敕②,颇有意见不同,或兼错失而相正以否。元置中书、门下③,本拟相防过误。人之意见,每或不同,有所是非,本为公事。或有护己之短,忌闻其失,有是有非,衔以为怨④。或有苟避私隙,相惜颜面,知非政事,遂即施行。难违一官之小情,顿为万人之大弊。此实亡国之政,卿辈特须在意防也。隋日内外庶官,政以依违⑤,而致祸乱,人多不能深思此理。当时皆谓祸不及身,面从背言,不以为患。后至大乱一起,家国俱丧,虽有脱身之人,纵不遭刑戮,皆辛苦仅免,甚为时论所贬黜⑥。卿等特须灭私徇公⑦,坚守直道,庶事相启沃⑧,勿上下雷同也。"

【译文】 贞观元年(627年),唐太宗对黄门侍郎王珪说:"中书省所发出的命令文告,有些与你们门下省的看法有很大不同,或许你们都有一些错误不足,你们要以不同的意见来相互纠正。设置中书省和门下省两个官署的初衷,原本就是打算相互预防差错和失误。人与人的看法,经常可能会出现不同,有所赞同有所反对,本来也是为了公事。有些人刻意掩盖自己的短处,厌恶听到别人指出自己的过失,有人对他们做出是非评判,就记在心里变成怨恨。有些人无原则地避免出现私人间的矛盾,相互之间顾及脸面,明知是不符合国家治理要求的事情,也照样立即予以发布推行。难以违背一个官吏小小的情面,马上变成万民的重大祸端。这实在是导致国家灭亡的理政方式啊,你们需要特别注意避免。隋朝时候朝廷内外的文武百官,处理政务都是用模棱两可的方式,从而导致了灾祸和混乱,人们大多不知道深思其中包含的这个道理。当时都以为灾祸没有降临到自己身上,当面顺从背后议论,不觉得这会酿成祸患。后来等到天下大乱一发生,自己的家庭和国家一起灭亡了,虽然有保存了性命之人,但他们即使没有遭受刑罚和杀戮,也是费尽辛苦才得以幸免的,甚为当时的舆论所贬责。你们务必要摒除私心杂念,顺随公务要求,坚守正直之道,在各种事务上相互启发诱导,不要追求上下一个声音。"

【注释】 ①黄门侍郎:古代职官名,意思是供职于宫门之内的郎官。秦朝始置。因为宫禁的门为黄色,所以称黄门郎或黄门侍郎。以后历代沿袭,唐初曾称东台侍郎、鸾台侍郎,唐玄宗天宝元年(742年)改称门下侍郎,主要执掌祭祀、赞献、奏天下祥瑞等事务。王珪(557~639年):字叔玠,太原祁县(今山西祁县东南)人,唐初有名的诤臣之一。 ②中书:即中书省,古代官署名。唐代实行"三省六部制",中书省主要负责决策,通过门下省复核,皇帝审批之后,交尚书省具体执行。中书省的长官为中书令,下设中书侍郎、中书舍人、右散骑常侍、右谏议大夫等职官。 ③门下:即门下省。隋唐时与中书省同掌机要,共议国政,并负责审查诏令,签署章奏。门下省的长官称侍中,下设黄门侍郎、给事中、左散骑常侍、左谏议大夫等职官。 ④衔:记在心里。 ⑤依违:模棱两可。 ⑥贬黜:贬责。 ⑦徇:顺从。 ⑧庶事:各种事务。

【评解】 《论语·子路篇》说:"君子和而不同,小人同而不和。"即君子讲究和谐但不去苟同,小人讲究苟同但并不和谐。在国家治理中,最重要的就是要集思广益,不能够模棱两可,苟且顺从。

贞观二年,太宗问黄门侍郎王珪曰:"近代君臣治国,多劣于前古,何也?"对曰:"古之帝王为政,皆志尚清静,以百姓之心为心①。近代则唯损百姓以适其欲,所任用大臣,复非经术之士②。汉家宰相,无不精通一经,朝廷若有疑事,皆引经决定,由是人识礼教③,治致太平。近代重武轻儒,或参以法律,儒行既亏,淳风大坏④。"太宗深然其言⑤。自此百官中有学业优长,兼识政体者⑥,多进其阶品⑦,累加迁擢焉⑧。

【译文】 贞观二年(628年),唐太宗问黄门侍郎王珪说:"近世的君臣治理国家,大多不如古代,这是为什么?"王珪回答说:"古代的帝王治国施政,都是在思想上崇尚清简无为,想老百姓之所想。近世君主治国施政则一味地通过损害老百姓来满足自己的欲望,所任用的大臣,也不再是精通经学之士。汉朝的宰相,没有一个不精通一种经学的,朝廷上如果有犹疑难决的事情,他们都能引用经典来确定解决的办法,因此人人都通晓礼仪教化,把国家治理成了太平之世。近世重视武力,轻视儒学,有的还杂以刑罚约束,儒家的行为准则已经毁弃,原本淳厚的风俗便极大败坏。"唐太宗对他的话深表赞同。从此之后百官之中学识上有所特长,并且懂得为政要领的,大多提高了他们的官阶品位,数次加以提拔官职。

【注释】 ①以百姓之心为心:语出《老子》第四十九章:"圣人无常心,以百姓心为心。" ②经术:即经学。 ③礼教:礼仪教化,代指儒家的教化之道。 ④淳风:敦厚古朴的风俗。 ⑤然:赞同。 ⑥政体:为政要领。 ⑦阶品:官吏的等级品位。 ⑧迁擢:提升官职。

【评解】 立国之初,承衰乱之后,民生凋敝,必须采用休养生息的治理方式,施政不可过于急躁。否则,就如同贾谊分析秦朝灭亡教训时所说,面对着长期战乱之后百姓疲敝的状况,统治者不但不"发仓廪,散财币,以振孤独穷困之士;轻赋少事,以佐百姓之急",反而变本加厉,"赋敛无度","百姓困穷而主不收恤",落得"贵为天子,富有四海,身在于戮"的下场,也是情理之中的。

贞观三年,太宗谓侍臣曰:"中书、门下,机要之司。擢才而居,委任实重。诏敕如有不稳便①,皆须执论②。比来惟觉阿旨顺情③,唯唯苟过④,遂无一言谏诤者,岂是道理?若惟署诏敕、行文书而已,人谁不堪?何烦简择⑤,以相委付?自今诏敕疑有不稳便,必须执言,无得妄有畏惧,知而寝默⑥。"

【译文】 贞观三年(629年),唐太宗对身边的侍从大臣说:"中书省和门下省,是国家最关键的官署。选拔有才干的人来充任,所托付的职责着实重大。诏书敕令如有不恰当的地方,都应当提出异议。近来我觉得这两个部门都在迎合我的旨意,顺从我的心理,唯唯诺诺,苟且通过,就没有一个直言劝谏的人,难道这是符合正道常理的吗？如果只是签署诏书敕令、传递文告书信,这样的事情哪个人干不了？还有什么必要增加选拔人才的麻烦,再把这些职责托付给他们？从今以后,诏书敕令如果怀疑有不恰当的地方,必须要坚定地提出自己的意见,不要妄怀畏惧之心,明知不妥而保持沉默。"

【注释】　①稳便:恰当,稳妥。　②执论:坚持某种意见或提出异议。　③比来:近来。阿:曲从,迎合。　④唯唯:恭敬的应答声,引申为恭顺。　⑤简择:选择。　⑥寝默:沉默,止而不言。

【评解】　如果要治理好国家,无论地位高低,每一个岗位都不但要尽力,而且要竭心。正如范祖禹所说:"朝廷设立职位分派职责,不仅仅是为了上下级之间的服从,而且是为了相互弥补双方的不足。……不明智的君主,自认为自己没有过错,厌恶别人的意见,所以才国政混乱,上下之间的意见无法沟通。唐太宗下令让下属进言,就算不想使国家治理好,也是不可能的。"

　　贞观四年,太宗问萧瑀曰:"隋文帝何如主也①?"对曰:"克己复礼②,勤劳思政,每一坐朝③,或至日昃④,五品已上,引坐论事⑤,宿卫之士,传飧而食⑥,虽性非仁明,亦是励精之主⑦。"太宗曰:"公知其一,未知其二。此人性至察而心不明⑧。夫心暗则照有不通,至察则多疑于物。又欺孤儿寡妇以得天下,恒恐群臣内怀不服,不肯信任百司⑨,每事皆自决断,虽则劳神苦形⑩,未能尽合于理。朝臣既知其意,亦不敢直言。宰相以下,惟即承顺而已⑪。朕意则不然,以天下之广,四海之众,千端万绪,须合变通⑫,皆委百司商量,宰相筹画⑬,于事稳便,方可奏行。岂得以一日万机⑭,独断一人之虑也。且日断十事,五条不中,中者信善,其如不中者何？以日继月,乃至累年,乖谬既多⑮,不亡何待？岂如广任贤良,高居深视,法令严肃,谁敢为非？"因令诸司,若诏敕颁下有未稳便者,必须执奏⑯,不得顺旨便即施行,务尽臣下之意。

【译文】　贞观四年(630年),唐太宗问萧瑀:"隋文帝是个什么样的君主？"萧瑀回答说:"严格自我约束以使言行符合礼制,勤恳辛劳地考虑治理国家的事务,每次临朝听政,往往到太阳偏西,五品以上的官员,搬来座位讨论事务,禁卫军的将士,让人送来食物吃饭,他虽然天性并不仁爱聪明,但也算是一个致力于国家事务的君主。"唐太宗说:"你是只知其一不知其二。这个人性情极端精细而内心却不明智。内心昏暗就会有仔细思考也无法发现的地方,性情精细就会对人产生过多的怀疑。他又是通过欺负周静帝孤儿寡母以得到的天下,于是经常害怕群臣对他会心怀不服,所以不肯信任百官,每当有事都要亲自决断,这样做虽然导致身体和精神都非常劳累,也不能使每一件事都合乎情理。大臣们都知道了他的心意,也不敢有话直说,宰相以下的所有官员,只是尊奉顺从他的意愿而已。我的心里却不这样想,我把广阔地域之内,四海百姓之中,千头万绪,应当随时变通的事务,都交给各相关官署去商量,由宰相来进行谋划,觉得事务已经稳妥恰当了,才可以上奏请求施行。难道能够将一天要处理的成千上万件的事情,都让一个人的想法来独自决断吗?况且一天决断十件事情,就有五条不会合理,处理得合理的当然好,那些处理得不合理的该怎么办呢?这样日积月累,乃至经年如此,荒谬违理的事情积累得越来越多,等到的不是灭亡还能有什么呢?这怎如多任用贤德的人才,自己高居帝位,深入观察思考,严格法律命令,这样谁还敢为非作歹?"于是命令各官署,如果诏书敕令颁布之后有不稳妥之处者,必须持表章上奏,不能顺从旨意直接施行,务必要尽好臣子的职责。

【注释】 ①隋文帝(541~604年):名杨坚,隋朝开国皇帝,弘农华阴(今陕西省华阴县)人。公元581年,杨坚取代北周的静帝而即位,定国号为大隋,改元开皇。隋朝建立之后,对政治、经济制度进行一系列改革,稳固了中央集权。公元589年,隋文帝遣兵南下,消灭了割据南方的陈朝,统一了全国。 ②克己复礼:指约束自己,使言行符合"礼"的要求。出自《论语·颜渊》:"颜渊问仁。子曰:'克己复礼为仁。一日克己复礼,天下归仁焉!为仁由己,而由人乎哉?'"何晏集解曰:"马曰:'克己,约身。'孔曰:'复,反也。'身能反礼,则为仁矣。" ③坐朝:指君主临朝听政。 ④日昃(zè):太阳偏西的时候,相当于下午两点左右。昃:太阳西斜。《说文解字》:"昃,日在西方时侧也。" ⑤引坐:搬来座位。引:拿过来,拿出来。坐:同"座"。 ⑥传飧(sūn):传送食物。飧:晚饭,亦可泛指熟食、饭食。 ⑦励精:振奋精神,指致力于事业或工作。 ⑧至察:过于明察。察:精明。 ⑨百司:百官,各职能机关。 ⑩形:形体,实体,这里指身体。 ⑪承顺:遵奉顺从。 ⑫须合:应当,应该。 ⑬筹画:谋划。 ⑭一日万机:一天要处理成千上万件事情,形容事情繁多,多用于国家领导人。 ⑮乖谬:荒谬违理。 ⑯执奏:持章表上奏君主。

【评解】 每一个人的力量和能力总是有限的,能够识人、用人,比领导者自恃聪明、单打独斗要有效率的多。大至管理一个国家,小至管理一个企业或其他组织,都是同样的道理。

贞观五年,太宗谓侍臣曰:"治国与养病无异也。病人觉愈,弥须将护①,若有触犯,必至殒命。治国亦然,天下稍安,尤须兢慎②,若便骄逸,必至丧败。今天下安危,系之于朕,故日慎一日,虽休勿休。然耳目股肱,寄于卿辈。既义均一体,宜协力同心,事有不安,可极言无隐③。傥君臣相疑④,不能备尽肝膈⑤,实为国之大害也。"

【译文】 贞观五年(631年),唐太宗对身边侍从的大臣说:"治国和养病没有区别。病人觉着病已痊愈的时候,更加需要调养护理,如果有所触发而再次犯病,一定会丢掉性命。治国也是这样,天下刚刚安定,尤其需要小心谨慎,如果这时候就骄奢淫逸,一定会导致败亡。如今天下的安危,都担在了我的肩上,所以我一天比一天谨慎,即使听到别人的赞美也不敢沾沾自喜。而对国家实际状况的了解和具体事务的处理,这些如同耳目股肱一样各有分工的职责,都寄托在你们身上。既然我们是一体的,所以我们应当同心协力,如果事情有不恰当的地方,你们可以竭力规劝,不要有所隐瞒。倘若君臣之间相互猜忌,不能倾吐肺腑之言,这是在是治理国家最大的弊端。"

【注释】 ①弥:更加。将护:调养护理。 ②兢慎:小心谨慎。 ③极言:竭力陈说,直言规劝。 ④傥:同"倘",如果。 ⑤肝膈:肺腑,内心。

【评解】 反对急政暴虐,提倡休养生息,尤其是在遭受战乱之后更应该如此。这不但是传统德治思想的引申,更是对历史经验教训总结的结果。

贞观六年,太宗谓侍臣曰:"看古之帝王,有兴有衰,犹朝之有暮,皆为蔽其耳目,不知时政得失,忠正者不言,邪谄者日进,既不见过,所以至于灭亡。朕既在九重①,不能尽见天下事,故布之卿等,以为朕之耳目。莫以天下无事,四海安宁,便不存意②。'可爱非君?可畏非民?'③天子者,有道则人推而为主,无道则人弃而不用,诚可畏也。"魏征对曰:"自古失国之主,皆为居安忘危,处治忘乱,所以不能长久。今陛下富有四海,内外清晏④,能留心治道,常临深履薄⑤,国家历数⑥,自然灵长⑦。臣又闻古语云:'君,舟也;人,水也。水能载舟,亦能覆舟。'⑧陛下以为可畏,诚如圣旨。"

【译文】 贞观六年(632年),唐太宗对身边侍从的大臣说:"看看古代的帝王,有兴盛的也有衰落的,就好像一天之中有清晨就有傍晚一样,这都是因为他们闭塞了耳目,不了解当时所推行的政令的得失,忠诚正直的人不来进谏,奸邪谄媚的人日益得势,帝王无法看到自己的失误,所以导致了灭亡。我既然已经身处宫禁之中,就不能完全看清天下所有的事情,所以安排了你们这些人,作为我的耳朵和眼睛。不要认为天下已经太平无事,国家已经安定祥和,心里便有所懈怠。'可以爱戴的难道不是国君吗?可以敬畏的难道不是老百姓吗?'所谓天子,如果有道,人民就会推而为主,如果无道,人民就会弃而不用,实在是应当畏惧啊。"魏征回答说:"自古以来失掉国家的君主,都是因为在安定的环境下忘记了可能的危险,在有序的状态下忘记了可能还会发生混乱,所以统治才不能够长久。如今陛下您富有四海,内外清平安定,能够留心于治理国家之道,经常如临深渊,如履薄冰,国家的运数,自然能够广远绵长。我又听古语说:'君,好比是舟;民,好比是水。水能够载起舟,也能够倾覆舟。'陛下您认为应当畏惧,的确像您所说的那样。"

【注释】　①九重：指宫禁，朝廷。　②存意：留意，在意。　③可爱非君？可畏非民：出自《尚书·大禹谟》。孔安国传曰："民以君为命，故可爱。君失道，民叛之，故可畏。"　④清晏：清平安宁。　⑤临深履薄：《诗经·小雅·小旻》有："战战兢兢，如临深渊，如履薄冰。"后以"临深履薄"比喻小心谨慎，唯恐有失。履：踩，踏。　⑥历数：原意为岁时节候的次序。古代迷信说法，认为帝位相承和天象运行次序相应，因此用以比喻帝王代天理民的顺序。　⑦灵长：广远绵长。　⑧君，舟也；人，水也。水能载舟，亦能覆舟：出自《荀子·王制》。详见《君道》篇注。

【评解】　社会管理者必须实行仁政、德治，否则，便等于自取败亡。正如贾谊所说："夫民者，万世之本也，不可欺。"因此，统治者必须看到民心向背的重要性，在施政时要充分考虑到人民的利益，爱民、惠民、利民，实行德治、仁政，不能愚弄人民，更不能残害人民。

贞观六年，太宗谓侍臣曰："古人云：'危而不持，颠而不扶，焉用彼相？'①君臣之义，得不尽忠匡救乎？朕尝读书，见桀杀关龙逄②，汉诛晁错③，未尝不废书叹息④。公等但能正词直谏，裨益政教，终不以犯颜忤旨，妄有诛责。朕比来临朝断决，亦有乖于律令者。公等以为小事，遂不执言。凡大事皆起于小事，小事不论，大事又将不可救，社稷倾危，莫不由此。隋主残暴，身死匹夫之手，率土苍生⑤，罕闻嗟痛⑥。公等为朕思隋氏灭亡之事，朕为公等思龙逄、晁错之诛，君臣保全，岂不美哉！"

【译文】　贞观六年（632年），唐太宗对身边的侍从大臣说："古人说：'危险的时候不知道扶持，跌倒的时候不知道扶助，那还要你们这些辅佐的人干什么？'从君臣之义的角度说，你们能不竭尽忠心、匡正补救吗？我曾经读书，看到夏桀杀关龙逄、汉景帝杀晁错时，未尝不放下书来叹息。你们只要能够言辞正当直言劝谏，有益于国家的政事和教化，我绝不会因为你们忤逆圣意犯颜直谏，而对你们妄加诛罚和责难。我近来临朝裁决事务的时候，也经常出现一些违背法律的地方。你们认为是小事，于是就不再执意劝谏。凡是大事，都是因为小事而起，有了小事不追究，出了大事又将无法挽救，国家的败亡，都是从这里开始的。隋朝的君主残暴，自己死于普通老百姓之手，天下的民众，很少听到有叹息悲痛的。你们为我思考思考隋朝灭亡的事，我为你们思考思考关龙逄、晁错被杀的事，君臣相互保全，难道不是好事吗？"

【注释】　①危而不持，颠而不扶，焉用彼相：孔子语，出自《论语·季氏》。原文为："危而不持，颠而不扶，则将焉用彼相矣？"颠：倾倒，跌倒。相：辅佐的人。　②桀杀关龙逄：桀：夏朝最后一个君主，在位时荒淫暴虐，夏灭于商之后，被流放而饿死。关龙逄：夏桀时大臣，因忠谏而被桀所杀。　③晁错（公元前200～公元前154年）：颍川（今河南禹州）人，汉代政治家，有辩才，号称"智囊"。汉景帝为迁御史大夫，曾多次上书提出加强中央集权、削减诸侯封地、重农贵粟等主张。吴、楚等七国叛乱时,景帝迫于七国压力,将其错杀。 ④废书:放下书,停止阅读。 ⑤率土苍生:即天下百姓。 ⑥嗟痛:嗟吁痛惜。

【评解】 上下一心,才能有所成就,这可以说是一条普遍的规则,在国家管理中显得尤为重要。

贞观七年,太宗与秘书监魏征从容论自古理政得失①,因曰:"当今大乱之后,造次不可致化②。"征曰:"不然,凡人在危困,则忧死亡。忧死亡,则思化。思化,则易教。然则乱后易教,犹饥人易食也。"太宗曰:"善人为邦百年,然后胜残去杀。大乱之后,将求致化,宁可造次而望乎?"征曰:"此据常人,不在圣哲。若圣哲施化,上下同心,人应如响③,不疾而速,期月而可,信不为难,三年成功,犹谓其晚。"太宗以为然。封德彝等对曰④:"三代以后,人渐浇讹⑤,故秦任法律,汉杂霸道⑥,皆欲化而不能,岂能化而不欲?若信魏征所说,恐败乱国家。"征曰:"五帝、三王⑦,不易人而化。行帝道则帝,行王道则王,在于当时所理⑧,化之而已。考之载籍⑨,可得而知。昔黄帝与蚩尤七十余战⑩,其乱甚矣,既胜之后,便致太平。九黎乱德⑪,颛顼征之⑫,既克之后,不失其化。桀为乱虐,而汤放之⑬,在汤之代,既致太平。纣为无道⑭,武王伐之⑮,成王之代⑯,亦致太平。若言人渐浇讹,不及纯朴,至今应悉为鬼魅⑰,宁可复得而教化耶?"德彝等无以难之,然咸以为不可。太宗每力行不倦,数年间,海内康宁⑱,突厥破灭⑲,因谓群臣曰:"贞观初,人皆异论,云当今必不可行帝道、王道,惟魏征劝我。既从其言,不过数载,遂得华夏安宁,远戎宾服⑳。突厥自古以来常为中国勍敌㉑,今酋长并带刀宿卫㉒,部落皆袭衣冠㉓。使我遂至于此,皆魏征之力也。"顾谓征曰:"玉虽有美质,在于石间,不值良工琢磨㉔,与瓦砾不别。若遇良工,即为万代之宝。朕虽无美质,为公所切磋㉕,劳公约朕以仁义,弘朕以道德,使朕功业至此,公亦足为良工尔。"

【译文】 贞观七年(633年),唐太宗与秘书监魏征闲聊自古以来处理国家事务的得失,于是就说:"当前正处于大规模的社会混乱之后,仓促之间无法实现转化人心的目标。"魏征说:"不是这样,一般人在危险困苦之中的时候,就害怕死亡。害怕死亡,就期望转变。期望转变,就容易教导。既然这样,那么动乱之后容易教化,就如同饥饿之后易于进食一样。"唐太宗说:"贤德的人治理国家百年,然后才能以感化制止残暴,避免杀戮。大规模动乱之后,将要实现人心的转化,怎么可能仓促之间就期望达到目标啊?"魏征说:"这是根据一般人来说的,不是说的圣明贤哲之人。如果圣明贤哲的人推行教化,上下同心,群起响应,即使不追求快也会迅速实现,用一个月的时间办到,相信不会很困难,三年才成功,可以说是太迟了。"唐太宗认为他说得对。封德懿等人回答说:"三代之后,人心逐渐变得浮薄诈伪,所以秦朝专用法律,汉代杂以霸道,都是希望转化人心但没能做到,难道是能够转化而不想去做吗?如果相信魏征说的话,恐怕会使国家败亡。"魏征说:"五帝和三王,都不是通过改变国中的人民才实现的教化。推行帝道就能够实现帝业,推行王道就能够实现王业,关键在于在位君主的治理,能否转化人心而已。从典籍之中考察,也可以明白这个道理。当初黄帝和蚩尤七十余战,天下可谓是乱到极点了,等到胜利之后,便马上实现了太平。九黎扰乱了社会秩序,颛顼去征讨他们,等到成功之后,也没有使教化被破坏。夏桀行为淫乱暴虐,商汤放逐了他,商汤在位的时候,就已经实现了太平。商纣王多行无道,周武王讨伐他,到周成王在位的时候,也实现了太平。如果说人心日渐浮薄诈伪,发展到现在大家早已经变得像鬼魅一样不通人事了,怎么能够再去教化他们呢?"封德懿等人没有理由反驳他,但都认为他说的不合理。唐太宗治理国家勤勉不知疲倦,几年之后,国内就实现了安定,北方的突厥被消灭,于是对大臣们说:"贞观初年,人们的观点都与我不同,说现在一定无法实行帝道、王道,只有魏征劝勉我。听了他的话之后,不过几年,就实现了华夏安定,异族归服。突厥自古以来一直是中原国家的劲敌,如今他们的首领都带着刀成为了宫中的禁卫,部落的老百姓都像中原人一样穿衣戴帽。让我终于达到了这样的成就,都是魏征的功劳啊。"转过头来对魏征说:"玉虽然有美好的质地,但包裹在石头之中,不经过好工匠的雕琢,便与瓦砾没有什么区别。如果遇上好的工匠,就会成为万代流传的珍宝。我虽然没有美好的质地,但经过被你雕琢,劳烦你用仁义约束我,用道德来激励我,使我的功业达到了今天的境地,你也完全可以称得上是一个好工匠啊。"

【注释】 ①秘书监:古代职官名,东汉时始置,专掌图书秘籍。 ②造次:仓促,匆忙。 ③响:回声。 ④封德彝(568~627年):名伦,渤海郡(今天河北省、辽宁省的渤海湾沿岸一带)人,唐朝时官至尚书右仆射。根据《旧唐书·太宗本纪上》:贞观元年,"六月辛巳,尚书右仆射、密国公封德彝薨。"也就是说,贞观元年,即公元627年夏,封德彝就已经去世了。另根据《新唐书·魏征传》:"于是帝(指唐太宗)即位四年,岁断死二十九,几至刑措,米斗三钱。先是,帝尝叹曰:'今大乱之后,其难治乎?'征曰:'大乱之易治,譬饥人之易食也。'帝:'古不云善人为邦百年,然后胜残去杀邪?'答曰:'此不为圣哲论也。圣哲之治,其应如响,期月而可,盖不其难。'封德彝曰:'不然。三代之后,浇诡日滋。秦任法律,汉杂霸道,皆欲治不能,非能治不欲。征书生,好虚论,徒乱国家,不可听。'"可见,这段谈话的时间应为贞观四年之前,具体来说,应为贞观元年六月之前,《贞观政要》记为"贞观七年",显然有误。 ⑤浇诡:浮薄诈伪。 ⑥霸道:与"王道"相对,指君主凭借武力、刑法、权势等进行统治。《孟子·公孙丑上》有:"以德服人者王,以力服人者霸。" ⑦五帝、三王:上古时期的圣王。五帝:上古传说中的五位帝王,具体指谁,说法不一。一说是指黄帝、颛顼(即高阳)、帝喾(即高辛)、唐尧、虞舜,如《史记·五帝本纪》唐张守节正义说:"太史公依《世本》、《大戴礼》,以黄帝、颛项、帝喾、唐尧、虞舜为五帝。谯周、应劭、宋均皆同。"汉代班固《白虎通·号》也说:"五帝者,何谓也?《礼》曰:'黄帝、颛顼、帝喾、帝尧、帝舜也。'"一说指太昊(即伏羲)、炎帝(即神农)、黄帝、少昊(即帝挚)、颛顼,见《礼记·月令》。一说指少昊、颛顼、高辛、唐尧、虞舜,如《〈尚书〉序》中有:"少昊、颛顼、高辛、唐、虞之书,谓之五典,言常道也。"孔颖达疏曰:"言五帝之道,可以百代常行。"晋皇甫谧《帝王世纪》也说:"伏羲、神农、黄帝为三皇,少昊、高阳、高辛、唐、虞为五帝。"一说指伏羲、神农、黄帝、唐尧、虞舜,参见《周易·系辞下》。三王:古代的三位帝王,一般指夏、商、周时代的三位圣王,具体是谁,也是众说纷纭,说法不一。大体来说,主要有以下观点:一、指夏禹、商汤、周武王。如范宁注《春秋谷梁传·隐公八年》"盟诅不及三王"说:"三王,谓夏、殷、周也。夏后有钧台之享,商汤有景亳之命,周武有盟津之会。"二、指夏禹、商汤、周文王。如赵岐注《孟子·告子下》"五霸者,三王之罪人也"说:"三王,夏禹、商汤、周文王是也。"三、指商汤、周文王、周武王。如《尸子》卷下中说:"汤复于汤丘,文王幽于羑里,武王羁于王门;越王栖于会稽,秦穆公败于崤塞,齐桓公遇贼,晋文公出走,故三王资于辱,而五霸得于困也。"四、指周之太王、王季、文王。如韦昭注《国语·周语下》"所以宣三王之德也"说:"三王,太王、王季、文王也。" ⑧当时:指在位的帝王。 ⑨载籍:书籍,典籍。 ⑩昔黄帝与蚩尤七十余战:根据《史记·五帝本纪》:"黄帝者,少典之子,姓公孙,名曰轩辕。……轩辕之时,神农氏世衰。诸侯相侵伐,暴虐百姓,而神农氏弗能征。于是轩辕乃习用干戈,以征不享,诸侯咸来宾从。而蚩尤最为暴,莫能伐。……蚩尤作乱,不用帝命。于是黄帝乃征师诸侯,与蚩尤战于涿鹿之野,遂禽杀蚩尤。"黄帝传说为中原各族的祖先,蚩尤为东方九黎族的首领。 ⑪九黎:传说中国古代族群之一,生活于黄河中下游一带,是中国最早掌握农耕技术的民族。 ⑫颛顼:上古帝王名,号高阳氏,相传为黄帝之孙、昌意之子,生于若水,居于帝丘。10岁开始佐少昊,12岁举行代表成人仪式的冠礼,20岁登帝位,在位78年。《史记·五帝本纪》中说他"静渊以有谋,疏通而知事;养材以任地,载时以象天,依鬼神以制义,治气以教化,絜诚以祭祀。" ⑬汤:又称成汤、成唐、武汤、武王、天乙等,商朝的开国之君。 ⑭纣:名辛,又名受,商朝的最后一个君主,中国历史上有名的暴君,被周武王打败之后自焚而死。 ⑮武王:即周武王,名姬发,周文王姬昌次子。他继承父亲遗志,于公元前11世纪消灭殷商王朝,建立了西周。 ⑯成王:即周成王,名姬诵,周武王之子,即位时年仅13岁,由周公旦摄政7年。 ⑰鬼魅:鬼怪,这里形容不通人事,尚未开化。 ⑱康宁:即安宁。 ⑲突厥:中国古代北方民族,南北朝时崛起,后分裂为东突厥和西突厥,贞观四年(630年)东突厥为唐所灭。 ⑳远戎:远方的少数民族。宾服:归顺,服从。 ㉑劲(qíng)敌:强敌。劲:强有力。 ㉒酋长:部落的首领。 ㉓袭:穿衣。《释名·释丧制》中说:"袭,匝也,以衣周匝覆之也。" ㉔琢磨:对玉石进行雕刻和打磨。 ㉕切磋:对象牙、骨器等进行加工的工艺名称。《尔雅·释器》中说:"骨谓之切,象谓之磋,玉谓之琢,石谓之磨。"

【评解】 在中国古代,教化被看做是惠民的重要环节,所以备受重视。正如司马光所说:"教化,国家之急务也。"从国家的长治久安考虑,在国家治理中,应当始终把对人民进行教化、提高人民的内在素质,放在突出的位置。

贞观八年,太宗谓侍臣曰:"隋时百姓纵有财物,岂得保此?自朕有天下已来,存心抚养①,无有所科差②,人人皆得营生,守其资财,即朕所赐。向使朕科唤不已③,虽数资赏赐④,亦不如不得。"魏征对曰:

"尧、舜在上，百姓亦云'耕田而食，凿井而饮'⑤，含哺鼓腹⑥，而云'帝何力'于其间矣。今陛下如此含养⑦，百姓可谓日用而不知⑧。"又奏称："晋文公出田⑨，逐兽于砀⑩，入大泽⑪，迷不知所出。其中有渔者，文公谓曰：'我，若君也，道将安出？我且厚赐若。'渔者曰：'臣愿有献。'文公曰：'出泽而受之。'于是送出泽。文公曰：'今子之所欲教寡人者，何也？愿受之。'渔者曰：'鸿鹄保河海⑫，厌而徙之小泽，则有矰丸之忧⑬。鼋鼍保深渊⑭，厌而出之浅渚⑮，必有钓射之忧。今君出兽砀，入至此，何行之太远也？'文公曰：'善哉！'谓从者记渔者名。渔者曰：'君何以名？君尊天事地，敬社稷，保四国⑯，慈爱万民，薄赋敛，轻租税，臣亦与焉。君不尊天，不事地，不敬社稷，不固四海，外失礼于诸侯，内逆民心，一国流亡，渔者虽有厚赐，不得保也。'遂辞不受。"太宗曰："卿言是也。"

【译文】 贞观八年（公元634年），唐太宗对身边侍从的大臣说："隋朝的时候老百姓即使有财物，难道能留得住这些东西吗？自从我取得天下以来，专心对老百姓爱护体恤，不向他们征收财物和派劳役，人人都能够经营生计，保守他们的财产物资，这就是我所赐给他们的。如果我不停地向他们征收、差派，即使不断给他们赏赐，他们也还不如不要这些东西。"魏征回答说："尧舜统治天下的时候，老百姓尚且说'我们自己耕田自己吃，自己凿井自己喝'，嘴里含着食物，手拍着吃饱了的肚子，说，在我们的生活中，'我们的帝王出过什么力'呢？如今陛下您对老百姓如此包容养育，老百姓可以说是每天都在享用这种恩泽而自己却意识不到。"又上奏说："晋文公外出打猎，在砀山追逐野兽，进入一片湖沼之中，迷了路不知如何出去。湖中有一个渔夫，文公对他说：'我，是你们的国君，出去的路怎么走？告诉我我将厚厚地赏赐你。'渔夫说：'小人有一言想要献给您。'文公说：'等我出了这片湖泊再接受吧。'于是渔夫将他送了出去。文公说：'如今您要教导我的，是什么呢？我愿意接受。'渔夫说：'鸿雁和天鹅拥有江河和大海，觉得厌恶了就迁徙到小水泊中，于是有了受弓箭和弹弓伤害的忧虑。神龟和鼍龙占据深渊，觉得厌恶了就出来到岸边的浅水中去，一定会有被钓和射的担忧。如今国君您出来到砀山打野兽，结果进入了这个地方，为什么走得如此远呢？'文公说：'你说得好。'于是告诉随行的人记住渔夫的名字。渔夫说：'国君您为什么要记我的名字呢？您虔诚地敬事天地，重视社稷，安抚天下，慈爱万民，少收田赋，减轻捐税，我也会从中得益。您不尊敬天，不侍奉地，不重视社稷，不稳定天下，对外失礼于诸侯，对内违逆民心，整个国家都会迁徙、灭亡，渔夫即使有您的厚赐，也保不住啊。'于是推辞了赏赐而没有接受。"唐太宗说："你说得很对。"

【注释】 ①存心：专心，用心着意。抚养：指对部下或百姓的爱护体恤。　②科差：官府向老百姓征收财物或派劳役。　③科唤:差役派遣。　④资:给予,供给。　⑤百姓亦云"耕田而食,凿井而饮":据《帝王世纪》记载,尧时有老人击壤于路作歌曰:"吾日出而作,日入而息。凿井而饮,耕田而食。帝力何有于我哉?"此《击壤歌》后成为歌颂盛世太平的典故。　⑥含哺鼓腹:口里含着食物,吃饱后挺着肚子。形容过着安乐的生活。出自《庄子·马蹄》:"夫赫胥氏之时,民居不知所为,行不知所之,含哺而熙,鼓腹而游,民能以此矣。"哺:口中所含的食物。　⑦含养:包容养育,多用以形容帝德广博深厚。　⑧日用而不知:出自《周易·系辞上》:"百姓日用而不知,故君子之道鲜矣。"孔颖达疏曰:"言万方百姓恒日日赖用此道而得生,而不知道之功力也。"日用:每天应用,日常应用。　⑨晋文公(公元前697～公元前628年):名重耳,晋国国君,春秋五霸之一。出田:亦作"出畋",出外打猎。　⑩砀:山名,在今安徽省砀山县东南。　⑪大泽:大湖沼,大薮泽。　⑫鸿鹄:鸿雁与天鹅。　⑬矰丸:弓箭和弹弓。矰:古代射鸟用的拴着丝绳的箭。丸:用弹弓发射的弹丸。　⑭鼋鼍(yuántuó):大鳖和鼍龙(俗称"猪婆龙")。　⑮渚:水边。　⑯四国:四方邻国,泛指四方,天下。

【评解】　真正的惠民不是对人民施以小恩小惠,而是创造条件使老百姓生活稳定,安心从事生产。正如戈直所评论的:"唐太宗说:'人得营生,即朕所赐。若差科不已,虽赏赐,不如不得。'这话说得太好了,这可以说是了解治理国家的根本啊。"

贞观九年,太宗谓侍臣曰:"往昔初平京师①,宫中美女珍玩无院不满②。炀帝意犹不足,征求无已,兼东西征讨,穷兵黩武③,百姓不堪,遂致亡灭。此皆朕所目见,故夙夜孜孜④,惟欲清净,使天下无事。遂得徭役不兴,年谷丰稔⑤,百姓安乐。夫治国犹如栽树,本根不摇,则枝叶茂荣。君能清净,百姓何得不安乐乎?"

【译文】　贞观九年(635年),唐太宗对身边侍从的大臣说:"当初刚刚平定隋朝都城的时候,宫中美貌的女子和珍贵的物品,没有一个院子不是满的。隋炀帝的心里还是感到不满足,不断地四处搜刮,加上东征西讨,穷兵黩武,老百姓实在无法忍受,结果导致了他的灭亡。这是我亲眼所见,所以每天日夜不敢懈怠,只期望为政清简,使天下太平无事。结果实现了徭役不再征发,庄稼年年丰收,百姓安居乐业。治理国家和栽树的道理一样,本根不被撼动,那么枝叶就繁茂。国君能够为政清简,老百姓怎么能够实现不了安居乐业呢?"

【注释】　①京师:泛指天子定都之地。　②珍玩:珍贵的供玩赏的物品。　③穷兵黩武:穷尽所有兵力,随意发动战争,形容极其好战。穷:竭尽。黩:随便,任意。　④夙夜孜孜:日夜勤勉,时时都不懈息。　⑤年谷丰稔(rěn):一年中种植的庄稼都成熟、丰收。稔:庄稼成熟。

【评解】　唐初的执政理念,很大程度上是从隋朝灭亡的教训中吸取教训并进行深刻反思的结果。唐太宗君臣认为,隋朝之所以灭亡,根本原因就在于其统治者只追求满足自己的贪欲,不顾及人民的死活。

贞观十六年,太宗谓侍臣曰:"或君乱于上,臣治于下;或臣乱于下,君治于上。二者苟逢,何者为甚?"特进魏征对曰:"君心治,则照见下非。诛一劝百,谁敢不畏威尽力?若昏暴于上,忠谏不从,虽百里奚、伍子胥之在虞、吴①,不救其祸,败亡亦继。"太宗曰:"必如此,齐文宣昏暴②,杨遵彦以正道扶之得治③,何也?"征曰:"遵彦弥缝暴主④,救治苍生,才得免乱,亦甚危苦。与人主严明,臣下畏法,直言正谏,皆见信用,不可同年而语也⑤。"

【译文】 贞观十六年(642年),唐太宗对身边侍从的大臣说:"或者君主在上作乱,大臣在下治理;或者大臣在下作乱,君主在上治理。二者如果放在一起,哪种情况更严重?"特进魏征回答说:"君主的心里如果不混乱,就能够洞见下面人的不对之处。杀掉一人即可警诫百人,谁还敢不畏惧威严从而为国尽力?如果君主在上位昏庸暴虐,不听从出自忠心的劝谏,即使有虞国的百里奚、吴国的伍子胥,也不能挽救他的灾难,失败、灭亡接着就会来了。"唐太宗说:"如果一定这样,北齐文宣帝昏庸暴虐,杨遵彦用正确的治国之道扶助他,使北齐得到了很好的治理,这是为什么呢?"魏征说:"杨遵彦是在弥补暴虐君主的过失,挽救天下的百姓,仅仅实现了避免国家混乱,仍然是非常危险和困苦的。这同君主严明,臣属畏惧国法,直言劝谏,都被相信和任用,是不能相提并论的。"

【注释】 ①百里奚:姓百里,名奚,生卒年不详。一说春秋时楚国宛(今河南南阳)人,一说是虞国(今山西平陆北)人。百里奚曾在虞国任大夫。公元前655年晋国借道虞国以伐虢国,虞君因接受了晋献公的"垂棘之璧"与"屈产之乘"而答应了晋国,大夫宫之奇劝谏不听,百里奚深知劝谏无益,便缄默不语,结果晋国在灭了虢国之后,返回时顺便灭了虞国。虞国灭亡时,百里奚被晋国所俘,后辗转到了秦国,成为秦相,帮助秦穆公改革内政,发展生产,使秦国在诸侯国中脱颖而出。伍子胥(?~公元前484年):名员,字子胥。公元前522年,伍子胥的父亲被楚平王所杀,他逃出楚国,最后到了吴国,帮助阖闾刺杀吴王僚,夺取王位,受到重用,帮吴王阖闾整军经武,使吴国实力迅速壮大。公元前506年,伍子胥与孙武等人率军攻下楚国的都城郢。阖闾死后,其子夫差继位,于公元前494年大败越军,俘获越王勾践,伍子胥屡次劝夫差杀掉勾践,拒绝越国求和,停止北上伐齐,夫差不听,后渐被吴王夫差疏远,最终夫差赐剑令其自杀。 ②齐文宣:即北齐文宣帝高洋(529~559年),字子进,性情残酷暴虐。 ③杨遵彦(511~560年):名愔,弘农郡(今河南省三门峡市)人,曾任北齐尚书令。高洋荒淫急惰,将政事委于杨遵彦,杨遵彦将国家事务治理得井井有条,时人称颂。 ④弥缝:弥补缝合缺陷。 ⑤同年而语:把不同的人或事放在一起谈论或看待。

【评解】 宋代学者林之奇说:"君主对于大臣来说就是纲,君主正直那么大臣就正直,从来没有纲不端正而能使目端正的道理。既然这样,那么如果君主自己作乱,怎么能够使大臣有序呢?魏征之言,可以说是抓住了端正纲的关键。"在中国古代君主集权的制度下,地位越高,自然责任越大,对个人素质的要求也就越高。

贞观十九年，太宗谓侍臣曰："朕观古来帝王，骄矜而取败者①，不可胜数。不能远述古昔，至如晋武平吴、隋文伐陈已后②，心逾骄奢，自矜诸己③，臣下不复敢言，政道因兹弛紊④。朕自平定突厥、破高丽已后⑤，兼并铁勒⑥，席卷沙漠，以为州县，夷狄远服⑦，声教益广⑧。朕恐怀骄矜，恒自抑折⑨，日旰而食⑩，坐以待晨⑪。每思臣下有谠言直谏⑫，可以施于政教者，当拭目以师友待之。如此，庶几于时康道泰尔⑬。"

【译文】　贞观十九年（645年），唐太宗对身边侍从的大臣说："我看自古以来的帝王，因为骄傲自负而导致失败灭亡的，数不胜数。年代太久远的就不能一一述说了，就说晋武帝平吴、隋文帝灭陈之后，心里就变得更加骄傲奢侈，自高自大，大臣们不再敢对他们进谏，治理国家的措施因此而变得松弛紊乱。我自从平定了突厥，打败了高丽之后，兼并了铁勒诸部，席卷沙漠，在那里设置州县，四方的部族从远方来归服，声威教化日益广远。我怕自己产生骄傲自负的情绪，常常自我克制，天很晚了才吃饭，清晨很早就起床坐等天亮。经常想大臣们如果有善言直谏，可以在政令教化中得以实施的，我必当擦亮了眼睛以对待老师和朋友的态度来对待他们。通过这样做，期望能够实现时世太平，国泰民安。"

【注释】　①骄矜：骄傲自负。　②晋武平吴、隋文伐陈：280年，晋武帝司马炎派兵灭掉吴国，结束了三国鼎立的局面，统一了全国。589年，隋文帝杨坚出兵灭掉南陈，结束了南北对峙，统一了全国。　③自矜：自夸，自负，自大。　④弛紊：松弛紊乱。　⑤高丽：古国名，今我国东北和朝鲜半岛一带的少数民族政权，又称"高句丽"、"高句骊"、"句丽"、"句骊"。唐高宗时被灭。　⑥铁勒：古代中国北方、西北方民族，又称狄历、丁零、敕勒、高车。唐太宗时灭铁勒族所建的薛延陀汗国，于铁勒诸部分置羁縻都督府、州。　⑦夷狄：古代称东方少数民族为夷，北方少数民族为狄，常以"夷狄"泛称除华夏族以外的各民族。　⑧声教：声威教化。　⑨抑折：克制。　⑩日旰（gàn）：天色晚，日暮。旰：天晚。　⑪坐以待晨：坐着等待天亮，常用以表示勤谨。又作"坐以待旦"，出自《尚书·太甲上》："先王昧爽丕显，坐以待旦，旁求俊彦，启迪后人，无越厥命以自覆。"　⑫谠言：正直之言，直言。如《汉书·叙传上》有："吾久不见班生，今日复闻谠言！"颜师古注曰："谠言，善言也。"　⑬庶几：希望，但愿。如袁梅注《诗经·小雅·车舝》"虽无旨酒，式饮庶几；虽无嘉殽，式食庶几"说："庶几，幸。此表希望之词。"时康道泰：时世太平，道路平安。

【评解】　骄傲自然就会怠惰，"成在敬，败在慢"，一个人如果骄傲自满，目中无人，就容易怠慢别人，从而导致众叛亲离，不可避免地会遭到失败。

太宗自即位之始，霜旱为灾，米谷踊贵①，突厥侵扰，州县骚然②。帝志在忧人，锐精为政③，崇尚节俭，大布恩德。是时，自京师及河东、河南、陇右④，饥馑尤甚⑤，一匹绢才得一斗米。百姓虽东西逐食⑥，未尝嗟怨⑦，莫不自安。至贞观三年，关中丰熟，咸自归乡，竟无一人逃散。其得人心如此。加以从谏如流,雅好儒术,孜孜求士,务在择官,改革旧弊,兴复制度,每因一事,触类为善。初,息隐、海陵之党⑧,同谋害太宗者数百千人,事宁,复引居左右近侍,心术豁然⑨,不有疑阻⑩。时论以为能断决大事,得帝王之体。深恶官吏贪浊⑪,有枉法受财者,必无赦免。在京流外有犯赃者,皆遣执奏,随其所犯,置以重法。由是官吏多自清谨⑫。制驭王公、妃主之家,大姓豪猾之伍⑬,皆畏威屏迹⑭,无敢侵欺细人⑮。商旅野次⑯,无复盗贼,囹圄常空⑰,马牛布野,外户不闭⑱。又频致丰稔,米斗三四钱,行旅自京师至于岭表⑲,自山东至于沧海⑳,皆不赍粮㉑,取给于路。入山东村落,行客经过者,必厚加供待,或发时有赠遗。此皆古昔未有也。

【译文】 唐太宗即位之初,遇到了霜旱等自然灾害,粮食价格飞涨,北方的突厥又来侵略骚扰,全国各州县都动荡不安。皇帝一心忧虑着老百姓,敏锐而精心地治理着国家,崇尚节俭,广施恩德。此时,从京城到河东、河南、陇右一带,灾荒最严重,一匹绢才能换到一斗米。老百姓虽然东奔西走乞讨食物,但也没有人嗟叹怨恨,无不各自安守本分。到贞观三年,关中地区获得了大丰收,老百姓就都各自回乡,竟然没有一个人逃亡离散。唐太宗赢得人心到了这样的程度。加上他能够顺畅地接受别人的劝谏,喜好儒家的治国之术,毫不懈怠地访求贤士,非常重视选拔官吏,改革原有的弊端,制定和恢复了治国的规制法度,经常遇到一件事情,就能够触类旁通实施许多好的措施。最初的时候,李建成和李元吉一伙,一起谋划陷害唐太宗的有成百上千人,事情结束之后,唐太宗又把他们安置在自己身边成为侍从的近臣,心胸坦荡,没有猜疑和隔阂。当时人们的评论认为他能够决断大事,深得做帝王的要领。他极端厌恶官吏贪污,有无视法律收受财物的,一定不会被赦免。不论是在京城的官员还是被派遣到外地的官员,如有贪赃的,都要大臣直言奏明,根据所犯罪行,加以重法严惩。因此官员们大多自己廉洁谨慎。他严格控制王公贵族、贵妃公主这些显贵的家族,而依仗着家族大而强横狡猾不守法纪的人,都因畏惧威严而敛迹,不敢再侵凌欺压普通百姓。往来于各地的客商和止宿于野外的人,没有再被抢劫或者偷盗的,监狱中常常空着,马匹牛羊遍布四野,各家大门都不需要关闭。以后的几年又接连获得丰收,米价降到每斗三四枚铜钱,旅行的人从京城到岭南,从山东到东海,都不需要自带粮食,给养在旅途中获得。到了山东的村子,有旅行的客人经过的人家,主家一定会厚加款待,有的在离开的时候,还会有一些馈赠。这都是古代从来没有过的事情。

【注释】 ①踊贵:原意为受刖刑的人所穿的特制鞋子价钱上涨,泛指物价上涨。踊:古代受过刖刑的人的穿的鞋。 ②骚然:骚动,动荡不安的样子。 ③锐精:敏锐而精心。 ④河东、河南、陇右:皆为古地域名。河东:黄河流经陕西省、山西省境,走向为自北而南,故称山西省境内黄河以东的地区为"河东"。秦汉时置河东郡,唐初置河东道。河南:指黄河以南地区,具体所指范围广狭有异,大体相当于今天的河南省。陇右:泛指陇山以西地区,古代以西为右,故称"陇右"。约相当于今甘肃六盘山以西,黄河以东一带。　⑤饥馑:灾荒,庄稼收成很差或颗粒无收。五谷收成不好称为"饥",蔬菜和野菜吃不上称为"馑"。　⑥逐食:求食,乞讨食物。　⑦嗟怨:嗟叹怨恨。　⑧息隐、海陵:指李世民的哥哥李建成和弟弟李元吉,玄武门兵变之中,都被杀死。事后李世民追封李建成为息王,谥曰"隐",故称"息隐";追封李元吉为海陵王,故称"海陵"。　⑨心术豁然:心思坦荡。心术:心思,居心,内心品质。豁然:坦荡,开阔。　⑩疑阻:猜疑隔阂。　⑪贪浊:即贪污。　⑫清谨:廉洁谨慎。　⑬豪猾:指强横狡猾而不守法纪的人。　⑭屏迹:避匿,敛迹。　⑮细人:地位卑微之人。　⑯商旅野次:来往于各地的客商和止宿于野外的人。　⑰囹圄:监狱。　⑱外户:从外面关闭的门,泛指大门。　⑲岭表:古地域名,即岭外,五岭以南的地区,今广东、广西一带。　⑳山东:古地域名,一般泛称崤山或华山以东地区,有时也特指太行山以东地区。沧海:我国古代对东海的别称。　㉑赍(jī):携带,常特指旅行的人携带衣食等必需品。

【评解】　由于唐太宗施政得当,唐朝初年很快从隋末的社会动荡和民生凋敝中恢复过来。正由于此,后人给予其很高的评价,称他为一代圣主。这不仅是由于他平定突厥等外患的武功,更重要的还是他的文治之功。

卷 二

任贤第三

房玄龄，齐州临淄人也。初仕隋，为隰城尉①。坐事除名②，徙上郡。太宗徇地渭北③，玄龄杖策谒于军门④。太宗一见，便如旧识，署渭北道行军记室参军⑤。玄龄既遇知己，遂罄竭心力。是时，贼寇每平，众人竞求金宝，玄龄独先收人物，致之幕府⑥，及有谋臣猛将，与之潜相申结⑦，各致死力。累授秦王府记室，兼陕东道大行台考功郎中。玄龄在秦府十余年，恒典管记⑧。隐太子、巢剌王以玄龄及杜如晦为太宗所亲礼⑨，甚恶之，谮之高祖⑩，由是与如晦并遭驱斥⑪。及隐太子将有变也，太宗召玄龄、如晦，令衣道士服，潜引入阁谋议⑫。及事平，太宗入春宫⑬，擢拜太子左庶子⑭。贞观元年，迁中书令。三年，拜尚书左仆射，监修国史⑮，封梁国公，实封一千三百户。既总任百司，虔恭夙夜，尽心竭节，不欲一物失所。闻人有善，若己有之。明达吏事，饰以文学，审定法令，意在宽平。不以求备取人，不以己长格物，随能收叙⑯，无隔疏贱。论者称为良相焉。十三年，加太子少师。玄龄自以一居端揆⑰十有五年，频抗表辞位，优诏不许⑱。十六年，进拜司空，仍总朝政，依旧监修国史。玄龄复以年老请致仕⑲，太宗遣使谓曰："国家久相任使，一朝忽无良相，如失两手。公若筋力不衰，无烦此让。自知衰谢，当更奏闻。"玄龄遂止。太宗又尝追思王业之艰难，佐命之匡弼⑳，乃作《威凤赋》以自喻㉑，因赐玄龄，其见称类如此㉒。

【译文】 房玄龄是齐州临淄人。他最初在隋朝做官，当隰城县县尉。因事获罪而被罢免后，迁居到上郡。唐太宗带兵进攻到渭北，房玄龄执着马鞭到军营门前拜见。唐太宗一看到他，便好像看到自己的故人，临时授予他渭北道行军记室参军的职位。房玄龄一遇到知己，就竭心尽力为其效命。当时，每当平定了一处贼寇，大家都争相搜寻金银珠宝，只有房玄龄先搜罗人才，把他们送到唐太宗的营帐，如果有善于谋划的文臣和英勇善战的武将，他就与之暗中交好，相约各自竭尽全力来效命。后来他多次受职为秦王府记室，并兼任陕东道大行台考功郎中。房玄龄在秦王府十多年，一直执掌文书。李建成和李元吉因为房玄龄和杜如晦被唐太宗礼遇,非常厌恶他们,于是向唐高祖进谗言,因此他同杜如晦一起遭到驱逐排斥。等到太子李建成想要发动变乱的时候,唐太宗召见房玄龄和杜如晦,让他们穿上道士的服装,偷偷地从宫中的小门领进来商量对策。等到事情结束之后,唐太宗成为太子,房玄龄被提拔为太子左庶子。贞观元年,房玄龄升为中书令。贞观三年,被任命为尚书左仆射,监修国史,封为梁国公,实际封赐食邑一千三百户。总管百官之后,他日夜虔诚恭敬,尽心竭力,不让一个人才被埋没。听说别人有长处,就如同自己有一样。他熟悉明了政事,擅长文字修饰,审核制定刑法律令时,本着宽松平和的原则。他选拔人才不求全责备,不用自己的长处衡量别人,根据能力提拔任用,不会使关系远、地位低的人产生阻隔。评论他的人都称他为好宰相。贞观十三年,加封太子少师。房玄龄自己觉得一占据宰相之位就是十五年,屡次上表请求辞职,唐太宗颁布诏书嘉奖赞美他,没有同意他的请求。贞观十六年,晋封司空,仍然总揽朝政,依旧监修国史。房玄龄再次以年老为由请求辞去官职,唐太宗派来使臣对他说:"国家长期任你为相,有一天突然没有好宰相了,我就好像失去了两只手一样。如果你觉得身体还没有衰老,就不要再辞让你的位置了。如果你自己觉得的确衰老虚弱了,那就再上奏一次吧。"房玄龄于是就停止了辞官的请求。唐太宗又经常回想开创帝业的艰辛困苦,辅助自己创业的功臣们的匡正辅佐,于是作了一篇《威凤赋》来抒发自己的情感,并将其赐给房玄龄,他被唐太宗欣赏达到了这般程度。

【注释】 ①隰城尉:隰城县的县尉。隰城县即今山西汾阳。县尉位居县令或县长之下,掌管一县治安。 ②坐事:因事获罪。 ③徇地:掠取土地。 ④杖策:执着马鞭。军门:军营的门。 ⑤记室参军:官名,东汉始置,掌章表书记文檄。或称记室督或记室等。 ⑥幕府:指将帅在外的营帐。 ⑦申结:申款交结,申好结合。 ⑧管记:古代对书记、记室参军等文翰职官的通称。 ⑨隐太子、巢刺王:即李建成和李元吉。李建成死后谥曰"隐",故此称"隐太子";李元吉死后谥曰"刺",贞观十六年又追封巢王,故此称"巢刺王"。 ⑩谮:说别人的坏话,诬陷、中伤。 ⑪驱斥:驱赶斥逐。 ⑫阁(gé):宫中的小门。 ⑬春宫:即东宫,太子居住的宫殿。 ⑭擢拜:提拔授官。 ⑮监修:指对书籍修纂工作的监督。国史:原指当代人修纂的本朝实录和本朝历史,后泛指一个朝代的历史。 ⑯收叙:收录任用。 ⑰端揆:即相位。宰相居百官之首,总揽国政,故称。 ⑱优诏:褒美嘉奖的诏书。 ⑲致仕:辞去官职。如何休注《春秋公羊传·宣公元年》"退而致仕"说:"致仕,还禄位于君。" ⑳佐命之匡弼:佐命:指辅助帝王创业的功臣。古代帝王得天下,自称是上应天命,故称辅佐帝王创业为"佐命"。匡弼:匡正辅佐,纠正补救。 ㉑《威凤赋》:全文为:"有一威凤,憩翩朝阳。晨游紫雾,夕饮元霜。资长风以举翰,戾天衢而远翔。西袭则烟氛阕色,东飞则日月腾光。化垂鹏于北裔,训群鸟于南荒。彩乱世而方降,应明时而自彰。俯翼云路,归功本树,仰乔枝而见猜,俯修条而抱蠹。同林之侣俱嫉,共干之俦并忤。无桓山之义情,有炎洲之凶度。若巢苇而居安,独怀危而履惧。鹎鹞啸乎侧叶,燕雀喧乎下枝。惭已陋之至鄙,害他贤之独奇。或聚咪而交击,乍分罗而见羁。戢凌云之逸羽,韬伟世之清仪。遂乃蓄情宵影,结志晨晖。霜残绮翼,露点红衣。嗟忧患之易结,叹缯缴之难违。期毕命于一死,本无情于再飞。幸赖君子,以依以恃。引此风云,濯斯尘滓。披蒙翳于叶下,发光彩于枝里。仙翰屈而还舒,灵音摧而复起。盼八极以邀蒉,临九天而高峙。庶广德于众禽,非崇利于一己。是以徘徊感德,顾慕怀贤。凭明哲而祸散,托英才而福全。答惠之情弥结,报功之志方宣。非知难而行易,思令后而终前。俾贤德之流庆,毕万叶而芳传。"根据《旧唐书·长孙无忌传》记载,该赋应当是赐给长孙无忌的。　㉒见称:受人称誉。

【评解】　对于一个国家或者组织来说,人才可以成为领导者的左膀右臂。古代君主礼贤下士而治国成功的事例不胜枚举。对于个人来说,有才华有能力的人在身边不但可以经常给自己提出一些建议和帮助,而且还可以直接促进自己能力的提高。

　　杜如晦,京兆万年人也。武德初①,为秦王府兵曹参军,俄迁陕州总管府长史。时府中多英俊②,被外迁者众③,太宗患之。记室房玄龄曰:"府僚去者虽多,盖不足惜。杜如晦聪明识达④,王佐才也⑤。若大王守藩端拱⑥,无所用之;必欲经营四方⑦,非此人莫可。"太宗自此弥加礼重,寄以心腹,遂奏为府属,常参谋帷幄⑧。时军国多事,剖断如流⑨,深为时辈所服。累除天策府从事中郎,兼文学馆学士。隐太子之败,如晦与玄龄功第一,迁拜太子右庶子。俄迁兵部尚书,进封蔡国公,实封一千三百户。贞观二年,以本官检校侍中。三年,拜尚书右仆射,兼知吏部选事⑩。仍与房玄龄共掌朝政。至于台阁规模,典章文物,皆二人所定,甚获当时之誉,时称房、杜焉。

【译文】　杜如晦,是京兆万年人。唐高祖武德初年,他在李世民的秦王府担任兵曹参军,不久之后调任陕州总管府长史。当时秦王府中有许多才智卓越的人,很多都被调任为地方官,唐太宗为此非常忧虑。当时担任记室的房玄龄说:"府中的幕僚离开的虽然很多,大都是不值得可惜的。只有杜如晦头脑灵活、洞达事理,是能够辅佐帝王创业和治国的人才。如果大王您打算安守王侯的地位,不想有大的作为,他这个人没有什么用处;如果您决心要治理天下,非得用这个人不可。"唐太宗从此之后对杜如晦更加礼遇、重视,把他当做自己的心腹,于是经过请示,将他调任为秦王府的属官,经常参与决策和谋划。那时候军中和国中事务繁多,杜如晦都能够迅速地剖析决断,深为当时的人们所佩服。数次提拔之后,成为天策府从事中郎,兼任文学馆学士。太子李建成的失败,杜如晦和房玄龄的功劳最大,官职升为太子右庶子。不久又升任兵部尚书,加封蔡国公,实封食邑一千三百户。贞观二年(628年),在原有官职基础上又兼为检校侍中。贞观三年(629年),官拜尚书右仆射,同时兼任吏部选事,仍然与房玄龄共同执掌朝政。以至于中央机构的规模,朝廷的各种制度仪节,都是他们两个人制定的,深受当时舆论的称颂,被人们并称为房、杜。

【注释】　①武德:唐高祖年号。　②英俊:才智卓越的人。　③外迁:古代指京官调任地方。　④识达:有见识,洞达事理。　⑤王佐才:能够辅佐帝王创业和治国的人才。　⑥守藩端拱:指不想有大的作为。守藩:王侯安守其封地。端拱:正身拱手,指帝王清静无为,清简为政。　⑦经营:规划营制。　⑧帷幄:军营的帐幕,代指将帅决策指出,这里引申为谋划决策。　⑨剖断:剖明决断。　⑩知:主持,管理。

【评解】　关于齐桓公为什么能成就霸业,威震诸侯,《管子·小匡》中的话可谓一语中的:"桓公假其群臣之谋,以益其智也。"齐桓公借助手下群臣的计谋,来不断增益自己的智慧。唐太宗也是一样,他的成功,可以说与身边的房玄龄、杜如晦、魏征等大臣的有力辅佐分不开。

魏征,巨鹿人也,近徙家相州之内黄。武德末,为太子洗马。见太宗与隐太子阴相倾夺①,每劝建成早为之谋。太宗既诛隐太子,召征责之曰:"汝离间我兄弟,何也?"众皆为之危惧。征慷慨自若,从容对曰:"皇太子若从臣言,必无今日之祸。"太宗为之敛容②,厚加礼异③,擢拜谏议大夫④。数引之卧内,访以政术。征雅有经国之才⑤,性又抗直⑥,无所屈挠⑦。太宗每与之言,未尝不悦。征亦喜逢知己之主,竭其力用。又劳之曰⑧:"卿所谏前后二百余事,皆称朕意。非卿忠诚奉国,何能若是!"三年,累迁秘书监,参预朝政,深谋远算,多所弘益⑨。太宗尝谓曰:"卿罪重于中钩⑩,我任卿逾于管仲,近代君臣相得,宁有似我于卿者乎?"六年,太宗幸九成宫,宴近臣,长孙无忌曰:"王珪、魏征,往事息隐,臣见之若仇,不谓今者又同此宴。"太宗曰:"魏征往者实我所仇,但其尽心所事,有足嘉者。朕能擢而用之,何惭古烈⑪?征每犯颜切谏⑫,不许我为非,我所以重之也。"征再拜曰:"陛下导臣使言,臣所以敢言。若陛下不受臣言,臣亦何敢犯龙鳞⑬,触忌讳也。"太宗大悦,各赐钱十五万。七年,代王珪为侍中,累封郑国公。寻以疾乞辞所职,请为散官⑭。太宗曰:"朕拔卿于仇虏之中,任卿以枢要之职,见朕之非,未尝不谏。公独不见金之在矿,何足贵哉?良冶锻而为器,便为人所宝。朕方自比于金,以卿为良工。虽有疾,未为衰老,岂得便尔耶?"征乃止。后复固辞,听解侍中,授以特进,仍知门下省事。十二年,太宗以诞皇孙,诏宴公卿。帝极欢,谓侍臣曰:"贞观以前,从我平定天下,周旋艰险,玄龄之功无所与让。贞观之后,尽心于我,献纳忠谠⑮,安国利人,成我今日功业,为天下所称者,惟魏征而已。古之名臣,何以加也。"于是亲解佩刀以赐二人。庶人承乾在春宫⑯,不修德业;魏王泰宠爱日隆⑰,内外庶寮⑱,咸有疑议。太宗闻而恶之,谓侍臣曰：" 当今朝臣，忠謇无如魏征⑲，我遣傅皇太子，用绝天下之望。"十七年，遂授太子太师，知门下事如故。征自陈有疾，太宗谓曰："太子宗社之本⑳，须有师傅，故选中正，以为辅弼。知公疹病㉑，可卧护之㉒。"征乃就职。寻遇疾。征宅内先无正堂，太宗时欲营小殿，乃辍其材为造，五日而就。遣中使赐以布被素褥，遂其所尚。后数日，薨㉓。太宗亲临恸哭，赠司空，谥曰文贞。太宗亲为制碑文，复自书于石。特赐其家食实封九百户。太宗后尝谓侍臣曰："夫以铜为镜，可以正衣冠；以古为镜，可以知兴替；以人为镜，可以明得失。朕常保此三镜，以防己过。今魏征殂逝㉔，遂亡一镜矣！"因泣下久之。乃诏曰："昔惟魏征，每显予过。自其逝也，虽过莫彰。朕岂独有非于往时，而皆是于兹日？故亦庶僚苟顺，难触龙鳞者欤！所以虚己外求，披迷内省㉕。言而不用，朕所甘心。用而不言，谁之责也？自斯已后，各悉乃诚。若有是非，直言无隐。"

【译文】 魏征是河北巨鹿人，近世举家迁居到相州的内黄。唐高祖武德末年，在李建成府中做太子洗马。他看到李世民与李建成兄弟暗地里在相互竞争，经常劝告李建成要早些做决断。唐太宗杀掉李建成之后，把魏征叫来斥责他说："你曾经离间我们兄弟之间的关系，这是为什么？"众人都为魏征感到担忧。魏征慷慨自若，神情坦然地说："皇太子如果听从了我的建议，一定不会有今天的灾祸。"唐太宗听后，因此改变了态度，给予他特别的礼遇，将他的官职升迁为谏议大夫。多次把他叫到内宫之中，向他询问治国之术。魏征非常富于治国的才华，性格又刚强正直，没有什么可以使他退缩。唐太宗每次与他交谈，未尝不感到心满意足。魏征也因为遇到了与自己心意相通的君主而感到高兴，全心全意恪尽职守。唐太宗又慰劳他说："你前后向我劝谏了二百多件事，都令我满意。如果不是你忠诚地为国家着想，怎么能够做到这种地步呢？"贞观三年（629 年），魏征一步步地升任为秘书监，参与国家大事，他深谋远虑，对国家治理大有裨益。唐太宗曾经对他说："你从前的罪过比管仲射中了齐桓公的带钩要大，我任用你超过了齐桓公任用管仲，近世的君臣之间的融洽默契，难道还有像我与你这样的吗？"贞观六年（632 年），唐太宗在九成宫设宴招待近臣，长孙无忌说："王珪和魏征，当初都是辅佐李建成的，我看到了他们就像见到了仇人一样，没有想到今天却与他们一同在这里参加宴会。"唐太宗说："魏征以前确实是我所仇视的人，但是他对自己的职责尽心尽力，有非常值得称道的地方。我能够把他提拔上来任用他，有什么对不起古代那些恩怨分明的义烈之士的呢？魏征每次都犯颜极谏，不容许我做错事，我因此而看重他。"魏征起身拜了两拜说："陛下您引导我让我劝谏，我因此才敢说。如果陛下您不接受我的劝谏，我又怎么敢于违逆您的意愿,触及您的禁忌呢!"唐太宗非常高兴,给他们每人赏赐了十五万钱。贞观七年(633年),魏征取代王珪成为侍中,加封为郑国公。不久之后,他因病要求辞去职位,请求做一个没有固定职事的散官。唐太宗说:"我从仇敌的队伍里把你选拔出来,托付给你关键而重要的职责,而你看到我有错误,没有一次不劝谏。你难道不明白这个道理吗?金子还在矿石中的时候,有什么贵重的呢?好的冶炼工匠把它锻造为器物,就被人们所珍爱。我把自己比喻为金子,把你看做好的工匠。你现在虽然有病,但还没有衰老,难道会让你辞职吗?"魏征于是停止了请辞。后来,魏征又多次坚定地请求辞职,唐太宗接受了请求,免去了他的侍中职务,改授为特进,仍然管理门下省的事务。贞观十二年(638年),唐太宗因为皇孙诞生,下诏赐宴于公卿大臣。皇帝心情非常好,对身边侍奉的大臣们说:"贞观以前,跟随我平定天下,出入于各种艰难危险的人中,房玄龄的功劳是无人能比的。贞观之后,对我竭尽心力,向我提出忠诚、正直的建议,安定国家,爱抚百姓,成就我今天的功业,为天下所称颂的人,只有魏征而已。古代的那些著名的大臣,哪一个能够超越他们呢?"于是,他亲自解下自己的佩刀,赐给了这两个人。后来被贬为庶人的李承乾还在做太子的时候,不修德性,不思进取。而魏王李泰日益受到宠爱,内外的百官群臣,对于他们目前的地位都有一些不同的看法。唐太宗听到风声后对此感到非常厌恶,对身边侍从的大臣说:"在今天的朝臣之中,在忠诚正直方面没有比得过魏征的,我派魏征去做皇太子的师傅,用来断绝天下人的想法。"贞观十七年(643年),授予魏征太子太师之职,仍然主管门下省的事务。魏征自己说身体有病,唐太宗对他说:"太子是宗庙社稷的根本,必须有老师教导他,所以需要选择品行端正的人,作为他的辅助。我知道你身体有病,可以一边养病一边做事。"魏征于是担任了这个职务。不久之后,魏征得了重病。魏征的家里没有正堂,唐太宗当时正打算建一座小宫殿,于是就停下来用这些木材给魏征建正堂,五天就建成了。又派宫中的使节给魏征送去棉布做的被子和没有染色的丝织品做的褥子,以顺从他的喜好。后来又过了几天,魏征去世了。唐太宗亲临吊唁,放声恸哭,追赠他为司空,谥号"文贞"。唐太宗亲自为他作了碑文,又亲自写到石头上。并专门赐给他们家实封食邑九百户。唐太宗后来又一次对身边侍从的大臣说:"用铜做镜子,可以端正衣冠;用历史做镜子,可以知道兴亡;用人做镜子,可以明白得失。我一直保有着这三面镜子,以防止自己的过错。如今魏征去世了,就是失去了一面镜子啊!"于是眼泪落下来,哭了好长时间。接着下诏说:"以前魏征在的时候,经常揭露我的过失。自从他过世之后,即使有过错也不能被发现。我难道是仅仅在过去犯错误,现在就处处都对吗?还是因为百官曲意顺从我,很难再触犯我的情绪呢!因此我打算使自己虚怀若谷以征求大家的意见,剖析自己的迷惑以求能够自我反省。如果大家说了我没有采纳,后果我甘心承担;我打算采纳却没有人来提建议,这是谁的责任呢?从今以后,你们应当拿出全部的诚意。如果我有做得对或不对的地方,直言相告,不要有所隐瞒。"

【注释】 ①倾夺:竞争,争夺。 ②敛容:改变了脸色,显出端庄的样子。 ③礼异:特殊的礼遇。 ④擢拜:提拔、授予官职。 ⑤雅:副词,甚,很,极。 ⑥抗直:刚强正直。 ⑦屈挠:退缩,屈服。 ⑧劳:慰问。 ⑨弘益:增益,补益。 ⑩中钩:春秋时期,齐国发生内乱,公子纠和公子小白分别逃往他国,管仲辅佐公子纠。后来齐国国内局势发生了变化,公子纠和公子小白都想提前一步赶回齐国继承国君之位。为了阻止公子小白,管仲在半路进行截击,结果一箭射中公子小白的带钩。公子小白佯装被射死,星夜赶回齐国,继承了君位,是为齐桓公。齐桓公即位之后,听从了鲍叔牙的建议,不但没有报一箭之仇,反而爱惜管仲的才能,重用了他。后管仲辅佐齐桓公改革内政,发展生产,壮大实力,扩大在诸侯中的影响,使得齐桓公成为诸侯的霸主。这里的"中钩"及下一句提到"管仲",指的就是这一典故。 ⑪古烈:前代的义烈之士。 ⑫切谏:直言极谏。 ⑬犯龙鳞:又作"逆龙鳞"。《韩非子·说难》中说:"夫龙之为虫也,柔可狎而骑也,然其喉下有逆鳞径尺,若人有婴之者,则必杀人。人主亦有逆鳞,说者能无婴人主之逆鳞,则几矣。"后以"犯龙鳞"或"逆龙鳞"指臣下不顾君王的情绪而犯颜直谏。 ⑭散官:与"职事官"对言,指有官名而无固定职事之官。 ⑮谠:正直的言论。 ⑯庶人承乾:唐太宗的长子李承乾,曾被立为太子,后因罪被废为庶人。 ⑰魏王泰:唐太宗第四子李泰,被封为魏王,后因谋夺太子之位被贬。 ⑱庶寮:即百官。亦作"庶僚"。 ⑲忠謇:忠诚正直。 ⑳宗社:宗庙社稷,泛指国家。 ㉑疢:病。 ㉒卧护:即"卧治",卧病中治事。 ㉓薨:原指诸侯去世,后也指有爵位的高级官员去世。 ㉔殂逝:去世。 ㉕披迷:剖析迷惑。

【评解】 弥勒佛像侧有副几乎尽人皆知的对联:"大肚能容容天下难容之事,笑口常开笑世上可笑之人。"一个人生活在世上,会遭遇数不清的恩恩怨怨,或由爱转恨,或由恩生仇,这都是难以避免的。当遇到这种情况的时候,达观的人可以做到宽大为怀,一笑置之,举贤不避仇,最终化敌为友。唐太宗和魏征君臣之间的情意,可以说是这个道理的最好注解。

王珪,太原祁县人也。武德中,为隐太子中允①,甚为建成所礼。后以连其阴谋事,流于巂州。建成诛后,太宗即位,召拜谏议大夫。每推诚尽节,多所献纳。珪尝上封事切谏②,太宗谓曰:"卿所论皆中朕之失,自古人君莫不欲社稷永安,然而不得者,只为不闻己过,或闻而不能改故也。今朕有所失,卿能直言,朕复闻过能改,何虑社稷之不安乎?"太宗又尝谓珪曰:"卿若常居谏官,朕必永无过失。"顾待益厚③。贞观元年,迁黄门侍郎,参预政事,兼太子右庶子。二年,进拜侍中。时房玄龄、魏征、李靖、温彦博、戴胄与珪同知国政,尝因侍宴,太宗谓珪曰:"卿识鉴精通④,尤善谈论,自玄龄等,咸宜品藻⑤。又可自量孰与诸子贤。"对曰:"孜孜奉国,知无不为,臣不如玄龄。每以谏诤为心,耻君不及尧、舜,臣不如魏征。才兼文武,出将入相⑥,臣不如李靖。敷奏详明⑦,出纳惟允⑧,臣不如温彦博。处繁理剧,众务必举,臣不如戴胄。至于激浊扬清⑨,嫉恶好善,臣于数子,亦有一日之长⑩。"太宗深然其言,群公亦各以为尽己所怀,谓之确论⑪。

【译文】 王珪,是太原祁县人。唐高祖武德年间,他在李建成的宫中做太子中允,深得建成礼遇,后来因为受李建成阴谋作乱的事情所牵连,被流放到嶲州。李建成被杀之后,唐太宗即位,把他召回拜为谏议大夫。他对太宗以诚相待,竭心尽力,多次提出好的建议和意见。王珪曾经上机密的奏章极力劝谏,唐太宗对他说:"你所谈论的都恰好切中我的过失,自古以来,作为一国君主的人没有不想国家长治久安的,可是却做不到这一点的原因,就在于听不到别人指出自己的过失,或者听了之后也不能改正的缘故。如今我有过失,你能够直言指出,再加上我听了之后能够改正,还用得着忧虑国家不安定吗?"唐太宗又曾经对王珪说:"你如果一直做谏官,我一定永远不会有过错。"于是对待他更加优厚。贞观元年(627年),升任黄门侍郎,参与国家大政方针的决策,兼任太子右庶子。贞观二年(628年),升迁为侍中。当时房玄龄、魏征、李靖、温彦博、戴胄与王珪一起执掌国家的大政,王珪曾经因此而在太宗宴享时陪侍。太宗对王珪说:"你见识高明,精通于鉴别人才,尤其善于评论,从房玄龄以下这几个人,你都可以品评一下他们。你也可以自己衡量一下,觉得自己哪方面同他们比起来更高明。"王珪回答说:"勤奋不倦地为国事操劳,只要自己知道的就不会不去做,我不如房玄龄。心里时常想着直言劝谏,以自己的君主不如尧、舜贤明而感到羞耻,我不如魏征。文韬武略兼备,出征可为将帅,入朝可为宰相,我不如李靖。陈奏报告详细清楚,上传下达准确合理,我不如温彦博。处理繁多而急切的事务,件件事情都办得有条有理,我不如戴胄。至于激浊扬清,去恶扬善,我与各位比起来,也是有些长处的。"唐太宗认为他说得很对,各位大臣也都觉得非常切合自己的实际情况,称赞他评论得精确而恰当。

【注释】 ①中允:太子属官,主管侍从礼仪等。 ②封事:为防泄密而密封的奏章。 ③顾待:照顾。 ④识鉴:见地和鉴别人才的能力。 ⑤品藻:品评,鉴定。 ⑥出将入相:出征可为将帅,入朝可为丞相,指兼有文武才能的人。 ⑦敷奏:向君上陈奏,报告。 ⑧出纳:向下传达帝王命令,向上反映下面意见。因帝王居于禁内,所以称为"出纳"。 ⑨激浊扬清:冲去污水,让清水上来。比喻清除坏的,发扬好的。 ⑩一日之长:意思是判断或处理事情有相当的能力。 ⑪确论:精确恰当的评论。

【评解】 王珪对自己的评价可以说客观而深刻。俗话说:金无足赤,人无完人;寸有所长,尺有所短。每一个人都有自己的缺点和优点。而在用人方面,不能要求所用的每个人都十分完美,明智的做法是根据每个人的情况,用其所长,不计小过,做到人尽其才。否则,便会因小失大,白白失去许多选择贤才的良机。

李靖,京兆三原人也。大业末①,为马邑郡丞。会高祖为太原留守,靖观察高祖,知有四方之志,因自锁上变②,诣江都③。至长安,道塞不通而止。高祖克京城,执靖,将斩之,靖大呼曰:"公起义兵除暴乱,不欲就大事,而以私怨斩壮士乎?"太宗亦加救靖,高祖遂舍之。武德中,以平萧铣、辅公祏功④,历迁扬州大都督府长史。太宗嗣位,召拜刑部尚书。贞观二年,以本官检校中书令。三年,转兵部尚书,为代州行军总管,进击突厥定襄城,破之。突厥诸部落俱走碛北⑤,北擒隋齐王暕之子杨道政,及炀帝萧后,送于长安。突利可汗来降,颉利可汗仅以身遁。太宗谓曰:"昔李陵提步卒五千,不免身降匈奴,尚得名书竹帛。卿以三千轻骑,深入虏庭⑥,克复定襄,威振北狄,实古今未有,足报往年渭水之役矣⑦。"以功进封代国公。此后,颉利可汗大惧,四年,退保铁山,遣使入朝谢罪,请举国内附⑧。又以靖为定襄道行军总管,往迎颉利。颉利虽外请降,而心怀疑贰⑨。诏遣鸿胪卿唐俭、摄户部尚书将军安修仁慰谕之⑩,靖谓副将张公谨曰:"诏使到彼,虏必自宽,乃选精骑赍二十日粮,引兵自白道袭之。"公谨曰:"既许其降,诏使在彼,未宜讨击。"靖曰:"此兵机也,时不可失。"遂督军疾进。行至阴山,遇其斥候千余帐⑪,皆俘以随军。颉利见使者甚悦,不虞官兵至也。靖前锋乘雾而行,去其牙帐七里⑫,颉利始觉,列兵未及成阵,单马轻走⑬,虏众因而溃散。斩万余级,杀其妻隋义成公主,俘男女十余万,斥土界自阴山至于大漠⑭,遂灭其国。寻获颉利可汗于别部落,余众悉降。太宗大悦,顾谓侍臣曰:"朕闻主忧臣辱,主辱臣死。往者国家草创,突厥强梁⑮,太上皇以百姓之故,称臣于颉利,朕未尝不痛心疾首,志灭匈奴,坐不安席,食不甘味。今者暂动偏师⑯,无往不捷,单于稽颡⑰,耻其雪乎!"群臣皆称万岁。寻拜靖光禄大夫、尚书右仆射,赐实封五百户。又为西海道行军大总管,征吐谷浑,大破其国。改封卫国公。及靖身亡,有诏许坟茔制度依汉卫、霍故事⑱,筑阙象突厥内燕然山、吐谷浑内碛石二山⑲,以旌殊绩⑳。

【译文】 李靖,是京兆三原人。隋炀帝大业末年,在马邑当郡丞。那时候唐高祖李渊还在做太原留守,李靖通过观察李渊这个人,知道他有统一天下的志向,因此自己封锁了关隘并到朝廷去告发李渊将要谋反,并打算到江都去。走到长安的时候,因道路被堵塞而停了下来。唐高祖攻克了长安,抓住了李靖,将要杀掉他,李靖大喊道:"您组织起正义的军队来铲除暴虐昏乱,不打算去成就大事,反而因为个人的怨愤而要杀掉一个壮士吗?"唐太宗也设法搭救李靖,李渊于是放了他。唐高祖武德年间,因为平定萧铣、辅公祏有功,数次被提升后做了扬州大都督府长史。唐太宗即位之后，把他召到京城任命为刑部尚书。贞观二年（628年），他在原来官职的基础上兼为检校中书令。贞观三年（629年），转任为兵部尚书，并任命他为代州行军总管，率军进击突厥的定襄城，将城攻破。突厥各个部落都逃到了大漠以北，他从北方抓来了隋朝齐王杨暕的儿子杨道政，以及隋炀帝的皇后萧氏，送到了都城长安。突利可汗前来归降，颉利可汗也仅仅只身逃脱。唐太宗说："当年汉代的李陵率领五千名步兵同匈奴作战，也不免战败投降的下场，即使这样也仍然能够得以青史留名。你率领三千轻骑兵，深入突厥的腹地，收复了定襄，威震北方的各民族，实在是古今所没有过的功绩，足以报我当年渭水战役之仇了。"于是因军功加封李靖为代国公。从此之后，颉利可汗非常惶恐，贞观四年（630年），退兵据守铁山，派使者到朝廷请罪，请求全国归顺。唐太宗又命李靖为定襄道行军总管，前往迎接颉利可汗。颉利可汗虽然表面上请求归降，但是心里却怀疑猜忌有二心。唐太宗派鸿胪卿唐俭、摄户部尚书将军安修仁前去抚慰晓谕他，李靖对副将张公谨说："皇帝下诏让使者到突厥去，敌人自己一定会松懈下来，我们可以挑选精锐骑兵，带上二十天的粮草，发兵从白道去袭击他们。"张公谨说："既然已经同意了他们请降，并且有皇帝亲派的使者在那里，不宜攻打。"李靖说："这是战机啊，这样的时机是不能失去的。"于是指挥军队快速行军。人马走到阴山的时候，正遇上一千多户为颉利可汗担任侦查任务的突厥人，李靖都把他们俘虏了随着唐军一同前进。颉利可汗看到唐朝的使者来了，非常高兴，没有想到唐朝的官军会来。李靖的前锋部队以大雾做隐蔽行军，到了离颉利可汗的大帐只有七里远的地方，颉利可汗才发觉，已经来不及将队伍组织成阵列了，只得单人独骑迅速逃走，突厥的人马因而四散奔逃。这一仗杀了突厥一万多人，并杀掉了颉利可汗的妻子隋朝的义成公主，俘获了十多万人，开拓了从阴山一直到大沙漠的疆土，于是突厥的国家被消灭了。不久之后又从其他部落抓住了颉利可汗，剩余的突厥人也都投降了。唐太宗很高兴，对身边侍从的大臣说："我听说君主如果有忧患，臣下就会感到羞辱，君主如果感到羞耻，臣下就会尽死力为其洗雪。当初国家刚刚建立，突厥势力强大，太上皇为了要安定百姓，向颉利可汗称臣，我无时无刻不为此事痛心疾首，立志要消灭它，并为此而坐不安席，食不甘味。如今刚刚调动了并非主力的军队，就无往不胜，突厥的单于虔诚归顺，这个耻辱算是得到洗雪了吧！"群臣听后都高呼万岁。不久之后任命李靖为光禄大夫、尚书右仆射，赐给食邑实封五百户。又任命他为西海道行军大总管，征讨吐谷浑，将其大败。李靖被改封为卫国公。等到李靖去世之后，皇帝下诏书准许他的墓葬依照汉代名将卫青、霍去病的旧例，在墓前筑起两座象突厥境内的铁山、吐谷浑境内的积石山一样的石牌坊，来表彰他的特殊功绩。

【注释】 ①大业：隋炀帝年号。 ②上变：向朝廷告发谋反等非常性的事变。如胡三省注《资治通鉴·汉高帝九年》"乃上变告之"云："变，非常也。谓上告非常之事。" ③江都：今江苏扬州。隋炀帝曾到此巡游,并在这里被部将杀死。 ④萧铣、辅公祏:均为隋末起义领袖。萧铣曾具有长江中下游一带,自号梁王,被唐军所败。辅公祏与杜伏威一同率领江淮起义军,转战南北,619年同杜伏威一起降唐,被任命为淮南道行台尚书左仆射,封舒国公,623年又起兵反唐,并在丹阳称帝,后被李孝恭、李靖等率兵剿灭。 ⑤碛(qì)北:指蒙古高原大沙漠以北地区。碛:浅水中沙堆,引申为沙漠。 ⑥虏庭:古代对少数民族所建立的政权的贬称。又作"虏廷"。 ⑦渭水之役:武德九年(626年),颉利可汗背负先前与唐订立的盟约,率军进攻泾州、武功等地,直逼唐都长安。李世民出城隔渭水与颉利可汗答话,并在渭水便桥上签订合约,突厥兵这才退走。因当时唐朝初建,天下未定,无力与突厥抗衡,只得采取忍让政策,被唐太宗当做耻辱。 ⑧内附:归附朝廷。 ⑨疑贰:猜忌、异心。 ⑩慰谕:抚慰,宽慰晓谕。又作"慰喻"。 ⑪斥候:指侦察、候望的人。帐:这里是古代游牧民族计算人户的单位。因游牧民族逐水草而居,每户住一顶帐篷,故按帐计入户数。 ⑫牙帐:将帅所居的营帐,因前建牙旗,故名"牙帐"。 ⑬轻走:迅疾逃跑。 ⑭斥土:开拓土地。 ⑮强梁:强劲,强横。 ⑯偏师:指主力军以外的军队。 ⑰稽颡:古代一种跪拜礼,屈膝下拜,以额触地,表示极度的虔诚。这里指诚心归降。 ⑱坟茔制度依汉卫、霍故事:"卫、霍"即卫青、霍去病,汉代名将,在对匈奴作战中功勋卓著。卫青去世之后,汉武帝命人把卫青的坟墓修建成匈奴境内的庐山的样子,以表彰卫青一生的赫赫战功。霍去病去世之后,汉武帝同样下令将他的坟墓修成祁连山的模样,以彰显他击败匈奴的功绩。 ⑲突厥内燕然山、吐谷浑内碛石二山:燕然山这里指突厥境内的铁山,在今内蒙古阴山北部。碛石即吐谷浑境内的积石山,在今青海东南。 ⑳旌:表彰。殊绩:突出的功绩。

【评解】 李靖是中国历史上的名将,除了赫赫战功之外,《唐太宗李卫公问对》也是传统兵家最重要的代表作之一。从他的事迹看,他不但在军事指挥上有才能,而且做人的谋略也是值得称道的。

虞世南,会稽余姚人也。贞观初,太宗引为上客①,因开文馆,馆中号为多士②,咸推世南为文学之宗③。授以记室,与房玄龄对掌文翰④。尝命写《列女传》以装屏风,于时无本,世南暗书之⑤,一无遗失。贞观七年,累迁秘书监。太宗每机务之隙⑥,引之谈论,共观经史⑦。世南虽容貌懦弱,如不胜衣,而志性抗烈⑧,每论及古先帝王为政得失,必存规讽⑨,多所补益。及高祖晏驾⑩,太宗执丧过礼⑪,哀容毁悴⑫,久替万机⑬,文武百寮⑭,计无所出,世南每入进谏,太宗甚嘉纳⑮之,益所亲礼。尝谓侍臣曰:"朕因暇日,每与虞世南商榷古今。朕有一言之善,世南未尝不悦;有一言之失,未尝不怅恨。其恳诚若此,朕用嘉焉。群臣皆若世南,天下何忧不治?"太宗尝称世南有五绝:一曰德行,二曰忠直,三曰博学,四曰词藻⑯,五曰书翰⑰。及卒,太宗举哀于别次⑱,哭之甚恸。丧事官给,仍赐以东园秘器⑲,赠礼部尚书,谥曰文懿。太宗手敕魏王泰曰:"虞世南于我,犹一体也。拾遗补阙⑳,无日暂忘,实当代名臣,人伦准的㉑。吾有小善,必将顺而成之;吾有小失,必犯颜而谏之。今其云亡㉒,石渠、东观之中㉓,无复人矣,痛惜岂可言耶!"未几,太宗为诗一篇,追思往古理乱之道,既而叹曰:"钟子期死,伯牙不复鼓琴㉔。朕之此篇,将何所示?"因令起居褚遂良诣其灵帐读讫焚之㉕,其悲悼也若此。又令与房玄龄、长孙无忌、杜如晦、李靖等二十四人,图形于凌烟阁㉖。

【译文】　虞世南是会稽余姚人。贞观初年,唐太宗把他招致而来,待为上宾,因此而开设了文馆,当时馆中号称贤士的人众多,但他们都推举虞世南为才学最高。唐太宗任命他为记室,与房玄龄一起掌管公文信札。唐太宗曾经让他书写《列女传》用来装饰屏风,当时没有底本可以参照,虞世南就默写了出来,一点差错都没有。贞观七年(633年),逐渐升迁至秘书监。唐太宗每当处理公务的闲暇,都把他招来谈论,一起探讨经史中的问题。虞世南虽然长相孱弱,好像连衣服都穿不起来一样,但是性情高亢激烈,每每谈论到古代帝王治理国家的得失,一定要有所规谏讽喻,对唐太宗帮助很多。等到唐高祖去世,唐太宗守丧超过了礼制的规定,容貌因悲伤而过于憔悴,很长时期都废弃了政事的处理,文武百官,对此都没有想出好办法,虞世南每次进去劝谏,唐太宗都非常赞赏并采纳他的建议,对他更加亲近和礼貌。唐太宗曾经对身边侍从的大臣说:"我在闲暇的时候,经常与虞世南一起谈古论今。我如果有一句话说得好,虞世南一定会非常高兴;有一句话说错了,一定会惆怅怨愤。他为人诚恳到这种程度,我因此而赞赏他。诸位大臣如果都像虞世南一样,还用忧虑天下治理不好吗?"唐太宗曾经称赞虞世南有"五绝":一是端正的德行,二是忠直的性情,三是广博的才学,四是优美的辞赋,五是出众的书法。虞世南去世之后,唐太宗在别第进行哀悼,哭得非常悲痛。虞世南的丧葬费用由官府开支,并赐给他棺木,追赠为礼部尚书,谥号"文懿"。唐太宗亲手写了一份诏书给魏王李泰说:"虞世南与我就如同一个人一样。纠正我的缺点和过失,他从来没有遗忘过,确实是当今的名臣,人际道德关系的典范。我有小的优点,他一定会顺应并助成它;我有小的缺点,他一定会不顾情面直言劝谏。如今他去世了,石渠、东观之中,不再有这样的人了,我的悲痛、惋惜之情怎么能够用言语表达呢!"不久之后,唐太宗做了一首诗,追思古代天下治理和混乱的一般规律,接着感叹道:"钟子期死了,伯牙就不再弹琴。我做的这首诗,还能给谁看呢?"于是命令起居郎褚遂良到虞世南的灵帐之中,把诗读完之后焚毁了,他的悲痛伤悼之情到了这种程度。唐太宗又命人将虞世南与房玄龄、长孙无忌、杜如晦、李靖等二十四个人的图像,画到了凌烟阁上。

【注释】　①引:招致。　②多士:众多贤士。　③文学:文才,才学。宗:指造诣高深、成果卓著为众人所师法的人物。如宗师、宗匠。　④对掌:共同执掌。文翰:这里指公文、书信等。　⑤暗书:默写。　⑥机务:机要事务,代指军国大事。　⑦共观:这里指一同探讨。　⑧抗烈:激昂,高亢激烈。　⑨规讽:规谏讽喻。　⑩晏驾:原意为车驾晚出,古代用作帝王死亡的讳辞。《史记·范雎蔡泽列传》有:"宫车一日晏驾,是事之不可知者一也。"裴骃《集解》引韦昭曰:"凡初崩为'晏驾'者,臣子之心犹谓宫车当驾而晚出。" ⑪执丧:奉行丧礼,守孝。 ⑫毁悴:因居丧过哀而憔悴。 ⑬久替万机:把各种国家事务都长期废弃了。替:松弛,怠惰,废弃。万机:指需要处理的各种政务。 ⑭百寮:百官。 ⑮嘉纳:(上级对下级的意见或建议)赞许并采纳。 ⑯词藻:原意为诗文中用作修辞的典故或工巧有文采的词语,这里指辞赋。 ⑰书翰:文墨、书法。 ⑱别次:即别第,正宅以外的住所。 ⑲东园秘器:皇室、显宦死后用的棺材。《汉旧仪》中说:"东园祕器作棺梓,素木长二丈,崇广四尺。"东园:官署名,掌管陵墓内器物、葬具的制造与供应。秘器:棺材。 ⑳拾遗补阙:补正他人的过失与缺点。 ㉑准的:原意为箭靶,引申为准则、标准。准、的:都是指箭靶。 ㉒云亡:死亡。 ㉓石渠、东观:宫中藏书之所。石渠:西汉皇室藏书之处,在长安未央宫殿北。东观:东汉洛阳南宫内观名,章和二帝时为皇宫藏书之府。 ㉔钟子期死,伯牙不复鼓琴:《吕氏春秋·本味》记载:"伯牙鼓琴,钟子期听之,方鼓琴而志在高山,钟子期曰:'善哉乎鼓琴,巍巍乎若泰山。'少选之间而志在流水,钟子期又曰:'善哉乎鼓琴,汤汤乎若流水。'钟子期死,伯牙破琴绝弦,终生不复鼓琴,以为世无足复为鼓琴者。" ㉕灵帐:灵堂内设置的帐幕。 ㉖图形于凌烟阁:古代为表彰功臣而建筑的绘有功臣图像的高阁。北周庾信《周柱国大将军纥干弘神道碑》就有:"天子画凌烟之阁,言念旧臣;出平乐之宫,实思贤傅。"唐太宗画功臣像于凌烟阁之事在贞观十七年(643年)。刘肃《大唐新语·褒锡》记载:"贞观十七年,太宗图画太原倡义及秦府功臣赵公长孙无忌、河间王孝恭、蔡公杜如晦、郑公魏征、梁公房玄龄、申公高士廉、鄂公尉迟敬德、郧公张亮、陈公侯君集、卢公程知节、永兴公虞世南、渝公刘政会、莒公唐俭、英公李勣、胡公秦叔宝等二十四人于凌烟阁,太宗亲为之赞,褚遂良题阁,阎立本画。"

【评解】 虞世南被戈直称为"德行忠直文章之士,唐兴之儒臣",他的"五绝"是一般人很难全部具有的,他与唐太宗之间的情意,也是历史上的一段佳话。

李勣,曹州离狐人也。本姓徐,初仕李密①,为左武侯大将军。密后为王世充所破②,拥众归国③,勣犹据密旧境十郡之地。武德二年,谓长史郭孝恪曰:"魏公既归大唐,今此人众土地,魏公所有也。吾若上表献之,则是利主之败,自为己功,以邀富贵,是吾所耻。今宜具录州县及军人户口,总启魏公④,听公自献,此则魏公之功也,不亦可乎?"乃遣使启密。使人初至,高祖闻无表,惟有启与密,甚怪之。使者以勣意闻奏⑤,高祖方大喜曰:"徐勣感德推功,实纯臣也⑥。"拜黎州总管,赐姓李氏,附属籍于宗正⑦。封其父盖为济阴王,固辞王爵,乃封舒国公,授散骑常侍。寻加勣右武侯大将军。及李密反叛伏诛,勣发丧行服⑧,备君臣之礼,表请收葬。高祖遂归其尸。于是大具威仪⑨,三军缟素⑩,葬于黎阳山。礼成,释服而散,朝野义之。寻为窦建德所攻,陷于建德,又自拔归京师。从太宗征王世充、窦建德,平之。贞观元年,拜并州都督,令行禁止,号为称职,突厥甚加畏惮。太宗谓侍臣曰:"隋炀帝不解精选贤良,镇抚边境,惟远筑长城,广屯将士,以备突厥,而情识之惑⑪,一至于此。朕今委任李勣于并州,遂得突厥畏威远遁,塞垣安静⑫,岂不胜数千里长城耶?"其后并州改置大都督府,又以勣为长史,累封英国公。在并州凡十六年,召拜兵部尚书,兼知政事。勣时遇暴疾⑬,验方云须灰可以疗之⑭,太宗自剪须为其和药。勣顿首见血,泣以陈谢。太宗曰:"吾为社稷计耳,不烦深谢。"十七年,高宗居春宫,转太子詹事,加特进,仍知政事。太宗又尝宴,顾勣曰:"朕将属以孤幼⑮,思之无越卿者。公往不遗于李密,今岂负于朕哉!"勣雪涕致辞⑯,因噬指流血。俄沉醉,御服覆之,其见委信如此⑰。勣每行军,用师筹算,临敌应变,动合事机。自贞观以来,讨击突厥、颉利及薛延陀、高丽等,并大破之。太宗尝曰:"李靖、李勣二人,古之韩、白、卫、霍岂能及也⑱!"

【译文】 李勣,是曹州离狐人。他原本姓徐,最初的时候在李密手下做官,为左武侯大将军。李密被王世充打败,率领部众降唐,李勣仍然占据着李密原来所统治的十个郡的土地。武德二年(619年),李勣对长史郭孝恪说:"魏公李密已经投降大唐了,现在这些人马和土地,都是属于魏公的。如果我上表将其献给大唐,这是从主公的失败中获取利益,当做自己的功劳,以换取富贵利禄,这是我耻于去做的。如今应当把各州各县的钱粮土地、军马人口等全都统计清楚,一并陈奏给魏公,让魏公自己献出来,这就是魏公的功劳,这样做不也可以吗?"于是他派使者去向李密陈奏。使者刚到的时候,唐高祖听说没有表章,只有送给李密的书信,非常奇怪。使者把李勣的意图陈奏给唐高祖,高祖这才非常高兴,说:"徐勣感怀恩德推让功劳,真是一个真心不二之臣啊。"于是任命他为黎州总管,赐姓李,将他的户籍纳入王室亲族之中。又封他的父亲李盖为济阴王,因其坚定地推辞王爵,于是改封舒国公,授予散骑常侍之职。不久之后加封李勣为右武侯大将军。后来李密反叛被杀,李勣为他举行丧礼并穿孝服居丧,完全按照君臣之间的礼节,并上表请求将李密的尸体收殓入葬。唐高宗就把李密的尸体给了他。李勣于是大张旗鼓地举行了丧葬仪式,全军上下都穿起白色的丧服,将李密埋葬在黎阳山。丧葬礼仪全部完成之后,脱下丧服让大家结束了仪式,朝野之间都评价他很仗义。不久李勣被窦建德攻击,被窦建德所俘,他又自己逃脱出来回到京城。李勣跟随唐太宗征讨王世充、窦建德,把他们都消灭了。贞观元年(627年),他被任命为并州都督,号令严明,令行禁止,被人们称赞为称职,突厥对他非常畏惧。唐太宗对身边侍从的大臣说:"隋炀帝不知道精心挑选贤才良将镇守边境的道理,只是在远处修建长城,多布置军队,以此来防范突厥,才情和见识糊涂到这种地步。我如今委派李勣在并州镇守,于是突厥人害怕他威名而远远地逃走了,北方的边境得以安宁,这难道不比几千里长城更有用吗?"后来,并州改设为大都督府,又任命李勣为长史,加封为英国公。李勣在并州十六年后,召回京城任命为兵部尚书,同时参与管理国家大事。李勣有一次突然得了重病,验方上说胡须烧成灰可以治这种病,唐太宗剪下了自己的胡须为他配药。李勣磕头以至于流血,哭泣着表达感激之情。唐太宗说:"我这样做是为国家考虑,不要这样感谢。"贞观十七年(643 年),唐高宗李治还是太子,李勣转任为太子詹事,加封为特进,仍然参与管理国家大事。唐太宗曾经在一次宴会上对李勣说:"我想托付个人在我死后照顾我年幼的孩子,考虑了一下没有比你更合适的。你从前的时候不忘记李密,如今难道会辜负我吗!"李勣一边擦着眼泪一边回话,结果把手指咬破流出血来。过了一会儿他喝得大醉,唐太宗把自己的衣服盖在他身上,由此可见唐太宗对他的委任和信赖达到何种程度。李勣每次指挥军队,用兵作战精心筹划,遇到敌人随机应变,军队行动符合战机。自唐太宗即位之后,先后征讨突厥、颉利和薛延陀、高丽等,都把他们完全击败。唐太宗曾经说:"李靖、李勣这两个人,古代的韩信、白起、卫青、霍去病怎么能赶得上呢!"

【注释】 ①李密:隋末起义军瓦岗军的首领,称魏公。 ②王世充:隋末割据军阀,隋炀帝死后,他先是在洛阳拥立杨侗为帝,后又废掉杨侗自己称帝,国号郑。 ③拥众归国:指率领部众降唐。 ④启:陈奏。 ⑤闻奏:即奏闻,臣下将事情报告给帝王。 ⑥纯臣:忠心无二之臣。 ⑦附属籍于宗正:将户籍归于王室亲族之中。属籍:户籍。宗正:掌管王室亲族事务的职官。 ⑧行服:穿孝服居丧。 ⑨威仪:古代祭享等典礼中的动作仪节及待人接物的礼仪。《礼记·中庸》中有:"礼仪三百,威仪三千。" ⑩缟素:白色丧服。 ⑪情识:才情与见识。 ⑫塞垣:本指汉代为抵御鲜卑所设的边塞,后泛指北方边境。 ⑬暴疾:突然发作的疾病。 ⑭验方:临床经验证明确实有疗效的现成药方。 ⑮属:同"嘱",嘱咐,托付。孤幼:年幼的孤儿。 ⑯雪涕:擦拭眼泪。致辞:用语言表达自己的思想感情。 ⑰委信:委任信赖。 ⑱韩、白、卫、霍:韩信、白起、卫青、霍去病,均为历史上的名将。

【评解】 唐初名将如云,李勣能够在其中卓尔不群,除了他的军事才能之外,忠诚正直的人品也是重要的原因。

马周,博州茌平人也。贞观五年,至京师,舍于中郎将常何之家①。时太宗令百官上书言得失,周为何陈便宜二十余事②,令奏之,事皆合旨。太宗怪其能,问何,何对曰:"此非臣所发意③,乃臣家客马周也。"太宗即日召之,未至间,凡四度遣使催促。及谒见,与语甚悦。令直门下省④,授监察御史,累除中书舍人。周有机辩,能敷奏,深识事端,故动无不中。太宗尝曰:"我于马周,暂时不见,则便思之。"十八年,历迁中书令,兼太子左庶子。周既职兼两宫,处事平允,甚获当时之誉。又以本官摄吏部尚书。太宗尝谓侍臣曰:"周见事敏速,性甚慎至。至于论量人物,直道而言,朕比任使之,多称朕意。既写忠诚⑤,亲附于朕,实藉此人,共康时政也⑥。"

【译文】 马周,是博州茌平人。贞观五年(631年),马周来到京城,住在中郎将常何家里。恰逢唐太宗命令百官上书评论政事得失,马周对常何陈述了有利于国家、合乎时宜的二十多件事,让常何上奏,结果每一件事都合乎皇帝的心意。唐太宗对常何的才能感到奇怪,便问常何,常何回答说:"这不是我的想法,是我家的客人马周的。"唐太宗当天就召见马周,在马周还没有到达期间,曾经四次派人去催促。等到马周前来拜见,两人谈论得非常愉快。唐太宗命马周到门下省当值,并任命他为监察御史,多次提拔之后任命为中书舍人。马周为人机智而有辩才,善于陈奏,对事情了解深入,所以行动没有不恰当不合理的。唐太宗曾经说:"我对于马周,一时看不见,就会想他。"贞观十八年(644年),官职升到中书令,兼任太子左庶子,马周已经身兼两宫的职务,但因处事公平适度,深得当时人们的赞誉。后又在原有官职基础上兼任吏部尚书。唐太宗曾经对侍从的大臣说:"马周判断事务敏锐迅速,性情极端谨慎,至于议论和品评人物,都能够据实情直言,我近来据他的评判任用的人,大多符合我的心意。他既然能把忠诚之心表现出来,并且对我又很亲近,我确实应当依赖这个人,共同使国家的秩序安定。"

【注释】 ①舍:住宿。 ②便(biàn)宜:有利于国家、合乎时宜之事。 ③发意:提议。 ④直:当值。 ⑤写:抒发,倾吐。 ⑥康:使安定。

【评解】 对马周的任用可以说是唐太宗选人才不拘一格的一个代表,历来受后世所称颂。

求谏第四

太宗威容俨肃①,百僚进见者,皆失其举措。太宗知其若此,每见人奏事,必假颜色,冀闻谏诤,知政教得失。贞观初,尝谓公卿曰:"人欲自照,必须明镜;主欲知过,必藉忠臣。主若自贤,臣不匡正,欲不危败,岂可得乎?故君失其国,臣亦不能独全其家。至于隋炀帝暴虐,臣下钳口②,卒令不闻其过,遂至灭亡,虞世基等,寻亦诛死。前事不远,公等每看事有不利于人③,必须极言规谏。"

【译文】 唐太宗仪容庄重严肃,百官前去进见,都紧张得手足无措。唐太宗知道了这种状况,每当见到有人陈奏事宜,一定会装作和颜悦色,希望能够听到直言劝谏,了解政治和教化的得失。贞观初年,他曾经对大臣说:"人如果打算照见自己,一定要借助明镜;君主如果打算知道自己的过失,一定要借助忠臣。君主如果自以为贤明,大臣们不去匡正他,即使想不危险败亡,难道能做得到吗?君主如果丧失了他的国家,大臣们也不能保全自己的家庭。以至于像隋炀帝那样暴虐,大臣们都闭口不言,最终也没有让他听到别人提出自己的过错,于是导致了灭亡,而虞世基等人,不久也被杀掉。前人的教训就在眼前,你们如果一旦看到有不利于老百姓的事情,一定要尽力直言劝谏。"

【注释】 ①威容俨肃:仪容庄重严肃。威容:仪容庄重。俨肃:庄重严肃。 ②钳口:闭口。 ③不利于人:即"不利于民",因避李世民讳,称"民"为"人"。

【评解】 俗话说,"三个臭皮匠,顶个诸葛亮","一个好汉三个帮"。一个人如果刚愎自用、自以为是,就算自身的水平再高,也不会成就大事。历史上成就大业者,无不是有一批相处融洽且相互信任的股肱耳目。

贞观元年,太宗谓侍臣曰:"正主任邪臣,不能致理;正臣事邪主,亦不能致理。惟君臣相遇①,有同鱼水,则海内可安。朕虽不明,幸诸公数相匡救,冀凭直言鲠议②,致天下太平。"谏议大夫王珪对曰:"臣闻,木从绳则正,后从谏则圣③。是故古者圣主必有争臣七人④,言而不用,则相继以死。陛下开圣虑⑤,纳刍荛,愚臣处不讳之朝⑥,实愿罄其狂瞽⑦。"太宗称善,诏令自是宰相入内平章国计⑧,必使谏官随入,预闻政事⑨。有所开说⑩，必虚己纳之。

【译文】　贞观元年(627年)，唐太宗对身边侍从的大臣说："正直的君主任用奸邪的大臣，不能把国家治理好；正直的大臣侍奉奸邪的君主，也不能把国家治理好。只有君主和大臣相合，和谐得如同鱼和水一样，国家才可以安定。我虽然不贤明，但幸亏有你们数次予以匡正补救，我希望凭借你们的直言进谏和刚直议论，来实现天下太平。"谏议大夫王珪回答说："我听说，木头依照墨线削斫就能够方正，君主听从劝谏就能够圣明。所以古代圣明的君主一定有七个能够直言诤谏的大臣，如果进言不被采纳，就一个接一个以死相劝。陛下您同众人一起思虑，采纳地位低贱的人的建议，像我这般愚钝的臣子处在可以直言不讳之世，情愿将我们愚妄无知的意见都倾吐出来。"唐太宗称赞他说得好，下令从此之后宰相入朝商量国家大事，一定要让谏官跟随入宫，参与并了解国家的各项治理措施。如果他们有建议要陈述，一定虚心采纳。

【注释】　①相遇：相合。　②鲠议：刚直的议论。　③木从绳则正，后从谏则圣：出自《尚书·说命》。从：依据。绳：墨线。后：君主。　④古者圣主必有争臣七人：《孝经·谏争》中有："昔者天子有争臣七人，虽无道，不失其天下。"争臣：能直言诤谏的大臣。争，通"诤"。　⑤圣虑：帝王的思虑。　⑥不讳之朝：可直言不讳的朝代，比喻政治清明之世。　⑦狂瞽：自谦之辞，愚妄无知。　⑧平章国计：商量国家大事。平章：商量，评议。国计：治国的方针大计。　⑨预闻：参与并了解。　⑩开说：进言，陈述，阐发解说。

【评解】　唐太宗李世民身边有一批敢于直谏的贤臣，即使面对过激的批评也能从善如流，结果取得了大唐"贞观之治"的辉煌。相反，东汉末年"据地数千里，带兵十余万"的刘表，"有才不能用，闻善而不能纳"，即便是和风细雨的建议也不愿入耳，终于由盛转衰，很快为曹操所灭。历史和现实的经验告诉我们，善于听取批评意见，不断改正缺点错误，是关系成败的大事，不可掉以轻心、漠然处之。

　　贞观二年，太宗谓侍臣曰："明主思短而益善，暗主护短而永愚。隋炀帝好自矜夸，护短拒谏，诚亦实难犯忤①。虞世基不敢直言，或恐未为深罪②。昔箕子佯狂自全③，孔子亦称其仁④。及炀帝被杀，世基合同死否？"杜如晦对曰："天子有诤臣，虽无道，不失其天下。仲尼称：'直哉史鱼，邦有道如矢，邦无道如矢。'⑤世基岂得以炀帝无道，不纳谏诤，遂杜口无言⑥？偷安重位，又不能辞职请退，则与箕子佯狂而去，事理不同。昔晋惠帝贾后将废愍怀太子⑦，司空张华竟不能苦争，阿意苟免。及赵王伦举兵废后，遣使收华，华曰：'将废太子日，非是无言，当时不被纳用。'其使曰：'公为三公⑧，太子无罪被废，言既不从，何不引身而退？'华无辞以答，遂斩之，夷其三族⑨。古人有云：'危而不持,颠而不扶,则将焉用彼相?'故'君子临大节而不可夺也⑩。'张华既抗直不能成节,逊言不足全身⑪,王臣之节固已坠矣。虞世基位居宰辅,在得言之地,竟无一言谏诤,诚亦合死。"太宗曰:"公言是也。人君必须忠良辅弼,乃得身安国宁。炀帝岂不以下无忠臣,身不闻过,恶积祸盈⑫,灭亡斯及!若人主所行不当,臣下又无匡谏,苟在阿顺,事皆称美,则君为暗主,臣为谀臣,君暗臣谀,危亡不远。朕今志在君臣上下,各尽至公,共相切磋,以成治道。公等各宜务尽忠说,匡救朕恶,终不以直言忤意,辄相责怒⑬。"

【译文】 贞观二年(628年),唐太宗对侍从的大臣说:"贤明的君主因自己的短处而思虑,于是做得越来越好;昏庸的君主为自己的短处辩护,于是永远愚昧。隋炀帝喜欢自吹自擂,为自己的短处辩护并拒绝接受劝谏,臣下的确是非常难冒犯违逆。虞世基不敢直言劝谏,或许不是大罪过。当初箕子假装疯癫以求自保,孔子仍然称他为仁人。后来隋炀帝被杀,虞世基理应和他一起死吗?"杜如晦回答说:"天子有敢于诤谏的大臣,即使君主暴虐无道,也不至于失掉天下。孔子评论史鱼说:'史鱼真是一个正直的人啊,国家有道,他像箭一样正直,国家无道,他仍然像箭一样正直。'虞世基怎么能够因为隋炀帝暴虐无道,听不进直言劝谏,于是就闭口不言呢?苟且偷安,看重权位,又不能辞去职务,请求隐退,这就与箕子假装疯癫而离开商纣王,从道理上来说不一样了。当初晋惠帝的皇后贾氏打算废掉愍怀太子,司空张华竟然不能竭力诤谏,而是曲意迎合贾后,希望能够苟且免难。后来赵王司马伦举兵废掉贾后,派人去抓张华,张华说:'贾后将要废除太子的时候,我并非没有劝谏,只是那时未被采纳。'派去抓他的人说:'你身居三公之位,太子没有罪过而被废黜,进谏既然不被采纳,那你为什么不辞官隐退呢?'张华无言以对,于是被杀掉了,并被灭了三族。古人说:'危险的时候不知道扶持,跌倒的时候不知道扶助,那还要你们这些辅佐的人干什么?'所以说:'君子面对危险紧要的大事时是不会动摇屈服的。'张华既然不能以直言抗争成就气节,说出推脱之言却又不足以保全性命,作为臣子的节操就已经完全失去了。虞世基身居宰相之位,处于可以进谏的位置,竟然没有一句直言劝谏的话,实在是应当被杀。"唐太宗说:"你说得很对。君主必须要有忠良辅佐,才能够自身平安国家安宁。隋炀帝难道不是因为下面没有忠臣,听不到别人谈论自己的过失,罪恶积累,祸害满贯,灭亡的结局才降临的吗!如果君主的行为不当,臣下又没有匡正和劝谏,苟且阿谀逢迎,什么事情都说好,这样君主就是昏暗的君主,臣属就是阿谀的臣属,国君昏暗大臣阿谀,危险和灭亡就不远了。我如今的心愿是君臣上下,都能够各自本着至公无私之心,共同相互商量琢磨,以走上国家安定有序的治理途径。你们每个人应当竭尽你们的忠诚正直之心,匡正补救我的错误,我一定不会因为直言忤逆了我的心意,动不动就对你们严厉责备。"

【注释】 ①犯忤:冒犯违逆。 ②或恐:也许,可能。 ③箕子佯狂:箕子是商纣王的叔叔,因商纣王暴虐无道,箕子劝谏不听,于是假装疯癫。 ④孔子亦称其仁:《论语·微子》中说:"微子去之,箕子为之奴,比干谏而死。孔子曰:'殷有三仁焉!'" ⑤直哉史鱼,邦有道如矢,邦无道如矢:出自《论语·卫灵公》。史鱼,又称史鳅,春秋时卫国大夫。《韩诗外传·卷七》中记载:"昔者卫大夫史鱼病,且死,谓其子曰:'我数言蘧伯玉之贤而不能进,弥子瑕不肖而不能退。为人臣,生不能进贤而退不肖,死不当治丧正堂,殡我于室足矣。'卫君吊,问其故,子以父言闻。君造然召蘧伯玉而贵之,而退弥子瑕,徙殡于正堂,成礼而后去。生以身谏,死以尸谏,可谓直矣。" ⑥杜口:闭口,不说话。 ⑦晋惠帝贾后将废愍怀太子:晋惠帝是晋武帝司马炎的儿子,名司马衷,天生痴呆。贾后名贾南风,西晋大臣贾充的女儿,因惠帝痴呆,她专权达十年之久,后在"八王之乱"中被杀。愍怀太子,名司马遹,晋惠帝的儿子,被贾后所杀,谥号"愍怀"。 ⑧三公:古代中央三种最高官衔的合称,历代有所不同。有的朝代以太师、太傅、太保为三公,有的朝代以丞相、太尉、御史大夫为三公,有的朝代又以大司马、大司徒、大司空或太尉、司徒、司空为三公。 ⑨三族:何谓"三族",古代有几种不同的说法。一说指父、子、孙。如郑玄注《周礼·春官·小宗伯》"掌三族之别,以辨亲疏"说:"三族,谓父、子、孙。"一说指父族、母族、妻族。如卢辩注《大戴礼记·保傅》"三族辅之"说:"三族,父族、母族、妻族。"成玄英疏《庄子·徐无鬼》"夫与国君同食,泽及三族,而况父母乎!"也说:"三族,谓父母族、妻族也。"一说指父母、兄弟、妻子。如《史记·秦本纪》有:"法初有三族之罪。"裴骃《集解》引张晏曰:"父母、兄弟、妻子也。" ⑩君子临大节而不可夺也:出自《论语·泰伯》:"曾子曰:'可以托六尺之孤,可以寄百里之命,临大节而不可夺也。君子人与?君子人也!'"大节:关系安危存亡的大事。 ⑪逊言:巧言,假托之言。 ⑫恶积祸盈:罪恶积累,祸害满贯。 ⑬责怒:怒责,严责。

【评解】 戈直说:"君主如果知道由自己承担责任,那么他作为君主,一定能够恪尽为君之道;大臣如果知道由自己承担责任,那么他作为大臣,一定能够恪尽为臣之道。"君臣之间要想形成相得益彰的关系,的确需要双方的共同努力,同心同德。

贞观三年,太宗谓司空裴寂曰:"比有上书奏事,条数甚多,朕总粘之屋壁,出入观省。所以孜孜不倦者,欲尽臣下之情。每一思政理①,或三更方寝。亦望公辈用心不倦,以副朕怀也②。"

【译文】 贞观三年(629年),唐太宗对司空裴寂说:"近来有人上书陈奏事情,内容很多,我总是把它们粘在房间的墙壁上,出来进去的时候都看看想想。我之所以这样尽心竭力不顾疲倦的原因,是打算让大臣们都能够充分表达他们的想法。我经常一想起治理国家的事情,有时到三更才睡觉。这也是希望你们能够用心考虑国家大事不要懈怠,以符合我的心意。"

【注释】 ①政理:即"政治",国家治理。因避唐高宗李治讳,称"治"为"理"。 ②副:相称,相配,符合。

【评解】 古代能够采纳忠言的君主不少,但像唐太宗如此孜孜不倦的,的确不常见。

贞观五年,太宗谓房玄龄等曰:"自古帝王多任情喜怒①,喜则滥赏无功,怒则滥杀无罪。是以天下丧乱,莫不由此。朕今夙夜未尝不以此为心,恒欲公等尽情极谏。公等亦须受人谏语,岂得以人言不同己意,便即护短不纳?若不能受谏,安能谏人?"

【译文】 贞观五年(631年),唐太宗对房玄龄等人说:"自古以来的帝王做事大多随自己的喜怒之情,高兴的时候就滥行赏赐没有功劳的人,发怒的时候就随意诛杀没有过错的人。所以天下动荡混乱,无不是因此而起。我如今日夜无时无刻不把此事放在心上,常常想让你们能够全心地给予极力劝谏。你们也应当接受别人劝谏的话,难道能够因为别人的话不符合自己的心意,于是就为自己的短处辩护而听不进别人的意见吗?如果不能接受别人的劝谏,怎么能够劝谏别人呢?"

【注释】 ①任情:恣意,随意。

【评解】 宋代胡寅曾经总结说:"如有过失就允许谏官来劝谏制止,这是贞观年间实现天下大治的根本。"这一结论是非常有见地的。

贞观六年,太宗以御史大夫韦挺、中书侍郎杜正伦、秘书少监虞世南、著作郎姚思廉等上封事称旨,召而谓曰:"朕历观自古人臣立忠之事,若值明主,便宜尽诚规谏,至如龙逢、比干,不免孥戮①。为君不易,为臣极难。朕又闻龙可扰而驯②,然喉下有逆鳞。卿等遂不避犯触③,各进封事。常能如此,朕岂虑宗社之倾败!每思卿等此意,不能暂忘,故设宴为乐。"仍赐绢有差。

【译文】 贞观六年(632年),唐太宗因御史大夫韦挺、中书侍郎杜正伦、秘书少监虞世南、著作郎姚思廉等人所上奏章符合自己的心意,召见他们并对他们说:"我遍观自古以来作为臣子者尽忠的事迹,如果遇上明主,便可以竭尽诚心进行劝谏,至于像关龙逢、比干,则就不免被罚做奴隶或被杀害了。作为君主不容易,作为臣子更加困难。我又听说龙可以驯养得非常温顺,但是咽喉之下也有不容人触犯的逆鳞。你们竟然不顾触犯我的危险,每人都上了奏章。如果你们能经常这样,我难道还用忧虑国家会败亡吗!每当想起你们的这一片忠心,我一刻也不能忘怀,所以摆下宴席与你们一同分享快乐。"另外又给每人赏赐了数量不等的绢帛。

【注释】 ①孥戮:或做奴隶,或遭杀戮。如颜师古《匡谬正俗》卷二中解释说:"孥戮者,或以为奴,或加刑戮,无有所赦耳。此非孥子之孥。"孥:通"奴",奴婢。　②扰:驯养。　③遂:

竟然。犯触：即触犯。

【评解】 唐初为什么会出现魏征这样以敢于进谏而名垂千古的大臣，从唐太宗的这段表白中，我们便可知其一二了。

太常卿韦挺尝上疏陈得失，太宗赐书曰："所上意见，极是谠言，辞理可观，甚以为慰。昔齐境之难，夷吾有射钩之罪，蒲城之役①，勃鞮为斩袂之仇，而小白不以为疑，重耳待之若旧。岂非各吠非主②，志在无二。卿之深诚，见于斯矣。若能克全此节，则永保令名③。如其怠之，可不惜也。勉励终始④，垂范将来，当使后之视今，亦犹今之视古，不亦美乎？朕比不闻其过，未睹其阙⑤，赖竭忠恳，数进嘉言，用沃朕怀，一何可道！"

【译文】 太常卿韦挺曾经上书陈述国家施政的得失，唐太宗写信给他说："你所上书的意见，是非常正直的言论，言辞和道理都值得赞赏，我感到非常宽慰。当初齐国国内有动乱，管仲有射中后来做了齐桓公的公子小白的带钩的罪过，晋国的蒲城一役，勃鞮对后来做了晋文公的公子重耳有砍断衣袖的仇恨，但是小白并不因此而对管仲有疑心，重耳对待勃鞮也像故人一样。这难道不是因为他们各为其主而攻击别人，没有心怀二心的缘故吗？你的深切诚意，显现于你的奏章之中。你如果能够坚持保全这种节操，那么就能够永远保持你美好的名声。如果对其有所松懈，那难道不是很可惜吗？自始至终都努力保持，就会成为将来的典范，应当使后人看今天的人，也像今天的人看古代的人一样，不也很好吗？我最近没有听到别人指摘我的过失，没有看到别人揭露我的缺陷，依靠你竭尽忠实诚恳之心，多次向我进献善言，用以启发我的思想，我对你的赞赏一时如何说得完呢！"

【注释】 ①蒲城之役：春秋时期，晋国发生内乱，晋献公派勃鞮（又名寺人披）率兵到蒲城捉拿公子重耳，重耳在逃走时衣袖被勃鞮砍断。 ②各吠非主：出自《战国策·齐策》："跖之狗吠尧，非贵跖而贱尧也，狗固吠非其它也。"原意为狗各为了自己的主人而对别人狂叫，比喻奴才或属下一心为他的上级或主人效劳。 ③令名：美好的声誉。 ④勉励：尽力，努力。 ⑤阙：缺点，错误。

【评解】 在我国历史上，不记前仇的用人佳话有很多，唐太宗李世民任用魏征、王珪、韦挺等人，的确堪与齐桓公任用管仲、晋文公任用勃鞮相媲美。

贞观八年，太宗谓侍臣曰："朕每闲居静坐①，则自内省，恒恐上不称天心，下为百姓所怨。但思正人匡谏，欲令耳目外通，下无怨滞。又比见人来奏事者，多有怖慴②，言语致失次第。寻常奏事，情犹如此，况欲谏诤，必当畏犯逆鳞。所以每有谏者，纵不合朕心，朕亦不以为怵。若即嗔责,深恐人怀战惧,岂肯更言!"

【译文】 贞观八年(634年),唐太宗对身边侍从的大臣说:"我每当独处静坐的时候,就会自我反省,经常怕对上不能符合天意,对下被百姓所怨恨。只想有正直的人前来匡正劝谏,想要使耳朵和眼睛都能够与外面相通接,使下面没有怨愤积累。近来又看到前来陈奏事宜的人,大多心怀恐惧,说话时以致语无伦次。平常的时候陈奏事情,心情尚且是这样,更何况要直言诤谏之时,一定会害怕触怒了君王。所以每当有人进谏的时候,即使不符合我的心意,我也不会因此而发怒。如果一遇到这种情况就发怒指责,非常担心别人心里会产生恐惧之情,这样怎么还能够再进言呢?"

【注释】 ①闲居:避开别人而独处。如《礼记·孔子闲居》有:"孔子闲居,子夏侍。"陆德明《释文》说:"退燕避人曰闲居。" ②怖慴:恐惧。

【评解】 君主操纵着生杀予夺的大权,如果对待进谏者不能够心平气和,即使口头上声称鼓励大臣进谏,也是难以听到真话的。正由于唐太宗的谨慎戒惧,才有大臣们的直言极谏。

贞观十五年,太宗问魏征曰:"比来朝臣都不论事,何也?"征对曰:"陛下虚心采纳,诚宜有言者。然古人云:'未信而谏,则以为谤己;信而不谏,则谓之尸禄①。'但人之才器各有不同②,懦弱之人,怀忠直而不能言;疏远之人,恐不信而不得言;怀禄之人③,虑不便身而不敢言。所以相与缄默,俯仰过日④。"太宗曰:"诚如卿言。朕每思之,人臣欲谏,辄惧死亡之祸,与夫赴鼎镬、冒白刃⑤,亦何异哉?故忠贞之臣,非不欲竭诚。竭诚者,乃是极难。所以禹拜昌言⑥,岂不为此也!朕今开怀抱⑦,纳谏诤。卿等无劳怖惧,遂不极言。"

【译文】 贞观十五年(641年),唐太宗问魏征:"近来朝中的大臣都不议论政事,为什么呢?"魏征回答说:"陛下您虚心采纳建议,的确是应当有人前来进言。但是古人说:'没有取得别人的信任就去进谏,那么就会被认为是诽谤自己;别人信任自己而不进谏,那么就称之为白占着位子吃饭而不干正事。'但是人的才能器度各有不同,天性懦弱的人,心里虽然忠诚正直但不能说出来;感情疏远的人,恐怕不被信任而不愿说出来;留恋爵禄的人,担心对自身不利而不敢说出来。所以大家都相互保持沉默,沉思默想着过日子。"唐太宗说:"真是像你说的这样。我经常想,作为臣子的想要进谏,动不动就害怕遭到杀头之祸,这与去承受烹煮的酷刑、迎着锋利的刀刃,又有什么不同? 所以忠诚坚贞的臣子,并非不想竭尽他们的诚心。竭尽诚心,是非常难的。所以大禹听到善言后会下拜,难道不是这个原因吗! 我如今要敞开我的胸怀,接纳直言诤谏。你们不用因感到恐惧,而不敢说出你们心底的话。"

【注释】 ①未信而谏,则以为谤己;信而不谏,则谓之尸禄:《论语·子张》中有:"子夏曰:'君子……信而后谏;未信,则以为谤己也。'"尸禄:只空食俸禄而不干正事。 ②才器:才能和器度。 ③怀禄:留恋爵禄。 ④俯仰:低头和抬头,形容沉思默想。 ⑤鼎镬:鼎和镬是古代两种烹饪用的器具,这里指用鼎镬来煮人的酷刑。白刃:锋利的刀刃。 ⑥禹拜昌言:出自《尚书·皋陶谟》:"禹拜昌言曰:'俞!'"昌言:善言,有道理的言论。 ⑦怀抱:心怀,心意。

【评解】 如果象唐太宗这样体谅进谏者的心理和处境,还怕下面的人不勇于进谏吗?

贞观十六年,太宗谓房玄龄等曰:"自知者明,信为难矣。如属文之士①,伎巧之徒②,皆自谓己长,他人不及。若名工文匠,商略诋诃③,芜词拙迹④,于是乃见。由是言之,人君须得匡谏之臣,举其愆过⑤。一日万机,一人听断,虽复忧劳,安能尽善?常念魏征随事谏正,多中朕失,如明镜鉴形,美恶必见。"因举觞赐玄龄等数人勖之⑥。

【译文】 贞观十六年(642年),唐太宗对房玄龄等人说:"了解自己的人是明智的,但的确难以做到啊。如撰写文章的读书人,具有一技之长的手艺人,都自认为自己有优势,别人比不上。如果著名的工匠和有文采的大师,对其进行批评指摘,他们芜杂的辞章,拙劣的手法,于是就都显现出来了。因此而言,君主必须要有匡正劝谏之臣,把他的过失指出来。一天有无数的事情,一个人来了解判断,即使身心加倍劳苦,怎么能够做到全部都处理得很完美呢?我经常怀念魏征遇到事情就对我劝谏匡正,大多切中我的过失,就如同明亮的镜子照人的形貌一样,好处和坏处都一定能看见。"于是举起酒杯给房玄龄等人赐酒,对他们进行勉励。

【注释】 ①属文:撰写文章。 ②伎巧:技术,技艺。 ③名工文匠:著名的工匠,有文采的大师。商略诋诃:批评指摘。商略:品评评论。诋诃:诋毁,指责。 ④芜词拙迹:芜杂的词章,拙劣的技艺。 ⑤愆过:罪过,过失。 ⑥觞:古代的一种盛酒器。勖:勉励。

【评解】 知己比知彼要难得多,所以老子说:"知人者智,自知者明"。在老子看来,能够了解别人的人,是有大智慧的人,很难得,但只有能认识自己的人,才是真正能够洞察事理的"明白人"。而一个人要了解自己,虚心听取别人的评论和建议是一条根本的途径。

贞观十七年,太宗问谏议大夫褚遂良曰:"昔舜造漆器①,禹雕其俎②,当时谏者十有余人。食器之间,何须苦谏?"遂良对曰:"雕琢害农事,纂组伤女工③。首创奢淫,危亡之渐④。漆器不已,必金为之;金器不已,必玉为之。所以诤臣必谏其渐,及其满盈,无所复谏。"太宗曰:"卿言是矣。朕所为事,若有不当,或在其渐,或已将终,皆宜进谏。比见前史,或有人臣谏事,遂答云'业已为之',或道'业已许之',竟不为停改。此则危亡之祸,可反手而待也。"

【译文】 贞观十七年(643年),唐太宗问谏议大夫褚遂良:"当初舜制造表面涂漆的器具,禹雕刻切肉的砧板,当时有十多人进行劝谏。只不过涉及一些盛食物的器具,为什么要苦苦劝谏呢?"褚遂良回答说:"精雕细琢会有害于农业生产,织造精美的织物有碍于纺织缝纫。开始从事奢侈淫逸,就是危险和败亡的苗头。如果用漆装饰器物不停止,接下来就一定用金子来装饰;用金子装饰器物不停止,接下来就一定用玉石来装饰。所以能诤谏的臣子一定在刚露出苗头的时候就劝谏,等到事情发展到极端了,就无法再劝谏了。"唐太宗说:"你说得对。我所做的事情,如果有不恰当的,或者是在其刚刚露出苗头的阶段,或者是在其已经将要结束的阶段,都应当进行劝谏。近来阅读史书,里面也有臣子进谏的记载,有的回答说:'已经开始做了',有的回答说'已经同意做了',但事实上没有因此而停止或改正。这样国家危险和败亡的灾难,就为时不远了。"

【注释】 ①漆器:表面涂漆的器具。 ②俎:割肉用的砧板。 ③纂组:编织,多指精美的织物。女工:女子所作纺织、刺绣、缝纫等事。 ④渐:征兆,迹象。

【评解】 在国家治理中,只有防微杜渐才能防止混乱的产生,但这也是非常难以做到的。正如范祖禹所说:"之所以重视贤人,是因为他们能够在混乱没有出现之前就将其制止,在邪恶没有产生之前就将其防范。如果已经产生和出现,那么一般人就能够知道,怎么还会依赖贤人呢?"

纳谏第五

贞观初,太宗与黄门侍郎王珪宴语①,时有美人侍侧②,本庐江王瑗之姬也,瑗败,籍没入宫③。太宗指示珪曰:"庐江不道④,贼杀其夫而纳其室,暴虐之甚,何有不亡者乎!"珪避席曰⑤:"陛下以庐江取之为是邪,为非邪?"太宗曰:"安有杀人而取其妻,卿乃问朕是非,何也?"珪对曰:"臣闻于《管子》曰:齐桓公之郭国⑥,问其父老曰⑦:'郭何故亡?'父老曰:'以其善善而恶恶也。'桓公曰:'若子之言,乃贤君也,何至于亡?'父老曰:'不然。郭君善善而不能用,恶恶而不能去,所以亡也。'今此妇人尚在左右,臣窃以为圣心是之。陛下若以为非,所谓知恶而不去也。"太宗大悦,称为至善,遽令以美人还其亲族。

【译文】 贞观初年,唐太宗与黄门侍郎王珪闲谈,当时有一个嫔妃在旁边侍候,她原来是庐江王李瑗的爱姬,李瑗谋反失败,被收入皇宫之中。唐太宗指着这个嫔妃对王珪说:"庐江王胡作非为,杀害了她的丈夫而占有了人家的妻子,如此的暴虐,哪有不灭亡的道理呢!"王珪离开座位说:"陛下您认为庐江王占有了这个妇人是对呢,还是不对呢?"唐太宗说:"哪有杀死别人而占有别人妻子的道理,你还问我是对还是不对,为什么?"王珪回答:"我听说《管子》书中有记载:齐桓公到郭国去,问郭国德高望重的老年人:'郭国的君主为什么失掉了他的国家?'老人说:'因为他喜欢好的而讨厌坏的。'齐桓公说:'像你这样说,他是一个贤明的君主,为什么会落得灭亡的下场呢?'老人说:'不是这样。郭国的国君喜欢好的但不能落实,讨厌坏的但不能摒除,所以就灭亡了。'如今这个妇人还在你的身边,所以我私下里以为你觉得庐江王做得对。陛下您如果认为他做得不对,这就是所谓的知道什么是坏的但是不能摒除啊。"唐太宗很高兴,称赞他说得非常好,马上把这个嫔妃还给她的亲人。

【注释】 ①宴语:闲谈。 ②美人:宫中的嫔妃。 ③籍没:登记财产加以没收。 ④不道:无道,胡作非为。 ⑤避席:离开座位。古人席地而坐,离席起立说话,以示敬意。 ⑥郭国:春秋时的诸侯国,在今山东省北部,被齐国所灭。 ⑦父老:乡中有名望的老年人,常用于对老年人的尊称。

【评解】 不是顺从君主的欲望而是违逆君主的意志,才显示出谏臣的难能可贵。所以南宋唐仲友评论王珪说:"王珪进谏,都是在君主兴致正浓之际,是别人很难开口的时候,他可谓丝毫不比魏征逊色。"

贞观四年,诏发卒修洛阳之乾元殿以备巡狩①。给事中张玄素上书谏曰:

陛下智周万物,囊括四海,令之所行,何往不应?志之所欲,何事不从?微臣窃思秦始皇之为君也,藉周室之余,因六国之盛,将贻之万叶。及其子而亡,谅由逞嗜奔欲,逆天害人者也。是知天下不可以力胜,神祇不可以亲恃②。惟当弘俭约,薄赋敛,慎终始,可以永固。

方今承百王之末,属凋弊之余,必欲节之以礼制,陛下宜以身为先。东都未有幸期,即令补葺;诸王今并出藩,又须营构。兴发数多,岂疲人之所望?其不可一也。陛下初平东都之始,层楼广殿,皆令撤毁,天下翕然③,同心欣仰④。岂有初则恶其侈靡,今乃袭其雕丽?其不可二也。每承音旨⑤,未即巡幸,此乃事不急之务,成虚费之劳。国无兼年之积⑥,何用两都之好?劳役过度,怨讟将起⑦。其不可三也。百姓承乱离之后,财力凋尽,天恩含育,粗见存立,饥寒犹切,生计未安,三五年间,未能复旧。奈何营未幸之都,而夺疲人之力?其不可四也。昔汉高祖将都洛阳,娄敬一言,即日西驾。岂不知地惟土中,贡赋所均,但以形胜不如关内也。伏惟陛下化凋弊之人,革浇漓之俗⑧,为日尚浅,未甚淳和,斟酌事宜,讵可东幸?其不可五也。

臣尝见隋室初造此殿,楹栋宏壮⑨,大木非近道所有,多自豫章采来⑩,二千人拽一柱,其下施毂⑪,皆以生铁为之,中间若用木轮,动即火出。略计一柱,已用数十万,则余费又过倍于此。臣闻阿房成,秦人散;章华就⑫,楚众离;乾元毕工,隋人解体。且以陛下今时功力,何如隋日?承凋残之后,役疮痍之人⑬,费亿万之功,袭百王之弊,以此言之,恐甚于炀帝远矣。深愿陛下思之,无为由余所笑⑭,则天下幸甚矣。

太宗谓玄素曰:"卿以我不如炀帝,何如桀、纣?"对曰:"若此殿卒兴,所谓同归于乱。"太宗叹曰:"我不思量,遂至于此。"顾谓房玄龄曰:"今玄素上表,洛阳实亦未宜修造,后必事理须行,露坐亦复何苦?所有作役⑮,宜即停之。然以卑干尊,古来不易,非其忠直,安能如此?且众人之唯唯,不如一士之谔谔⑯。可赐绢二百匹。"魏征叹曰:"张公遂有回天之力,可谓仁人之言,其利博哉!"

【译文】 贞观四年(630年),唐太宗下诏征发劳役修建洛阳的乾元殿以备巡行视察时居住。给事中张玄素上书劝谏说:

陛下您的智识可以洞察万物,四海之内尽为您所拥有,推行一道命令,哪个地方不会响应?想要完成一个心愿,哪件事情不遂心意?我私下里想,秦始皇当上君主,凭借周朝留下的基业,借助六国强盛的国力,想要把这些留给子孙万代。秦朝到了他儿子那一代就灭亡了,料想是由于他放纵欲望,违逆天意,荼毒人民的结果。我因此而明白了天下不可能凭借强力而征服,神灵不可能因为亲近就可靠的道理。只有发扬俭省节约,减轻贡赋税敛,自始至终慎重,才可以使江山永远牢固。

如今承绪于百代帝王之后,尚处凋零破败之中,一定要用礼制来节制行为,陛下您应当率先垂范。东都洛阳还没有定下巡幸的具体日期,你就下令进行修补;诸位藩王如今都来到了他们的封地,一定又要进行建造。征发人员的数量过多,这难道是疲敝的老百姓所期望的吗?这是不能修建的第一条理由。陛下您刚刚占领了东都的时候,高耸的楼宇,宽广的宫殿,您都下令拆毁了,天下人为此一致称颂,大家心里都感到欣喜和敬仰。难道有初始的时候厌恶它的奢侈浪费,如今却沿袭它的雕镂华丽的道理吗?这是不能修建的第二条理由。老百姓经常接到您的旨意,但却没有当时去巡视,这是做不急着做的事务,成了空耗人力物力的举动。国家没有两年的积蓄,为什么还要两个都城的排场呢?劳役征发过度,怨恨诽谤就会兴起。这是不能修建的第三条理由。老百姓刚刚经历了战乱离散,财物和力量都损失将尽,皇上施恩包容化育,现在老百姓刚刚大略地呈现出能够安身立命的局面,忍饥受冻仍然是非常迫切的问题,生存问题没有得到解决,三到五年之内,还不能恢复到原来的水平。为什么还要营造没有去巡视的都城,而褫夺疲敝的老百姓的力量?这是不能修建的第四条理由。当初汉高祖将要定都洛阳,娄敬一席话,当天就起驾西行回到长安。并不是他不知道洛阳地处国家的中心,各地缴纳贡赋距离都比较平均的道理,只是因为洛阳的地形不如关中地区险要罢了。我想到陛下您教化衰弱疲敝的人民,革除浮薄不厚的社会风气,经过的时间还很短暂,社会习俗还不是非常淳厚和谐,仔细地考虑一下这个情况,又怎么可能到东方去巡视呢?这是不能修建的第五条理由。

我曾经见过隋朝刚开始建造这座宫殿时的情景,房柱和房梁都非常高大粗壮,这种大木头不是近处出产的,大多是从豫章郡采来,两千个人拽一根柱子,木头下面安置了车轮,车轮都是用生铁制成的,如果中间用木头轮子,移动时就会摩擦起火。大约计算一下一根柱子的费用,就已经需要花费数十万了,而其余的费用又超过几倍。我听说阿房宫建成了,秦朝的人心就离散了;章华台建成了,楚国的人心就离散了;乾元宫建成了,隋朝的人心就离散了。况且凭着陛下您今日的实力,同当年的隋朝比起来怎么样呢?经过了凋零破败之后,驱使着饱受创伤的老百姓,花费亿万的财力,沿袭历代君主的弊端,根据这些来说,恐怕比隋炀帝过分得多吧。我深切地期望陛下能好好考虑这件事，不要被由余之类的人所耻笑，那么这就是天下人的万幸了。

　　唐太宗对张玄素说："你认为我不如隋炀帝，与夏桀和商纣比起来怎么样呢？"张玄素回答说："如果这座宫殿最终还要修建，可以说和他们一样都会走向败乱。"唐太宗叹息着说："我没有认真考虑，结果闹到现在这个地步。"他回过头对房玄龄说："今天张玄素上了这道表章，洛阳看来真是不适宜修建宫殿，以后如果有事一定需要巡视，即使在露天里坐着又能有多辛苦呢？所有工程建筑工作，应当马上停下来。然而，以低微的身份来干涉地位高的人，自古以来就不是一件容易事，如果不是因为他忠诚正直，怎么能够做这样的事情呢？况且许多人的恭敬顺从，也不如一个读书人的直言争辩。可以赐给他绢帛二百匹。"魏征感叹道："张公真是具有扭转天意的力量，可以说仁人说出的话，带给人们的好处太多了！"

【注释】　①卒：劳役。《说文解字》中解释说："卒，隶人给事者为卒。卒，衣有题识者。"巡狩：天子出行，视察邦国州郡。又作"巡守"。　②神祇：天神和地神，泛指神灵。　③翕然：一致称颂。　④欣仰：欣喜仰慕。　⑤音旨：言辞旨意。　⑥兼年：两年。　⑦怨讟：怨恨诽谤。　⑧浇漓：指社会风气浮薄不厚。　⑨楹栋：房柱与房梁。　⑩豫章：今江西一带。　⑪毂(gǔ)：原意为车轮中心的圆木，周围与车辐的一端相连，中间有圆孔，可以插轴。也泛指车轮或车子。　⑫章华：即章华台。汉代荀悦《汉纪·武帝纪一》说："楚灵王起章华之台而楚人散。"　⑬疮痍：创伤，比喻灾难困苦。　⑭由余所笑：《史记·秦本纪》记载："戎王使由余于秦。由余，其先晋人也，亡入戎，能晋言。闻缪公贤，故使由余观秦。秦缪公示以宫室、积聚。由余曰：'使鬼为之，则劳神矣。使人为之，亦苦人矣。'缪公怪之，问曰：'中国以诗书礼乐法度为政，然尚时乱，今戎夷无此，何以为治，不亦难乎？'由余笑曰：'此乃中国所以乱也。夫自上圣黄帝作为礼乐法度，身以先之，仅以小治。及其后世，日以骄淫。阻法度之威，以责督于下，下罢极则以仁义怨望于上，上下交争怨而相篡弑，至于灭宗，皆以此类也。夫戎夷不然。上含淳德以遇其下，下怀忠信以事其上，一国之政犹一身之治，不知所以治，此真圣人之治也。'"　⑮作役：工程建筑之类的工作。　⑯谔谔：直言争辩貌。

【评解】　自古君主能够克制自己的欲望就很难，而大臣逆龙鳞说服君主抑制欲望则更难。因此后人对于张玄素此次说服唐太宗都给予很高评价。

　　太宗有一骏马，特爱之，恒于宫中养饲，无病而暴死。太宗怒养马宫人，将杀之。皇后谏曰①："昔齐景公以马死杀人②，晏子请数其罪云③：'尔养马而死，尔罪一也。使公以马杀人，百姓闻之，必怨吾君，尔罪二也。诸侯闻之，必轻吾国，尔罪三也。'公乃释罪。陛下尝读书见此事，岂忘之邪？"太宗意乃解。又谓房玄龄曰："皇后庶事相启沃，极有利益尔。"

【译文】　唐太宗有一匹骏马，非常喜欢它，一直在宫中饲养，一天没有得病突然死了。唐太宗对宫中养马的人非常生气,打算处死他。皇后劝谏说:"当初齐景公因为马匹死亡的原因杀人,晏子请求列举养马人的罪过,说:'你养马却把马养死了,这是你的第一条罪状。你让国君因为一匹马的原因而杀人,老百姓听说之后,一定会埋怨我们的国君,这是你的第二条罪状。其他国家的诸侯听说这件事之后,一定会轻视我们的国家,这是你的第三条罪状。'齐景公听后于是取消了对他的惩罚。陛下您经常读书看到这个故事,难道忘了吗?"唐太宗的心情于是平和下来。他有对房玄龄说:"皇后在许多事情上启发开导我,对我很有帮助啊。"

【注释】　①皇后:唐太宗的长孙皇后,长孙无忌的妹妹,曾数次对唐太宗进行劝谏。　②齐景公:春秋时齐国国君,名杵臼。　③晏子:名婴,字仲平,夷维(今山东高密)人,曾相齐灵公、庄公、景公三朝,是春秋时期的名相。

【评解】　在现实中,对于同一件事情,从不同的人口里说出来让人听着就会有不同的感觉。古人说,"良药苦口利于病,忠言逆耳利于行",要求人们要多听不同的声音,同时看到别人有什么缺点也要坦率地指出来,但是又说,"良言一句三冬暖,恶语伤人六月寒",又告诫人们要讲求说话的艺术,不能不顾对方的感受。因此,无论在什么时候,请人帮助也好,劝诫别人也好,都要注意说话的分寸和艺术,否则,如果说话过于莽撞或者不恰当,不但达不到自己的目的,甚至会引起对方的不快。

　　贞观七年,太宗将幸九成宫,散骑常侍姚思廉进谏曰:"陛下高居紫极①,宁济苍生②,应须以欲从人,不可以人从欲。然则离宫游幸③,此秦皇、汉武之事,故非尧、舜、禹、汤之所为也。"言甚切至。太宗谕之曰:"朕有气疾④,热便顿剧,故非情好游幸,甚嘉卿意。"因赐帛五十段⑤。

【译文】　贞观七年(公元633年),唐太宗打算到九成宫去,散骑常侍姚思廉进谏说:"陛下您高居于皇宫之中,安定匡济天下的百姓,应当使自己的欲望服从于老百姓的利益,不能使老百姓的利益服从于你的个人欲望。然而您离开皇宫出游,这是秦始皇、汉武帝做的事情,因此不是尧、舜、禹、汤这样的圣君所做的。"言辞非常恳切合理。唐太宗说:"我患有一种呼吸方面的疾病,天气一热马上就加剧,所以不是我的兴趣喜欢游玩,但是我还是非常赞赏你的建议。"于是就赐给他五十块丝帛。

【注释】　①紫极:星名,借指帝王的宫殿。　②宁济:安定匡济。　③游幸:指帝王或后妃出游。　④气疾:呼吸系统的疾病。　⑤段:量词,指布帛的一块或一截。

【评解】　体会老百姓的疾苦,爱民、利民,是中国古代惠民思想的重要组成部分。姚思廉的劝谏,也正是基于这种考虑。

贞观三年,李大亮为凉州都督,尝有台使至州境①,见有名鹰,讽大亮献之②。大亮密表曰:"陛下久绝畋猎,而使者求鹰。若是陛下之意,深乖昔旨;如其自擅,便是使非其人。"太宗下书曰:"以卿兼资文武,志怀贞确③,故委藩牧,当兹重寄④。比在州镇⑤,声绩远彰,念此忠勤,岂忘寤寐⑥?使遣献鹰⑦,遂不曲顺,论今引古,远献直言。披露腹心,非常恳到,览用嘉叹,不能已已⑧。有臣若此,朕复何忧!宜守此诚,终始若一。《诗》云:'靖共尔位,好是正直。神之听之,介尔景福⑨。'古人称一言之重,侔于千金⑩,卿之所言,深足贵矣。今赐卿金壶瓶、金碗各一枚,虽无千镒之重⑪,是朕自用之物。卿立志方直,竭节至公,处职当官⑫,每副所委,方大任使,以申重寄。公事之闲,宜观典籍。兼赐卿荀悦《汉纪》一部⑬,此书叙致简要⑭,论议深博,极为政之体,尽君臣之义,今以赐卿,宜加寻阅⑮。"

【译文】 贞观三年(629年),李大亮做凉州都督,曾经有个朝廷派出的使臣到凉州境内去,看到当地有出名的好鹰,就委婉地劝李大亮进献给朝廷。李大亮给唐太宗秘密地上奏章说:"陛下您已经好久不打猎了,而朝廷派来的使者却向我要鹰。这如果是陛下您的意思,与您以前的宗旨就大相背离;如果是他自作主张,便是派出的使者不是合适的人选。"唐太宗去信对他说:"因为你兼有文武之才,内心意念坚定,所以委派你做边防守卫的官员,担负着这样重要的使命。近来你在凉州这一方重镇,声名和业绩都传播很广,每当想起你的这种忠诚和勤奋,难道我能一时一刻忘记吗?派去的使臣要求你献鹰,你并没有曲意顺从,而是引古论今,从远方献来了你的正直之言。你展示了内心的想法,非常恳切合理,我看过之后深表赞叹,久久不能休止。有你这样的大臣,我还有什么可忧虑的呢!你应当保持这种真诚,始终如一。《诗经》中说:'做好你的职分,亲近正直之人。神灵知你所为,赐予你以洪福。'古人说,一句话的分量,重似千两黄金,你所说的,是非常值得珍惜的。现在赐给你金壶瓶和金碗各一个,虽然没有千镒的重量,但这是我自己使用的器物。你立志正直,恪守操节,一心为公,在职位上非常称职,一直适合所委派的使命,如今对你委以重任,就是为了表明我对你寄予重托。你在处理事务的闲暇,应当多看看书。同时赐给你荀悦的《汉纪》一部,这部书叙述事理简明扼要,但其中的议论深刻广博,全面阐述了处理政事的基本原则,充分论述了君臣之间的道德规范,今天把这本书赐给你,你应当好好地阅读体会。"

【注释】 ①台使:朝廷的使节,唐朝时也专指未正名的监察御史。 ②讽:用含蓄的话劝告。 ③贞确:坚定。 ④重寄:重要的托付。 ⑤州镇:一方重镇。 ⑥寤寐:醒与睡,指日日夜夜。 ⑦使遣:差遣,这里指派去的使臣。 ⑧已已:休止。两个"已"字重叠表示强调。

⑨靖共尔位,好是正直。神之听之,介尔景福:出自《诗经·小雅·小明》。靖:审慎。共:同"供"。介:给予。景福:洪福,大福。　⑩侔:齐,相等。　⑪镒:古代的重量单位,等于二十两或二十四两。　⑫当官:居官称职。　⑬荀悦《汉纪》:荀悦(148~209年),东汉史学家、文学家,字仲豫,颍川颍阴(今河南许昌)人,著有《汉纪》30篇。　⑭叙致:叙述事理。　⑮寻:探究道理,推究。《说文解字》中说:"寻,绎理也。"

【评解】　这又是一个君臣相得益彰的事例。对此,张九成评价说:"侍奉君主靠的是忠,得以尽忠靠的是才,为人处世靠的是诚,三者全备,可以称得上贤人了。李大亮文武全才,而劝谏进献好鹰,又接近于忠了。唐太宗诚恳地信任亲近他,就是因为他才兼文武,并且还具有忠诚的美德。"

贞观八年,陕县丞皇甫德参上书忤旨,太宗以为讪谤①。侍中魏征进言曰:"昔贾谊当汉文帝上书云云'可为痛哭者一,可为长叹息者六。'自古上书,率多激切。若不激切,则不能起人主之心。激切即似讪谤,惟陛下详其可否②。"太宗曰:"非公无能道此者。"令赐德参帛二十段。

【译文】　贞观八年(634年),陕县县丞皇甫德参上书忤逆了皇帝的心意,唐太宗认为他是诽谤自己。侍中魏征进言说:"当初贾谊给汉文帝上书里有这样的话:'可以为你痛哭的事情有一件,可以为你叹息的事情有六件。'自古以来给皇帝上书,大多言辞激烈恳切。如果不激烈恳切,就不能打动帝王的内心。言辞激烈恳切就好像是毁谤一样,希望陛下能够考虑一下他说的对不对。"唐太宗说:"如果不是你,别人讲不出这样的道理来。"下令赐给皇甫德参二十块丝帛。

【注释】　①讪谤:诋毁,诽谤。　②惟:愿,希望。详:审察,揣摩。

【评解】　唐太宗在对待皇甫德参一事前后态度上的变化告诉我们,人没有一生都不犯错误的,犯了错误就应该努力改正。而经常的情况是,我们自己犯了错误自己却觉察不出,这就需要由别人来指出来,而后我们虚心接受别人的批评。如果觉得批评得有道理后就应该改正错误;别人的意见或建议只要对学习、对工作有好处,就应该照着去做。

贞观十五年,遣使诣西域立叶护可汗①,未还,又令人多赍金帛,历诸国市马。魏征谏曰:"今发使以立可汗为名,可汗未定立,即诣诸国市马,彼必以为意在市马,不为专立可汗。可汗得立,则不甚怀恩,不得立,则生深怨。诸蕃闻之,且不重中国。但使彼国安宁,则诸国之马,不求自至。昔汉文帝有献千里马者,曰:'吾吉行日三十②,凶行日五十③,鸾舆在前④,属车在后⑤,吾独乘千里马,将安之乎?'乃偿其道里所费而返之。又光武有献千里马及宝剑者,马以驾鼓车⑥,剑以赐骑士。今陛下凡所施为,皆邈过三王之上⑦,奈何至此欲为孝文、光武之下乎?又魏文帝求市西域大珠⑧,苏则曰⑨:'若陛下惠及四海,则不求自至,求而得之,不足贵也。'陛下纵不能慕汉文之高行,可不畏苏则之正言耶?"太宗遽令止之。

【译文】 贞观十五年(641年),唐太宗派使臣到西域去册立叶户可汗,使者还没有回来,他又命人多带黄金绢帛,到西域各个国家去买马。魏征劝谏说:"如今派使者以册立可汗的名义到西域去了,可汗还没有最终册立,就马上派人到西域各国去买马,他一定会认为我们的意图在于买马,不是专门为了册立可汗。可汗册立成功了,那么他心里也不会很感恩,册立不成功,那么他心里就会产生深深的怨恨。西域各国得到这个消息,将不会尊重中国。如果能够使他的国家安宁,那么西域各国的马匹,不用去求取也会自己到来。当初有人向汉文帝献千里马,汉文帝说:'我平常为了吉事而出行一天走三十里,为了凶事而出行一天走五十里。我自己一个人跑在前面,侍从的车辆都落在后面,我一个人乘着千里马,将要到哪里去呢?'于是给了献马人路费让他回去了。汉光武帝时也有人向他献千里马和宝剑,他用千里马来驾载鼓的车,把宝剑赐给了骑马的武士。如今您的所作所为,都远远超越三王之上,为什么在这件事上却甘居汉文帝和光武帝之下呢?还有,魏文帝打算买西域出产的大珍珠,苏则说:'如果陛下您的恩泽惠及四海,那么不用去搜求也会自己到来,通过搜求得到的,不足以称之为珍贵。'陛下您即使不能学习汉文帝那样高尚的品行,难道不觉得苏则这番直言可畏吗?"唐太宗马上下令停止去西域买马。

【注释】 ①叶护可汗:西突厥首领,贞观年间遣使入贡,唐太宗封其为可汗。 ②吉行:为吉事(如祭祀)而出行。 ③凶行:为凶事(如作战)而出行。 ④鸾舆:天子的乘舆,借指天子。 ⑤属车:帝王出行时的侍从车辆。 ⑥鼓车:载鼓的车。 ⑦邈过:远远超过。邈:遥远。 ⑧魏文帝:三国时魏国的曹丕,曹操次子,221年废汉献帝而称帝。 ⑨苏则:三国时魏国武功人,字少师,曾在曹魏任侍中。

【评解】 成大事者必有远谋,追求眼前的利益往往是导致长远目标丧失的重要原因。而由于人的喜功贪利之心,能够始终从长远和全局的角度看问题,本身也是非常困难的。

贞观十七年,太子右庶子高季辅上疏陈得失。特赐钟乳一剂①,谓曰:"卿进药石之言②,故以药石相报。"

【译文】 贞观十七年(643年),太子右庶子高季辅上奏章陈述国家治理的得失。唐太宗特意赐给他一服钟乳,对他说:"你向我进献了如同药石一样的规诫之言,所以我也用药石来报答你。"

【注释】 ①钟乳:钟乳石,可入药。剂:量词,由若干味药配制的汤药。 ②药石:药剂和砭石,比喻规诫。

【评解】　对于唐太宗关于"药石"的比喻,戈直评价说:"药石,是用来治疗身体上的疾病的;金镜,是用来辨别姿态的美丑的。唐太宗赞美大臣进言劝谏,将其比作药石,希望大臣明白地看到自己的得失,将其比喻为金镜,这可以称得上是君臣融洽相处的盛事了。"

　　贞观十八年,太宗谓长孙无忌等曰:"夫人臣之对帝王,多顺从而不逆,甘言以取容①。朕今发问,不得有隐,宜以次言朕过失。"长孙无忌、唐俭等皆曰:"陛下圣化道致太平,以臣观之,不见其失。"黄门侍郎刘洎对曰:"陛下拨乱创业②,实功高万古,诚如无忌等言。然顷有人上书,辞理不称者,或对面穷诘③,无不惭退。恐非奖进言者。"太宗曰:"此言是也,当为卿改之。"

【译文】　贞观十八年(644年),唐太宗对长孙无忌等人说:"做臣子的对待帝王,大多只是顺从而没有违逆,用甜言蜜语来换取帝王高兴以求自己安身。我今天要向你们问话,不要有所隐瞒,要依次来谈谈我的过失。"长孙无忌、唐俭等人都说:"陛下您通过圣德感化实现了天下太平,依我看来,没有见到有什么过失。"黄门侍郎刘洎说:"陛下您平定祸乱创立基业,的确是功绩空前,正如长孙无忌等人说的那样。然而前不久有人上书言事,言辞道理有与您的心意不相符之处,您有时面对面地深入追问,上书的人无不惭愧地回去。这恐怕不是鼓励进言的做法。"唐太宗说:"你说得对,我会依照你的建议而改正。"

【注释】　①取容:讨好别人以求自己安身。　②拨乱:平定祸乱。　③穷诘:深入追问。

【评解】　曾有人评论说,唐太宗晚年,魏征等人去世了,直言进谏的人少了,阿谀奉承的声音多了("其间谀说之特甚者,长孙无忌是也")。从这次君臣对话中,就可见一斑。

　　太宗尝怒苑西监穆裕,命于朝堂斩之。时高宗为皇太子,遽犯颜进谏①,太宗意乃解。司徒长孙无忌曰:"自古太子之谏,或乘间从容而言。今陛下发天威之怒②,太子申犯颜之谏,诚古今未有。"太宗曰:"夫人久相与处,自然染习③。自朕御天下,虚心正直,即有魏征朝夕进谏。自征云亡,刘洎、岑文本、马周、褚遂良等继之。皇太子幼在朕膝前,每见朕心说谏者,因染以成性④,故有今日之谏。"

【译文】　唐太宗曾经对苑西监穆裕非常生气,下令在朝堂上处死他。当时唐高宗还是太子,就不顾冒犯他的威严进行劝谏,唐太宗的心情这才平和下来。司徒长孙无忌说:"从古至今对天子进行劝谏,一般都是寻找适当的时机委婉地进言。如今陛下您大发雷霆,太子敢于冒犯您的威严来劝谏,的确是从古至今没有过的。"唐太宗说:"人与人相处久了,自然地就会受到熏染。自从我统治天下,虚怀若谷,心地正直,就有魏征早晚前来进谏。自从魏征去世之后,刘洎、岑文本、马周、褚遂良等人也相继踊跃进谏。皇太子从小在我跟前长大,经常看到我心里喜欢进谏的人,于是就受到熏染而养成了习惯,所以才有今天的劝谏。"

【注释】 ①犯颜:敢于冒犯君王或尊长的威严。 ②天威:帝王的威严。 ③染习:熏染。 ④成性:形成一定的习惯、性格。

【评解】 "近朱者赤,近墨者黑。"一个人不自觉之间就会受到环境的熏陶感染。唐高宗李治最初的时候善于进谏和纳谏,晚年则经常拒谏,大概就是这个原因吧!

直谏(附)

贞观二年,隋通事舍人郑仁基女年十六七,容色绝姝①,当时莫及。文德皇后访求得之②,请备嫔御。太宗乃聘为充华。诏书已出,策使未发④。魏征闻其已许嫁陆氏,方遽进而言曰:"陛下为人父母,抚爱百姓,当忧其所忧,乐其所乐。自古有道之主,以百姓之心为心,故君处台榭,则欲民有栋宇之安;食膏粱,则欲民无饥寒之患;顾嫔御⑤,则欲民有室家之欢⑥。此人主之常道也。今郑氏之女,久已许人,陛下取之不疑,无所顾问,播之四海,岂为民父母之道乎?臣传闻虽或未的,然恐亏损圣德,情不敢隐。君举必书,所愿特留神虑。"太宗闻之大惊,手诏答之,深自克责,遂停策使,乃令女还旧夫。左仆射房玄龄、中书令温彦博、礼部尚书王珪、御史大夫韦挺等云:"女适陆氏,无显然之状,大礼既行,不可中止。"又陆氏抗表云:"某父康在日,与郑家往还,时相赠遗资财,初无婚姻交涉亲戚⑦。"并云:"外人不知,妄有此说。"大臣又劝进。太宗于是颇以为疑,问征曰:"群臣或顺旨,陆氏何为过尔分疏?"征曰:"以臣度之,其意可识,将以陛下同于太上皇。"太宗曰:"何也?"征曰:"太上皇初平京城,得辛处俭妇,稍蒙宠遇。处俭时为太子舍人,太上皇闻之不悦,遂令出东宫为万年县,每怀战惧,常恐不全首领。陆爽以为陛下今虽容之,恐后阴加谴谪⑧,所以反复自陈,意在于此,不足为怪。"太宗笑曰:"外人意见,或当如此。然朕之所言,未能使人必信。"乃出敕曰:"今闻郑氏之女,先已受人礼聘,前出文书之日,事不详审,此乃朕之不是,亦为有司之过。授充华者宜停。"时莫不称叹。

【译文】 贞观二年(628年),曾任隋朝通事舍人的郑仁基的女儿十六七岁,容貌非常美丽,当时无人能及,文德皇后通过寻访得到了她,请求她留在唐太宗身边作为嫔妃,唐太宗于是把她封为充华。诏书已经拟好了,传旨的人还没有出发。魏征听说这个女子已经许配给陆家,于是急忙进宫对唐太宗说:"陛下您作为人民的父母,爱护天下的百姓,应当以他们的忧虑为自己的忧虑,以他们的快乐为自己的快乐。自古以来有道的君主,都是把老百姓所想的当做自己所想的,所以君主身处亭台楼榭之间,就会想到要让老百姓有房屋可以安身;吃着美味佳肴,就会想到要让老百姓没有忍饥挨饿的忧虑;看着身边的嫔妃和宫女,就会想到要让老百姓有男女嫁娶的快乐。这是作为君主的一般的规则。如今郑家的女儿,已经许配人家很长时间了,陛下您毫不迟疑地要将她留在宫里,不做任何询问,这件事如果传扬出去,难道是作为人民父母的人应当做的吗?我所听到的消息虽然并不一定确切,但是怕对圣上您的德行有所减损,所以心里不敢有所隐瞒。君主的一举一动都会留下记载,所以希望您能够特别留心、谨慎。"唐太宗听了之后非常吃惊,手写诏书答复他,自己进行了深深地自责,于是停止了传旨,并命令把这个女子还给她以前的夫家。左仆射房玄龄、中书令温彦博、礼部尚书王珪、御史大夫韦挺等人都说:"这个女子许配给陆家,并没有确切的凭据,册封的典礼已经举行了,不能够中途取消。"陆家也上表直言说:"我父亲在世的时候,与郑家有来往,经常有一些财物上的馈赠,并没有婚姻关联的亲戚关系。"并且说:"外面的人不知道,所以才有那些虚妄的说法。"大臣们又劝唐太宗册封她。于是唐太宗对这件事非常犹豫,问魏征说:"大臣们或许是为了顺从我的旨意,陆家为什么要这样强烈地上疏分辩呢?"魏征说:"依我看来,他的意图很明显,是把您等同于太上皇了。"唐太宗说:"为什么?"魏征说:"太上皇刚刚攻克了京城时,得到了辛处俭的妻子,对其有些宠爱。辛处俭当时为太子舍人,太上皇听说之后不高兴,于是下令让他离开太子宫到万年县当县令,辛处俭心里一直非常恐惧,经常怕脑袋保不住。陆爽认为陛下您今天虽然容得下他,害怕日后会对其暗地里加以贬降,所以才反复上书自解,他的想法就是这样,不值得奇怪。"唐太宗笑着说:"外面人的看法,困难就是这样。然而这也是因为我所说的,没有使别人完全相信。"于是下诏书说:"如今听说郑家的女儿,先前已经接受了人家的聘礼,从前发布文书的时候,事情没有仔细审察,这是我的不对,也是有关官署的过错。封她为充华的事就此停止。"当时人们没有不赞叹的。

【注释】 ①姝:美丽,美好。 ②文德皇后:即长孙皇后,去世后谥号"文德"。 ③充华:宫中的女官名。 ④策使:役使,差遣。这里指传旨的使节。 ⑤嫔御:古代帝王或诸侯的侍妾与宫女。 ⑥室家:即夫妇。如《诗经·周南·桃夭》有:"桃之夭夭,灼灼其华。之子于归,宜其室家。"孔颖达疏曰:"《左传》曰:'女有家,男有室。'室家,谓夫妇也。" ⑦交涉:关联。 ⑧谴谪:贬降。

【评解】 知过能改是一种美德,像魏征这样执著地劝谏唐太宗收回成命,做一个有道之君,更是难能可贵。

贞观三年,诏关中免二年租税,关东给复一年①。寻有敕:"已役已纳,并遣输纳,明年总为准折②。"给事中魏征上书曰:"伏见八月九日诏书,率土皆给复一年,老幼相欢,或歌且舞。又闻有敕,丁已配役,即令役满折造③，余物亦遣输了，待明年总为准折。道路之人，咸失所望。此诚平分百姓，均同七子④。但下民难与图始，日用不足⑤，皆以国家追悔前言，二三其德⑥。臣窃闻之，天之所辅者仁，人之所助者信。今陛下初膺大宝⑦，亿兆观德。始发大号⑧，便有二言，生八表之疑心⑨，失四时之大信。纵国家有倒悬之急，犹必不可，况以泰山之安，而辄行此事！为陛下为此计者，于财利小益，于德义大损。臣诚智识浅短，窃为陛下惜之。伏愿少览臣言，详择利益。冒昧之罪，臣所甘心。"

简点使右仆射封德彝等，并欲中男十八已上⑩，简点入军⑪。敕三四出，征执奏以为不可。德彝重奏："今见简点者云，次男内大有壮者⑫。"太宗怒，乃出敕："中男已上，虽未十八，身形壮大，亦取。"征又不从，不肯署敕。太宗召征及王珪，作色而待之，曰："中男若实小，自不点入军；若实大，亦可简取。于君何嫌⑬？过作如此固执，朕不解公意！"征正色曰："臣闻竭泽取鱼，非不得鱼，明年无鱼；焚林而畋，非不获兽，明年无兽。若次男已上，尽点入军，租赋杂徭，将何取给？且比年国家卫士，不堪攻战。岂为其少？但为礼遇失所，遂使人无斗心。若多点取人，还充杂使，其数虽众，终是无用。若精简壮健，遇之以礼，人百其勇，何必在多？陛下每云，我之为君，以诚信待物，欲使官人百姓，并无矫伪之心。自登极已来，大事三数件，皆是不信，复何以取信于人？"太宗愕然曰："所云不信，是何等也？"征曰："陛下初即位，诏书曰：'逋租宿债⑭，欠负官物⑮，并悉原免⑯。'即令所司，列为事条⑰，秦府国司，亦非官物⑱。陛下自秦王为天子，国司不为官物，其余物复何所有？又关中免二年租调，关外给复一年。百姓蒙恩，无不欢悦。更有敕旨：'今年白丁多已役讫⑲，若从此放免，并是虚荷国恩，若已折已输，令总纳取了，所免者皆以来年为始。'散还之后，方更征收，百姓之心，不能无怪。已征得物，便点入军，来年为始，何以取信？又共理所寄，在于刺史、县令，常年貌税，并悉委之。至于简点，即疑其诈伪。望下诚信，不亦难乎？"太宗曰："我见君固执不已，疑君蔽此事。今论国家不信，乃人情不通。我不寻思，过亦深矣。行事往往如此错失，若为致理？"乃停中男，赐金瓮一口，赐珪绢五十匹。

【译文】 贞观三年（629年），唐太宗下诏关中地区免除两年的租税，关东地区免除赋税徭役一年。不久之后又下了一道命令，说："已经征发徭役、缴纳赋税的，一起征发、缴纳上来，明年一并进行折算。"给事中魏征上书说："我看到八月九日的诏书,全国都免除徭役赋税一年,全国老百姓都非常高兴,有的还载歌载舞来庆祝。而我又听说您下了一道命令,男丁已经调配从事劳役的,就让他们劳役期满后抵折租赋,其余的物资也下令收上来了,等到明年一并进行折算。国家中的每一个人,所盼望的都成了泡影。这的确是对老百姓平等对待,恩德均一的做法。但是,普通的老百姓难以从一开始就与他们一起谋划事情,他们在日常生活中感受不到恩德,都是因为国家已经说过的话不算数,做事反复无常。我听说,上天所保佑的是仁德,人民所扶助的是信义。如今陛下您刚刚登上帝位,天下的百姓都在看着您的德行。您刚刚发出号令,就产生了不一致的声音,这将导致全国各地都会产生疑惑之心,使您失去就如同四季轮回不容紊乱一样的信义。即使在国家异常危难的时候,都不能这样做,何况现在国家像泰山一样安稳,却做出了这样的事情呢!为您就这件事来考虑,从财物利益上得到了小的好处,在德行信义上却受到了大的损失。我的确是头脑愚钝,见识短浅,暗地里为陛下您感到惋惜。希望您稍微看一下我说的话,仔细地权衡一下利害。冒昧进言的罪过,我甘心承担。"

简点使右仆射封德彝等人,都打算将十八岁以上未成年的中男,挑选去服兵役。唐太宗的命令发出了三四次,魏征执意上奏认为不能这样做。封德彝又上奏说:"如今听前去挑选的人说,中男中有许多长得健壮的。"唐太宗非常生气,于是下令说:"中男以上,即使没有到十八岁,身体长得健壮高大,也可以挑选。"魏征又不同意,不肯签署命令。唐太宗于是召来了王珪和魏征,脸色非常生气地接待了他们,说:"中男如果长得矮小,自然不会挑选进军队;如果的确高大,也是可以挑选的。你们又有什么疑忌的呢?这样过分地固执己见,我不理解你们的意图!"魏征严肃地说:"我听说竭泽而渔,不是因为抓不到鱼,而是明年就会无鱼可抓;焚林而猎,不是因为捕不到野兽,而是明年就没有野兽可捕。如果中男以上,都挑选到军队中去,租税贡赋杂役徭役,将要从哪里取得?况且近年来国家的军卒进攻作战能力力差。难道是因为人数太少吗?只是因为没有对他们加以礼遇,于是使得人人没有了斗志。如果挑选的人太多,又要让他们去干一些杂事,人数虽然众多,最终也没有用处。如果精心挑选健壮士卒,礼貌地对待他们,一个人的勇气就会百倍增加,何必要很多人呢?陛下您经常说,我做君主,以诚信待人,想要使官吏百姓都没有虚伪造作之心。自从您继承帝位以来,做的许多件大事,都是不遵守信义的,这又怎么能够取信于人呢?"唐太宗惊愕地说:"你所说的不守信义的事情,都是哪些呢?"魏征说:"陛下您刚刚即位时,下诏书说:'欠租旧债,亏欠官府的物资,全部都免除。'并且又马上下令给相关部门,将其列为法规。但秦王府是国家的部门,它的财产却不被当作官府的物资。陛下您从秦王当上了天子,国家的部门的财产不是官府的物资,其余还有什么是官府的物资呢?还有,关中免除两年的租税和徭役,关外免除一年的租税和徭役。老百姓蒙受了恩典,无不欢欣鼓舞。而后您又下了一道命令说:'今年征集的壮丁大多已经服役期满,如果从现在开始免除,都是虚受国家的恩典,如果已经折纳或已经缴纳的租税,都让一起缴纳上来,所免除的都从明年开始。'下令遣散返还之后,却又再次征收,百姓们的心里,不可能不产生疑惑。已经征收上来的物资,便划拨给了军队,从明年开始免除,怎么能够取信于民呢?还有,一起治理国家,可以托付的,在于刺史、县令,每年征收赋税,都委托给他们。可是到了选拔兵卒的时候,却又怀疑他们弄虚作假。这样的话,期望下面的人诚实守信,不是非常困难吗?"唐太宗说:"我看你一直固执己见,以为你对这件事有偏见。如今谈到国家不守信义,这是人心所不能接受的。我没有仔细考虑,过错很大啊。做事如果经常发生这样的过错和失误,怎么能够达到把国家治理好的目标呢?"于是停止征选中男,赐给魏征一口金瓮,赐给王珪五十匹绢帛。

【注释】 ①给复:免除赋税徭役。 ②准折:抵消,抵折。 ③折造:折算租税。造:稻子等作物收割的次数,这里指租赋。 ④均同七子:指君主对老百姓的恩德平等均一。语出《诗经·曹风·鸤鸠》:"鸤鸠在桑,其子七兮。"毛传曰:"鸤鸠之养其子,朝从上下,莫从下上,平均如一。"郑玄笺曰:"喻人君之德当均一于下也。" ⑤日用不足:《魏郑公谏录》《全唐文》等均做"日用不知"。《周易·系辞》说:"一阴一阳之谓道,继之者善也,成之者性也。仁者见之谓之仁,知者见之谓之知,百姓日用而不知。"意思是渗透在生活之中而体会不到。 ⑥二三其德:出自《诗经·卫风·氓》:"士也罔极,二三其德。"意思是三心二意,反复无常。二三:不专一。 ⑦初膺大宝:指刚刚等上帝位。膺:接受,承当。大宝:指皇帝之位。 ⑧大号:帝王的号令。 ⑨八表:指极远的地方。 ⑩中男:未成丁的男子。唐初规定21岁成丁,16至20岁为中男。 ⑪简点:挑选,选定。 ⑫次男:这里指"中男"。 ⑬嫌:怀疑其可能性。 ⑭逋(bū)租宿债:欠租旧债。逋:拖欠。宿:老的,积久的。 ⑮欠负:亏欠捐税等。 ⑯原免:赦免,免除。 ⑰事条:条理,法规。 ⑱秦府国司,亦非官物:指诏令发布之后,有司以为负秦府国司者,非官物,征督如故。 ⑲白丁:临时征集的壮丁。

【评解】 《论语·学而篇》强调:"言而有信。"对个人立身处世来说,诚信是根本;对国家治理来说,诚信更是必然的要求。如果人民对政府失去了信任,任何政治措施都将无法推行。

贞观五年,治书侍御史权万纪、侍御史李仁发,俱以告讦谮毁①,数蒙引见②,任心弹射③,肆其欺罔,令在上震怒,臣下无以自安。内外知其不可,而莫能论诤。给事中魏征正色而奏之曰:"权万纪、李仁发并是小人,不识大体,以谮毁为是,告讦为直,凡所弹射,皆非有罪。陛下掩其所短,收其一切,乃骋其奸计。附下罔上,多行无礼,以取强直之名。诬房玄龄,斥退张亮,无所肃厉④,徒损圣明。道路之人,皆兴谤议。臣伏度圣心,必不以为谋虑深长,可委以栋梁之任,将以其无所避忌,欲以警厉群臣。若信狎回邪⑤,犹不可以小谋大,群臣素无矫伪,空使臣下离心。以玄龄、亮之徒,犹不可得伸其枉直,其余疏贱,孰能免其欺罔？伏愿陛下留意再思。自驱使二人以来，有一弘益，臣即甘心斧钺，受不忠之罪。陛下纵未能举善以崇德，岂可进奸而自损乎？"太宗欣然纳之，赐征绢五百匹。其万纪又奸状渐露，仁发亦解黜，万纪贬连州司马。朝廷咸相庆贺焉。

【译文】 贞观五年(631年)，治书侍御史权万纪、侍御史李仁发，都因为告密、揭发、谗间、毁谤，多次被唐太宗接见，他们任意指摘别人，肆意欺君罔上，使得皇上非常生气，臣下惴惴不安。朝廷内外都知道这样下去不妥，但没有人能够据理谏诤。给事中魏征神情严肃地启奏说："权万纪、李仁发都是小人，他们不识大体，认为谗间、毁谤是正确的，告密、揭发是正直的，凡是他们所指摘抨击的，都不是因为有罪过。陛下您掩盖他们的短处，听从他们所说的一切，这是纵容他们奸邪的心地。他们拉拢下属，欺骗君上，做出许多不守礼制的事情，来攫取刚强正直的名声。他们诬陷房玄龄，斥退张亮，不能整饬朝纪，只能损伤您的圣明。国中的任何一个人，都纷纷议论指责。我私下里揣度圣上的意思，您一定不是认为他们有远见卓识，可以委以重任，而是打算利用他们的无所顾忌，想要以此来警示督促群臣。如果信任、亲近奸邪之人，是不可能以小用处来谋取大目标的，群臣一直都没有虚伪造作，这只能使臣下对您产生二心。像房玄龄、张亮这类人，尚且不能够申辩曲直，其余与您并不亲近、地位更加低下的人，谁能够避免因他们的欺骗所带来的不良后果呢？希望陛下能够留心再加思考。自从任用这两个人以来，如果从他们那里受到一点补益，我甘愿领受重刑惩罚，接受不忠的罪名。陛下您即使不能选拔善人来增进您的德行，又怎么能够容纳奸人使自己的德行受损呢？"唐太宗欣然接受了他的劝谏，赐给魏征五百匹绢帛。权万纪的奸邪行状逐渐显露出来，李仁发也被罢职，权万纪被贬为连州司马。朝廷上下都因此而相互庆贺。

【注释】 ①告讦谮毁：告密、揭发、谗间、毁谤。 ②引见：即接见。皇帝接见臣下或宾客时要由有关大臣引导入见。 ③弹射：指摘，抨击。 ④肃厉：同"肃励"，整饬。 ⑤信狎回邪：信任亲近奸邪之人。回邪：邪曲，邪僻。这里指奸邪之徒。

【评解】 识人才能用人，一个人做事的行迹容易考察，而内心的动机却是很难看清的。因此从古至今，许多人都想总结出一套对人进行鉴别的可靠方法，以避免被表面现象所蒙蔽。

贞观六年，有人告尚书右丞魏征，言其阿党亲戚①。太宗使御史大夫温彦博案验其事②，乃言者不直。彦博奏称，征既为人所道，虽在无私，亦有可责。遂令彦博谓征曰："尔谏正我数百条，岂以此小事，便损众美。自今已后，不得不存形迹③。"居数日，太宗问征曰："昨来在外④，闻有何不是事？"征曰："前日令彦博宣敕语臣云：'因何不存形迹？'此言大不是。臣闻君臣同气⑤，义均一体。未闻不存公道，惟事形迹。若君臣上下，同遵此路，则邦国之兴丧，或未可知！"太宗瞿然改容曰⑥："前发此语，寻已悔之，实大不是，公亦不得遂怀隐避⑦。"征乃拜而言曰："臣以身许国，直道而行，必不敢有所欺负。但愿陛下使臣为良臣，勿使臣为忠臣。"太宗曰："忠良有异乎？"征曰："良臣使身获美名，君受显号，子孙传世，福禄无疆。忠臣身受诛夷，君陷大恶，家国并丧，独有其名。以此而言，相去远矣。"太宗曰："君但莫违此言，我必不忘社稷之计。"乃赐绢二百匹。

【译文】　贞观六年（632年），有人告发尚书右丞魏征，说他偏袒自己的亲戚。唐太宗派御史大夫温彦博去查询验证这件事，结果表明告发的人歪曲事实。温彦博上奏说，魏征已经为人所称道，虽然这件事表明其无私，也有可以责备的地方。于是唐太宗命温彦博对魏征说："你劝谏匡正我达数百条，怎么能因为这样的小事，而损害你的众多优点呢。从此以后，你应当留意自己的言行举止。"过了一些时候，唐太宗问魏征："近来在外面听说过我有什么做得不对的事情吗？"魏征说："前段时间您令温彦博宣读敕令对我说：'为什么不留意自己的言行举止？'这话说得非常不对。我听说君臣气质相类，应当像一个整体一样协调一致。没有听说过心里不存公心，只是注重于言行举止。如果君臣上下，都遵循这条道路，那么国家是兴旺还是衰落，恐怕还不知道啊！"唐太宗大惊，改变了脸色说："之前说出了这样的话，不久便已经后悔了，的确是非常不对，你不要因此而心里有所隐瞒。"魏征于是下拜说道："我已经把我自己交给国家了，遵循正直的道理而行为，一定不敢有所欺骗和辜负，只是希望陛下您让我成为一个良臣，不要让我成为一个忠臣。"唐太宗说："忠臣和良臣有区别吗？"魏征说："良臣使自己获得好名声，君主得到显耀的名号，子子孙孙传承下去，福祉禄位无穷无尽。忠臣自己受到了杀害，君主背上极大的恶名，家和国都灭亡了，只有他的名声留了下来。因此而言，相差太远了。"唐太宗说："你只要不违背了这些话，我一定不会忘记为社稷考虑。"

【注释】　①阿党：逢迎上意，徇私枉法；比附于下，结党营私。《礼记·月令》有："是察阿党，则罪无有掩蔽。"郑玄注曰："阿党，谓治狱吏以私恩曲桡相为也。"孙希旦《集解》曰："阿，谓有所曲徇于上。党，谓有所私附于下。"这里专指为了私情而偏袒。　②案验：查询验证。　③存形迹：留意言行举止。　④昨来：近来。　⑤同气：气质相同，气类相投。　⑥瞿然：惊骇貌。　⑦隐避：隐藏，隐讳，隐瞒。

【评解】　历史上的确有许多君主，一味地指责大臣不忠心，而不反思自己的行为。魏征对于忠臣和良臣的区分，对于位居人上者来说可谓具有警醒的作用。所以戈直说："魏征忠良之议美矣。"

贞观六年,匈奴克平①,远夷入贡,符瑞日至②,年谷频登③。岳牧等屡请封禅④,群臣等又称述功德,以为"时不可失,天不可违,今行之,臣等犹谓其晚"。惟魏征以为不可。太宗曰:"朕欲得卿直言之,勿有所隐。朕功不高耶?"曰:"高矣。""德未厚耶?"曰:"厚矣。""华夏未安耶?"曰:"安矣。""远夷未慕耶⑤?"曰:"慕矣。""符端未至耶?"曰:"至矣。""年谷未登耶?"曰:"登矣。""然则何为不可?"对曰:"陛下功高矣,民未怀惠。德厚矣,泽未旁流⑥。华夏安矣,未足以供事⑦。远夷慕矣,无以供其求。符端虽臻⑧,而爵罗犹密⑨。积岁丰稔,而仓廪尚虚。此臣所以窃谓未可。臣未能远譬,且借近喻于人。有人长患疼痛,不能任持,疗理且愈,皮骨仅存,便欲负一石米,日行百里,必不可得。隋氏之乱,非止十年。陛下为之良医,除其疾苦,虽已乂安⑩,未甚充实,告成天地,臣窃有疑。且陛下东封,万国咸萃⑪,要荒之外⑫,莫不奔驰。今自伊、洛之东⑬,暨乎海、岱⑭,萑莽巨泽⑮,茫茫千里,人烟断绝,鸡犬不闻,道路萧条,进退艰阻。宁可引彼戎狄,示以虚弱?竭财以赏,未厌远人之望;加年给复,不偿百姓之劳。或遇水旱之灾,风雨之变,庸夫邪议⑯,悔不可追。岂独臣之诚恳,亦有舆人之论⑰。"太宗称善,于是乃止。

【译文】 贞观六年(632年),突厥被平定,边远的民族入朝纳贡,吉祥的征兆接连出现,庄稼连年获得丰收。地方官员们屡次请求唐太宗举行封禅大典,朝中大臣们也在歌功颂德,认为"时机不能丧失,天命不能违抗,今天举行典礼,我们都还觉得晚"。只有魏征认为不可行。唐太宗说:"我想要听听你的直言,不要有所隐瞒。我的功劳还不算高吗?"魏征说:"很高了。""我的恩德还不算厚吗?"魏征说:"很厚了。""国家还没有安定吗?"魏征说:"安定了。""边远的民族还没有归化吗?"魏征说:"归化了。""吉祥的征兆还没有来到吗?"魏征说:"来到了。""每年的谷物没有丰收吗?"魏征说:"丰收了。""那么为什么还不能封禅呢?"魏征回答说:"陛下您的功劳很高了,但老百姓还没有感受到恩惠。恩德很厚了,但恩泽还没有广泛流布。国家已经安定了,但还没有足够的能力操办大事。边远的民族归化了,但还没有能力满足他们的要求。吉祥的征兆虽然出现了,但是法网仍然非常繁密。粮食连年丰收,但是仓库还很空虚。这是我私下里认为不可以的原因。我不能打更远的比方,就让我用人来做个切近的比喻。有人长期患病疼痛,不能自理,经过治疗护理之后将要痊愈,仅剩下了皮包着骨头,便想背负着一担米,一天走一百里路,一定不能实现。隋朝的混乱,不止十年。陛下为之精心医治,消除了它带来的病痛,虽然已经实现了安定,但天下并不是很充实,这时候向天地汇报成功,我私下里感到很疑惑。况且陛下到东方去封禅,天下各地的人都汇集而来,几千里之外偏远地区的人们,莫不因此事在路上奔忙。如今从伊水、洛水往东,一直到东海和泰山,芦苇丛生的大沼泽,茫茫上千里,人烟断绝,鸡犬不闻,道路萧条,进退艰难。怎么能够把边远民族引到这里来,让他们看我们的虚弱之处呢?耗空财物进行赏赐,不能满足远方之人的期望;连年免除赋税劳役,不能补偿老百姓的劳顿。如果遇上水旱灾害,风雨不调,不利的言论在民众中产生并蔓延,后悔就来不及了。这并非我一个人的诚心恳请,也是一般老百姓的议论。"唐太宗称赞他说得对,于是不再封禅。

【注释】 ①匈奴克平:突厥被平定。匈奴:这里指突厥。克平:征服,平定。 ②符瑞:吉祥的征兆。古代常把一些不常见的自然现象或动植物的出现当做符瑞,以此赞颂帝王的功德。 ③登:成熟,丰收。 ④岳牧:指封疆大吏,地方官员,为传说中尧舜时四岳十二牧的省称。封禅:古代帝王祭天地的大典,一般在泰山举行。在泰山上筑土为坛,报天之功,称"封";在泰山下的梁父山上辟场祭地,报地之德,称"禅"。 ⑤慕:仰慕归化。 ⑥旁流:广泛流布。 ⑦供事:指操办祭祀天地等大事的财力和能力。 ⑧臻:到达,来到。 ⑨罻(wèi)罗:捕鸟的网,比喻法网。罻:捕鸟的小网。 ⑩乂安:太平,安定。 ⑪萃:汇集。 ⑫要荒:国都外极远之地,亦泛指远方之国。古代国都外围,以五百里为一区划,由近及远分为侯服、甸服、绥服、要服、荒服,合称五服。要:要服。荒:荒服。 ⑬伊、洛:伊水和洛水流域。伊:即伊水或伊河,在河南省西部,源出伏山,汇入洛河。洛:即洛水或洛河,源于中国陕西省洛南县,东流经河南省入黄河。 ⑭暨:到,至。海、岱:指东海和泰山。岱:泰山的别称。 ⑮萑(huán)莽巨泽:芦苇丛生的大沼泽。萑:长成的芦苇类植物。 ⑯庸夫:平庸的人,这里指一般百姓。 ⑰舆人之论:民众的言论,一般人的议论。《左传·僖公二十八年》有"听舆人之诵",《晋书·王沈传》中有"自古圣贤,乐闻诽谤之言,听舆人之论"。舆人:车夫,轿夫,代指一般人。

【评解】《荀子》中说:将帅要时时地审知利害得失,始终如一,这样才能确保没有危险。因此古人说,"智者之虑,杂于利害"。只有不被已经取得的成绩遮住眼睛,才能有更大的成功。

贞观七年,蜀王妃父杨誉,在省竞婢①,都官郎中薛仁方留身勘问②,未及予夺③。其子为千牛④,于殿庭陈诉云⑤:"五品以上非反逆不合留身,以是国亲,故生节目⑥,不肯决断,淹留岁月⑦。"太宗闻之,怒曰:"知是我亲戚,故作如此艰难。"即令杖仁方一百,解所任官。魏征进曰:"城狐社鼠皆微物⑧,为其有所凭恃,故除之犹不易。况世家贵戚⑨,旧号难理,汉、晋以来,不能禁御,武德之中,以多骄纵,陛下登极,方始萧条。仁方既是职司,能为国家守法,岂可枉加刑罚,以成外戚之私乎!此源一开,万端争起,后必悔之,将无所及。自古能禁断此事,惟陛下一人。备豫不虞⑩,为国常道,岂可以水未横流⑪,便欲自毁堤防?臣窃思度,未见其可。"太宗曰:"诚如公言,向者不思。然仁方辄禁不言,颇是专权,虽不合重罪,宜少加惩肃。"乃令杖二十而赦之。

【译文】 贞观七年(633年),蜀王妃的父亲杨誉在宫禁中追逐宫女,被都官郎中薛仁方拘留进行审问,还没有来得及裁决。杨誉的儿子任千牛卫,在朝廷上向唐太宗陈诉说:"五品以上的官员如不是因为造反叛逆不适宜拘留,因为我父亲是皇亲,所以才惹出这样的麻烦,薛仁方不肯裁决,已经羁留了一段时间。"唐太宗听了,生气地说:"知道是我的亲戚,所以才做这样的刁难。"马上下令打薛仁方一百杖,撤销他所担任的官职。魏征进言说:"城墙洞中的狐狸,社坛里的老鼠,都是小东西,因为它们有所凭依,所以除掉它们尚且不容易。况且门第高贵的人家,帝王的亲族,一向被称作难以管理,汉代、晋代以来,不能对他们禁止和驾驭,武德年间,已经经常骄横放纵,陛下登极之后,才开始有所收敛。薛仁方既然是具有一定职责的官员,能够维护国家法律,怎么能够不公正地对其施以刑罚,以此来助长帝王亲族的私欲呢!这个先例一开,各种事端就会纷纷发生,以后一定会后悔,将没有办法改变。自古以来能够禁绝此类事情的,只有陛下一个人。防备出乎意料的事情发生,是治理国家的一般规则,怎么能够大水还没有泛滥,就打算自己毁掉堤防呢?我私下里考虑,并不觉得这种做法可行。"唐太宗说:"的确像你说的这样,以前没有考虑。但是薛仁方动不动就囚禁人而不上奏,过于专权,虽然不适宜重罪处罚,也应当稍微加以惩戒。"于是下令打了薛仁方二十杖后放了他。

【注释】 ①蜀王:即唐太宗第六子李愔,贞观五年(631年)封梁王,十年(636年)又改封蜀王。屡次为非作歹,被唐太宗贬为虢州刺史。唐高宗时被废为庶人,后改为涪陵王。在省竞婢:在宫禁中追逐宫女。省:王宫禁署,禁中。竞:追逐。 ②留身勘问:拘留人身进行审问。留身:拘留人身。勘问:查问,审问。 ③予夺:裁决,裁夺。 ④千牛:禁卫官千牛备身、千牛卫的省称,为君王护卫。 ⑤殿庭:宫殿阶前平地。这里指朝廷。 ⑥节目:枝节,麻烦。 ⑦淹留:羁留。岁月:指一段时间。 ⑧城狐社鼠:城墙洞中的狐狸,社坛里的老鼠。要掏挖狐狸恐怕毁坏城池,要熏死老鼠恐怕烧灼社庙,常用以比喻有所凭依而为非作歹的人。 ⑨世家:世禄之家,也泛指门第高贵的家族或大家。贵戚:帝王的亲族。 ⑩备豫不虞:出自《左传·文公六年》:"备豫不虞,古之善教也。"备豫:防备,防范。不虞:出乎意料的事。 ⑪横流:大水不循道而泛滥。

【评解】 "乃令杖二十而赦之",从唐太宗对待薛仁方的态度上看,克制个人私情的确不是那么简单的事情。后人对唐太宗这件事的处理也颇有非议。

贞观八年,左仆射房玄龄、右仆射高士廉于路逢少府监窦德素,问北门近来更何营造。德素以闻。太宗乃谓玄龄曰:"君但知南衙事①,我北门少有营造,何预君事?"玄龄等拜谢。魏征进曰:"臣不解陛下责,亦不解玄龄、士廉拜谢。玄龄既任大臣,即陛下股肱耳目,有所营造,何容不知?责其访问官司②,臣所不解。且所为有利害,役工有多少,陛下所为善,当助陛下成之;所为不是,虽营造,当奏陛下罢之。此乃君使臣、臣事君之道。玄龄等问既无罪,而陛下责之,臣所不解;玄龄等不识所守,但知拜谢,臣亦不解。"太宗深愧之。

【译文】 贞观八年(634年),左仆射房玄龄、右仆射高士廉在路上遇到了少府监窦德素,问他北门最近又有什么建筑工程。窦德素把这件事告诉了唐太宗。唐太宗于是对房玄龄说:"你只管处理好你南衙内的事情,我在北门有小建造,与你何干?"房玄龄等人下拜谢罪。魏征进言说:"我不理解陛下您为什么责备他们,也不理解房玄龄、高士廉为什么要下拜谢罪。房玄龄既然作为朝中的重臣,就是陛下的股肱耳目,有所建造,为什么不允许他们知道?责备他们向有关部门询问,我不理解。况且所做的营造这样的事情有利与害之别,使用的人力有多与少之分,陛下所做的事情如果是好事,他们应当帮助您完成;所做的不是好事,即使已经开始建造,也应当启奏陛下停止建造。这是君主使用臣属,臣属侍奉君主的基本道理。房玄龄等人询问既然没有错,但是陛下却责备他们,这是我所不理解的;房玄龄等人不知道自己的职守,只知道下拜请罪,我也不理解。"唐太宗感到非常惭愧。

【注释】 ①南衙:唐代宰相官署。因中书、门下、尚书三省均在皇宫之南,故称。 ②官司:官府,相关主管部门。

【评解】 在这件事情中,前人比较关注的一个问题是宰相的职责问题。如朱黼评论说:"宰相之职无所不统。……怎么能够有营造这样的所谓小事,而宰相却不知道的道理呢?以将军管理朝廷之内的事情,以宰相管理朝廷之外的事情,这正是汉朝政治混乱的原因。唐太宗刚刚革新了机构,重新制定了典章。只是打算使宰相专门管理南衙政事,不参与北门的营建事宜这件事,这是将朝廷一分为二,使内外判若两途,让一个办事机构处于宰相的地位上。如果不是魏征极言劝谏,那么唐朝的宰相一职还名副其实吗?"

贞观十年。越王①,长孙皇后所生,太子介弟②,聪敏绝伦,太宗特所宠异。或言三品以上皆轻蔑王者,意在谮侍中魏征等,以激上怒。上御齐政殿,引三品已上入坐定,大怒作色而言曰:"我有一言,向公等道。往前天子,即是天子,今时天子,非天子耶?往年天子儿,是天子儿,今日天子儿,非天子儿耶?我见隋家诸王,达官已下③,皆不免被其蹎顿④。我之儿子,自不许其纵横⑤,公等所容易过,得相共轻蔑。我若纵之,岂不能蹎顿公等!"玄龄等战栗,皆拜谢。征正色而谏曰:"当今群臣,必无轻蔑越王者。然在礼,臣、子一例,《传》称⑥,王人虽微⑦,列入诸侯之上。诸侯用之为公,即是公;用之为卿,即是卿。若不为公卿,即下士于诸侯也⑧。今三品以上,列为公卿,并天子大臣,陛下所加敬异⑨。纵其小有不是,越王何得辄加折辱⑩?若国家纪纲废坏,臣所不知。以当今圣明之时,越王岂得如此?且隋高祖不知礼义⑪,宠树诸王⑫,使行无礼,寻以罪黜,不可为法,亦何足道?"太宗闻其言,喜形于色,谓群臣曰:"凡人言语理到,不可不伏⑬。朕之所言,当身私爱⑭;魏征所论,国家大法。朕向者忿怒,自谓理在不疑,及见魏征所论,始觉大非道理。为人君言,何可容易⑮!"召玄龄等而切责⑯之,赐征绢一千匹。

【译文】 贞观十年(636年)。越王,长孙皇后所生,是太子的弟弟,非常聪明机敏,唐太宗对他特别宠爱。有人说三品以上的官员都对越王轻蔑,目的在于毁谤侍中魏征等人,以激怒唐太宗。唐太宗来到齐政殿,把三品以上的人招来,落座之后,满脸怒色地说:"我有一句话,向你们说说。以前的天子是天子,今日的天子难道就不是天子吗?过去天子的儿子是天子的儿子,今天天子的儿子就不是天子的儿子吗?我看到隋朝的各位亲王,从朝中的高官往下,都难免受他们挫辱。我的儿子,自然不允许他放纵骄横,所以你们才很容易地不被捉弄,但你们却一起蔑视他。我如果放纵他,难道他会不辱弄你们吗?"房玄龄等人非常害怕,都下拜请罪。魏征面色严肃地说:"如今的这些大臣,一定没有对越王轻蔑的。然而就礼制而言,臣子、儿子都应一样看待,前人的《传》中说,王室的属官虽然卑微,也要列在诸侯之上。诸侯被天子任用为公,他才是公;把他任用为卿,他才是卿。如果不被任用为公卿,王室最卑微的属官下士就要列于诸侯之上。如今三品以上的官员,都位列公卿,都是天子的大臣,为陛下所敬重推崇。即使他们稍微有些不对,越王为什么能够动不动就加以侮辱?如果国家纲纪废弛败坏,我就不知道了。但以当今圣明之世,越王哪能够这样?况且隋高祖不懂得礼义,加恩扶持各位亲王,使他们行为不遵守礼制,不久之后都因罪被废黜,这是不能作为榜样效法的,又有什么可以称道的呢?"唐太宗听了他的话,喜形于色,对大臣们说:"凡是别人所说的话切合道理,都不能不信服。我所说的话,是出于我自身的个人偏爱;魏征所谈论的,是国家的根本法度。我之前愤怒,自己认为合乎道理是没有疑问的,等听了魏征所议论的,才觉得很不符合道理。做君主的说出话,怎么能够轻易随便呢!"于是把房玄龄等人招来进行了深刻的责备,赐给魏征绢帛一千匹。

【注释】 ①越王:唐太宗第四子李泰。 ②介弟:对他人之弟的敬称,或对自己弟弟的爱称。 ③达官:职位贵显而又受到皇帝顾命之重的大臣。也泛指高官。 ④踬顿:原意为失足跌倒,引申为挫辱、辱弄。 ⑤纵横:放纵骄横,肆无忌惮,无所顾忌。 ⑥《传》:"传"是注释或阐述经义的文字。下面所引的文字当是据《春秋穀梁传·僖公八年》:"八年春,王正月,公会王人、齐侯、宋公、卫侯、许男、曹伯、陈世子款,盟于洮。王人之先诸侯何也?贵王命也。朝服虽敝,必加于上,弁冕虽旧,必加于首,周室虽衰,必先诸侯。" ⑦王人:王室的属官。

⑧即下士于诸侯也:此句素称难解。有人认为"下士于诸侯"应为"下士之诸侯",即地位低于士的诸侯,过于牵强。根据上下文,合理的解释是"诸侯"下脱"之上"二字。另可参照《元史·外夷列传二》:"考之《春秋》叙王人于诸侯之上,《释例》云:王人盖下士也。夫五等邦君,外臣之贵者也。下士,内臣之微者也。以微者而加贵者之上,盖以王命为重也。" ⑨敬异:敬重,推崇。 ⑩折辱:侮辱。 ⑪隋高祖:即隋文帝杨坚,庙号高祖。 ⑫宠树:加恩扶持。 ⑬伏:屈服,信服。 ⑭当身:自身,本人。 ⑮容易:轻率,草率,轻易。 ⑯切责:严厉责备。

【评解】 对于社会管理者来说,私情与公益始终是一对难以恰当处理的矛盾。中国封建社会虽然是"家天下",但这一问题同样存在。唐太宗能够幡然醒悟,意识到"私爱"与"国家大法"之间的关系,并合理地处理了二者之间的关系。这大概就是唐太宗为什么能够成为一代英主,贞观年间为什么能够成为"盛世"的重要原因之一吧!

贞观十一年,所司奏凌敬乞贷之状①,太宗责侍中魏征等滥进人。征曰:"臣等每蒙顾问,常具言其长短。有学识,强谏诤,是其所长;爱生活,好经营,是其所短。今凌敬为人作碑文,教人读《汉书》,因兹附托②,回易求利③,与臣等所说不同。陛下未用其长,惟见其短,以为臣等欺罔,实不敢心伏。"太宗纳之。

【译文】 贞观十一年(637年),有关部门向唐太宗陈奏凌敬请求借贷的情况,唐太宗责备侍中魏征等人滥举荐人。魏征说:"我们每次被您咨询,经常都是把被询问人的长处和短处都告诉您。有学问见识,敢于直言谏诤,是凌敬的长处;爱好为生计奔忙,喜欢筹划经营,这是他的短处。如今凌敬替别人写碑文,教别人读《汉书》,以此作为凭借,和别人交易以获取利益,这和我们所说的不同。陛下您没有用他的长处,只看到他的短处,认为我们欺君罔上,实在是不能心服。"唐太宗听从了这些话。

【注释】 ①乞贷:求讨,求借。《史记·孔子世家》中说:"游说乞贷,不可以为国。" ②附托:假借,凭借。 ③回易:交易。

【评解】 "尺有所短,寸有所长。"任用人才就应当扬长避短。对于凌敬来说,"有学识,强谏诤"是他的长处,"爱生活,好经营"是他的短处。唐太宗却拿着一个人的短处来责备举荐的人,这是不符合举用人才之道的。因此正如戈直所说:"当初如果不是魏征的劝谏,唐太宗好贤的品行就要抛弃了。"

贞观十二年,太宗谓魏征曰:"比来所行得失政化,何如往前?"对曰:"若恩威所加,远夷朝贡,比于贞观之始,不可等级而言。若德义潜通,民心悦服,比于贞观之初,相去又甚远。"太宗曰:"远夷来服,应由德义所加。往前功业,何因益大?"征曰:"昔者四方未定,常以德义为心。旋以海内无虞①,渐加骄奢自溢。所以功业虽盛,终不如往初。"太宗又曰:"所行比往前何为异?"征曰:"贞观之初,恐人不言,导之使谏。三年已后,见人谏,悦而从之。一二年来,不悦人谏,虽黾勉听受②,而意终不平,谅有难色③。"太宗曰:"于何事如此?"对曰:"即位之初,处元律师死罪,孙伏伽谏曰:'法不至死,无容滥加酷罚。'遂赐以兰陵公主园,直钱百万④。人或曰:'所言乃常事,而所赏太厚。'答曰:'我即位来,未有谏者,所以赏之。'此导之使言也。徐州司户柳雄于隋资妄加阶级⑤,人有告之者,陛下令其自首,不首与罪。遂固言是实,竟不肯首。大理推得其伪⑥,将处雄死罪,少卿戴胄奏法止合徒⑦。陛下曰:'我已与其断当讫⑧,但当与死罪。'胄曰:'陛下既不然,即付臣法司。罪不合死,不可酷滥⑨。'陛下作色遣杀,胄执之不已,至于四五,然后赦之。乃谓法司曰:'但能为我如此守法,岂畏滥有诛夷⑩。'此则悦以从谏也。往年陕县丞皇甫德参上书,大忤圣旨,陛下以为讪谤。臣奏称上书不激切,不能起人主意,激切即似讪谤。于时虽从臣言,赏物二十段,意甚不平,难于受谏也。"太宗曰:"诚如公言,非公无能道此者。人皆苦不自觉,公向未道时,都自谓所行不变。及见公论说,过失堪惊。公但存此心,朕终不违公语。"

【译文】 贞观十二年(638年),唐太宗对魏征说:"近来行为的得失与政治教化的效果,与以前比起来怎么样?"魏征回答:"若论恩泽和威势之所施及,远方的民族来朝进贡,贞观初年与之比起来,是不能相提并论的。若论德行道义与民众深入相通,老百姓心悦诚服,同贞观初年比起来,则又相差很远。"唐太宗说:"远方的民族前来归服,应当是因为德行道义所施及的结果。以前的功业,为什么更大?"魏征说:"当初四方还没有平定,往往以德行道义为宗旨。不久因为国家忧患的消除,逐渐变得骄傲自满。所以功业虽然更高了,德行道义终究是不如从前了。"唐太宗又说:"行为上与以前比起来有什么不同?"魏征说:"贞观初年,恐怕别人不进言,引导大家让他们进谏。三年之后,见有人来劝谏,很高兴地听从建议。最近一两年来,不高兴有人前来劝谏,虽然勉强听从接受,但心里终究有了不平之意,坚持己见而面有难色。"唐太宗说:"在哪件事上这样了?"魏征回答说:"您即位之初的时候,处以元律师死罪,孙伏伽劝谏说:'按照法律他的罪不至于处死,不能容许滥施酷刑。'您于是把兰陵公主的园子赐给了他,价值百万钱。有人说:'孙伏伽所说的是平常事,可是您所赏赐的太丰厚。'您回答说:'我即位以来,没有人来进谏,所以才赏赐他。'这是引导大家使大家进谏。徐州司户柳雄对于隋朝留下的人妄自加以区分等级,有人告发了他,陛下让他自首请罪,不自首就对他进行惩罚。柳雄坚持说自己是依据事实办理,竟然不肯自首。

大理卿查究出他的违法事实,将要判处柳雄死罪,少卿戴胄陈奏说根据法律只应当判处徒刑。陛下说:'我已经对他这件事裁决完毕,应当给他死罪。'戴胄说:'陛下既然认为我说得不对,马上把我送到司法衙门。罪不当死,刑法不能残酷无度。'陛下变了脸色派人去杀柳雄,戴胄坚持不停苦劝,以至于劝谏四五次,最后赦免了他。于是您对司法衙门说:'只要能为我这样坚持法度,难道还怕发生滥行杀戮吗?'这是高兴听从劝谏。前几年陕县县丞皇甫德参上书,严重地违背了您的意旨,陛下认为他毁谤。我上奏说给皇帝上书如果不激烈恳切,就不能打动帝王的内心。言辞激烈恳切就好像是毁谤一样。那时候您虽然听从了我的话,赏给我二十段绢帛,但心里有不平之意,这是难以接受劝谏。"唐太宗说:"的确像你说的,除了你没有人能说出这些话。人都是苦于不能自我察觉问题,你先前没有说出的时候,我都是认为自己的行为没有改变。等听到你的分析阐述,才发觉我的过失非常惊人。你只要保持这样的心意,我最终也不会违背你这些话。"

【注释】 ①旋:不久,逐渐。 ②黾勉:勉强。 ③谅:固执,坚持己见。 ④直:同"值"。 ⑤阶级:尊卑上下的等级。 ⑥大理:掌刑法的官。推:审问,推究。伪:诈伪,非法。 ⑦徒:古代刑罚名,拘禁罪犯使服劳役。 ⑧断当:裁定,商定。 ⑨酷滥:残酷无度。 ⑩诛夷:诛杀,杀戮。

【评解】 善始容易,善终难,必须有很强的毅力。接受别人的建议是这样,做其他事情也是这样。所以《周易》强调:"天行健,君子以自强不息。"即做君子就必须效法天的刚健运行,自始至终自强不息。正像《大学》引商汤盘铭中说的话:"苟日新,日日新,又日新",如果想使自己每天更新,那就要做到每天都有更新,坚持不断地天天都有更新。

卷　三

君臣鉴戒第六

贞观三年，太宗谓侍臣曰："君臣本同治乱①，共安危，若主纳忠谏，臣进直言，斯故君臣合契，古来所重。若君自贤，臣不匡正，欲不危亡，不可得也。君失其国，臣亦不能独全其家。至如隋炀帝暴虐，臣下钳口，卒令不闻其过，遂至灭亡，虞世基等寻亦诛死。前事不远，朕与卿等可得不慎？无为后所嗤！"

【译文】　贞观三年(629年)，唐太宗对侍从的大臣说："君主和臣属本来就是一起治理混乱，共同安定危局，如果君主采纳忠心的劝谏，臣属进献正直的言论，君臣因此就能和谐默契，这是自古以来就被重视的。如果君主自以为贤明，大臣不匡救纠正，想要不危及灭亡，是不可能的。君主如果丧失了他的国家，大臣们也不能独自保全自己的家庭。以至于像隋炀帝那样暴虐，大臣们都闭口不言，最终也没让他听到他自己的过错，于是导致了灭亡，虞世基等人不久也被杀掉。前人的教训就在眼前，我和你们难道能够不谨慎吗？不要被后人嗤笑啊！"

【注释】　①治乱：治理混乱的局面，使国家安定、太平。

【评解】　《贞观政要》中，唐太宗多次引用隋炀帝与虞世基君臣的结局来告诫大臣，说明其对君臣之间同心同德、共同处理好国家事务的期待和重视。

贞观四年，太宗论隋日。魏征对曰："臣往在隋朝，曾闻有盗发，炀帝令於士澄捕逐。但有疑似，苦加拷掠①，枉承贼者二千余人，并令同日斩决。大理丞张元济怪之，试寻其状。乃有六七人，盗发之日，先禁他所，被放才出，亦遭推勘②，不胜苦痛，自诬行盗③。元济因此更事究寻，二千人内惟九人逗遛不明④。官人有谙识者⑤，就九人内四人非贼。有司以炀帝已令斩决，遂不执奏，并杀之。"太宗曰："非是炀帝无道，臣下亦不尽心。须相匡谏，不避诛戮，岂得惟行谄佞⑥，苟求悦誉？君臣如此，何得不败？朕赖公等共相辅佐，遂令囹圄空虚。愿公等善始克终，恒如今日！"

【译文】　贞观四年(630年)，唐太宗谈论隋朝时的事情。魏征回话说："我以前在隋朝的时候,曾经听说有一次有盗贼出现,隋炀帝令於士澄追捕。只要有怀疑像盗贼的,就重重地加以拷打,含冤承认自己是盗贼的达两千多人,命令在同一天一起斩首处决。大理丞张元济对此感到奇怪,想要探查其中的真相。竟然有六七个人在盗贼事件发生时,已经被囚禁在其他地方,刚刚才被放出来,也受到了审问,他们熬不过拷打的痛苦,自己不顾事实承认干了盗贼的勾当。张元济因此进一步审查,两千人中只有九个人事发时行踪无法确定。官府中有熟悉这些人的人,这九个人中有四个不是盗贼。有关机构因为隋炀帝已经下令斩首处决,于是不再据实上奏,全部处死了他们。"唐太宗说:"不只是隋炀帝无道,臣下也不尽心。臣子必须进行匡正劝谏,不要畏惧被杀戮,怎么能够只是阿谀逢迎,苟且求得君主的欢心和赞誉呢?君臣之间这样相处,怎么能够不失败呢?我依赖你们一起辅佐,所以使得监狱中没有犯人。希望你们善始善终,常像今天的情形一样!"

【注释】 ①拷掠:拷打。 ②推勘:审问。 ③自诬:自行承认妄加于己的不实之词。 ④逗遛不明:不清楚在哪里停留。逗遛,同"逗留",停留。 ⑤谙识:熟识。谙:熟悉。 ⑥谄佞:花言巧语,阿谀逢迎。

【评解】 常言说得好:"兼听则明,偏听则暗。"隋炀帝的大臣们之所以不忠心进谏,同隋炀帝个人不能容忍大臣提出不同意见也是有很大关系的。

贞观六年,太宗谓侍臣曰:"朕闻周、秦初得天下,其事不异。然周则惟善是务,积功累德,所以能保八百之基。秦乃恣其奢淫,好行刑罚,不过二世而灭。岂非为善者福祚延长,为恶者降年不永①?朕又闻桀、纣帝王也,以匹夫比之,则以为辱;颜、闵匹夫也②,以帝王比之,则以为荣。此亦帝王深耻也。朕每将此事以为鉴戒,常恐不逮③,为人所笑。"魏征对曰:"臣闻鲁哀公谓孔子曰④:'有人好忘者,移宅乃忘其妻。'孔子曰:'又有好忘甚于此者,丘见桀、纣之君乃忘其身。'愿陛下每以此为虑,庶免后人笑尔⑤。"

【译文】 贞观六年(632年),唐太宗对侍从的大臣说:"我听说周朝和秦朝在刚取得天下的时候,情况没有什么不同。但是周朝只做符合善的要求的事情,积累功德,所以能够保持八百年的基业。秦朝却放纵地奢侈淫逸,喜欢施行刑罚,没有超过两世就灭亡了。这难道不是为善者福禄绵延长久,作恶者上天赐予的时间不会长久吗?我又听说,夏桀和商纣都是帝王,把普通老百姓同他们相比,都以为是耻辱;颜回和闵损是普通老百姓,把帝王同他们相比,都以为是荣耀。这也是做帝王的深感羞耻的事情。我经常将这件事引以为借鉴,常常怕有过错,被人们所嗤笑。"魏征回答说:"我听说鲁哀公对孔子说:'有一个人非常好忘事,搬家之后就忘记了自己的妻子。'孔子说:'还有比这更好忘事的人,我看夏桀、商纣这样的君主，就是忘记了他们自身。'希望陛下经常想想这些事，或许可以免于被后人嗤笑。"

【注释】 ①降年：上天赐予人的时间，常用以指年龄、寿命、统治的长短等。 ②颜、闵：孔子的弟子颜回和闵损，均以德行著称。 ③不逮：不足之处，过错。 ④鲁哀公：春秋末年鲁国的国君，公元前494年至公元前468年在位。 ⑤庶：也许，或许。

【评解】 社会管理者如果不以公共利益作为自己追求的对象，迟早会被老百姓抛弃，被后世所唾弃。

贞观十四年，太宗以高昌平①，召侍臣赐宴于两仪殿，谓房玄龄曰："高昌若不失臣礼，岂至灭亡？朕平此一国，甚怀危惧，惟当戒骄逸以自防，纳忠謇以自正。黜邪佞，用贤良，不以小人之言而议君子②，以此慎守，庶几于获安也。"魏征进曰："臣观古来帝王拨乱创业，必自戒慎，采刍荛之议，从忠谠之言。天下既安，则恣情肆欲，甘乐谄谀，恶闻正谏。张子房③，汉王计画之臣，及高祖为天子，将废嫡立庶，子房曰：'今日之事，非口舌所能争也。'终不敢复有开说④。况陛下功德之盛，以汉祖方之，彼不足准。即位十有五年，圣德光被⑤，今又平殄高昌。屡以安危系意，方欲纳用忠良⑥，开直言之路，天下幸甚。昔齐桓公与管仲、鲍叔牙、宁戚四人饮，桓公谓叔牙曰：'盍起为寡人寿乎？'叔牙奉觞而起曰：'愿公无忘出在莒时，使管仲无忘束缚于鲁时，使宁戚无忘饭牛车下时⑦。'桓公避席而谢曰：'寡人与二大夫能无忘夫子之言，则社稷不危矣！'"太宗谓征曰："朕必不敢忘布衣时，公不得忘叔牙之为人也。"

【译文】 贞观十四年（640年），唐太宗因为高昌被平定，召来侍从的大臣在两仪殿赐宴，他对房玄龄说："高昌如果不失掉作为臣下的礼节，怎么能够导致灭亡呢？我平定了这样一个国家，心里非常忧虑恐惧，只有戒除骄奢淫逸来自我提防，采纳忠诚正直的言论来自我匡正。远离邪恶奸佞之徒，任用贤明善良之人，不因为小人的言论而责备君子，以此来谨慎地持守，差不多可以获得安定吧。"魏征进言说："我看自古以来帝王平定祸乱开创功业，一定自己警惕谨慎，采纳普通百姓的议论，听从忠诚正直之人的建议。天下一旦安定之后，就会放纵情欲，喜欢谄媚阿谀，厌恶听到直言规谏。张子房是汉王刘邦的出谋划策之臣，等到刘邦成为天子之后，将要废黜嫡长子而立庶出之子为太子，张良说：'今天的事情，不是靠口舌之力能够争辩的。'最终不敢再有进言。况且陛下的功绩和德行如此之高，用汉高祖来比较，他是无法比得上的。您即位已经十五年，圣德已经遍及天下，如今又平灭了高昌。您经常把国运安危放在心上，又打算吸纳任用忠良之臣,广开直言进谏之路,天下人太幸运了。当初齐桓公与管仲、鲍叔牙、宁戚四个人饮酒,齐桓公对鲍叔牙说:'为什么不起身向我祝酒呢?'鲍叔牙端着酒杯站起来说:'希望国君您不要忘记在莒国逃亡之时,让管仲不要忘记在鲁国受囚禁之时,让宁戚不要忘记在牛车下喂牛之时。'齐桓公离开座位道谢说:'我与两位大夫能够不忘记您的话,那么社稷就没有危险了!'"唐太宗对魏征说:"我一定不会忘记做普通老百姓的时候,你也不要忘记鲍叔牙的为人之道啊。"

【注释】 ①高昌:古国名,在今新疆境内。 ②议:责备。 ③张子房:即张良,字子房,曾辅佐刘邦平定天下。 ④开说:进言,陈述。 ⑤光被:遍及。 ⑥方:又。 ⑦饭牛:喂牛。

【评解】 居安思危,谨慎戒惧,不要产生骄傲怠惰的情绪,是唐太宗君臣一直非常重视的。

贞观十四年,特进魏征上疏曰:

臣闻君为元首,臣作股肱,齐契同心①,合而成体,体或不备,未有成人。然则首虽尊高,必资手足以成体;君虽明哲,必藉股肱以致治。《礼》云:"民以君为心,君以民为体,心庄则体舒,心肃则容敬②。"《书》云:"元首明哉,股肱良哉,庶事康哉。""元首丛脞哉,股肱惰哉,万事堕哉。"③然则委弃股肱④,独任胸臆,具体成理,非所闻也。

夫君臣相遇⑤,自古为难。以石投水⑥,千载一合,以水投石,无时不有。其能开至公之道,申天下之用⑦,内尽心膂⑧,外竭股肱,和若盐梅⑨,固同金石者,非惟高位厚秩⑩,在于礼之而已。昔周文王游于凤凰之墟,袜系解,顾左右莫可使者,乃自结之。岂周文之朝尽为俊乂⑪,圣明之代独无君子者哉?但知与不知,礼与不礼耳!是以伊尹,有莘之媵臣⑫;韩信,项氏之亡命⑬。殷汤致礼,定王业于南巢⑭,汉祖登坛⑮,成帝功于垓下⑯。若夏桀不弃于伊尹,项羽垂恩于韩信,宁肯败已成之国,为灭亡之虏乎?又微子,骨肉也,受茅土于宋⑰;箕子,良臣也,陈《洪范》于周⑱,仲尼称其仁,莫有非之者。《礼记》称⑲:"鲁穆公问于子思曰⑳:'为旧君反服㉑,古欤?'子思曰:'古之君子,进人以礼,退人以礼,故有旧君反服之礼也。今之君子,进人若将加诸膝,退人若将队诸泉㉒。毋为戎首㉓,不亦善乎?又何反服之礼之有?'"齐景公问于晏子曰:"忠臣之事君如之何?"晏子对曰:"有难不死,出亡不送。"公曰:"裂地以封之㉔,疏爵而待之㉕,有难不死,出亡不送,何也?"晏子曰:"言而见用,终身无难,臣何死焉?谏而见纳,终身不亡,臣何送焉?若言不见用,有难而死,是妄死也㉖;谏不见纳,出亡而送,是诈忠也。"《春秋左氏传》曰㉗:"崔杼弑齐庄公,晏子立于崔氏之门外,其人曰：'死乎？'曰：'独吾君也乎哉！吾死也？'曰：'行乎？'曰：'吾罪也乎哉！吾亡也？故君为社稷死，则死之；为社稷亡，则亡之。若为己死，为己亡，非其亲昵，谁敢任之？'门启而入，枕尸股而哭，兴㉙，三踊而出㉙。"孟子曰㉚："君视臣如手足，臣视君如腹心；君视臣如犬马，臣视君如国人；君视臣如粪土，臣视君如寇仇。"虽臣之事君无二志，至于去就之节，当缘恩之厚薄。然则为人主者，安可以无礼于下哉？

窃观在朝群臣，当主枢机之寄者㉛，或地邻秦、晋，或业与经纶，并立事立功，皆一时之选，处之衡轴㉜，为任重矣。任之虽重，信之未笃，则人或自疑。人或自疑，则心怀苟且。心怀苟且，则节义不立。节义不立，则名教不兴㉝。名教不兴，而可与固太平之基，保七百之祚，未之有也。又闻国家重惜功臣，不念旧恶㉞，方之前圣，一无所间。然但宽于大事，急于小罪，临时责怒，未免爱憎之心，不可以为政。君严其禁，臣或犯之，况上启其源，下必有甚，川壅而溃，其伤必多，欲使凡百黎元，何所措其手足？此则君开一源，下生百端之变，无不乱者也。《礼记》曰㉟："爱而知其恶，憎而知其善。"若憎而不知其善，则为善者必惧；爱而不知其恶，则为恶者实繁。《诗》曰："君子如怒，乱庶遄沮㊱。"然则古人之震怒，将以惩恶，当今之威罚，所以长奸。此非唐、虞之心也，非禹、汤之事也。《书》曰㊲："抚我则后，虐我则仇。"荀卿子曰："君，舟也。民，水也。水所以载舟，亦所以覆舟。"故孔子曰："鱼失水则死，水失鱼犹为水也。"故唐、虞战战栗栗，日慎一日。安可不深思之乎？安可不熟虑之乎？

夫委大臣以大体㊳，责小臣以小事，为国之常也，为治之道也。今委之以职，则重大臣而轻小臣；至于有事，则信小臣而疑大臣。信其所轻，疑其所重，将求至治，岂可得乎？又政贵有恒，不求屡易。今或责小臣以大体，或责大臣以小事，小臣乘非所据，大臣失其所守，大臣或以小过获罪，小臣或以大体受罚。职非其位，罚非其辜，欲其无私，求其尽力，不亦难乎？小臣不可委以大事，大臣不可责以小罪。任以大官，求其细过，刀笔之吏㊴，顺旨承风㊵，舞文弄法㊶，曲成其罪。自陈也，则以为心不伏辜㊷；不言也，则以为所犯皆实。进退惟谷㊸，莫能自明，则苟求免祸。大臣苟免，则谲诈萌生㊹。谲诈萌生，则矫伪成俗㊺。矫伪成俗，则不可以臻至治矣。

又委任大臣，欲其尽力，每官有所避忌不言，则为不尽。若举得其人，何嫌于故旧㊻。若举非其任，何贵于疏远。待之不尽诚信，何以责其忠恕哉㊼！臣虽或有失之，君亦未为得也。夫上之不信于下，必以为下无可信矣。若必下无可信，则上亦有可疑矣。《礼》曰㊽："上人疑，则百姓惑。下难知，则君长劳。"上下相疑，则不可以言至治矣。当今群臣之内，远在一方，流言三至而不投杼者㊾，臣窃思度，未见其人。夫以四海之广，士庶之众，岂无一二可信之人哉？盖信之则无不可，疑之则无可信者，岂独臣之过乎？夫以一介庸夫结为交友㊿，以身相许，死且不渝㉚，况君臣契合，寄同鱼水。若君为尧、舜，臣为稷、契㉜，岂有遇小事则变志，见小利则易心哉！此虽下之立忠未有明著，亦由上怀不信，待之过薄之所致也。岂君使臣以礼，臣事君以忠乎！以陛下之圣明，以当今之功业，诚能博求时俊，上下同心，则三皇可追而四㉝，五帝可俯而六矣。夏、殷、周、汉，夫何足数！

太宗深嘉纳之。

【译文】　贞观十四年，特进魏征上疏说：

我听说君主就像头脑，大臣就像胳膊大腿，大家同心默契，合成一个整体，身体器官如果有所欠缺，就不是完整的人。因而，头脑虽然地位崇高，一定借助手足才能成为完整的身体；君主虽然聪明睿智，一定借助大臣的辅佐才能实现治理国家的目标。《礼记》中说："民众以君主为腹心，君主以民众为肢体，内心庄重则身体从容，内心严肃则容貌恭敬。"《尚书》中说："君主圣明，大臣贤良，万事安宁。""元首行事杂乱，大臣怠惰，万事荒废。"既然这样，那么如果舍弃了四肢，只是使用心胸，还能够使身体完备并且有条理，这样的道理是没有听说过的。

君主和臣下相互默契，自古以来就是困难的事情。让石头主动去迎合水流，千年才能相合一次，让水流去迎合石头，什么时候都可能发生。那些能够开辟最公正的道路，申明追求天下人的公利，内能够竭尽心思，外能够竭尽气力，调和得如同做和羹时用的盐和梅子一样，坚固得如同金和石一样的人，靠的不只是高爵位和厚俸禄，只在于遵循礼制而已。当初周文王在凤凰之墟巡游，系袜的带子开了，看了看左右没有适合使唤的人，于是自己系上带子。难道是周文王的时代都是才德出众的人，而唯独现在的圣明时代没有贤德的君子吗？只在于了解与不了解，礼遇与不礼遇而已！所以伊尹，本来是有莘氏之女的陪嫁仆人；韩信，本来是项羽手下的逃亡士卒。商汤待伊尹以礼，在南巢实现了帝王之业；汉高祖登坛拜将，在垓下成就了帝王之功。如果夏桀不抛弃伊尹，项羽施恩德于韩信，怎么能够失掉已经建立起的国家，成为灭国亡身之人呢？还有，微子，是商纣王的至亲骨肉，被周朝分封到宋国；箕子，是商朝的忠良之臣，对周王陈述洪范九筹，孔子称他们是仁人，没有人非议他们。《礼记》中记载："鲁穆公问子思说：'为原来的君主服丧，是古代就有的吗？'子思说：'古代的君子，起用人遵循礼节，黜退人遵循礼节,所以有为原来的国君服丧的礼节。今天的君子,起用人的时候喜爱到好像要把他抱到自己的膝盖上,黜退人的时候恨不能把他推到深渊里。不做发动战争的主谋来攻打旧主,不已经很好了吗?又哪里会有回来为旧主服丧的礼节?'"齐景公曾经问晏子说:"忠臣怎样侍奉君主?"晏子回答说:"国君有难的时候不去死,国君逃亡的时候不相送。"齐景公说:"划出了土地来封给他,分封了爵位来对待他,国君有难的时候不去死,国君出逃的时候不相送,为什么?"晏子说:"进言而被采用,终身不会有难,臣下为什么要死呢?劝谏而被采纳,终身不会逃亡,臣下为什么要送呢?如果进言不被采用,国君有难的时候就去死,这是无意义的死;劝谏不被采纳,国君出逃的时候又相送,这是假忠心。"《春秋左氏传》中说:"崔杼弑杀了齐庄公,晏子站在崔家的门外,看门的人说:'你来送死吗?'晏子说:'那是我一个人的君主吗!我送什么死呢?'看门人又问:'你要逃走吗?'晏子说:'这件事是因为我的过错吗!我为什么要逃走呢?国君为了国家而死,臣子就为他去死;为了国家而逃亡,臣子就随他逃亡。如果他是为了自己而死,为了自己而逃亡,不是他亲近的人,谁敢那样做?'崔家的门打开了,晏子进去,把国君尸体的头枕在自己大腿上抱着大哭,然后起来,行了哭踊之礼就出来了。"孟子说:"君主把臣下看得如同手足,臣下就会把君主看得如同心腹;君主把臣下看得如同供驱使的犬马,臣下就会把国君看得如同普通的陌生人;君主把臣下看得如同粪土,臣下就会把君主看得如同敌人。"虽然臣下侍奉君主应该没有二心,但离开和归附的礼节,应当根据恩德的厚薄来确定。既然这样,那么作为君主的,怎么可以对臣下无礼呢?

  我看在朝的这些大臣,担当着掌管朝中关键部门的职责的人,有的负责与秦晋相接的各险要区域,有的参与筹划国家大事,大家都是在做事立功,都是选拔出来的一个时代的贤才,身处中枢要职,担当的责任重大。担负的责任虽然重大,如果不是真正被信任,那么人也许就会自己产生顾虑。人一旦自己产生顾虑,那么心里就会怀有敷衍了事的念头。心里怀有敷衍了事的念头,那么气节和道义就不会树立。气节和道义不树立,那么礼教就不会振兴。礼教不振兴,而能够同君主一起稳定太平的基业,延续七百年的帝业,是从来没有过的。我又听说,国家重用、爱惜有功之臣,不对旧怨念念不忘,这样比起以前的圣人,没有任何区别。但是,如果只是对大事显得宽容,对小的罪过却急于追究,动不动就指责、发怒,不能够去除个人的爱恨情感,则不能够治理好国家。君主对于禁令必须严格,臣下仍可能会有人触犯,况且上面如果开启了一个源头,下面一定就会加倍,如同河流因壅塞而溃决,伤害的人一定会很多,这样打算使天下的黎民百姓,到哪里去安身?这也就是说君主如果开了一个不好的头,下面一定会生出百种变化,没有不导致混乱的。《礼记》中说:"对于喜欢的人要知道他的缺点,对于憎恶的人要知道他的长处。"如果憎恶而不知道他的长处,那么为善的人一定会害怕;喜欢而不知道他的短处,那么为恶的人必然会更多。《诗经》中说:"君子一旦发了怒,混乱迅速被终止。"然而,古人大发雷霆,是为了惩治邪恶,今天的严刑峻法,却用来助长奸邪。这不是唐尧、虞舜所想的,不是夏禹、商汤所做的。《尚书》中说:"关爱我的就是我的国君,虐待我的就是我的仇人。"荀子说:"君,好比是舟。民,好比是水。水能够载起舟,也能够使舟倾覆。"所以孔子说:"鱼失去水就会死,水失去鱼照样还是水。"所以唐尧和虞舜才战战兢兢,一天比一天谨慎。难道能够不深思其中的道理吗?难道能够不反复考虑其中的道理吗?

把重任委托给地位高的臣属,将小事责令地位低的臣属去做,这是治理国家的一般道理。委派职责的时候,就重视地位高的臣属而轻视地位低的臣属;等到发生事情的时候,却信任地位低的臣属而怀疑地位高的臣属。信任他所轻视的,怀疑他所重视的,想要达到国家安定有序,怎么能够实现呢?还有,施政最重要的是具有连续性,不追求总是变动不居。如今或者责令地位低的臣属去完成重任,或者责令地位高的臣属去做小事,地位低的臣属占据了不该他占据的位置,地位高的臣属失去了他本应具有的职权,地位高的臣属可能因为小过错而获罪,地位低的臣属或者因为大责任而受罚。职责与地位不相称,处罚与罪过不相当,想要他们没有私心,要求他们竭尽全力,不是很困难吗?地位低的臣属不能委派给他们重要的事务,地位高的臣属不能因为小的过错责罚他们。委托给地位高的臣属大的职责,而又追究他们小的过失,那些掌管文案的小官吏,就会顺承上司的意图,玩弄文字,曲解法律,歪曲事实构陷他们的罪名。他们自己辩解,则被认为内心不服罪;不辩解吧,则被认为所犯的罪行都是事实。进退两难,无法辩白,那么就只有苟且地求得免于祸患。地位高的臣属苟且地求得免于祸患,那么奸诈就会产生。奸诈产生,那么虚假就会成为风气。虚假成为风气,那么就不可能实现国家安定有序了。

另外,委派任用地位高的大臣,就希望他们能竭心尽力,每当委派给他们职责时有所避讳顾及而不说,那么就是不尽心。如果选拔的人是合适的人选,何必要记恨以前的事情呢?如果选拔的人不符合职责要求,那么何必认为疏远的人可贵呢?对待别人不是完全真心和信任,怎么能够要求他们做到尽心为人,推己及人呢!臣属虽然或许会有过失,而君主也并非事事都做得合适。凡是在上位的人不信任下面的人,一定认为下面的人毫无可信之处。如果下面的人毫无可信之处,那么在上位的人也有可疑的地方。《礼记》中说:"上面的人怀疑,老百姓就迷惑。下面的人难以了解,那么君主就要长期操劳。"上下相互猜疑,那么就不可能谈到实现国家安定有序。如今的群臣之中,如果远在一方,流言三次传来而不像曾参的母亲一样扔下梭子逃走的,据我所知,没有发现这样的人。国家如此广大,人民如此众多,难道就没有一两个可以信任的人吗?只是因为如果信任则会认为对方没有不恰当的地方,如果怀疑就会认为对方没有什么可以信任的罢了,难道这只是臣属的过错吗?一个平常人和人结交为朋友,把自己的生命许诺给对方,到死也不会反悔,何况君主与臣属默契和谐,相互依赖如同鱼和水一样。如果君主都像唐尧、虞舜一样,臣属都像稷和契一样,怎么会遇到小事就变心,见了小利也变心呢!这虽是臣下树立的忠心还不明显,也是由于君上心里不信任,对待他过于轻薄所致。难道这是君主任用臣属遵循礼节,臣属侍奉君主遵循礼节吗!以陛下的聪明睿圣,以当今的功勋业绩,如果真正能够广求当今的俊杰,上下同心,那么三皇就可以追加到四个人,五帝就可以向下延伸到六个人了。夏、商、周、汉这些朝代,又算得上什么呢!

唐太宗非常赞赏并采纳了魏征的建议。

【注释】 ①齐契:同心默契。 ②民以君为心,君以民为体,心庄则体舒,心肃则容敬:出自《礼记·缁衣》。舒:从容,舒缓。 ③元首明哉,股肱良哉,庶事康哉。元首丛脞哉,股肱惰哉,万事堕哉:出自《尚书·益稷》。康:安乐,安宁。丛脞:琐碎,杂乱。《尚书》孔安国传曰:"丛脞,细碎无大略。" ④委弃:舍弃,抛弃。 ⑤相遇:相合,相互融洽。 ⑥投:合。如"意气相投"之"投"。 ⑦用:物质,资财。引申为利益。 ⑧心膂:心与脊骨。引申为心思精力。 ⑨盐梅:盐和梅子。盐味咸,梅味酸,均为调味所需。引申为调和、和谐。 ⑩厚秩:丰厚的俸禄。秩:古代官吏的俸禄。 ⑪俊乂:才德出众的人。《尚书·皋陶谟》有:"俊乂在官。"孔颖达疏曰:"乂,训为'治',故云'治能'。马、王、郑皆云,才德过千人为俊,百人为乂。" ⑫伊尹:商汤时的大臣,名伊,一说名挚。他曾在"有莘之野"躬耕务农,后来作为有莘氏之女的陪嫁仆人到了商,几经周折为商的首领汤重用,并助汤灭夏。汤死后,又先后辅佐卜丙、仲壬、太甲,死于沃丁之时。伊尹辅佐商朝历60余年,历史上一直被当做贤相的代表。有莘:古国名,在今山东曹县北。媵臣:古代随嫁的臣仆。《史记·殷本纪》中说:"伊尹名阿衡。阿衡欲奸汤而无由,乃为有莘氏媵臣,负鼎俎,以滋味说汤,致于王道。" ⑬韩信:汉初功臣,辅佐刘邦平定天下。韩信早期曾经投奔项羽,未被重用而逃离。 ⑭南巢:在今安徽境内,商汤将夏桀流放到此处。 ⑮汉祖登坛:刘邦为了表示对韩信的重视,专门筑坛,登坛拜将,以示隆重。 ⑯垓下:在今安徽灵璧境内。楚汉之争中,垓下一役,刘邦将项羽彻底击败。 ⑰茅土:指王、侯受天子之封爵。天子分封王、侯时,用代表方位的五色土筑坛,按封地所在方向取一色土,包以白茅而授之,作为受封者得以有国建社的表征。 ⑱《洪范》:《尚书》中的一篇,相传为箕子所做,陈述给周武王,主要内容为国家治理的主要原则,共分九条,称作"洪范九筹"。 ⑲《礼记》称:下面的记载出自《礼记·檀弓下》。 ⑳子思:即孔子的孙子孔伋,相传《中庸》是他的作品。 ㉑反服:已脱离隶属关系的臣下为旧君服丧。 ㉒队诸泉:推到深渊里。队:同"坠"。泉:《礼记》原作"渊",因避唐高祖李渊讳。 ㉓戎首:发动战争的主谋、祸首。《礼记·檀弓下》郑玄注曰:"为兵主来攻伐曰戎首。" ㉔裂地:划分土地。 ㉕疏爵:分封爵位。 ㉖妄死:无意义的死。 ㉗《春秋左氏传》曰:下面的文字出自《左传·襄公二十五年》。《春秋左氏传》,简称《左传》,《春秋》三传之一,相传为左丘明所做。 ㉘兴:起来。 ㉙三踊:古代丧礼仪式之一,向死者跳脚号哭,以示哀痛。初死、小敛、大敛皆哭踊,谓之三踊。 ㉚孟子曰:下面的文字出自《孟子·离娄下》。原文为:"君之视臣如手足,则臣视君如腹心;君之视臣如犬马,则臣视君如国人;君之视臣如土芥,则臣视君如寇雠。" ㉛枢机:朝廷中的机要部门或职位。 ㉜衡轴:天文仪器的转轴,比喻中枢要职。 ㉝名教:即礼教。儒家的礼教强调正名定分,故又称名教。 ㉞旧恶:旧怨。 ㉟《礼记》曰:下面的文字出自《礼记·曲礼上》。 ㊱君子如怒,乱庶遄(chuán)沮:出自《诗经·小雅·巧言》。遄:

快,迅速。沮:阻止,终止。 ㊲《书》曰:下面的文字出自《尚书·泰誓下》。 ㊳大体:这里指大事,大任。 ㊴刀笔之吏:执掌文案的官吏。 ㊵承风:迎合上官的意图。风:口风。 ㊶舞文弄法:玩弄文字,曲解法律。 ㊷伏辜:服罪,承担罪责而死。 ㊸进退惟谷:无论是进还是退,都是处在困境之中。形容进退两难。 ㊹谲诈:狡诈,奸诈。萌生:初生,发生。 ㊺矫伪:作伪,虚假。 ㊻嫌:厌恶,记恨。 ㊼忠恕:儒家的一种道德规范。忠:指尽心为人。恕:指推己及人。《论语·里仁》中有:"夫子之道,忠恕而已矣。"朱熹《集注》曰:"尽己之谓忠,推己之谓恕。" ㊽《礼》曰:下面的文字出自《礼记·缁衣》。 ㊾流言三至而不投杼者:《史记·甘茂列传》中记载:"昔曾参之处费,鲁人有与曾参同姓名者杀人,人告其母曰'曾参杀人',其母织自若也。顷之,一人又告之曰'曾参杀人',其母尚织自若也。顷又一人告之曰'曾参杀人',其母投杼下机,逾墙而走。"杼:织布机上的梭子。 ㊿交友:朋友。 (51)不渝:不改变。 (52)稷:即后稷,相传为周朝的祖先,尧舜时主管农业生产。契(xiè):相传为商朝的祖先,曾助大禹治水有功,被舜封为司徒。 (53)三皇:上古三位君主。具体指哪三位,历来所说不一。一说指伏羲、神农、黄帝。如《庄子·天运》有:"余语汝三皇五帝之治天下。"成玄英疏曰:"三皇者,伏羲、神农、黄帝也。"一说指伏羲、神农、女娲。如高诱注《吕氏春秋·用众》"此三皇五帝之所以大立功名也"说:"三皇,伏羲、神农、女娲也。"一说指伏羲、神农、燧人。如汉代班固《白虎通·号》中说:"三皇者,何谓也?谓伏羲、神农、燧人也。"一说指伏羲、神农、祝融。如汉代班固《白虎通·号》中又说:"《礼》曰:伏羲、神农、祝融,三皇也。"一说指天皇、地皇、泰皇。如《史记·秦始皇本纪》中说:"古有天皇、有地皇、有泰皇。泰皇最贵。"一说指天皇、地皇、人皇。如《春秋纬》中说:"天皇、地皇、人皇,兄弟九人,分九州,长天下也。"

【评解】 在这篇奏疏中,魏征向唐太宗提出了选拔人才、任用官吏的几个原则。主要包括以下内容:一是要君臣要相互默契;二是君主要始终如一;三是要避免地位和职责失当;四是君臣要相互信赖。

贞观十六年,太宗问特进魏征曰:"朕克己为政,仰企前烈①。至于积德、累仁、丰功、厚利,四者常以为称首②,朕皆庶几自勉③。人苦不能自见,不知朕之所行,何等优劣?"征对曰:"德、仁、功、利,陛下兼而行之。然则内平祸乱,外除戎狄,是陛下之功。安诸黎元④,各有生业,是陛下之利。由此言之,功利居多,惟德与仁,愿陛下自强不息,必可致也。"

【译文】 贞观十六年(642年),唐太宗问特进魏征:"我克制自己的私欲处理政事,仰慕并期望达到前人的功业。因而积累德行、增进仁爱、扩充功绩、增加民利,这四者一直被我认为是第一位的,我希望能够在这些方面自我勉励。人苦于不了解自己,我不知道我所做的事情,优劣情况如何?"魏征回答说:"德行、仁爱、功绩、民利,陛下都重视并且付诸实践。可是,在国内平定祸乱,在外部消灭戎狄,这是陛下取得的功绩。安抚天下百姓,让他们都有赖以谋生的职业,这是陛下谋求的民利。由此而言,您在功绩和民利方面做的事情比较多,只是德行和仁爱,希望陛下自强不息,一定也可以获得。"

【注释】　①仰企:仰慕企望。前烈:前人的功业。　②称首:第一。　③庶几:希望,但愿。　④黎元:黎民,百姓。

【评解】　对于社会管理者来说,德行和仁爱是功绩和民利的根本。如果没有内在的德行和价值观念作为指引,所谓功绩就会偏离方向。

贞观十七年,太宗谓侍臣曰:"自古草创之主,至于子孙多乱,何也?"司空房玄龄曰:"此为幼主生长深宫,少居富贵,未尝识人间情伪,治国安危,所以为政多乱。"太宗曰:"公意推过于主,朕则归咎于臣。夫功臣子弟多无才行,藉祖父资荫遂处大官①,德义不修,奢纵是好。主既幼弱,臣又不才,颠而不扶,岂能无乱?隋炀帝录宇文述在藩之功,擢化及于高位,不思报效,翻行弑逆。此非臣下之过欤?朕发此言,欲公等戒勖子弟②,使无愆过③,即家国之庆也。"太宗又曰:"化及与玄感,即隋大臣受恩深者子孙,皆反,其故何也?"岑文本对曰:"君子乃能怀德荷恩,玄感、化及之徒,并小人也。古人所以贵君子而贱小人。"太宗曰:"然。"

【译文】　贞观十七年(643年),唐太宗对侍从的大臣说:"自古以来创业的君主,到了子孙继承帝位之后就发生很多动乱,为什么?"司空房玄龄说:"这是因为年幼的君主生长在深宫之中,从小享受富贵,没有见识过民间的真实生活,没有经历过治理国家、安定危局的实践,所以处理政事就引起很多动乱。"唐太宗说:"你的意思是把过错推到君主身上,我却将此归罪于臣下。开国功臣的子弟大多没有才华和德行,借助爷爷或者父亲的荫庇于是就占据了重要的职位,不修养德行道义,只喜欢奢侈纵欲。君主本来就幼小,臣下又没有才能,倾倒了也不扶助,哪能不发生动乱呢?隋炀帝记得宇文述在自己还做藩王时的功绩,把宇文化及提拔到很高的位置上,他却不想着报效君主,反而做出弑君篡逆的事情。这难道不是臣下的过错吗?我说这席话的意思,是想要你们好好训诫勉励各自的子弟,使他们不要有罪过,这就是家庭和国家可庆贺的事。"唐太宗又说:"宇文化及和杨玄感,都是深受隋朝恩德的大臣的子弟,都造反了,这是什么原因?"岑文本回答说:"君子都能够记住和感怀恩德,杨玄感和宇文化及这类人,都是小人。所以古人崇尚君子而鄙视小人。"唐太宗说:"对。"

【注释】　①资荫:古代对于一定品级的官员的荫庇制度,即父亲或祖父具有一定职位,子孙便可以获得一定的官阶。　②戒勖:训诫勉励。　③愆过:罪恶,罪过。

【评解】　从君臣在治理国家中的作用和关系来说,房玄龄和唐太宗都各说对了一半。只有二者相互配合,都能够最大限度尽到自己的职责,才能够使国家安定。

择官第七

　　贞观元年,太宗谓房玄龄等曰:"致治之本,惟在于审。量才授职,务省官员。故《书》称:'任官惟贤才①。'又云:'官不必备,惟其人②。'若得其善者,虽少亦足矣。其不善者,纵多亦奚为?古人亦以官不得其才,比于画地作饼,不可食也。《诗》曰:'谋夫孔多,是用不就③。'又孔子曰:'官事不摄,焉得俭④?'且'千羊之皮,不如一狐之腋⑤。'此皆载在经典,不能具道。当须更并省官员,使得各当所任,则无为而治矣。卿宜详思此理,量定庶官员位。"玄龄等由是所置文武总六百四十员。太宗从之,因谓玄龄曰:"自此傥有乐工杂类,假使术逾侪辈者⑥,只可特赐钱帛以赏其能,必不可超授官爵,与夫朝贤君子比肩而立,同坐而食,遣诸衣冠以为耻累⑦。"

【译文】 贞观元年(627年),唐太宗对房玄龄等说:"实现国家安定有序的根本,只在于对官员的认真考察。根据才能授予职责,一定要尽量减少官吏数量。所以《尚书》中说:'任用官员只选择贤才。'又说:'官员不必齐备,只在于用合适的人。'如果得到了好人才,虽然少也足够了;得到不好的人,即使多又有什么用呢?古人又把选拔官吏得不到合适的人才,比喻为在地上画饼子,不能食用。《诗经》中说:'智谋之士有很多,事情最终不成功。'孔子也说:'每件公事都要专人做,怎么称得上节俭。'况且'一千只羊的皮毛,不如一只狐狸的腋下皮毛。'这些都是记载在经书典籍中的,不能一一列举。应当进一步合并机构、减少官吏,使他们都适合自己的使命,就能够达到无为而治的目的了。你们也要好好考虑这个道理,衡量确定百官的员额数量。"房玄龄等人于是设置文武官员共六百四十人。唐太宗认为可以,于是对房玄龄说:"从此之后假使有乐工或做其他杂事的人员,假如有技艺超过其他同行的人,只可以特别赏赐钱财以奖赏其才能,一定不能超过员额授予他们官职爵位,让他们同朝中的贤能君子比肩而立,同坐吃饭,使得那些士大夫们以为是羞耻和羁绊。"

【注释】 ①任官惟贤才:出自《尚书·咸有一德》。原文作"任官惟贤材"。"才"同"材"。　②官不必备,惟其人:出自《尚书·周官》。　③谋夫孔多,是用不就:出自《诗经·小雅·小旻》。原文作:"谋夫孔多,是用不集。"谋夫:计谋之士。孔:很。集、就:成功。　④官事不摄,焉得俭:出自《论语·八佾》。官事:公事。摄:代理,兼理。 ⑤千羊之皮,不如一狐之腋:出自《史记·商君列传》。腋:指腋下的皮毛。 ⑥侪辈:同辈,这里指同行。 ⑦衣冠:古代士以上戴冠,因用以指士以上的服装。代指缙绅,士大夫。

【评解】 行政机构省官并职,既是减轻人民负担的需要,也是提高效率的需要。朱熹说:"有事情才有职责,有职责才有官署。"绝不能够因人设事。

贞观二年,太宗谓房玄龄、杜如晦曰:"公为仆射,当助朕忧劳,广开耳目,求访贤哲。比闻公等听受辞讼①,日有数百。此则读符牒不暇②,安能助朕求贤哉?"因敕尚书省,细碎务皆付左右丞,惟冤滞大事合闻奏者③,关于仆射。

【译文】 贞观二年(628年),唐太宗对房玄龄、杜如晦说:"你们做仆射,应当帮我分担忧虑劳苦,广泛地听取和观察,寻访贤能和聪明的人才。近来听说你们听取的诉讼,每天达到几百件。这样读公文都没有时间,怎么能够帮助我寻访贤才呢?"于是下令给尚书省,零碎的小事都交给左右丞处理,只有那些已拖延很久的冤案和重大事务需要奏知皇上知道的,才交给仆射处理。

【注释】 ①辞讼:诉讼。 ②符牒:符移关牒等公文的统称。 ③冤滞:滞留未申的冤狱。

【评解】 一个人的精力和能力毕竟有限,领导者不能够事必躬亲,重要的是选拔任用合适的人才。因此范祖禹曾经评论此事说:"唐太宗让宰相去求贤,而不让他们处理小事,可以说是能够合理地分派职责了。"

贞观二年,太宗谓侍臣曰:"朕每夜恒思百姓间事,或至夜半不寐。惟恐都督、刺史堪养百姓以否①。故于屏风上录其姓名,坐卧恒看,在官如有善事,亦具列于名下。朕居深宫之中,视听不能及远,所委者惟都督、刺史,此辈实治乱所系,尤须得人。"

【译文】 贞观二年(628年),唐太宗对侍从的大臣说:"我每天夜里总是思考百姓的事情,有时到半夜还睡不着。只是担心都督、刺史们能不能胜任安抚百姓的职责。于是在屏风上写下他们的姓名,坐着、躺着一直看,他们在任职期间如果做了好事,也都列在他们名字的下面。我居住在深宫之中,眼睛看、耳朵听都不可能达于很远的地方,所依靠的只有都督、刺史这些地方官,这些人实在是直接关乎安定和混乱,所以他们更需要有合适的人选。"

【注释】 ①以否:相当于"与否"。

【评解】 汉宣帝"以为吏数变易,则下不安业;久于其事,则民服教化",曾经慨叹曰:"民所以安而无怨者,政平吏良也。与我共此者,其唯良二千石(即刺史)乎!"地方官吏与人民的日常生活息息相关,因此常常可能成为决定地方甚至国家治乱的重要因素。

贞观二年,太宗谓右仆射封德彝曰:"致安之本,惟在得人。比来命卿举贤,未尝有所推荐。天下事重,卿宜分朕忧劳,卿既不言,朕将安寄?"对曰:"臣愚岂敢不尽情,但今未见有奇才异能。"太宗曰:"前代明王使人如器,皆取士于当时,不借才于异代。岂得待梦傅说①,逢吕尚②,然后为政乎?且何代无贤,但患遗而不知耳!"德彝惭赧而退③。

【译文】 贞观二年(628年),唐太宗对右仆射封德彝说:"实现安定的根本,只在于得到合适的人才。近来要你举荐贤才,还没见你有所推荐。治理天下的事情重大,你应当为我分担忧虑劳苦,你既然不进言,我还能托付给谁呢?"封德彝回答说:"我怎么敢不尽心呢,只是至今还没有发现有特殊才华和独特能力的人。"唐太宗说:"前代圣明的君王使用人才就像使用器物一样,都是在当时选拔贤士,不向其他时代借用人才。怎么能够等到梦到傅说,遇到姜尚,然后才治理国家呢?况且哪个朝代能没有贤才,只是怕错过了却不知道而已!"封德彝羞惭地退下了。

【注释】 ①梦傅说:傅说是商朝武丁时的大臣,最初只是在傅岩做版筑工作的奴隶。关于傅说和武丁的相遇,《尚书正义》引皇甫谧云:"高宗(即武丁)梦天赐贤人,胥靡之衣蒙之而来,且云:'我徒也,姓傅名说,天下得我者岂徒也哉!'武丁悟而推之曰:'傅者,相也。说者,欢悦也。天下当有傅我而说民者哉!'明以梦视百官,百官皆非也。乃使百工写其形象,求诸天下,果见筑者胥靡衣褐带索,执役于虞虢之间、傅岩之野,名说。以其得之傅岩,谓之傅说。" ②吕尚:即姜尚,西周的开国功臣。《史记·齐太公世家》中说:"太公望吕尚者,东海上人。其先祖尝为四岳,佐禹平水土甚有功。虞夏之际封于吕,或封于申,姓姜氏。夏商之时,申、吕或封枝庶子孙,或为庶人,尚其后苗裔也。本姓姜氏,从其封姓,故曰吕尚。"关于吕尚和周文王的相遇,《齐太公世家》中说:"吕尚盖尝穷困,年老矣,以渔钓奸周西伯。西伯将出猎,卜之,曰'所获非龙非彲非虎非羆;所获霸王之辅'。于是周西伯猎,果遇太公于渭之阳,与语大说,曰:'自吾先君太公曰'当有圣人适周,周以兴'。子真是邪?吾太公望子久矣。'故号之曰'太公望',载与俱归,立为师。" ③惭赧(nǎn):羞惭脸红。赧:因惭愧而脸红。

【评解】 人无完人,选拔人才就是用人所长。唐太宗的这一见解是颇有见地的。

贞观三年,太宗谓吏部尚书杜如晦曰:"比见吏部择人,惟取其言词刀笔,不悉其景行①。数年之后,这些人恶迹始彰,虽加刑戮,而百姓已受其弊。如何可获善人?"如晦对曰:"两汉取人,皆行著乡闾②,州郡贡之,然后入用,故当时号为多士。今每年选集③,向数千人④,厚貌饰词⑤，不可知悉，选司但配其阶品而已。铨简之理⑥，实所未精，所以不能得才。"太宗乃将依汉时法令，本州辟召⑦，会功臣等将行世封事，遂止。

【译文】 贞观三年(629年)，唐太宗对礼部尚书杜如晦说："近来我发现礼部选拔人员，只是依据他们的言辞和文笔，不去了解他们是否有高尚的德行。数年之后，这些人恶劣的行径才显现出来，虽然按刑法加以惩罚，但老百姓已经受其所害。怎样才能得到好人才？"杜如晦回答说："两汉时期所选拔的人才，都是在乡里德行显著，州郡举荐给朝廷，然后选拔任用，所以那时候号称贤才济济。如今每年集中选拔，都大约有数千人，他们深深地掩饰形貌，巧妙地装饰言辞，让人不能了解其本来面目，选拔人才的官署只是配给他们一定的官阶品级而已。衡量选拔人才的规则，其实并不是很完善，所以不能得到合适的人才。"唐太宗于是将要按照汉代推行的方法，由各州征召人才，正赶上功臣们将要进行世袭封爵，这件事就停止了。

【注释】 ①悉其景行：了解他们的德行。悉：知道。景行：高尚的德行。 ②乡闾：即乡里。古代以二十五家为闾，一万二千五百家为乡，因以"乡闾"泛指民众聚居之处。 ③选集：集中选拔。 ④向：大约，大约有。 ⑤厚貌饰词：深深地掩饰形貌，巧妙地装饰言辞。 ⑥铨简：衡量选拔。 ⑦辟召：征召。

【评解】 选官制度对于社会的价值取向有着重要的引导作用。官吏作为社会的管理者，通常要由优秀人才来充任，选官制度中最注重候选者哪方面的素质，就说明社会对这方面素质的重视，从而激励社会成员自觉地进行这一方面的修养。两汉时期察举人才的科目，如孝廉、茂才(汉初称"秀才"，东汉为了避光武帝讳又改为"茂才")、贤良方正、孝悌力田(又称"孝弟力田")等，对后世都产生了深远的影响。

贞观六年，太宗谓魏征曰："古人云，王者须为官择人，不可造次即用①。朕今行一事，则为天下所观；出一言，则为天下所听。用得正人，为善者皆劝；误用恶人，不善者竞进②。赏当其劳，无功者自退；罚当其罪，为恶者戒惧。故知赏罚不可轻行，用人弥须慎择。"征对曰："知人之事，自古为难，故考绩黜陟③，察其善恶。今欲求人，必须审访其行。若知其善，然后用之。设令此人不能济事，只是才力不及，不为大害。误用恶人，假令强干④，为害极多。但乱世惟求其才，不顾其行。太平之时，必须才行俱兼，始可任用。"

【译文】 贞观六年(632年)，唐太宗对魏征说："古人说，君王必须根据职位的要求选拔人才，不能很草率地就任用。我如今做一件事，就会被天下人看到；说一句话，就会被天下人听到。所任用的如果是品行端正的人，为善者就都能得到鼓励；如果误用了品行恶劣的人，不善的人就会不断涌现。根据其功劳来适当地赏赐，没有功劳的人就会自己退下去；根据其罪行来适当地进行责罚，做了恶事的人就会谨慎恐惧。因此可知赏罚不能轻易施行，用人更需要谨慎地选择。"魏征回答说："察知人品这件事，自古以来就很困难。所以考核成绩、升降官职，都要考察人的品行善恶。如今想要获得人才，一定要调查他的品行。如果知道他品行好了，然后再加以任用。假如这个人不能把事办好，只是因为才能和力气达不到，这不会造成大的祸患。一旦误用了品行不好的人，假使他又精明干练，带来的危害则会很大。但是乱世的时候只是追求人的才能，所以不顾及他的品行。太平之时，人才必须德才兼备，才可以加以任用。"

【注释】　①造次：匆忙，草率。　②竞进：争进。指受到鼓励而争相先前。　③考绩黜陟：考核成绩，升降官职。考绩：按一定标准考核官吏的成绩。黜陟：指人才的进退，官吏的升降。　④强干：精明干练。

【评解】　《管子·八观》中说："偏袒身边的人，不根据功劳和能力而授给爵禄，那么百姓就会有怨恨并且非议君长，轻视爵位看低俸禄"，"百姓有怨恨并且非议君长，轻视爵位看低俸禄，那么国家就没有办法鼓励民众了"。为了使人民有所劝勉，统治者必须量功授爵，依能赐禄。只有这样，才能使国家风气淳厚、秩序井然。

贞观十一年，侍御史马周上疏曰："治天下者以人为本。欲令百姓安乐，惟在刺史、县令。县令既众，不可皆贤，若每州得良刺史，则合境苏息①。天下刺史悉称圣意，则陛下可端拱岩廊之上②，百姓不虑不安。自古郡守、县令，皆妙选贤德③，欲有迁擢为将相，必先试以临人，或从二千石入为丞相及司徒、太尉者④。朝廷必不可独重内臣，外刺史、县令⑤，遂轻其选。所以百姓未安，殆由于此。"太宗因谓侍臣曰："刺史朕当自简择；县令诏京官五品已上，各举一人。"

【译文】　贞观十一年（637年），侍御史马周上疏说："治理天下的人把人当做根本。要想使老百姓安定愉悦，只在于刺史、县令这些地方官。全国县令人数众多，不可能都是贤才，如果每个州都有一个好刺史，那么整个州的境内都能够休养生息。如果天下的刺史都符合您的心意，那么陛下您就可以端坐在宫禁之内无为而治，不用考虑老百姓会不安定。自古以来的郡守、县令，都是精心挑选贤德的人，如果有打算将其升迁为将相的，一定先通过直接面对老百姓来进行考查，或者从郡守中选拔人才入朝担任丞相、司徒或太尉。朝廷绝不可以只重视朝中的大臣，疏远刺史、县令等地方官，于是就轻视对他们的选拔。老百姓之所以没有得到安定，大多是因为这个原因。"唐太宗于是对侍从的大臣说："刺史一职我应当自己挑选;县令的人选要求五品以上的京官,每人推荐一人。"

【注释】 ①苏息:休养生息。 ②岩廊:高峻的廊庑。借指宫禁、朝廷。 ③妙选:精心挑选。 ④二千石:即郡守。汉代的制度,郡守俸禄为二千石,即月俸百二十斛,因此称郡守为"二千石"。 ⑤外:疏远,排斥。

【评解】 地方政府是联系朝廷和基层的桥梁,它直接面向民众,国家的施政纲领、目的、原则、内容、要求等都要通过地方政府各种职能的发挥,才得以真正贯彻到每个社会成员。因此,对于地方官吏的选拔任用必须慎重,避免使地方官成为害民贼。

贞观十一年,治书侍御史刘洎以为左右丞宜特加精简,上疏曰:"臣闻尚书万机,实为政本,伏寻此选,授任诚难。是以八座比于文昌①,二丞方于管辖②,爰至曹郎③,上应列宿,苟非称职,窃位兴讥。伏见比来尚书省诏敕稽停④,文案壅滞⑤,臣诚庸劣,请述其源。贞观之初,未有令、仆,于时省务繁杂,倍多于今。而左丞戴胄、右丞魏征并晓达吏方⑥,质性平直,事应弹举⑦,无所回避,陛下又假以恩慈,自然肃物。百司匪懈,抑此之由。及杜正伦续任右丞,颇亦厉下。比者纲维不举,并为勋亲在位,器非其任,功势相倾⑧。凡在官寮,未循公道,虽欲自强,先惧嚣谤⑨。所以郎中予夺,惟事咨禀;尚书依违,不能断决。或纠弹闻奏,故事稽延,案虽理穷,仍更盘下。去无程限⑩,来不责迟,一经出手,便涉年载。或希旨失情⑪,或避嫌抑理。勾司以案成为事了,不究是非;尚书用便僻为奉公⑫,莫论当否。互相姑息,惟事弥缝⑬。且选众授能,非才莫举,天工人代⑭,焉可妄加?至于懿戚元勋⑮,但宜优其礼秩,或年高及耄⑯,或积病智昏,既无益于时宜,当置之以闲逸。久妨贤路,殊为不可。将救兹弊,且宜精简尚书左右丞及左右郎中。如并得人,自然纲维备举,亦当矫正趋竞⑰,岂惟息其稽滞哉!"疏奏,寻以洎为尚书左丞。

【译文】 贞观十一年(637年),治书侍御史刘洎认为左右丞应当特别精心挑选,于是上疏说:"我听说尚书省事务繁多,实在是国家治理的根本,我想对这些职位上的人员选拔,以及授予他们职责的确非常困难。所以把尚书省的主要官员比喻为文昌诸星,把左右二丞比喻为车子上的管辖,以致各司的曹郎,都与天上的星宿相对应,如果不称职,则是窃取了位子引来了讥讽。我看到近来尚书省的诏书敕令迟滞,文书案牍积压,我虽然平庸无能,请让我谈谈造成这一状况的根源。贞观初年,没有设置尚书令和仆射,那时候尚书省中的事务繁多杂乱,多于今天几倍。但那时的左丞戴胄和右丞魏征都通晓为政之方,性情平易正直,有应当弹劾检举的事情,从来不回避,陛下对他们又仁慈爱护,自然使事务整肃。各个部门都不懈怠,就是由于这个原因。等到杜正伦继任右丞,对下属要求也非常严厉。近来法令制度得不到执行,都是由于勋臣亲戚占据了位置,才能和职责不相当,以功劳和势力相互排挤。省中的官员,不遵循秉公行事的原则,即使想自己振作,却先害怕众口谤议。所以郎中决断事务,只是通过向上级咨询和禀奏;尚书模棱两可,不能够马上决断。有的举发弹劾的事件需要向上陈奏,却故意加以拖延,有的案件虽然已经审理清楚了,却仍然再去盘问属下。命令发出去的时候没有期限,返回时也不会因为迟滞而问责,事情一经安排出去,就要经历整年时间。有的只是迎合上面的意旨而违背事实真相,有的为了避免嫌疑而不管是不是合乎道理。办案的部门以案件有了结果作为事情结束,不管是对还是错;尚书把任用谄媚逢迎之人当做为公着想,不问用人是否适当。上下互相姑息迁就,只是为防止暴露而做一些设法遮掩的事情。况且官职需要从众人中选拔,授予有才能的人,不是有才能的人就不得被举用,由人来代替上天行使职责,怎么能够随便让人来做呢?至于皇亲国戚以及功臣,只应当给他们优厚的礼遇和俸禄,他们有的年龄大了,已将尽八九十岁,有的多年患病头脑不清醒,既然对现在的事宜无所帮助,就应当把他们安置在清闲安逸的位置上。如果让他们长久地妨碍选用贤才的道路,是非常不合适的。想要补救这一弊端,就应当首先精心挑选尚书省的左右丞和左右郎中。如果都能够得到合适的人选,自然法令制度都能够得到很好的贯彻,还能够纠正奔走钻营的歪风,难道只是能够解决积压迟滞的问题吗!"奏疏送达上去,不久刘洎被任命为尚书左丞。

【注释】　①八座:古代中央政府的八种高级官员,历代所指不同。东汉以六曹尚书并令、仆射为"八座";三国魏、南朝宋、齐以五曹尚书、二仆射、一令为"八座";隋唐则以六尚书、左右仆射及令为"八座"。文昌:星座名,共六星,在斗魁之前,形成半月形状。《史记·天官书》中说:"斗魁戴匡六星曰文昌宫:一曰上将,二曰次将,三曰贵相,四曰司命,五曰司中,六曰司禄。"古代又称尚书省为文昌省。　②管辖:指车子的关键部件。管:枢要。辖:大车轴头上穿着的小棍,可以管住轮子使不脱落,一般为铜质或铁质。　③爰:于是。曹郎:部属各司的官吏。　④稽停:迟滞,停留。　⑤壅滞:积压。　⑥吏方:为政之方。　⑦弹举:弹劾检举。　⑧相倾:相互排挤,相互竞争。　⑨嚣谤:众口谤议。　⑩程限:期限。　⑪希旨:迎合上面的意旨。　⑫便僻:同"便辟",谄媚逢迎之人。　⑬弥缝:设法遮掩以免暴露。　⑭天工人代:天的职责由人来代替,指天子和官吏代替上天来管理人民。　⑮懿戚:指皇亲国戚。　⑯耄:年老,八九十岁的年纪。　⑰趋竞:奔走钻营,争名夺利。

【评解】　在国家治理中,人才是一个关键因素。正如张九成对此事所评论的:"看刘洎上书陈述对尚书的任用不得其人的弊端,主张一定要选择贤人充任这个职位,整肃纲纪,解决积压迟滞的问题。这都是深刻领会了国家治理的关键和处理政事的根本的表现。"

贞观十三年,太宗谓侍臣曰:"朕闻太平后必有大乱,大乱后必有太平。大乱之后,即是太平之运也。能安天下者,惟在用得贤才。公等既不知贤,朕又不可遍识,日复一日,无得人之理。今欲令人自举,于事何如?"魏征对曰:"知人者智,自知者明。知人既以为难,自知诚亦不易。且愚暗之人,皆矜能伐善①,恐长浇竞之风②,不可令其自举。"

【译文】 贞观十三年(639年),唐太宗对侍从的大臣说:"我听说太平之后必有大乱,大乱之后必有太平。大乱之后,根据运数就是太平了。能够安定天下,只在于得到贤才任用。你们既然不知道谁是贤才,我又不可能一个一个地了解,这样日复一日,没有道理可以得到人才。如今打算让人自我举荐,这样做怎么样?"魏征回答说:"了解别人的人是智慧的,了解自己的人是聪明的。了解别人既然认为是困难的事情,了解自己的确也不容易。况且愚蠢昏暗的人,都夸耀自己的才能和长处,这样做恐怕会助长追名逐利的浮薄风气,不能让他们自我举荐。"

【注释】 ①矜能伐善:夸耀自己的才能和长处。矜能:夸耀自己的才能。伐善:夸耀自己的长处。 ②浇竞之风:追名逐利的浮薄风气。浇:浮薄,浅薄。

【评解】 在功名利禄面前,难免有些无才无德之徒为了个人目的而争相趋鹜,因此中国古代一向反对"自鬻"。

贞观十四年,特进魏征上疏曰:

臣闻知臣莫若君,知子莫若父。父不能知其子,则无以睦一家;君不能知其臣,则无以齐万国。万国咸宁,一人有庆①,必藉忠良作弼,俊乂在官,则庶绩其凝②,无为而化矣。故尧、舜、文、武见称前载,咸以知人则哲,多士盈朝,元、凯翼巍巍之功③,周、召光焕乎之美④。然则四岳、九官、五臣、十乱⑤,岂惟生之于曩代⑥,而独无于当今者哉?在乎求与不求,好与不好耳!何以言之?夫美玉明珠,孔翠犀象⑦,大宛之马⑧,西旅之獒⑨,或无足也,或无情也,生于八荒之表⑩,途遥万里之外,重译入贡⑪,道路不绝者,何哉?盖由乎中国之所好也。况从仕者怀君之荣,食君之禄,率之以义,将何往而不至哉?臣以为与之为孝⑫,则可使同乎曾参、子骞矣⑬;与之为忠,则可使同乎龙逄、比干矣;与之为信,则可使同乎尾生、展禽矣⑭;与之为廉,则可使同乎伯夷、叔齐矣⑮。

然而今之群臣,罕能贞白卓异者⑯,盖求之不切,励之未精故也。若勖之以公忠⑰,期之以远大,各有职分,得行其道;贵则观其所举,富则观其所养⑱,居则观其所好,习则观其所言,穷则观其所不受,贱则观其所不为;因其材以取之,审其能以任之,用其所长,掩其所短;进之以六正,戒之以六邪⑲,则不严而自励,不劝而自勉矣。故《说苑》曰:"人臣之行,有六正六邪。行六正则荣,犯六邪则辱。何谓六正?一曰萌芽未动,形兆未见,昭然独见存亡之机,得失之要,预禁乎未然之前,使主超然立乎显荣之处,如此者,圣臣也。二曰虚心尽意⑳,日进善道,勉主以礼义,谕主以长策㉑,将顺其美,匡救其恶,如此者,良臣也。三曰夙兴夜寐,进贤不懈,数称往古之行事,以厉主意㉒,如此者,忠臣也。四曰明察成败,早防而救之,塞其间㉓,绝其源,转祸以为福,使君终以无忧,如此者,智臣也。五曰守文奉法,任官职事,不受赠遗,辞禄让赐,饮食节俭,如此者,贞臣也。六曰家国昏乱,所为不谀,敢犯主之严颜,面言主之过失,如此者,直臣也。是谓六正。何谓六邪?一曰安官贪禄,不务公事,与世浮沉,左右观望,如此者,具臣也㉔。二曰主所言皆曰善,主所为皆曰可,隐而求主之所好而进之,以快主之耳目,偷合苟容㉕,与主为乐,不顾其后害,如此者,谀臣也。三曰内实险诐㉖,外貌小谨㉗,巧言令色,妒善嫉贤,所欲进,则明其美、隐其恶,所欲退,则明其过、匿其美,使主赏罚不当,号令不行,如此者,奸臣也。四曰智足以饰非,辩足以行说,内离骨肉之亲,外构朝廷之乱,如此者,谗臣也。五曰专权擅势,以轻为重,私门成党,以富其家,擅矫主命,以自贵显,如此者,贼臣也。六曰谄主以佞邪,陷主于不义,朋党比周㉘,以蔽主明,使白黑无别,是非无间,使主恶布于境内,闻于四邻,如此者,亡国之臣也。是谓六邪。贤臣处六正之道,不行六邪之术,故上安而下治。生则见乐,死则见思,此人臣之术也。"《礼记》曰㉙:"权衡诚悬,不可欺以轻重。绳墨诚陈,不可欺以曲直。规矩诚设,不可欺以方圆。君子审礼,不可诬以奸诈。"然则臣之情伪,知之不难矣。又设礼以待之,执法以御之,为善者蒙赏,为恶者受罚,安敢不企及乎㉚?安敢不尽力乎?

国家思欲进忠良,退不肖㉛,十有余载矣,徒闻其语,不见其人,何哉?盖言之是也,行之非也。言之是,则出乎公道,行之非,则涉乎邪径。是非相乱,好恶相攻。所爱虽有罪,不及于刑;所恶虽无辜,不免于罚。此所谓爱之欲其生,恶之欲其死者也㉜。或以小恶弃大善㉝,或以小过忘大功。此所谓君之赏不可以无功求,君之罚不可以有罪免者也。赏不以劝善,罚不以惩恶,而望邪正不惑,其可得乎?若赏不遗疏远,罚不阿亲贵,以公平为规矩,以仁义为准绳,考事以正其名,循名以求其实,则邪正莫隐,善恶自分。然后取其实,不尚其华,处其厚,不居其薄,则不言而化,期月而可知矣。若徒爱美锦,而不为民择官,有至公之言,无至公之实,爱而不知其恶,憎而遂忘其善,徇私情以近邪佞,背公道而远忠良,则虽夙夜不怠,劳神苦思,将求至理㉞,不可得也。

书奏,甚嘉纳之。

【译文】 贞观十四年(640年),特进魏征上疏说:

我听说了解臣属没有人比得上君主,了解儿子没有人比得上父亲。父亲不能了解他的儿子,则没有办法使一家和睦;君主不能了解臣属,则没有办法使天下得到治理。天下都安定,天子有善行,一定要依靠忠良之臣来辅佐,才德出众的人在各个职位上,则各种业绩都能够不断积聚,天下就能无所施为而自然得以教化。所以唐尧、虞舜、周文王、周武王被以前的各个时代所称颂,都是由于他们因了解人而明智,众多贤士充满朝堂,八元、八凯辅佐建立崇高伟大的功绩,周公、召公光大光彩奕奕的美德。然而四岳、九官、五臣、十乱这些贤臣,难道只生在前代,而唯独当今之世没有吗?在于寻求与不寻求,喜欢与不喜欢而已!为什么这样说?美玉、明珠,孔雀和翠鸟的羽毛,犀角、象牙,大宛的良马,西旅的猛犬,它们有的没有脚,有的没有人一样的感情,产于八方荒远的地方之外,路途超过万里之遥,却通过辗转翻译前来进贡,路途上源源不绝,为什么呢?是由于中国对他们爱好。况且进入仕途的人念着君主给他们的荣耀,吃着君主给他们的俸禄,只要用道义来引导他们,他们会什么地方不能到达呢?我认为鼓励他们遵循孝的要求行事,就可以使他们与曾参、闵子骞一样;鼓励他们遵循忠的要求行事,就可以使他们与关龙逄、比干一样;鼓励他们遵循信的要求行事,就可以使他们与尾生、展禽一样;鼓励他们遵循廉的要求行事,就可以使他们与伯夷、叔齐一样。

然而今天的群臣,很少能够达到品行方正清白、才能卓越出众的,这大抵是由于对他们要求不迫切,激励不深入的缘故。如果用尽忠为公鼓励他们,用远大志向要求他们,让他们各自具有职责义务,能够推行自己的主张;他们高贵的时候观察他们所举荐的人物,富有的时候观察他们所储藏的物品,居处的时候观察他们所喜好的事情,行动的时候观察他们所发出的言论,贫穷的时候观察他们所接受的物品,低贱的时候观察他们所不做的事情;根据他们才能的来选拔他们,根据他们的能力来任用他们,任用他们的长处,避免他们的短处;用六种正当的行为来激励他们,用六种不正当的行为来警诫他们,那么不严加约束他们也会自我砥砺,不进行督促他们也会自我劝勉。所以《说苑》中说:"臣子的行为,有六种正当的和六种不正当的。践行六种正当的行为就能够荣耀,触犯六种不正当的行为就会招致羞辱。什么是六种正当的行为?一是萌芽没有发生,迹象没有出现,就能独自很清晰地看到存亡的关键,得失的枢要,提前在事情没有发生之前就加以防止,使君主能够超然立于显贵荣耀的地位,像这样的臣子,称为圣臣。二是一心一意、竭心尽力,每天都以为善之道向君主进谏,用礼义勉励君主,用良计劝告君主,顺从君主的美德,匡正君主的恶行,像这样的臣子,称为良臣。三是早起晚睡,不知疲倦地举荐贤才,屡屡称述古人所做的事情,来砥砺君主的意志,像这样的臣子,称为忠臣。四是能够明察成败的趋势,提前防范以避免败亡,堵塞缝隙,断绝源头,将祸患转化为福祉,使君主始终不会有忧虑,像这样的臣子,称为智臣。五是遵守规章恪守法律,担当职责处理事务,不接受馈赠,推辞俸禄,不争赏赐,饮食节俭,像这样的臣子,称为贞臣。六是国家昏暗动荡,所作所为中没有阿谀逢迎,敢于冒犯君主严厉的脸色,当面指出君主的过失,像这样的臣子,称为直臣。这就是臣子六种正当的行为。什么是六种不正当的行为?一是安处官位贪图俸禄,不积极处理公事,随波逐流,左右观望,像这样的臣子,称为具臣。二是君主所说的话都称善,君主所做的事都说好,暗中搜寻君主所喜好的东西来进奉,来愉悦君主的耳目之好,苟且迎合来取悦君主,与君主一起寻欢作乐,不顾及以后会产生的祸患,像这样的臣子,称为谀臣。三是内心充满阴险邪僻,外表却谨小慎微,花言巧语,虚伪讨好,嫉贤妒能,想要举荐的人,就彰显他们的好处,隐瞒他们的缺点,想要排斥的人,就彰显他们的缺点,隐瞒他们的好处,使君主的赏罚不恰当,号令得不到执行,像这样的臣子,称为奸臣。四是才智足以掩饰过失,辩才足以说服他人,在内离间骨肉亲情,在外挑动朝廷混乱,像这样的臣子,称为谗臣。五是独揽权势,用个人的小事代替国家的大事,营私结党,来使自家富足,擅自改变君主的命令,来使自己高贵显达,像这样的臣子,成为贼臣。六是用奸佞邪僻的手段来谄媚君主,将君主置于不义的境地,拉帮结派,相互包庇,来遮蔽君主的识见,造成黑白不辨,是非不分,使君主的恶名在国内传播,散布到四方的邻国,像这样的臣子,称为亡国之臣。这就是臣子六种不正当的行为。贤臣依照六种正当的行为做事,不以六种不正当行为作为指导,所以在上位者安宁,在下位者有序。活着的时候被老百姓喜爱,去世之后被老百姓怀念,这是做臣子的基本法则。"《礼记》中说:"秤实实在在地挂在那里,就不能在重量上对其欺骗。墨线实实在在地摆在那里,就不能在曲直上对其欺骗。规矩实实在在地放在那里,就不能在方圆上对其欺骗。君子明察礼制,就不能用奸邪诈伪进行欺骗。"既然这样,那么臣子的内心真伪,就不难了解了。再加上准备好礼节来对待他们,掌握住法度来驾驭他们,做了好事的人得到奖赏,做了坏事的人遭受惩罚,臣子们怎么敢不勉力从事?怎么敢不竭心尽力呢?

  国家想要选拔忠良之臣,黜退无材之辈,已经有十多年了,只是听到相关的议论,没有看到相应的人才,为什么呢?就是因为说的是正确一套,做的是错误的一套。说的正确,就是合乎公道,做的错误,就走上了邪途。正确与错误相交错,好的与坏的相抵触。自己喜欢的人即使有罪责,却受不到刑罚制裁;自己厌恶的人即使没有过错,也免不了遭受责罚。这就是所谓的喜欢一个人就总想让他活着,厌恶一个人就总想让他死掉。或者因为小的缺点而忘记大的善行,或者因为小的过错而忘记大的功绩。这就是所谓的君主的赏赐不能够使没有功劳的人求得,君主的处罚不能够使没有罪过的人幸免。赏赐不用以劝勉善行,处罚不用以惩治罪恶,而期望奸邪之徒与正直之士不相混淆,怎么能够达到呢?如果赏赐不忽略疏远的人,处罚不偏袒亲近高贵的人,以公平作为标准,以仁义作为准则,考察所作所为来端正职责名分,按照职责名分来要求实际业绩,那么奸邪和正直都无所隐藏,善与恶自然分明。然后选取具有真才实学的人,不崇尚表面浮华,处事忠厚,不事浅薄,那么不用号令而天下风俗醇正,一年时间就可以很明显了。如果只是看重美貌锦衣,而不为老百姓选择能履行职责的合适人才,有最符合公道的言论,没有最符合公道的实际行动,喜好一个人而不知道他的坏处,憎恶一个人于是就忘了他的好处,从私情出发而接近邪佞的人,违背公道而疏远忠良之臣,那么即使日夜不懈怠,耗费精神苦苦思索,想要实现安定昌盛的局面,也是不可能达到的。

奏章陈奏上去,唐太宗非常赞赏并采纳了他的建议。

【注释】 ①一人有庆:君主有善。出自《尚书·吕刑》:"一人有庆,兆民赖之,其宁惟永。"孔安国传曰:"天子有善,则兆民赖之,其乃安宁长久之道。"一人:指天子。庆:喜,吉庆,这里指善德善行。 ②庶绩其凝:各种业绩都积聚。 ③元、凯:"八元八凯"的省称。《左传·文公十八年》:"昔高阳氏有才子八人,苍舒、隤敳、梼戭、大临、尨降、庭坚、仲容、叔达,齐圣广渊,明允笃诚,天下之民谓之八恺。高辛氏有才子八人,伯奋、仲堪、叔献、季仲、伯虎、仲熊、叔豹、季狸,忠肃共懿,宣慈惠和,天下之民谓之八元。此十六族也,世济其美,不陨其名,以至于尧,尧不能举。舜臣尧,举八恺,使主后土,以揆百事,莫不时序,地平天成。举八元,使布五教于四方,父义、母慈、兄友、弟共、子孝,内平外成。"翼:帮助,辅佐。巍巍:崇高伟大。 ④周、召:指周公和召公。周公姓姬名旦,召公姓姬名奭,二人都是周文王的儿子,周武王的弟弟,周武王和周成王时的主要辅佐大臣。光:光大。焕乎:光彩奕奕的样子。 ⑤四岳:相传为唐尧的大臣,羲和的四个儿子,分管四方的诸侯,所以叫四岳。九官:传说舜设置的九个大臣。颜师古注《汉书·刘向传》"臣闻舜命九官,济济相让,和之至也"说:"《尚书》:禹作司空,弃后稷,契司徒,咎繇作士,垂共工,益朕虞,伯夷秩宗,夔典乐,龙纳言,凡九官也。"五臣:舜时的五位大臣。《论语·泰伯》中说:"舜有臣五人,而天下治。"何晏注曰:"孔曰:'禹、稷、契、皋陶、伯益。'"十乱:辅佐周武王治国平乱的十个大臣。《尚书·泰誓》中说:"予有乱臣十人,同心同德。"十人指周公旦、召公奭、太公望、毕公、荣公、太颠、闳夭、散宜生、南宫适、文母。 ⑥曩代:前代。 ⑦孔翠犀象:孔雀、翠鸟、犀牛、大象。这里指孔雀和翠鸟的羽毛、犀角和象牙。 ⑧大宛:西域国名,产汗血宝马。 ⑨西旅:我国古代西部少数民族所建的国名。獒:一种高大、凶猛的狗。《尚书·旅獒》中说:"西旅献獒。"孔安国传曰:"西戎远国贡大犬。"孔颖达疏曰:"西方之戎有国名旅者。" ⑩八荒之表:八方荒远的地方之外。 ⑪重译:辗转翻译。 ⑫与:奖赏,鼓励。 ⑬子骞:即闵损,字子骞。 ⑭尾生:《庄子·盗跖》中说:"尾生与女子期于梁下,女子不来,水至不去,抱梁柱而死。"展禽:即柳下惠。《新序·节士》中记载说:"齐攻鲁,求岑鼎,鲁载岑鼎往。齐侯不信而反之,以为非也。使人告鲁君:'柳下惠以为是,因请受之。'请鲁君请于柳下惠。柳下惠对曰'君之欲以为岑鼎也,以免国也;臣亦有国于此。破臣之国,以免君之国,此臣所难也。'鲁君乃以真岑鼎往。"刘向评论说:"柳下惠可谓守信矣! 非独存己之国也,又存鲁君之国,信之于人重矣! 犹舆之輗軏也。孔子曰:'大车无輗,小车无軏,其何以行之哉?'此之谓也。" ⑮伯夷、叔齐:都是商末孤竹君的儿子,周武王灭商,二人不食周粟,饿死在首阳山中。 ⑯贞白卓异:品行方正清白,才能卓越出众。 ⑰勖:勉励。 ⑱养:储藏,储存。 ⑲六正:指臣子六种正当的品行。六邪:指臣子六种不正当的品行。此句原出自汉代刘向的《说苑·臣术》,魏征此处所引略有出入。 ⑳虚心:一心向往。 ㉑长策:良计,上策。 ㉒厉:激励,砥砺,磨炼。 ㉓间:缝隙。 ㉔具臣:备位充数之臣。如《论语·先进》有:"今由与求也,可谓具臣矣。"朱熹《集注》说:"具臣,谓备臣数而已。" ㉕偷合苟容:苟且迎合以取悦于人。 ㉖险诐:阴险邪僻。 ㉗小谨:谨小慎微。 ㉘朋党比周:拉帮结派,相互包庇。 ㉙《礼记》曰:以下引文出自《礼记·经解》。 ㉚企及:踮起脚来才够着,比喻勉力做到或勉力从事。 ㉛不肖:这里指无才无德之人。 ㉜爱之欲其生,恶之欲其死:出自《论语·颜渊》:"爱之欲其生,恶之欲其死,既欲其生,又欲其死,是惑也。" ㉝弃:忘记。《尔雅》:"弃,忘也。" ㉞至理:即至治,指国家安定昌盛、教化大行的政治局面。

【评解】 《管子》认为,授爵只能根据事功和品德,而不能完全凭授爵者的私心和主观好恶。否则,不但不能起到端正社会风气的作用,反而会直接危及统治秩序,"此谓败国之教也"。

贞观二十一年,太宗在翠微宫,授司农卿李纬户部尚书①。房玄龄是时留守京城。会有自京师来者,太宗问曰:"玄龄闻李纬拜尚书,如何?"对曰:"但云'李纬大好髭须'②,更无他语。"由是改授洛州刺史。

【译文】 贞观二十一年(647年),唐太宗在翠微宫,授予司农卿李纬户部尚书之职。房玄龄当时留守京城。恰好有人从京城而来,唐太宗问:"房玄龄听到李纬被封为尚书的消息,有什么反应?"来人回答说:"他只说了句'李纬的胡须很不错';再没说别的话。"于是唐太宗改授李纬为洛州刺史。

【注释】 ①翠微宫:唐初的离宫,在终南山中。 ②髭须:胡子。唇上曰髭,唇下为须。

【评解】 "李纬大好髭须",意思是这个人除了胡须漂亮之外别无所长。唐太宗明白了房玄龄此语的含义,因此改变了任用计划。

封建第八

贞观元年,封中书令房玄龄为邗国公,兵部尚书杜如晦为蔡国公,吏部尚书长孙无忌为齐国公,并为第一等,食邑实封一千三百户。皇从父淮安王神通上言①:"义旗初起,臣率兵先至,今玄龄等刀笔之人,功居第一,臣窃不服。"太宗曰:"国家大事,惟赏与罚。赏当其劳,无功者自退;罚当其罪,为恶者咸惧。则知赏罚不可轻行也。今计勋行赏,玄龄等有筹谋帷幄、画定社稷之功,所以汉之萧何,虽无汗马②,指踪推毂③,故得功居第一。叔父于国至亲,诚无爱惜,但以不可缘私滥与勋臣同赏矣。"由是诸功臣自相谓曰:"陛下以至公,赏不私其亲,吾属何可妄诉。"初,高祖举宗正籍④,弟侄、再从、三从孩童已上封王者数十人⑤。至是,太宗谓群臣曰:"自两汉已降,惟封子及兄弟,其疏远者,非有大功,如汉之贾、泽⑥,并不得受封。若一切封王,多给力役⑦,乃至劳苦万姓,以养己之亲属。"于是宗室先封郡王其间无功者,皆降为县公⑧。

【译文】 贞观元年(627年),唐太宗封中书令房玄龄为邗国公,兵部尚书杜如晦为蔡国公,吏部尚书长孙无忌为齐国公,三人同为一等公,实封食邑一千三百户。唐太宗的叔父淮安王李神通进言说:"高祖初举义旗反隋的时候,我率兵最先到达响应,如今房玄龄等都是舞文弄墨之人,功劳却高居第一,我心里不服。"唐太宗说:"国家最应重视的事情,只在于赏赐和惩罚。赏赐与功劳相符合,没有功劳的人自己就会退后;惩罚与罪过相符合,作恶的人都会感到恐惧。因此可见赏赐和惩罚不能够轻易施行啊。如今根据功劳进行赏赐,房玄龄等人有运筹帷幄、策划平定国家的功劳,所以汉代的萧何,虽然没有沙场征战的汗马功劳,但指挥谋划,推动协助,因此能够功劳位居第一。叔父您是国家的至亲,当然不会有所吝惜,但是不能因为私情而滥加赏赐,同功勋之臣一样。"因此功臣们自己相互说:"陛下因为遵循至公之道,赏赐不对自己的亲人偏私,我们这些人怎么能够妄加要求呢。"当初,唐高祖按照皇室宗族的谱籍,兄弟、侄儿、同曾祖、同高祖的亲属,从儿童以上封王的达几十人。到唐太宗的时候,他对群臣说:"从两汉以来,只分封自己的儿子和兄弟,关系疏远的人,如果不是如汉代刘邦的远方兄弟刘贾和刘泽般有大功，就都得不到封赏。如果所有的宗室都封王，多多拨给他们劳役，就会造成使百姓受劳苦，来供养自己的亲属的后果。"于是宗室之中以前被封为郡王而其中没有功绩的那些，都被降为县公。

【注释】　①从父：父亲的兄弟，即叔父或伯父。李神通为唐高祖的堂兄弟，平定京师有功，封淮安王。　②汗马：战马奔走而出汗，指劳苦征战沙场的战功。　③指踪推毂：指挥谋划，推动协助。指踪：发踪指示，比喻指挥谋划。出自《史记·萧相国世家》："夫猎，追杀兽兔者，狗也；而发踪指示兽处者，人也。"推毂：推车前进，引申为推动、协助。毂：车轮。　④宗正：官名，掌管王室亲族的事务，汉代以后，皆由皇族担任。　⑤再从、三从：次于至亲而同祖的亲属关系叫从。又次一层，同曾祖的亲属关系叫再从。再次一层，同高祖的亲属关系称三从。　⑥汉之贾、泽：指汉高祖刘邦的从兄刘贾和同曾祖的兄弟刘泽，都因战功被封王，刘贾封荆王，刘泽封燕王。　⑦力役：指干体力活的劳役。　⑧县公：爵位名，又称开国县公。《新唐书·百官志一》："凡爵九等……五曰开国县公，食邑千五百户，从二品。"

【评解】　"赏罚之政，谓赏善罚恶也。赏以兴功，罚以禁奸。"（诸葛亮《便宜十六策·赏罚》，《诸葛亮集》卷三）在中国古代，最重要的赏赐手段是爵禄。中国古代的基本制度是以尊卑等级制为前提，并为强化这种尊卑等级制服务的。但是，明智的思想家和政治家所倡导的能够有利于社会安定的等级制决不是依靠血统出身而确立的先天等级制，而是最高统治者根据"功"和"德"而授予的爵位等级。唐太宗也正是按照这一原则来授爵的。

贞观十一年，太宗以周封子弟，八百余年，秦罢诸侯，二世而灭，吕后欲危刘氏，终赖宗室获安，封建亲贤，当是子孙长久之道。乃定制，以子弟荆州都督荆王元景、安州都督吴王恪等二十一人，又以功臣司空赵州刺史长孙无忌、尚书左仆射宋州刺史房玄龄等一十四人，并为世袭刺史。礼部侍郎李百药奏论驳世封事曰：

臣闻经国庇民，王者之常制；尊主安上，人情之大方①。思阐治定之规，以弘长世之业②，万古不易，百虑同归③。然命历有赊促之殊④，邦家有治乱之异，遐观载籍⑤，论之详矣。咸云周过其数，秦不及期，存亡之理，在于郡国⑥。周氏以鉴夏、殷之长久，遵皇王之并建，维城磐石⑦，深根固本，虽王纲弛废，而枝干相持，故使逆节不生⑧，宗祀不绝。秦氏背师古之训，弃先王之道，践华恃险⑨，罢侯置守，子弟无尺土之邑，兆庶罕共治之忧，故一夫号呼而七庙隳圮⑩。

臣以为自古皇王，君临宇内，莫不受命上玄⑪，册名帝录，缔构遇兴王之运，殷忧属启圣之期。虽魏武携养之资⑫，汉高徒役之贱，非止意有觊觎⑬，推之亦不能去也。若其狱讼不归⑭，菁华已竭，虽帝尧之光被四表，大舜之上齐七政⑮，非止情存揖让，守之亦不可焉。以放勋、重华之德⑯,尚不能克昌厥后,是知祚之长短,必在于天时,政或兴衰,有关于人事。隆周卜世三十,卜年七百⑰,虽沦胥之道斯极⑱,而文、武之器尚存,斯龟鼎之祚⑲,已悬定于杳冥也⑳。至使南征不返㉑,东迁避逼㉒,禋祀阙如㉓,郊畿不守㉔,此乃陵夷之渐㉕,有累于封建焉。暴秦运距闰余㉖,数终百六㉗。受命之主,德异禹、汤,继世之君,才非启、诵㉘。借使李斯、王绾之辈盛开四履㉙,将闾、子婴之徒俱启千乘㉚,岂能逆帝子之勃兴㉛,抗龙颜之基命者也㉜!

然则得失成败,各有由焉。而著述之家,多守常辙,莫不情忘今古,理蔽浇淳㉝,欲以百王之季㉞,行三代之法㉟,天下五服之内㊱,尽封诸侯,王畿千里之间㊲,俱为采地㊳。是则以结绳之化行虞、夏之朝,用象刑之典治刘、曹之末㊴,纪纲弛紊,断可知焉。锲船求剑㊵,未见其可;胶柱成文㊶,弥多所惑。徒知问鼎请隧㊷,有惧霸王之师;白马素车㊸,无复藩维之援㊹。不悟望夷之衅㊺,未堪羿、浞之灾㊻;既罹高贵之殃㊼,宁异申、缯之酷㊽。此乃钦明昏乱㊾,自革安危,固非守宰公侯㊿,以成兴废。且数世之后,王室浸微,始自藩屏,化为仇敌。家殊俗,国异政,强陵弱㉛,众暴寡㉜,疆场彼此,干戈侵伐。狐骀之役㊳,女子尽髽㊴,崤陵之师㊵,只轮不反。斯盖略举一隅,其余不可胜数。陆士衡方规规然云㊶:"嗣王委其九鼎㊷,凶族据其天邑㊸,天下晏然㊹,以治待乱。"何斯言之谬也!而设官分职,任贤使能,以循良之才㊺,膺共治之寄㊻,刺举分竹㊼,何世无人? 至使地或呈祥,天不爱宝,民称父母,政比神明。曹元首方区区然称㊽:"与人共其乐者人必忧其忧,与人同其安者人必拯其危。"岂容以为侯伯则同其安危,任之牧宰则殊其忧乐? 何斯言之妄也!

封君列国,藉其门资㊾,忘其先业之艰难,轻其自然之崇贵,莫不世增淫虐,代益骄侈。离宫别馆㊿,切汉凌云㊱,或刑人力而将尽㊲,或召诸侯而共乐。陈灵则君臣悖礼,共侮徵舒㊳;卫宣则父子聚麀,终诛寿、朔㊴。乃云为己思治,岂若是乎? 内外群官,选自朝廷,擢士庶以任之,澄水镜以鉴之,年劳优其阶品㊵,考绩明其黜陟㊶。进取事切,砥砺情深,或俸禄不入私门,妻子不之官舍㊷。班条之贵㊸,食不举火㊹;剖符之重㊺,居惟饮水㊻。南阳太守,弊布裹身㊼;莱芜县长,凝尘生甑㊽。专云为利图物,何其爽欤! 总而言之,爵非世及㊾,用贤之路斯广;民无定主,附下之情不固㊿。此乃愚智所辨,安可惑哉? 至如灭国弑君,乱常干纪,春秋二百年间,略无宁岁。次睢咸秩,遂用玉帛之君㉛；鲁道有荡，每等衣裳之会㉝。纵使西汉哀、平之际，东洛桓、灵之时㉝，下吏淫暴，必不至此。为政之理，可以一言蔽焉。

伏惟陛下握纪御天㉞，膺期启圣，救亿兆之焚溺㉟，扫氛祲于寰区㊱。创业垂统，配二仪以立德㊲；发号施令，妙万物而为言㊳。独照神衷㊴，永怀前古，将复五等而修旧制㊵，建万国以亲诸侯。窃以汉、魏以还㊶，余风之弊未尽；勋、华既往㊷，至公之道斯乖㊸。况晋氏失驭，宇县崩离㊹；后魏乘时㊺，华夷杂处。重以关河分阻㊻，吴、楚悬隔㊼，习文者学长短纵横之术㊽，习武者尽干戈战争之心，毕为狙诈之阶㊾，弥长浇浮之俗。开皇在运⓿，因藉外家㉑。驱御群英，任雄猜之数㉒；坐移明运㉓，非克定之功㉔。年逾二纪㉕，民不见德。及大业嗣立㉖，世道交丧㉗，一时一物，扫地将尽㉘。虽天纵神武㉙，削平寇虐⓫，兵威不息，劳止未康⓫。

自陛下仰顺圣慈⓬，嗣膺宝历⓭，情深致治，综核前王⓮。虽至道无名，言象所纪⓯，略陈梗概，实所庶几。爱敬烝烝⓰，劳而不倦，大舜之孝也。访安内竖⓱，亲尝御膳，文王之德也。每宪司谳罪⓲，尚书奏狱，大小必察，枉直咸举，以断趾之法，易大辟之刑⓳，仁心隐恻⓴，贯彻幽显㉑，大禹之泣辜也㉒。正色直言，虚心受纳，不简鄙讷㉓，无弃刍荛，帝尧之求谏也。弘奖名教㉔，劝励学徒㉕，既擢明经于青紫㉖，将升硕儒于卿相㉗，圣人之善诱也。群臣以宫中暑湿，寝膳或乖，请移御高明，营一小阁。遂惜十家之产，竟抑子来之愿㉘，不吝阴阳之感㉙，以安卑陋之居。顷岁霜俭㉚，普天饥馑㉛，丧乱甫尔㉜，仓廪空虚。圣情矜愍㉝，勤加赈恤，竟无一人流离道路，犹且食惟藜藿㉞，乐彻簨簴㉟，言必凄动㊱，貌成癯瘦㊲。公旦喜于重译㊳，文命矜其即叙㊴。陛下每见四夷款附㊵，万里归仁㊶，必退思进省，凝神动虑，恐妄劳中国，以求远方，不藉万古之英声㊷，以存一时之茂实㊸。心切忧劳，志绝游幸，每旦视朝㊹，听受无倦，智周于万物，道济于天下。罢朝之后，引进名臣，讨论是非，备尽肝膈㊺，惟及政事，更无异辞。才日昃㊻，必命才学之士，赐以清闲，高谈典籍，杂以文咏，间以玄言㊼，乙夜忘疲㊽，中宵不寐㊾。此之四道，独迈往初，斯实生民以来，一人而已。弘兹风化，昭示四方，信可以期月之间，弥纶天壤㊿。而淳粹尚阻○52，浮诡未移○53，此由习之久，难以卒变。请待斫雕成器，以质代文，刑措之教一行○54，登封之礼云毕○55，然后定疆理之制○56，议山河之赏，未为晚焉。《易》称："天地盈虚，与时消息，况于人乎○57？"美哉斯言也！

中书舍人马周又上疏曰：

伏见诏书令宗室勋贤作镇藩部⑱，贻厥子孙，嗣守其政，非有大故⑲，无或黜免⑳。臣窃惟陛下封植之者㉑，诚爱之重之，欲其绪裔承守㉒，与国无疆㉓。何则㉔？以尧、舜之父，犹有朱、均之子㉕，况下此以还？而欲以父取儿，恐失之远矣。倘有孩童嗣职，万一骄逸，则兆庶被其殃，而国家受其败。政欲绝之也，则子文之治犹在㉖；政欲留之也，而栾黡之恶已彰㉗。与其毒害于见存之百姓，则宁使割恩于已亡之一臣㉘，明矣。然则向之所谓爱之者，乃适所以伤之也。臣谓宜赋以茅土，畴其户邑㉙，必有材行，随器方授，则翰翮非强㉚，亦可以获免尤累㉛。昔汉光武不任功臣以吏事，所以终全其世者，良由得其术也。愿陛下深思其宜，使夫得奉大恩㉜，而子孙终其福禄也。

太宗并嘉纳其言。于是竟罢子弟及功臣世袭刺史。

【译文】 贞观十一年（637年），唐太宗认为，周朝分封子弟，延续了八百多年，秦朝废除分封诸侯制度，经历了两世就灭亡了，吕后想要危及刘氏的江山，汉朝最终依靠宗室获得安定，分封亲族和贤臣，应当是子孙长久保持帝业的途径。于是制定制度，把李姓子弟荆州都督荆王李元景、安州都督吴王李恪等二十一人，又把功臣司空兼赵州刺史长孙无忌、尚书左仆射兼宋州刺史房玄龄等十四人，一起封为世袭刺史。礼部侍郎李百药上奏章反驳世袭分封之事说：

我听说治理国家保护人民，是实行王道的君主的一般制度；尊敬君主使上面安心，是老百姓心目中的基本法则。思虑阐明国家安定有序的规则，以发扬长久不衰的事业，这是万古不变的，各种不同的思想都会归于一致的目标。然而，天命历数有长短的区别，国家秩序有治乱的差异，遍览古代的典籍，对这一规律论述得非常详细。都说周朝超过了天命历数的期限，秦朝没有达到应当的统治期限，长存和灭亡的道理，就在于实行的是郡县制还是分封制。周朝因为借鉴了夏朝和殷商统治长久的经验，遵循前代圣王一致采用的治国方针，联结子弟的封地坚如磐石，根基深厚国本稳固，虽然王室纲纪废弛，但有枝干相互扶持，所以能够使叛逆的行为不会发生，宗庙的祭祀没有断绝。秦朝违背师法古人的经验，抛弃前代圣王治理国家的原则，凭借华山，依仗地势险要，废弃诸侯设置郡守，宗室子弟没有尺寸土地的食邑，万民很少有共同治理的忧虑，所以一个普通百姓放声一呼，秦朝的统治就土崩瓦解了。

我认为自古以来的君主，君临天下，没有一个不是受命于上天，载名于帝录的，创业的时候恰逢帝王兴起的时机，为天下忧虑时赶上开启神圣帝业的时代。虽然魏武帝曹操是宦官的养子出身，汉高祖刘邦曾经是低贱的劳役，但是他们并不是仅仅心里有过分的企图，而是即使往外推也是推不掉帝位的。如果诉讼的人都不再信任、归服他,精华都已经枯竭,虽然帝尧的功德普照天下,大舜的政绩比齐于日月星辰,但是并不仅仅是他们心里有禅让的想法,而是即使想保守住帝位也是守不住的。以帝尧和大舜的功德,尚且不能使他们的后代昌盛不衰,因此可以知道帝祚的长短,一定是由天命决定的,而国家统治有兴有衰,则是源于人的努力。强盛的周朝根据占卜的结果传位三十代,延续了七百年,虽然统治秩序沦丧到极点,而周文王、周武王受命的神器尚在,元龟、九鼎之类重器所代表的帝位的绵延,已经由上天预先决定了。至于周昭王死于南征途中没有返回京城,周成王被迫将京城东迁,国家的祭祀大典断绝,京城近郊的土地都无法守住,这就是由盛转衰的开始,也是被封邦建国的制度所牵累。暴虐的秦朝的运数好像鸡脚上多出的脚距、闰年多出的日子一样,已经衰落到极点。秦朝的受命之君德行有异于夏禹、商汤,继世之君,才能也不同于启和诵,假使李斯、王绾等人都在国内大辟封地,将闾、子婴等人都建立千辆兵车的大诸侯国,怎么能够逆转汉朝的蓬勃兴起,抗拒刘邦受天命而即位呢!

  然而得失成败,都是各有原因的。而从事著述的人,大多是按照常规,没有一个不是从内心里忘记了当今和古代的区别,在道理上分不清风俗浮薄还是淳厚,想要在当今之世,推行三代时的治国法则,五服之内天下的土地,都分封给诸侯,王城周围千里之间,都变成卿大夫的封地。这是把结绳记事时候的教化之道推行于虞舜、夏禹时代,用上古象刑时期的法典来治理汉、魏末期,法令纲纪会废弛紊乱,很清楚地可以知晓。刻舟求剑,没有发现它的可行之处;用胶粘住瑟上的弦柱想要演奏出乐章,只能增加更多的迷惑。只知道楚国问鼎和晋国请隧之事发生之后,就惧怕霸王的军队;子婴白马素车降汉之后,就不再有属国的援助。不了解赵高在望夷宫杀死秦二世的祸乱,与后羿被寒浞所害的灾祸无法相比;已经遭遇苦难的高贵乡公曹髦被司马昭杀死的灾难,又何异于申侯和缯侯攻杀周幽王的残酷。这就是那些恭敬明察的人和昏庸妄为的人,自己改变安危的局面,并非是官员和公侯,来成就了国家的兴盛和衰亡。况且数代之后,王室日渐衰微,开始时是藩国和屏障,然后变为了仇敌。家与家之间习俗不同,国与国之间政令不同,势力强的欺负势力弱的,人口多的欺凌人口少的,疆场上势同水火,用武力相互攻打。狐骀一战,鲁国的妇女都扎起了服丧的髽髻;崤陵之战,秦军连一辆战车都没有回来。这只是略举一两个例子,其余的事件不可胜数。陆士衡曾经浅陋拘泥地说:"继承王位的人抛弃了九鼎,凶狠的敌人占据了京城,天下秩序井然,以安定等待变乱。"这话是何等的荒谬啊!然而,国家设立官府分配职责,任用贤良之士,使用有才能之人,任用奉公守法的人才,担当共同治理国家的重任,选拔贤才授予官职,哪个时代会没有人?以致使大地时时呈现出祥瑞,上天不吝惜宝物,老百姓将君主称誉为父母,治理国家有如神明相助。曹元首曾经片面地认为:"与他人共享自己的欢乐的人,他人一定为他的忧虑而忧虑,与他人共同享受自己的安宁的人,别人一定会拯救他的危险。"难道能够容忍把他封为侯爵或伯爵就同君主共同分担安危,任命他为州牧或者县宰就与君主有不同的忧乐吗? 这话是多么荒谬啊!

受封为国君,建立诸侯国,凭借的是其门第出身,忘记了他的先人创业的艰难,轻视他没有经过努力而自然得来的崇高尊贵的地位,无不世世增长淫乱暴虐,代代增加骄纵奢侈。四处建造的离宫别馆,上接天宇直上云霄,或者将民力摧折殆尽,或者邀诸侯一起享乐。陈灵公君臣一起违背礼制,共同戏辱征舒;卫宣公父子乱伦,终于害死了公子寿和公子朔。还说他们为自己考虑治理国家,果真是这样吗? 京城和地方上的众官吏,都是朝廷挑选出来的,选拔士民百姓来充任,使水面明澈宁静以为镜鉴来鉴察他们,根据任职年数、劳苦程度给予优厚的品阶官职,通过政绩考核明确他们的进退和升迁。他们进取的心情迫切,相互激励的情意深厚,他们或者领取的俸禄不用于自家,妻子儿女不居住在官宅。身居有权发布律令的尊贵地位,吃饭的时候不举烟火;身负君主重托的封疆大吏,居官期间只喝当地的清水。羊续为南阳太守,用破旧的衣服蔽体;范丹为莱芜县令,蒸饭用的甑上积满了灰尘。只说他们做官是为了获取利益贪图财物,这是多么违背事实啊! 总而言之,爵位不是世代相传,任用贤才的道路就宽广;老百姓没有固定的主人,迁就臣下的情感就不会有。这是愚蠢和贤明的人都能看到的道理,怎么能够迷惑呢? 至于诸如消灭国家、杀掉国君、扰乱伦常、违犯法纪的事情,春秋二百多年间,几乎没有一年是安宁的。次睢的祭祀仪式规范有序,就杀了前来会盟的诸侯国君做为祭品;鲁国的道路宽广坦荡,经常等待的是男女间的私通幽会。即使西汉末年的哀帝、平帝之际,东汉末年的桓帝、灵帝之时,下层的官吏荒淫暴虐,也不至于到这种地步。治理国家的道理,是能够用一句话来概括的。

陛下掌握纲纪控御天下,顺应天数开启伟业,拯救万民于水火之中,扫除祸乱于四海之内。创业传位,以匹配天地为标准树立德业;发号施令,以洞察万物为前提提出主张。独到的见识,神明的内心,永远记得前人的成败教训,将要恢复五等爵位并遵循旧时的制度,建立众多的国家以亲近诸侯。我私下里认为,自从两汉三国以来,分封诸侯所遗留下来的弊端尚没有消除;尧舜时代已经成为过去,大公无私的原则已经被废弃。况且分封诸侯的晋朝失去控制,天下分崩离析;北魏乘机而起,汉人与夷狄之人混杂而居。重新造成了山河分裂,吴楚隔绝的局面,学文的人学的是辩论游说之术,学武的人心里头都有尚武好战之心,都是从事伺机取诈之事的阶梯,助长了浮薄的社会风气。隋文帝开创隋朝,凭借的是外戚的身份。他驱策驾驭天下的英豪,一贯使用猜疑的心计;没费力气就转移了国运,却并没有平定天下的功绩。他在位超过二十四年,老百姓没有看到他的德行。等到隋炀帝即位,世道衰乱,每个时间每件事物中,良好的秩序都几乎全部丧失殆尽,虽然上天赋予陛下英明威武的品性,铲除了残贼凶暴之人,但军事行动没有止息,费尽辛劳也还得不到安宁。

自从陛下恭敬地顺从太上皇的旨意,继承了皇位,投入深厚的感情追求国家的安定有序,综合参考前代圣王的治国经验。虽然至高的大道无法言说,但通过语言描述一下其中的要领,简略地陈述一下大概的内容,肯定还是可以近似地表述的。对父皇爱戴恭敬的德行深厚而完美,为父皇辛勤劳作而不知疲倦,这是像大舜一样的孝行。向宫中的小官询问父皇是否安泰,亲自品尝父皇的膳食,这是像文王一样的德行。每当掌管法令的官署审判定罪,尚书省官员陈奏案件,不论案情大小都要认真审察,曲与直都能得到恰当地处理,用斩断脚趾的办法,代替处死的刑罚,仁爱与同情怜悯之心,贯通体现于阴阳两个世界,这是像大禹见罪人而哭泣一样的行为。严肃的表情,耿直的言语,能够虚心加以接受和采纳,从不怠慢鄙野迟钝的言论,不忽视普通百姓的意见,这是像帝尧一样的寻求劝谏。弘扬鼓励礼教,劝勉激励读书人,已经将通晓经术的人提拔为高官显爵,又打算提升大儒到卿相的位置,这是像圣人一样的善于诱进。群臣因为感觉宫中湿热,用于就寝和用膳或许不太舒适,请求陛下搬迁到明亮的高处,在那里营造一座小的楼阁,您于是就爱惜可能要耗费的十家普通百姓的家产,居然回绝了众人发自内心的愿望,不吝惜身体遭受暑热和酷寒,安心居住在低矮简陋的居室里。近年因遭受霜灾庄稼歉收,全国遇到饥荒,社会动荡开始发生,仓库之中空虚匮乏。陛下心里感到怜悯,不断进行赈济抚恤,竟然没有一个人流离于道路,陛下还只吃些粗劣的饭菜,停止了演奏和欣赏音乐,言辞必定凄楚动情,面容变得消瘦。周公因南蛮辗转翻译来朝而欣喜,大禹因西戎的感恩归顺而自夸。陛下每当看到四方的民族诚心归附,万里之外的人民前来投奔仁德之君,一定会退也反省进也考虑,聚精会神加以思考,唯恐轻易损耗中原的人力物力,来达到开拓远方的目的,不顾念英明能否流传万古,而只是保持当时的人民丰足。心里深切地忧虑愁思,一意断绝出游娱乐,每天清晨临朝听政,听取意见不知倦怠,智慧遍知各种事物,道义普施于天下民众。退朝之后,召来有名的大臣,讨论施政的对与错,倾吐肺腑之言,谈话只涉及国家治理问题,再没有别的话题。才到太阳偏西,一定让有才华的读书人,赐给他们清静悠闲,与他们侃侃而谈前人的典籍,中间穿插作文咏诗,有时聊聊老庄玄谈,二更时分还不知疲倦,半夜时分仍不安歇。这四个方面,独有陛下一人超过以前任何时代,的确是人类产生以来,只有您一个人而已。弘扬风俗教化,明白地示于天下,相信能够在一年之内,使淳朴的风气遍布于天地之间。然而当前淳厚精粹的风气的形成尚有阻碍,虚伪诡诈的习气还没有改变,这是由于这种风习已经持续很久了,难以短期转变。希望等到国家秩序如同玉石被雕琢成了器具一样的时候,用质朴代替了浮华之后,刑罚搁置不用的教化方式完全施行,登山封禅的典礼完全完毕之后,然后再确定划分疆界进行治理的制度,谈论用山河土地进行赏赐,这时候也不算晚。《周易》中说:"天地间事物的盈虚变化,根据时间变化而消长,何况人呢?"这话说得好啊!

中书舍人马周又上疏说:

我看到诏书中让宗室子弟和有功勋的贤才去镇守藩国,并传给他们的子孙,世代继承并保持在那里的政治权力,并且不是有严重的过错,不能革除。我私下里想,陛下分封扶植他们的原因,是从内心里爱护他们,重视他们,想要使他们子孙继承守护,把分封的国家永远赐给他们。我为什么要上疏呢?以尧、舜这样的父亲,尚且有丹朱、商均这样的儿子,何况还不如他们的人呢?可见根据父亲来选择儿子,恐怕会差错很远啊。倘若有未成年的孩子继承职位,万一骄纵放荡,那么广大百姓就会受他的摧残,而国家也会被他所败坏。想要从制度上断绝分封,那么楚国对令尹子文的处理方式还可以借鉴;想要在制度上保留分封,而栾黡之类继承者的恶行已经非常明显。与其荼毒残害仍然生存着的百姓,则不如对已经去世的一个大臣弃绝私恩,这个道理很明显啊。既然这样,那么原来所说的爱护他们的措施,而恰恰是伤害他们的做法。我认为可以给他们封地,让他们能世代相传他们的食邑,但他们一定要具有才能和品行,从而根据才干授予他们,这样即使能力不强,也能够得以避免产生过失。当初汉光武帝不任用功臣做官吏做事,因此能够最终保全他们一生,确实是由于采取了正确的处理办法。希望陛下再认真考虑这件事的恰当的处理方式,使他们能够承受陛下的大恩,而子孙也能终享他们的福祉和俸禄。

唐太宗对他们的话都很赞赏。于是最终取消了授予宗室子弟和功臣世袭刺史的命令。

【注释】 ①大方:大道,常道,基本法则。 ②长世:很长的时间,永存,久存。 ③百虑同归:各种不同的思想归于一致。出自《周易·系辞下》:"天下何思何虑,天下同归而殊涂,一致而百虑。" ④赊促:缓急,长短。 ⑤遐观:遍观,遍览。 ⑥郡国:郡是秦朝之后实行郡县制度的地方行政单位,国是周朝等王朝实行分封制度的地方行政单位。郡国这里代指郡县制度和分封制度。 ⑦维城:出自《诗经·大雅·板》:"怀德维宁,宗子维城。"指把宗室子弟分封为诸侯以连城守卫王室。维:连。 ⑧逆节:叛逆的念头或行为。 ⑨践华:凭借华山的险要。秦都咸阳背靠华山,汉代贾谊《新书·过秦论上》中称它"践华为城,因河为池"。 ⑩七庙:指帝王供奉祖先的宗庙,代指王朝的统治。《礼记·王制》中说:"天子七庙,三昭三穆,与太祖之庙而七。""七庙"指四亲庙(父、祖、曾祖、高祖)、二祧(远祖)和始祖庙的合称。隳圮(huī pǐ):倾坍,倒塌。隳:毁坏,崩毁。圮:塌坏,倒塌。 ⑪上玄:上天。 ⑫携养:古代宦官无子,收养他人为子,谓之"携养"。曹操的父亲曹嵩本姓夏侯,被宦官曹腾收养,所以改姓为曹。 ⑬觊觎:非分的企图或意图。 ⑭狱讼不归:《史记·五帝本纪》中说,尧知道自己的儿子丹朱不肖,不足以授天下,于是把天下授给舜。尧去世之后,三年之丧毕,舜避开丹朱居于南河之南。结果"诸侯朝觐者不之丹朱而之舜,狱讼者不之丹朱而之舜,讴歌者不讴歌丹朱而讴歌舜"。后以"狱讼不归"指打官司、诉讼的人不信任、不归服,代指人心不服。 ⑮七政:指日、月和金、木、水、火、土五星。如《尚书·舜典》中有:"在璇玑玉衡以齐七政。"孔安国传曰:"七政日月五星各异政。"孔颖达疏曰:"七政谓日月与五星也。" ⑯放勋、重华:尧和舜的名字。 ⑰隆周卜世三十,卜年七百:《左传·宣公三年》记载:"成王定鼎于郏鄏,卜世三十,卜年七百,天所命也。" ⑱沦胥:沦陷,沦丧。 ⑲龟鼎:元龟与九鼎,古时为国之重器，用以比喻帝位。　⑳悬定：预定。杳冥：高远莫测，指天。　㉑南征不返：周昭王事。昭王为周康王的儿子，在位时不修德行，穷兵黩武，昭王十九年南征荆楚时被船民设计淹死在江中。　㉒东迁避逼：指公元前771年，周都镐京被犬戎攻破，周幽王被杀死，即位的周平王被迫将都城动迁至洛邑。　㉓禋祀阙如：祭祀断绝。禋祀：古代祭天的一种礼仪，先燔柴升烟，再加牲体或玉帛于柴上焚烧。如《周礼·春官·大宗伯》中有："以禋祀祀昊天上帝，以实柴祀日月星辰，以槱燎祀司中、司命、风师、雨师。"郑玄注曰："禋之言烟。周人尚臭，烟气之臭闻者。槱，积也……三祀皆积柴、实牲体焉。或有玉帛燔燎，而升烟所以报阳也。"孙诒让《周礼正义》说："窃以意求之，禋祀者盖以升烟为义，实柴者盖以实牲体为义，槱燎者盖以焚燎为义。礼各不同，而礼盛者得下兼其燎柴则一。"也泛指祭祀。阙如：缺少，没有。　㉔郊畿：京城郊外王畿之地。　㉕陵夷之渐：由盛转衰的开始。陵夷：由盛到衰，衰落。渐：征兆，开端。　㉖距：雄鸡爪子后面突出像脚趾的部分。　㉗百六：古代的灾变运数理论，以阴阳代表对立面，阴为六，阳为一，互为消长。百一为阳数极点，百六为阴数极点。这里以百六为厄运的极点。　㉘启、诵：启是夏禹的儿子的名字，他废除了禅让制实行君位继承制。诵是周武王的儿子的名字，即周成王。　㉙李斯、王绾：二人都是秦朝大臣，曾当过丞相。盛开四履：指在国境之内被分封为诸侯。四履：指四境的界限。　㉚将闾、子婴：将闾是秦始皇的儿子，秦二世即位后被杀。子婴是秦二世的儿子，秦二世死后被赵高立为王，后被项羽所杀。　㉛帝子之勃兴：指刘邦所建立的汉朝的蓬勃兴起。帝子：指汉高祖刘邦，相传他是赤帝之子。《史记·高祖本纪》记载："高祖被酒夜径泽中令一人行前。行前者还报曰：'前有大蛇当径愿还。'高祖醉曰：'壮士行何畏！'乃前拔剑击斩蛇。蛇遂分为两径开。行数里醉因卧。后人来至蛇所有一老妪夜哭。人问何哭妪曰：'人杀吾子故哭之。'人曰：'妪子何为见杀？'妪曰：'吾子白帝子也，化为蛇，当道，今为赤帝子斩之，故哭。'人乃以妪为不诚，欲告之，妪因忽不见。"勃兴：蓬勃兴起。　㉜龙颜之基命：指刘邦受天命而即位。龙颜：这里指刘邦。《史记·高祖本纪》记载："高祖为人，隆准而龙颜，美须髯，左股有七十二黑子。"基命：即始命，指人主初受天命而就位。　㉝浇淳：指浮薄的风气和淳厚的风气。　㉞百王之季：百代君王中的最末一个，指当今之世。　㉟三代：指夏、商、周三个朝代。　㊱五服：古代王畿以外，以五百里为界限，由近及远划分为侯服、甸服、绥服、要服、荒服，合称五服。　㊲王畿：指王城周围方圆千里的土地。　㊳采地：指卿大夫的封地。　㊴结绳：文字产生之前，古人用在绳子上结扣的方式记事，这里指上古时代。象刑：相传上古时期没有肉罚，仅用与众不同的服饰给犯人穿上，以示耻辱，称为象刑。刘、曹：指汉朝和三国时代的曹魏。　㊵锲船求剑：即"刻舟求剑"。《吕氏春秋·察今》中说："楚人有涉江者，其剑自舟中坠于水，遽契其舟曰：'是吾剑之所从坠。'舟止，从其所契者入水求之。舟已行矣，而剑不行，求剑若此，不亦惑乎？"契：同"锲"，一本作"刻"。后以"刻舟求剑"或"锲船求剑"比喻拘泥成法，固执不知变通。　㊶胶柱成文：胶住瑟上的弦柱，想要演奏出乐章。　㊷问鼎请隧：《左传·宣公三年》记载："楚子伐陆浑之戎，遂至于雒，观兵于周疆。定王使王孙满劳楚子，楚子问鼎之大小轻重焉。"从夏朝起，九鼎便被当做国家政权的象征，三代视之为国宝。楚王问鼎，表明要取而代周之意。后人遂以"问鼎"代指图谋王位的行为。《左传·僖公二十五年》记载："晋侯朝王。王享醴，命之宥。请隧，弗许。"杜预注曰："阙地通路曰隧，王之葬礼也；诸侯皆县柩而下。"隧葬为天子的葬礼，诸侯请求隧葬，是僭越的行为。后人以"请隧"代指图谋统治天下。　㊸白马素车：《史记·秦始皇本纪》记载："楚将沛公破秦军入武关，遂至霸上，使人约降子婴。子婴即系颈以组，白马素车，奉天子玺符,降轵道旁。沛公遂入咸阳。"白马素车在古代是凶丧的舆服。子婴白马素车以降,以示丧亡之意。 ㊹藩维:指藩国,古代王朝的属国,诸侯国。 ㊺望夷之衅:望夷,秦代宫名,因东北临泾水以望北夷而得名,故址在今陕西省泾阳县东南。秦朝末年,赵高将秦二世杀死于此。衅:祸患,祸乱。 ㊻羿:传说夏代有穷国的君主,善于射箭,又称"后羿"、"夷羿"。浞:即寒浞,羿的助手和亲信,后将羿杀死,自己取而代之。 ㊼高贵:指三国时魏国的高贵乡公曹髦,魏国的皇帝,曹丕的孙子,后被司马昭所杀。 ㊽宁异:岂有异于。申、缯之酷:指西周末年,申侯和缯侯联合犬戎进攻周王室,将周幽王杀死在骊山之下。 ㊾钦明:敬肃明察。 ㊿守宰:指地方长官。 ㈣陵:侵犯,欺负。 ㈥暴:欺凌,损害。 ㈦狐骀之役:《左传·襄公四年》记载:"冬十月,邾人、莒人伐鄫。臧纥救鄫,侵邾,败于狐骀。国人逆丧者皆髽。"狐骀:春秋时邾地,在今山东滕州东南二十里。 ㈧髽(zhuā):古代妇女服丧时用麻扎成的发髻。 ㈨崤陵之师:秦穆公时,秦国趁晋文公去世发丧之际,派孟明视、西乞术、白乙丙率军偷袭晋国,结果被晋军在崤陵打得大败,连三帅都被俘虏。崤陵,即崤山,在今河南省西部。 ㈩陆士衡:即西晋时文学家陆机,与其弟陆云并称"二陆"。规规然:浅陋拘泥的样子。 ㈦委:抛弃,舍弃。 ㈧凶族:原指与尧、舜部族敌对的四个部落浑敦、穷奇、梼杌、饕餮,后泛称敌对的民族或恶人。天邑:指帝王之都,京城。 ㈨晏然:安宁,安定,秩序井然。 ㈩循良:指官吏奉公守法。 ㈠膺:担当,承担重任。 ㈡刺举分竹:指举荐贤才,委以官职。刺举:检举奸恶,举荐有功。分竹:给予作为权力象征的竹使符,谓封官授权。 ㈢曹元首:名冏,三国时魏国人,曾做《六代论》。区区然:拘泥、平庸的样子。 ㈣门资:门第。 ㈤离宫别馆:帝王在京城之外建造的供出巡时居住的宫殿。 ㈥切汉:靠近天宇。切:接近,贴近。汉:银河。 ㈦刑:加刑,摧折。 ㈧陈灵则君臣悖礼,共侮征舒:陈灵,即陈灵公,春秋时陈国的国君,公元前613~前599年在位。因与大臣孔宁、仪行父一起私通御叔的妻子夏姬并戏辱夏姬的儿子征舒,被征舒所杀。《史记·陈杞世家》记载:"灵公与其大夫孔宁、仪行父皆通于夏姬,衷其衣以戏于朝。泄冶谏曰:'君臣淫乱,民何效焉?'灵公以告二子,二子请杀泄冶,公弗禁,遂杀泄冶。十五年,灵公与二子饮于夏氏。公戏二子曰:'征舒似汝。'二子曰:'亦似公。'征舒怒。灵公罢酒出,征舒伏弩厩门射杀灵公。孔宁、仪行父皆奔楚,灵公太子午奔晋。征舒自立为陈侯。征舒,故陈大夫也。夏姬,御叔之妻,舒之母也。" ㈨卫宣则父子聚麀,终诛寿、朔:卫宣即卫宣公,卫庄公的儿子,生性荒淫暴虐。公子寿和公子朔都是宣公的儿子。根据史籍记载,因宣公违背礼制而被害死的宣公的儿子应为公子寿和公子伋。聚麀:指父子乱伦的行为。《礼记·曲礼上》中有:"夫唯禽兽无礼,故父子聚麀。"郑玄注曰:"聚,犹共也。鹿牝曰麀。"也就是说,禽兽不知父子夫妇之伦,所以才有父子共同与同一雌性发生两性关系之事。后以聚麀指两代乱伦行为。《史记·卫康叔世家》记载:"初,宣公爱夫人夷姜,夷姜生子伋,以为太子,而令右公子傅之。右公子为太子取齐女,未入室,而宣公见所欲为太子妇者好,说而自取之,更为太子取他女。宣公得齐女,生子寿、子朔,令左公子傅之。太子伋母死,宣公正夫人与朔共谗恶太子伋。宣公自以其夺太子妻也,心恶太子,欲废之。及闻其恶,大怒,乃使太子伋於齐而令盗遮界上杀之,与太子白旄,而告界盗见持白旄者杀之。且行,子朔之兄寿,太子异母弟也,知朔之恶太子而君欲杀之,乃谓太子曰:'界盗见太子白旄,即杀太子,太子可毋行。'太子曰:'逆父命求生,不可。'遂行。寿见太子不止,乃盗其白旄而先驰至界。界盗见其验,即杀之。寿已死,而太子伋又至,谓盗曰:'所当杀乃我也。'盗并杀太子伋,以报宣公。宣公乃以子朔为太子。" ㊀年劳:古代官吏考绩擢升的标准之一,任职的年数和劳苦程度。 ㊁

黜陟：人才的进退，官吏的升降。　⑫官舍：官吏的住宅。　⑬班条：《旧唐书·李百药传》作"颁条"，即发布律令。　⑭食不举火：东汉的左雄为冀州刺史，在任的时候不举烟火，常吃干粮。　⑮剖符：古代帝王分封诸侯、功臣时，以竹符为信证，剖分为二，君臣各执其一，称为"剖符"。　⑯居惟饮水：东晋时，平阳襄陵（今山西临汾东南）人邓攸任吴郡太守，米粮由自己带来，只喝吴地的水。　⑰南阳太守，弊布裹身：东汉羊续为南阳太守，"时，权豪之家多尚奢丽，续深疾之，常敝衣薄食，车马羸败。……其资藏惟有布衾、敝祇裯，盐、麦数斛而已"。弊：破旧，破损。　⑱莱芜县长，凝尘生甑：莱芜县长指东汉范丹，又名范冉，字史云。《后汉书·范冉传》记载："桓帝时，以冉为莱芜长，遭母忧，不到官。后辟太尉府，以狷急不能从俗，常佩韦于朝。议者欲以为侍御史，因遁身逃命于梁沛之间，徒行敝服，卖卜于市。遭党人禁锢，遂推鹿车，载妻子，捃拾自资。或寓息客庐，或依宿树廕。如此十余年，乃结草室而居焉。所止单陋，有时粮粒尽，穷居自若，言貌无改。闾里歌之曰：'甑中生尘范史云，釜中生鱼范莱芜。'"甑：古代蒸饭的一种瓦器。　⑲世及：世袭，世代相传。　⑳附下：迁就、偏袒臣下。　㉑次睢咸秩，遂用玉帛之君：《左传·僖公十九年》记载："夏，宋公使邾文公用鄫子于次睢之社，欲以属东夷。"当时，正在谋求霸业的宋襄公因小国鄫国的国君冒犯了自己，命另一小国邾国的国君邾文公扣留了他，并将其杀死用来祭祀次睢的土地神，想以此招降与鄫国有世仇的东夷人。次睢：在山东临沂东北，次睢社是东夷人的社（即祭祀土地神的地方），老百姓称之为食人社。咸秩：都按秩序行事，此处代指祭祀的仪式和程序。玉帛之君：古代祭祀、会盟、朝聘等常用圭璋和束帛，借指执献玉帛的诸侯或外国使者。鄫国的国君到邾国去本来是想参加郑、鄫、曹、滕等国的会盟，因此称为玉帛之君。　㉒鲁道有荡：出自《诗经·齐风》中的《南山》和《载驱》，《南山》诗中有："山崔崔，雄狐绥绥。鲁道有荡，齐子由归。既曰归止，曷又怀止？葛屦五两，冠緌双止。鲁道有荡，齐子庸止。既曰庸止，曷又从止？"《载驱》诗中说："载驱薄薄，簟茀朱鞹。鲁道有荡，齐子发夕。四骊济济，垂辔濔濔。鲁道有荡，齐子岂弟。汶水汤汤，行人彭彭。鲁道有荡，齐子翱翔。汶水滔滔，行人儦儦。鲁道有荡，齐子游敖。"二诗都是讽刺鲁桓公的夫人齐姜与其兄长齐襄公数次私通之事。衣裳之会：原意是诸侯之间和好的会议，相对于"兵车之会"而言。这里指男女之间私通的约会。　㉓东洛：即定都洛阳的东汉。　㉔御天：控御天道，统治天下。　㉕焚溺：焚烧淹没，比喻人受苦难好像陷入水火之中。　㉖氛祲：雾气，比喻战乱，祸乱。寰区：天下，世间。　㉗二仪：天地。　㉘妙：精微，这里指精确地察知。　㉙独照神衷：独到的认识，神明的内心。独照：独到的眼光，独特的认识。神衷：神明的内心，常用以称颂帝王的意旨。　㉚五等：《礼记·王制》中说："王者之制禄爵，公、侯、伯、子、男五等。"这里以"五等"指爵位的五个等级。修：遵循。　㉛以还：以来。　㉜勋、华：即尧舜。勋即放勋，尧的名；华即重华，舜的名。　㉝乖：违背，废弃。　㉞宇县：即天下。如《史记·秦始皇本纪》有："大矣哉，宇县之中，承顺圣意。"裴骃《集解》说："宇，宇宙；县，赤县。"　㉟后魏：指由鲜卑族拓跋氏建立的北魏，后分裂为东魏和西魏。　㊱关河分阻：山河分割。关河：《史记·苏秦列传》有："秦四塞之国，被山带渭，东有关河，西有汉中。"张守节《正义》说："东有黄河，有函谷、蒲津、龙门、合河等关。""关河"指关塞和黄河，都是中国阻挡北方少数民族的天险，也泛指山河。分阻：分割相阻。　㊲悬隔：离得很远，隔绝。　㊳长短纵横之术：指纵横家的辩论之术。长短：《史记·酷吏列传》有："边通，学长短。"裴骃《集解》引《汉书音义》说："长短术兴于六国时。行长入短，其语隐谬，用相激怒。"纵横：指以辩才陈述利害、游说君主，先秦时有纵横家，专事合纵连横之事。　㊴狙诈：伺机取诈。　㊵开皇在运:指杨坚建立隋朝。开皇:隋文帝杨坚的年号。在运:根据运数,指接受天命登极当皇帝。　⑩因藉外家:凭借的是外戚的身份。因藉:凭借,依傍。外家:外戚。杨坚的长女是北周宣帝宇文赟的皇后。　⑩任雄猜之数:使用猜疑的心计。任:用,使。雄猜:即多疑。数:心计,权谋。　⑩坐移明运:没费力气转移了国运。杨坚是通过逼年幼的周静帝"禅让"的方式获得的帝位。坐:坐享。　⑩克定:安定,平定。　⑩年逾二纪:杨坚在位24年。纪:古代的时间单位,一纪等于十二年。　⑩大业:隋炀帝杨广的年号。　⑩交丧:出自《庄子·缮性》:"由是观之,世丧道矣,道丧世矣,世与道交相丧也。"后以"交丧"比喻衰乱。　⑩扫地将尽:(良好的风气)几乎全部丧失。扫地:打扫地面,比喻全部,尽数。　⑩天纵神武:上天赋予英明威武。天纵:上天赋予,常用以谀美帝王。神武:英明威武,多用以称颂帝王将相。　⑩寇虐:残贼凶暴之人。　⑪劳止未康:费尽辛劳也得不到安宁。《诗经·大雅·民劳》有:"民亦劳止,汔可小康。"劳止:辛劳,劳苦。康:安宁。　⑫仰顺圣慈:恭敬地顺从太上皇的旨意。圣慈:圣明慈祥,古代对皇帝或皇太后的谀称。这里指太上皇李渊。玄武门兵变之后,唐高祖李渊被迫退位,将皇位让与李世民。　⑬嗣膺宝历:继承皇位。嗣膺:继承前人而接受。宝历:国祚,皇位。　⑭综核:汇总并加以考核。　⑮言象所纪:通过言语描述一下它的大概。象:描绘,描述。纪:端绪,要领。　⑯烝烝:德行深厚完美。《尚书·尧典》中说舜:"父顽,母嚚,象傲,克谐,以孝烝烝,乂不格奸。"王引之《经义述闻·尚书上》解释说:"谓之烝烝者,言孝德之厚美也。"　⑰访安内竖:向宫中的小官询问父亲是否安泰。内竖:宫中的小臣,也特指宦官。《礼记·文王世子》载:"文王之为世子,朝于王季日三。鸡初鸣而衣服,至于寝门外,问内竖之御者曰:'今日安否?何如?'内竖曰:'安。'文王乃喜。及日中又至,亦如之,及莫又至,亦如之。其有不安节,则内竖以告文王,文王色忧,行不能正履。"　⑱谳(yàn)罪:审判定罪。谳,审判定罪。　⑲大辟:古代五刑之一,即死刑。　⑳恻隐:恻隐,怜惜。　㉑幽显:阴间和阳间。　㉒泣辜:因哀怜罪人而哭泣。出自《说苑·君道》:"禹出见罪人,下车问而泣之,左右曰:'夫罪人不顺道,故使然焉,君王何为痛之至于此也?'禹曰:'尧舜之人,皆以尧舜之心为心;今寡人为君也,百姓各自以其心为心,是以痛之。'书曰:'百姓有罪,在予一人。'"　㉓不简鄙讷:不怠慢鄙野迟钝的言论。简:怠慢。鄙讷:鄙野迟钝。　㉔弘奖名教:弘扬鼓励礼教。弘奖:弘扬鼓励。名教:礼教,封建的道德规范和秩序。　㉕学徒:从师受业的人,泛指读书人。　㉖明经:通晓经术,这里指通晓经术的人。青紫:古代公卿绶带的颜色,借指高官显爵。　㉗硕儒:大儒。　㉘子来:出自《诗经·大雅·灵台》:"经始灵台,经之营之。庶民攻之,不日成之。经始勿亟,庶民子来。"朱熹《集传》曰:"文王之台,方其经度营表之际,而庶民已来作之,所以不终日而成也。虽文王心恐烦民,戒令勿亟,而民乐之,如子趣父事,不召自来也。"后以"子来"比喻民心归附,如同子女趋事父母,不召自来,竭诚效忠。　㉙阴阳:即寒暑。　㉚顷岁霜俭:近年来因霜灾造成收成减少。顷岁:近年,往年。霜俭:严霜使庄稼歉收。　㉛普天饥馑:全国遭受灾荒。普天:普天下,全国。　㉜甫尔:初始。　㉝矜愍:哀怜,怜悯。　㉞藜藿:藜和藿,泛指粗劣的饭菜。　㉟乐彻簨簴:指停止了音乐演奏和欣赏。彻:拆毁,拆下。簨簴(zhuànjù),又作"簨虡"。古代悬挂钟磬鼓的木架,横牚叫簨,饰之以鳞属;直柱叫簴,饰之以赢属、羽属。　㊱凄动:凄楚感动。　㊲癯(qú)瘦:清瘦,消瘦。癯:瘦。　㊳公旦喜于重译:公旦,即周公,名旦。重译:辗转翻译。《后汉书·南蛮西南夷列传》记载:"交址(即交趾)之南有越裳国。周公居摄六年,制礼作乐,天下和平,越裳以三象重译而献白雉,曰:'道路悠远,山川岨深,音使不通,故重译而朝。'"　㊴文命矜其即叙:元代戈直注曰:"文命,《史记》以为禹名。《夏书》曰:'织皮昆仑、析支、渠搜、西戎即叙。'即,就也。言雍州水土即平,而余功及于西戎也。"即叙:就序,归顺。　⑭款附:诚心归附。　⑭归仁:归附仁德之君。　⑭藉:顾念,顾惜。　⑭茂实:丰足。　⑭视朝:临朝听政。　⑭肝膈:肺腑,内心。　⑭日昃:太阳偏西,大约下午两点左右。　⑭玄言:指魏晋时期崇尚老庄玄理的言论或言谈。　⑭乙夜:二更时分,大约夜间十点左右。　⑭中宵:中夜,半夜。　⑮迈:超越,超过。　⑮弥纶天壤:遍布于天地之间。弥纶:统摄,笼盖。天壤:天地之间。　⑮淳粹:淳厚精粹。　⑮浮诡:虚伪诡诈。　⑭刑措:刑罚搁置不用。　⑮登封:登山封禅,指古帝王登泰山祭天祭地。　⑮疆理:划分疆界治理。　⑮天地盈虚,与时消息,况于人乎:出自《周易·丰卦·彖传》。盈虚:盈满或虚空,指发展变化。消息:消长,增减。　⑮作镇藩部:到属国镇守,指分封为诸侯。作镇:镇守一方。　⑮大故:严重的过错或罪恶。如《论语·微子》中有:"故旧无大故,则不弃也。"何晏《集解》引孔安国曰:"大故,谓恶逆之事。"　⑯无或:不要。　⑯惟:思考,想。　⑯绪裔继守:子孙继承守护。绪裔:子孙后代。承守:继承守护先祖的家业。　⑯与:赐予,给予。　⑯何则:为什么。常用于自问自答。　⑯朱、均:指尧的儿子丹朱和舜的儿子商均。　⑯子文之治:子文,春秋时楚国的令尹,姓关。据《左传·宣公四年》记载:"其孙箴尹克黄使于齐,还,及宋,闻乱。其人曰,'不可以入矣。'箴尹曰:'弃君之命,独谁受之?尹,天也,天可逃乎?'遂归,复命而自拘于司败。王思子文之治楚国也,曰:'子文无后,何以劝善?'使复其所,改命曰生。"　⑯栾黡之恶:栾黡,春秋时晋国贤大夫武子的儿子,栾盈的父亲。《左传·襄公十四年》记载:"秦伯问于士鞅曰:'晋大夫其谁先亡?'对曰:'其栾氏乎!'秦伯曰:'以其汰乎?'对曰:'然。栾黡汰虐已甚,犹可以免。其在盈乎!'秦伯曰:'何故?'对曰:'武子之德在民,如周人之思召公焉,爱其甘棠,况其子乎?栾黡死,盈之善未能及人,武子所施没矣,而黡之怨实章,将于是乎在。'"　⑯割恩:弃绝私恩。　⑯畴其户邑:世代相传他们的具有一定人口的食邑。畴:世代相传。　⑰翰翮:羽翼,这里代指能力。　⑰尤累:过失。　⑰夫(fú):代词。表示第三人称。他,它,他们。

【评解】　柳宗元曾经说:"封建,非圣人意也,势也。"一个国家采取哪种体制,最重要的依据是社会发展的需要,而不应该拘泥执守。正如范祖禹所说:"古代的法则不能用于当今,就像今天的法则不能用在古代一样。后世如果有推行王道的,亲近亲人并且尊重贤人,追求美德并且爱护人民,慎重地选择太守、县令来治理郡县,也足以实现天下太平、礼乐隆盛。为什么一定要像古代的封建制度一样,才被看做兴盛呢?"

卷　四

太子诸王定分第九

贞观七年,授吴王恪齐州都督。太宗谓侍臣曰:"父子之情,岂不欲常相见耶?但家国事殊,须出作藩屏。且令其早有定分,绝觊觎之心,我百年后①,使其兄弟无危亡之患也②。"

【译文】　贞观七年(633年),任命吴王李恪为齐州都督。唐太宗对身边侍从的大臣说:"父子之间的感情,难道不想经常见面吗?但家事和国事不同,他必须出去做国家的屏障。并且让他早有确定的名分,断绝他的非分企图之心,等到我去世之后,让他们兄弟没有相互威胁和残杀的灾难。"

【注释】　①百年:死的婉辞。　②危亡:这里指兄弟相互争夺和残杀。

【评解】　中国古代,王室子弟之间相互争夺乃至残杀的事例比比皆是。李世民当然也看到了这一点,因此立李承乾为太子的同时,也希望使其他几个儿子的名分早日确定,以免日后发生像自己与李建成之间一样的事情。

贞观十一年,侍御史马周上疏曰:"汉、晋以来,诸王皆为树置失宜①,不预立定分,以至于灭亡。人主熟知其然,但溺于私爱②,故前车既覆而后车不改辙也。今诸王承宠遇之恩有过厚者,臣之愚虑③,不惟虑其恃恩骄矜也。昔魏武帝宠树陈思④,及文帝即位,防守禁闭,有同狱囚,以先帝加恩太多,故嗣王从而畏之也。此则武帝之宠陈思,适所以苦之也。且帝子何患不富贵,身食大国,封户不少,好衣美食之外,更何所须?而每年别加优赐,曾无纪极⑤。俚语曰:'贫不学俭,富不学奢。'言自然也。今陛下以大圣创业,岂惟处置见在子弟而已?当须制长久之法,使万代遵行。"疏奏,太宗甚嘉之,赐物百段。

【译文】　贞观十一年(637年),侍御史马周上疏说:"汉、晋以来,亲王们都因为安置不当,没有预先确定固定的名分,以至于纷纷灭亡。君主都深知这种情况,但由于沉溺于偏爱,因此前面的车子虽然已经倾覆了,但后面的车子仍然不改变路线。如今众亲王中承蒙恩宠有过于丰厚的,我自己思虑,不只是忧虑他们会依仗皇恩而骄纵自负。当初魏武帝曹操宠爱、扶植曹植,等到文帝曹丕即位,为了防范他而将其关起来,如同监狱中的囚犯一样,因先帝给予他的恩德太多,所以即位的君主因而畏惧他。这就是曹操对曹植的宠爱,恰恰是因此而害了他。况且帝王的儿子何愁不富贵,自身以大国为食邑,封给他的户数自然不会少,好衣服好食物之外,还需要什么呢?而每年另外加给他的优厚赏赐,从来没有限度。俗语说:'贫穷不必学俭朴,富足不必学奢侈。'说的就是这些事情都是自然而然的。如今陛下以大智慧开创了帝业,难道只是考虑安置现在这些子弟而已?应当制定长远的办法,使世世代代遵循实行。"奏章呈奏上去,唐太宗非常赞赏,赐给他百段绢帛。

【注释】 ①树置:树立,扶植。 ②私爱:对自己亲近的人的偏爱。 ③愚虑:谦称,我自己的思虑。 ④陈思:曹操的三子曹植,曾被封为陈王,死后谥"思"。 ⑤纪极:终极,限度。

【评解】 对于帝王来说,每个儿子都是自己的骨肉,都有偏爱的可能,但为了政权稳定,掌握着至高无上的权力的帝王又不能把自己的偏私表现出来。所以帝王对待自己的儿子们的态度问题,虽然表面上是他的私事、家事,但古人又常常将帝王能否别嫌疑、明嫡庶作为衡量他们能否克制私欲的标准之一。

贞观十三年,谏议大夫褚遂良以每日特给魏王泰府料物有逾于皇太子,上疏谏曰:"昔圣人制礼,尊嫡卑庶①。谓之储君,道亚霄极②,甚为崇重,用物不计,泉货财帛③,与王者共之。庶子体卑,不得为例④,所以塞嫌疑之渐,除祸乱之源。而先王必本于人情,然后制法,知有国家,必有嫡庶。然庶子虽爱,不得超越嫡子,正体特须尊崇⑤。如不能明立定分,遂使当亲者疏,当尊者卑,则佞巧之徒承机而动,私恩害公,惑志乱国。伏惟陛下功超万古,道冠百王,发施号令,为世作法。一日万机,或未尽美,臣职谏诤,无容静默。伏见储君料物,翻少魏王⑥,朝野见闻,不以为是。《传》曰:'臣闻爱子教以义方⑦。'忠、孝、恭、俭,义方之谓。昔汉窦太后及景帝并不识义方之理⑧,遂骄恣梁孝王⑨,封四十余城,苑方三百里,大营宫室,复道弥望⑩,积财镪巨万计⑪,出警入跸⑫,小不得意,发病而死。宣帝亦骄恣淮阳王⑬,几至于败,赖其辅以退让之臣,仅乃获免。且魏王既新出阁⑭,伏愿恒存礼训,妙择师傅⑮,示其成败。既敦之以节俭⑯,又劝之以文学⑰。惟忠惟孝,因而奖之道德齐礼⑱,乃为良器⑲。此所谓圣人之教,不肃而成者也。"太宗深纳其言。

【译文】 贞观十三年(639年),谏议大夫褚遂良因为每天特别供给魏王李泰府上的物资超过了皇太子,上疏劝谏说:"当初圣人制定礼制,使嫡子地位高庶子地位低。称太子为储君,德行道义仅次于君王,地位非常尊贵,使用物品不必计较,钱币财物,与君王共同享有。庶子出身卑微,不能与嫡子同等对待,是为了杜绝猜疑的发生,清除祸乱的根源。而前代的圣王一定根据人之常情,然后制定规则,知道只要国家存在,就一定有嫡庶之分。然而虽然疼爱庶子,但不能超过嫡子,承宗的嫡长子特别需要尊重,如果不能明确地确立一定的名分,就会使得应当亲近的人疏远,应当尊贵的人卑贱,那么奸佞巧诈的人就会趁机活跃,用私爱损害公利,迷惑心志扰乱国家。我认为,陛下的功绩超越万世,德行道义超出百代君主,发号施令,为天下制定准则。一天处理上万件事务,有的可能没有达到尽善尽美,我的职责是进行直言规谏,不允许保持沉默。我发现给储君的物资,反而少于魏王,朝野上下看到或听说这种状况的,都不认为这样做正确。《左传》中说:'我听说爱护自己的孩子就要教给他做人的规范。'忠、孝、恭、俭,就是做人的规范。当初汉代的窦太后和汉景帝都不明白用做人的规范来进行教育的道理,于是娇惯放纵梁孝王,封给他四十多座城池、园林方圆三百里,允许他大规模地营建宫殿房屋,楼阁间的复道到处可见,积累的钱财多到难以计数,出入时像皇帝一样警戒清道,禁止行人,最后稍微有些不如意,便得病死了。汉宣帝也娇惯放纵淮阳王刘钦,几乎导致国家败亡,幸亏有知道退让的大臣辅佐,才得以免除灾难。况且魏王不久前刚刚离开京城到封国去,希望能够常常对他进行礼义训导,精心地挑选师傅教导和辅佐他,教给他成败的道理。既用节俭的德行勉励他,又用文章经籍来劝导他。使他具有忠和孝的美德,接着鼓励他用道德引导人民,用礼义治理人民,他才能够成大器。这就是所谓圣人的教化,不必严厉就能成功的道理。"唐太宗完全采纳了他的意见。

【注释】 ①尊嫡卑庶:尊崇嫡子,轻视庶子。嫡子:正妻所生的儿子,多指嫡长子。庶子:指嫡子以外的其他儿子,也特指妾所生之子。 ②霄极:天空的最高处,代指君王。 ③泉货:钱币,货币。 ④为例:作为同类、同列。例:类,列。 ⑤正体:指承宗的嫡长子。 ⑥翻:反而,却。 ⑦臣闻爱子教以义方:出自《左传·隐公三年》,是卫国大夫石碏劝谏卫庄公的话。义方:行事应该遵守的规范和道理。 ⑧窦太后:名漪,清河郡(今河北清河)人,汉文帝的皇后,汉景帝的母亲。 ⑨梁孝王:名刘武,汉文帝和窦皇后的小儿子,汉景帝的弟弟,先被封为代王,后改封淮阳王,公元前168年又改封梁王。 ⑩复道弥望:楼阁间的复道到处可见。复道:楼阁间架空的通道,也称阁道。弥望:充满视野,满眼。 ⑪财赂:钱财。赂:穿钱的绳子,引申为成串的铜钱或银子、银锭。巨万:万万,极言数目之多。 ⑫出警入跸:指帝王出入时警戒清道,禁止行人。晋代崔豹的《古今注·舆服》中说:"警跸,所以戒行徒也。周礼跸而不警,秦制出警入跸,谓出军者皆警戒,入国者跸止也。故云出警入跸也。"跸:帝王出行时清理道路,禁止行人通行。 ⑬淮阳王:指汉宣帝的二儿子刘钦,深受汉宣帝宠爱,一度打算立他为太子,因大臣反对而作罢。他的哥哥汉元帝刘奭在位时,他曾非议朝政,犯上作乱。 ⑭出阁:皇子离开京城到封国去。 ⑮师傅:太师、太傅或少师、少傅的合称。 ⑯敦:劝导并勉励。 ⑰文学:此处泛指文章经籍。 ⑱道德齐礼:指用道德来引导人民,用礼义来治理人民。出自《论语·为政》:"子曰:道之以政,齐之以刑,民免而无耻。道之以德,齐之以礼,有耻且格。"道:同"导"。 ⑲良器:即大器,比喻杰出的人才。

【评解】 我们常说中国古代是宗法等级制度,从礼制对皇帝不同的儿子的身份和地位的规定就可以看到这种等级区分是多么严格。

贞观十六年,太宗谓侍臣曰:"当今国家何事最急?各为我言之。"尚书右仆射高士廉曰:"养百姓最急。"黄门侍郎刘洎曰:"抚四夷急。"中书侍郎岑文本曰:"《传》称:'道之以德,齐之以礼。'由斯而言,礼义为急。"谏议大夫褚遂良曰:"即日四方仰德①,不敢为非,但太子、诸王,须有定分,陛下宜为万代法以遗子孙,此最当今日之急。"太宗曰:"此言是也。朕年将五十,已觉衰怠。既以长子守器东宫②,诸弟及庶子数将四十,心常忧虑在此耳。但自古嫡庶无良佐,何尝不倾败家国。公等为朕搜访贤德,以辅储宫③,爰及诸王④,咸求正士。且官人事王,不宜岁久。岁久则分义情深⑤,非意窥窬⑥,多由此作,其王府官寮,勿令过四考⑦。"

【译文】 贞观十六年(642年),唐太宗对身边侍从的大臣说:"当前国家什么事情最紧迫?分别对我说一说。"尚书右仆射高士廉说:"养护老百姓最紧迫。"黄门侍郎刘洎说:"安抚四方的民族最紧迫。"中书侍郎岑文本说:"《论语》中说:'用道德来引导人民,用礼义来治理人民。'由此而言,推行礼义最紧迫。"谏议大夫褚遂良说:"当前四方都仰慕陛下的圣德,不敢为非作歹,但是太子和诸位亲王,应当有确定的名分,陛下应当制定出世世代代遵守的准则以留给子孙,这是当前最为紧迫的事情。"唐太宗说:"这话说得对啊。我的年龄接近五十了,已经感觉衰弱疲乏。我已经立长子为守护宗庙的太子,我的弟弟以及庶子接近四十个,我心里时常感到忧虑的也是这件事。但是自古以来嫡子和庶子如果没有好的辅佐,何尝不使国家倾覆败亡。你们要为我寻访具有才能和美德的人才,以辅佐太子,至于诸位亲王,都要找正直的人辅佐。并且官吏侍奉诸王,不应当时间过长。时间过长就会情意深厚,不好的想法和非分的企图,大多由此而生,王府中的官僚,不要让他们超过四个考核周期。"

【注释】 ①即日:今日,当前。 ②守器:古代太子主宗庙之器,因此借指太子。 ③储宫:太子所居的宫室,借指太子。 ④爰及:至于。 ⑤分义:情意,情分。 ⑥窥窬:即觊觎。 ⑦考:这里指官吏考核周期。唐朝制度规定,每年都要对官吏进行认真的考核,称为"小考";每隔大约三年还要进行一次全面的"大考",以决定升降赏罚。

【评解】 养百姓、抚四夷、推行礼义,任何时代都是国家急切需要做的事情,然而褚遂良提出为皇帝的几个儿子确定名分对于国家来说最急迫。究其原因,从大的方面来说,是由中国古代家天下的制度决定的;从小的方面来说,则是由于此时唐太宗几个儿子之间的矛盾已经显露,成为威胁皇室稳定的重要隐患。

尊敬师傅第十

贞观三年,太子少师李纲有脚疾,不堪践履①。太宗赐步舆②,令三卫举入东宫③,诏皇太子引上殿,亲拜之,大见崇重。纲为太子陈君臣父子之道,问寝视膳之方④,理顺辞直,听者忘倦。太子尝商略古来君臣名教,竭忠尽节之事,纲凛然曰:"托六尺之孤,寄百里之命⑤,古人以为难,纲以为易。"每吐论发言,皆辞色慷慨,有不可夺之志,太子未尝不耸然礼敬。

【译文】 贞观三年(629年),太子少师李纲的脚有毛病,无法走路。唐太宗赐给他一乘步舆,命禁卫军抬到太子宫,并下令皇太子接到殿上,亲自拜见,显得非常尊重。李纲为太子讲了君臣父子之间相处的准则,侍奉尊长起居和饮食的礼节,道理正确言辞恳切,听讲的人忘记了疲倦。太子曾经与他探讨自古以来君臣父子之间的伦理规范,以及竭尽忠心恪尽臣节的事例,李纲凛然正色说:"受托照顾未成年的孤儿,履行国君授予的政令,古人认为很困难,我认为很容易。"每次阐发议论陈述意见,言辞态度都激昂慷慨,有不可被折服的志向,太子听他讲课未尝不肃然起敬。

【注释】 ①践履:即行走。 ②步舆:古代一种由人抬的代步工具。 ③三卫:即禁卫军。唐代禁卫军有亲卫、勋卫、翊卫,合称"三卫"。 ④问寝视膳:古代臣下侍奉君主或子女侍奉双亲起居和进餐的礼节。 ⑤托六尺之孤,寄百里之命:出自《论语·泰伯》:"曾子曰:'可以托六尺之孤,可以寄百里之命,临大节而不可夺也,君子人与?君子人也。'"六尺之孤:指未成年的孤儿。百里之命:指国君的政令。百里:指诸侯国。

【评解】 戈直评价李纲说:"李纲素来慷慨并且有节操,所以他说话议论,言辞和神色都是凛然刚毅,这也是太子所应当礼遇和尊敬的。古人说一心可以侍奉百君,说的就是李纲这样的人吧!"

贞观六年,诏曰:"朕比寻讨经史,明王圣帝曷尝无师傅哉?前所进令遂不睹三师之位①,意将未可,何以然?黄帝学大颠,颛顼学录图,尧学尹寿,舜学务成昭,禹学西王国,汤学威子伯,文王学子期,武王学虢叔。前代圣王,未遭此师,则功业不著乎天下,名誉不传乎载籍。况朕接百王之末，智不同圣人，其无师傅，安可以临兆民者哉？《诗》不云乎：'不愆不忘，率由旧章②。'夫不学，则不明古道，而能政致太平者，未之有也。可即著令，置三师之位。"

【译文】 贞观六年（632年），唐太宗下诏说："我近来浏览经书史籍发现，圣明的帝王何尝没有师傅教诲呢？先前所发布的命令没有发现其中有三师的位置，心里觉得不可以，为什么这样说呢？黄帝学于大颠，颛顼学于录图，唐尧学于尹寿，虞舜学于务成昭，夏禹学于西王国，商汤学于威子伯，周文王学于子期，周武王学于虢叔。前代的圣王，如果没有遇到这些老师，那么功劳业绩就不会彰显于天下，名声赞誉就不会记载在典籍。况且我承继于百代君王之后，智慧比不上圣人，如果没有师傅教诲辅佐，怎么能够治理百姓呢？《诗经》中不是说吗：'要不犯过错不懈怠，遵循前代旧规矩。'如果不学习，就不明白古代的规则，这样能够达到天下太平的，从来没有过。应当马上下令，设置三师之位。"

【注释】 ①三师：北魏以后以太师、太傅、太保为"三师"。 ②不愆不忘，率由旧章：出自《诗经·大雅·嘉乐》。愆：罪过，过失。忘：玩忽，懈怠。率由：遵循，沿用。旧章：昔日的典章制度。

【评解】 天、地、君、亲、师，在古人心目中都是极为尊贵的。而师之所以受尊崇，就是因为他们被看做知识、真理的化身。

贞观八年，太宗谓侍臣曰："上智之人，自无所染，但中智之人无恒，从教而变。况太子师保，古难其选。成王幼小，周、召为保傅，左右皆贤，日闻雅训，足以长仁益德，使为圣君。秦之胡亥，用赵高作傅，教以刑法，及其嗣位，诛功臣，杀亲族，酷暴不已，旋踵而亡。故知人之善恶，诚由近习。朕今为太子、诸王精选师傅，令其式瞻礼度①，有所裨益。公等可访正直忠信者，各举三两人。"

【译文】 贞观八年（634年），唐太宗对侍从的大臣说："上等智慧的人，自然不会被外物熏染，但是中等智慧的人不会保持永恒，接受教育就会改变。况且太子的老师，自古以来就难以挑选。周成王年幼的时候，周公、召公为他的老师，身边都是贤人，每天听到的都是雅正的教训，足以增长仁心促进德行，使他成为圣君。秦朝的胡亥，任用赵高做师傅，教他严刑峻法，等他即位之后，杀功臣，杀亲人，残酷暴虐的事情没有休止，不久之后就灭亡了。因此可知人的善恶，的确都是被周围的事物长久熏染的结果。我如今为太子和亲王精心挑选师傅，让他们仰慕效法礼仪法度，以对他们有所补益。你们可以寻访正直忠信的人，每人推举两三人。"

【注释】 ①式瞻礼度：仰慕效法礼仪法度。式瞻：敬仰，仰慕。式：效法。瞻：向高处看，引申为仰慕。

【评解】 与人交往,品质和行为总会受到他人的熏陶和影响,从这个意义上说,选择良师益友是非常必要的。

贞观十一年,以礼部尚书王珪兼为魏王师。太宗谓尚书左仆射房玄龄曰:"古来帝子,生于深宫,及其成人,无不骄逸,是以倾覆相踵①,少能自济②。我今严教子弟,欲皆得安全。王珪,我久驱使,甚知刚直,志存忠孝,选为子师。卿宜语泰,每对王珪,如见我面,宜加尊敬,不得懈怠。"珪亦以师道自处,时议善之也。

【译文】 贞观十一年(637年),任命礼部尚书王珪兼任魏王的老师。唐太宗对尚书左仆射房玄龄说:"古来帝王的孩子,生长在深宫之中,等到他们长大成人之后,无不是骄奢淫逸,所以一个接一个地灭亡了,很少有能够自保的。我如今严格教育子弟,想要他们都能够平安。王珪,我已经任用他很久了,深知他为人刚毅正直,具有忠孝之心,所以选他做儿子的老师。你应当告诉李泰,每当见到王珪的时候,要像见到我一样,应当加倍尊敬,不要有所懈怠。"王珪也以老师的准则约束自己的行为,当时的评论都称赞他。

【注释】 ①相踵:脚踵相接,即相继、一个接一个。 ②自济:即自保。

【评解】 古人认为,选择老师应当是一件非常谨慎的事情。必须"求贤师而事之,择良友而友之"。这是因为"得贤师而事之,则所闻者尧舜禹汤之道也;得良友而友之,则所见者忠信敬让之行也。身日进于仁义而不自知也者,靡使然也"(《荀子·性恶》)。

贞观十七年,太宗谓司徒长孙无忌、司空房玄龄曰:"三师以德道人者也。若师体卑,太子无所取则。"于是诏令撰太子接三师仪注①:太子出殿门迎,先拜三师,三师答拜,每门让三师。三师坐,太子乃坐。与三师书,前名"惶恐",后名"惶恐"、"再拜"。

【译文】 贞观十七年(643年),唐太宗对司徒长孙无忌、司空房玄龄说:"三师就是用道德来引导别人的人。如果老师身份低微,太子就无法向他学习东西。"于是下令编撰太子迎接三师的礼仪制度:太子要走出殿门迎接,先拜见三师,三师回礼,每当进门时要请三师先走。三师坐好之后,太子才能坐。给三师书信,前面要写上"惶恐",后面要写上"惶恐"、"再拜"。

【注释】 ①仪注:制度,仪节。

【评解】 在中国古代,礼仪是强化道德观念的重要手段。唐太宗之所以为太子见老师制定详细的礼节,就是为了使他们在内心树立并强化尊重师傅及师傅所传授的道理的意识。

贞观十八年，高宗初立为皇太子，尚未尊贤重道，太宗又尝令太子居寝殿之侧，绝不往东宫。散骑常侍刘洎上书曰：

臣闻郊迎四方①，孟侯所以成德②；齿学三让③，元良由是作贞④。斯皆屈主祀之尊，申下交之义。故得刍言咸荐⑤，睿问旁通⑥，不出轩庭⑦，坐知天壤⑧。率由兹道，永固鸿基者焉⑨。至若生乎深宫之中，长乎妇人之手，未曾识忧惧，无由晓风雅⑩。虽复神机不测⑪，天纵生知⑫，而开物成务⑬，终由外奖⑭。匪夫崇彼干籥⑮，听兹谣颂⑯，何以辨章庶类⑰，甄核彝伦⑱？历考圣贤，咸资琢玉⑲。是故周储上哲⑳，师望、乘而加裕；汉嗣深仁㉑，引园、绮而昭德。原夫太子㉒，宗祧是系㉓，善恶之际，兴亡斯在，不勤于始，将悔于终。是以晁错上书，令通政术，贾谊献策，务知礼教。窃惟皇太子玉裕挺生㉔，金声凤振㉕，明允笃诚之美㉖，孝友仁义之方，皆挺自天姿，非劳审谕㉗，固以华夷仰德，翔泳希风矣㉘。然则寝门视膳㉙，已表于三朝㉚，艺宫论道㉛，宜弘于四术㉜。虽富于春秋㉝，饬躬有渐㉞，实恐岁月易往，堕业兴讥，取适晏安㉟，言从此始。臣以愚短，幸参侍从，思广储明㊱，暂愿闻彻㊲，不敢曲陈故事㊳，切请以圣德言之。

伏惟陛下诞睿膺图，登庸历试㊴。多才多艺，道著于匡时；允文允武㊵，功成于纂祀㊶。万方即叙，九围清晏㊷。尚且虽休勿休，日慎一日，求异闻于振古㊸，劳睿思于当年。乙夜观书，事高汉帝；马上披卷，勤过魏王。陛下自励如此，而令太子优游弃日，不习图书，臣所未谕一也㊹。加以暂屏机务，即寓雕虫㊺。纡宝思于天文㊻，则长河韬映㊼；摛玉华于仙札㊽，则流霞成彩㊾。固以锱铢万代㊿，冠冕百王㉛，屈、宋不足以升堂㉜，钟、张何阶于入室㉝。陛下自好如此，而太子悠然静处，不寻篇翰㊴，臣所未谕二也。陛下备该众妙㉕，独秀寰中㊶，犹晦天聪㊷，俯询凡识。听朝之隙，引见群官，降以温颜，访以今古。故得朝廷是非，闾里好恶，凡有巨细，必关闻听。陛下自行如此，而令太子久趋入侍，不接正人，臣所未谕三也。陛下若谓无益，则何事劳神；若谓有成，则宜申贻厥。蔑而不急，未见其可。伏愿俯推睿范，训及储君，授以良书，娱之嘉客。朝披经史，观成败于前踪；晚接宾游，访得失于当代。间以书札，继以篇章，则日闻所未闻，日见所未见。副德愈光㊸，群生之福也。

窃以良娣之选㊹，遍于中国。仰惟圣旨，本求典内，冀防微，慎远虑，臣下所知。暨乎征简人物，则与聘纳相违㊺，监抚二周㊻，未近一士。愚谓内既如彼,外亦宜然者,恐招物议,谓陛下重内而轻外也。古之太子,问安而退,所以广敬于君父;异宫而处,所以分别于嫌疑。今太子一侍天闱,动移旬朔㉒,师傅已下,无由接见。假令供奉有隙,暂还东朝,拜谒既疏,且事俯仰㉓,规谏之道,固所未暇。陛下不可以亲教,宫寀无因以进言㉔,虽有具寮㉕,竟将何补?

伏愿俯循前躅㉖,稍抑下流㉗,弘远大之规,展师友之义,则离徽克茂㉘,帝图斯广㉙,凡在黎元,孰不庆赖!太子温良恭俭,聪明睿哲,含灵所悉㉚,臣岂不知,而浅识勤勤㉛,思效愚忠者,愿沧溟益润㉜,日月增华也。

太宗乃令洎与岑文本、马周递日往东宫㉝,与皇太子谈论。

【译文】 贞观十八年(644年),唐高宗刚刚被册封为皇太子,还没有能够尊敬贤才重视道义,唐太宗又曾命令太子居住在自己寝殿的旁边,禁止他去太子宫。散骑常侍刘洎上书说:

我听说出郊迎接宾客,太子因而修养品德;入学相互礼让,太子由此变得端正。这都是放下主持祭祀者的尊贵架子,以申明与地位低的人交往的态度。所以使得百姓的言论都被奏闻,敏锐地察觉四方的声音,不用走出宫廷,坐在那里就可以了解天下的事情。遵循这一准则,就能够使帝王的基业永远牢固。如果出生在深宫之中,成长于妇人之手,就没有机会接触忧患恐惧,没有途径了解教化规范。即使再禀赋神异到无法测度,上天赐给他不学而知的才智和学识,但要想通晓并遵循万物的道理做成事情,终究需要他人的辅助。如果不尊崇高雅的乐舞,听取歌谣诗颂,怎么能够清楚地分辨万物,审察事物中的一般道理呢?仔细地考察一下历代的圣贤,都是借助于老师的雕琢。所以周朝的太子崇尚贤哲,以太公望、召公奭为师而德行更加深厚;汉朝的太子信服仁义,招纳来东园公、绮里季而使美德彰显。仔细想想太子的身份,关系着宗庙的前途,善恶之间,决定着国家的兴亡,开始的时候不下工夫培养,最终将会后悔。所以晁错上奏章,要求太子精通治国之术,贾谊出主意,提议太子务必懂得礼义教化。我以为,皇太子天生姿容杰出,美誉早就传扬,明察信实、忠厚诚实的美德,孝敬友爱、仁慈道义的品行,都是出自天生的资质,不需要刻意地明确教导,就已经足以使天下万民不分华夏和夷狄都敬仰他的德行,世间万物即使飞鸟和游鱼都仰慕他的风度和操守了。既然如此,那么到内宫侍奉进膳之类的礼节,已经在宫廷日常事务中表现出来了,在艺宫中学习学问,应当在诗、书、礼、乐的知识方面有所加强。太子虽然年纪尚轻,自身修养有所成就,但是的确恐怕岁月易逝,荒废学业招来讥讽,寻求适意追求安乐,各种议论就会从这里产生。我以愚钝无能的材质,有幸居于侍从大臣的行列,想让太子增长才德,希望他以此赢得四方的赞誉,不敢详述以前的各种事例,恳请用陛下您的德行来进行说明。

我以为,陛下天生睿智,承受天命取得天下,历经多次考验登上帝位。才华和能力兼具,德行在挽救时局过程中得以彰显;文事与武功兼备,事业在继承祖先基础上取得成功。四方归顺,九州安定。而您仍然听到别人的赞美也不感到沾沾自喜,一天比一天谨慎,向远古寻求卓异的知识,为当今的事务费尽心思。深夜里阅读书籍,做事比汉高祖高明;战马上打开书卷,勤奋超过了魏武帝。陛下如此严格要求自己,却让皇太子悠闲怠惰荒废时日,不在书籍中学习知识,这是我所不理解的第一件事情。另外,陛下您暂时放下要处理的政事,就把心思转移到文章写作上。您把文思萦回于天文,那么灿烂的银河也会掩藏了光辉;把才德铺陈于文札,那么流动的云霞也会幻化出光彩。这样会使得万代的文章都显得微不足道,超过了历代的任何君主,屈原、宋玉的辞赋同您比起来不足以称为入门,钟繇、张芝的书法同您比起来没办法称作精湛。陛下您如此自我珍惜,而皇太子却悠闲独处,不从事诗文翰墨,这是我所不理解的第二件事情。陛下您完全具备一切美好的禀赋,在天下一枝独秀,尚且掩藏自己卓越的听闻,向下面的人征询凡俗的见识。在朝堂上听政的间隙,召见众官员,示以温和的态度,询问古往今来的事理。所以能够了解朝廷上的是非,民间的善恶,事情不分大小,一定亲自过问听取。陛下您自己的行为如此,却让太子长久地在您宫中侍奉,不与端正贤德的人交往,这是我所不理解的第三件事情。陛下如果觉得您做的这些事情没有益处,那么为什么在这上面劳神费力;如果觉得您做的这些有成就,那么就应当加以申明留给子孙。蔑视这些事情而不急于处理,我没有看出这是正确的做法。希望能够向下推广您圣明的风范,教给将要继承君位的太子,把好的典籍传给他,让他和好的宾客交往。早上披阅典籍,从前人的足迹中了解成败的道理;晚上交接宾客,向当代的贤人求教做事的得失。其间写写书信,接着做做文章,那么就能够天天听见以前所没有听到过的道理,天天可以看到以前所没有看到的事情。太子的德行越来越光大,这是天下百姓的福气啊。

我以为,为太子挑选嫔妃,范围遍及全国。思考一下圣上的心意,原本是为了选择合适的人管理内宫,希望能够防止坏事萌发,重视长远打算,这是我所知道的。至于选拔人才,却与选拔嫔妃不一样了,太子履行职责两年,没有接近一个贤士。我认为选择嫔妃之事既然如此,选拔人才也应当这样,以免招来他人非议,说陛下重视内闱轻视国事。古代的太子,问安之后就离开了,所以对父王非常尊重;在另外的宫殿居住,所以能够避免产生疑忌。如今太子一到天子的宫闱侍奉,动不动就超过十天甚至成月,师傅以下的众人,都没有办法和他交流、见面。即使侍奉的间隙有闲暇,暂时回到东宫,拜访谒见已经稀少,况且时间又很短暂,规谏之类的事情,自然也就没有时间了。陛下不可能亲自教导他,太子的属官没有机会进言,即使有百官,又究竟将有什么补益呢?

我希望陛下能够遵循前人的遗风,稍微抑制恩德流布,增进远大的规划,扩展师友的作用,那么就能够使礼乐教化更加广泛,帝王之业更加光大,天下的百姓,谁不庆幸得到依靠呢!太子具有温良恭俭的德行,聪明睿智的才智,这是人人皆知的,我怎么能不知道呢?而我之所以恳切地陈述粗鄙的见识,想着以愚钝的忠心效劳,是希望沧海更加丰润,日月增加光辉啊。

唐太宗于是命刘洎与岑文本、马周依次每日各有一人去太子宫,同太子交流探讨。

【注释】 ①郊迎:古代礼仪制度,出郊迎接宾客,以示尊重。 ②孟侯:诸侯之长,这里指太子。 ③齿学三让:出自《礼记·文王世子》:"行一物而三善皆得者,唯世子而已,其齿于学之谓也。物犹事也。故世子齿于学,国人观之,曰:'将君我而与我齿让,何也?'曰:'有父在则礼然。'然而众知父子之道矣。其二曰:'将君我,而与我齿让,何也?'曰:'有君在则礼然。'然而众着于君臣之义也。其三曰:'将君我,而与我齿让,何也?'曰:'长长也。'然而众知长幼之节矣。""齿学三让"指太子入学,不敢在别人之前,与公卿之子都按年龄大小,相互礼让,以示长幼有序。 ④元良:代指太子。出自《礼记·文王世子》:"一有元良,万国以贞,世子之谓也。"贞:端方正直。 ⑤刍言咸荐:百姓的言论都能够被奏闻上来。刍言:卑贱者的言论。 ⑥睿问:同"睿闻"。 ⑦轩庭:居室的庭院,这里指宫廷。 ⑧天壤:这里指天下。 ⑨鸿基:伟大的基业,代指王业。 ⑩风雅:这里指教化规范。 ⑪神机:神异的禀赋。 ⑫生知:即生而知之,不用学习就知道。 ⑬开物成务:指通晓万物的道理并按这道理行事而得到成功。 ⑭外奖:他人的辅助。 ⑮匪:假借为"非",表示否定。 干籥:高雅的、有助于教化的乐舞。干:舞者所执之楯。籥:乐管,竹制,三孔,长三尺,以和众声。 ⑯谣颂:歌谣诗颂。谣:古代指不用乐器伴奏的歌唱。颂:古代祭祀时的舞曲,《诗经》收录有配曲的歌词分"周颂"、"鲁颂"和"商颂"三类。 ⑰辨章庶类:清楚地辨明万物。辨章:使昭明彰显,又作"辨彰"。庶类:万物。 ⑱甄核彝伦:考察事物的道理。甄核:甄别考察。彝伦:事物的常理、常道。 ⑲琢玉:出自《礼记·学记》:"玉不琢不成器。"培育,雕琢。 ⑳周储:周朝的太子,这里指周成王。上:同"尚",崇尚。 ㉑汉嗣:汉朝的太子,这里指汉惠帝刘盈。汉高祖宠爱戚夫人,想要废太子刘盈,立戚夫人之子如意。太子请教于张良,张良告诉他:"天下有四人。四人者年老矣,皆以为上慢侮人,故逃匿山中,义不为汉臣。然上高此四人。今公诚能无爱金玉璧帛,令太子为书,卑辞安车,因使辩士固请,宜来。来,以为客,时从入朝,令上见之,则必异而问之。问之,上知此四人贤,则一助也。"(《史记·留侯列传》)四人前来辅助太子,一次汉高祖设宴,"及晏,置酒,太子侍。四人者从太子,年皆八十有余,须眉皓白,衣冠甚伟。上怪,问曰:'何为者?'四人前对,各言其姓名。上乃惊曰:'吾求公,避逃我,今公何自从吾儿游乎?'四人曰:'陛下轻士善骂,臣等义不辱,故恐而亡匿。今闻太子仁孝,恭敬爱士,天下莫不延颈愿为太子死者,故臣等来。'上曰:'烦公幸卒调护太子。'四人为寿已毕,趋去。上目送之,召戚夫人指视曰:'我欲易之,彼四人为之辅,羽翼已成,难动矣。'"(《汉书·张良传》)帮助刘盈的四位老人相传名为东园公、绮里季、夏黄公、甪里先生,时称"商山四皓"。深仁:指深深地信服仁义。 ㉒原:推究。 ㉓宗祧(tiāo):即宗庙,代指国家。祧:远祖、始祖之庙。 ㉔玉裕挺生:姿容天生出众。玉裕:美玉般的姿容,常用以形容皇太子。挺生:挺拔生长,亦谓杰出。 ㉕金声夙振:美好的声誉早就传播。金声:比喻美好的声誉。夙:早。振:发出,生长。 ㉖明允:明察而诚信。笃诚:忠厚诚实。 ㉗审谕:又作"审喻",一般特指太子的师傅对太子的明白开导。出自《礼记·文王世子》:"大傅审父子君臣之道以示之;少傅奉世子,以观大傅之德行而审喻之。" ㉘翔泳希风:飞鸟和游鱼都仰慕其德操。 ㉙寝门:内室之门。

古礼天子五门,诸侯三门,大夫二门,最内之门称寝门。 ㉚三朝:外朝、内朝、燕朝,代指朝廷,宫廷。郑玄注《周礼·秋官·朝士》"朝士掌建邦外朝之法"说:"周天子诸侯,皆有三朝。外朝一,内朝二。内朝之在路门内者或谓之燕朝。"宋代叶梦得《石林燕语》卷二中也解释说:"古者天子三朝:外朝、内朝、燕朝。外朝在王宫库门外,有非常之事以询万民于宫中。内朝在路门外,燕朝在路门内。盖内朝以见群臣,或谓之路朝;燕朝以听政,犹今之奏事,或谓之燕寝。" ㉛艺宫:宫中太子学习学问技艺的地方。 ㉜四术:诗、书、礼、乐四种经术。 ㉝富于春秋:年轻,年少。李贤注《后汉书·乐恢传》"陛下富于春秋,纂承大业"说:"春秋谓年也。言年少,春秋尚多,故称富。" ㉞饬躬有渐:指自我修养有所成就。饬躬:修养自身。渐:熏陶,浸染。 ㉟晏安:安乐,安定。 ㊱储明:即太子。 ㊲闻彻:闻名四方。 ㊳曲陈:详述。 ㊴登庸:登上帝位。历试:历经多次考验。 ㊵允文允武:既有文事又有武功。 ㊶纂祀:指继承祖先的德行和事业。 ㊷九围:即九州。孔颖达疏《诗经·商颂·长发》"帝命式于九围"说:"谓九州为九围者,盖以九分天下,各为九处,规围然,故谓之九围也。" ㊸异闻:不同的见闻,新的知识。振古:远古,往昔。 ㊹未谕:不理解,不明白。 ㊺雕虫:不足道的小技艺,常比喻写作诗文辞赋。 ㊻纡:萦绕,盘结。宝思:赞美之词,多用以称赞人的襟怀、谋划、文思等。 ㊼长河:天河,银河。韬映:掩藏光芒。 ㊽摛:铺陈,文章中详细地叙述。玉华:最精美的玉,常用以比喻才德。 ㊾流霞:浮动的彩云。 ㊿锱铢万代:使万代的文章都显得像锱铢一般微不足道。 (51)冠冕:盖过,居于首位。 (52)屈、宋:指战国的辞赋家屈原、宋玉。升堂:登上厅堂,比喻学问、技艺等已入门。 (53)钟、张:指东汉时的书法家钟繇、张芝。入室:进入室内,比喻学问、技能已达到深奥的境界。"升堂"、"入室"均出自《论语·先进》:"由也升堂矣,未入于室也。"邢昺疏曰:"言子路之学识深浅,譬如自外入内,得其门者。入室为深,颜渊是也;升堂次之,子路是也。" (54)篇翰:篇章,诗文。 (55)备该:尽备,完全具备。众妙:这里指一切美好的禀赋。 (56)寰中:宇内,天下。 (57)晦:隐藏,掩蔽。天聪:对天子听闻的美称。 (58)副德:这里指太子的德行。 (59)良娣:太子姬妾的称号,地位低于妃。也泛指太子嫔妃。 (60)聘纳:古代婚姻之事有六礼:纳采、问名、纳吉、纳征、请期、亲迎。聘,指问名。纳,指纳征,亦称纳币。这里以"聘纳"代指以礼娶亲。 (61)监抚:指监国、抚军,古代为太子的职责。 (62)旬朔:十日为旬,月初为朔。 (63)俯仰:比喻时间短暂。 (64)宫寀(cài):太子的属官。宫指东宫,即太子。寀,僚属。 (65)具寮:又作"具僚",官员,百官。 (66)前躅:前人的遗风。 (67)下流:向下流淌,比喻君主的仁德向下流布。 (68)离徽:相传上古时,太昊用桐木制琴,以二十七根绳丝为弦,命名为"离徽",用琴声来祝告神明,沟通天人。这里比喻礼乐教化。 (69)帝图:帝王治国的谋略,引申为帝业。 (70)含灵:具有灵性的,特指人类。 (71)勤勤:恳切至诚。 (72)沧溟:大海。 (73)递日:依照次序一天接一天。

【评解】 太子被称为"皇储",是未来的国君,关系着天下人的命运,因此古人认为,帝王如何对待太子,并不能仅仅出于私情,而必须从长远考虑。因此刘洎的这道奏疏,后人都给予较高的评价。如唐仲友说:"刘洎这道奏疏,足以表现出他是一位刚直果敢之士。"戈直也评价说:"刘洎这道奏疏,条理清楚陈述详备,的确是教导世子之至善之论啊。"

教戒太子诸王第十一

贞观七年，太宗谓太子左庶子于志宁、杜正伦曰："卿等辅导太子，常须为说百姓间利害事。朕年十八，犹在民间，百姓艰难，无不谙练①。及居帝位，每商量处置，或时有乖疏，得人谏诤，方始觉悟。若无忠谏者为说，何由行得好事？况太子生长深宫，百姓艰难，都不闻见乎！且人主安危所系，不可辄为骄纵。但出敕云，有谏者即斩，必知天下士庶无敢更发直言。故克己励精，容纳谏诤，卿等常须以此意共其谈说。每见有不是事，宜极言切谏，令有所裨益也。"

【译文】 贞观七年（633年），唐太宗对太子左庶子于志宁、杜正伦说："你们帮助、指导太子，应当经常向他介绍一些百姓之中有利或有害的事情。我十八岁的时候，还生活在民间，百姓们生活的艰难，无不知晓。到当上皇帝之后，每当商量处理事务，有时或许出现差错疏漏，得到别人的直言劝谏，才开始有所觉悟。如果没有忠心直谏的人指出来，怎么能够做出好的事情来呢？况且太子一直生长在深宫之中，百姓们生活的艰难，不是都听不到看不见吗！并且君主关系到国家的安危，不能够动不动就骄惯放纵。只要出一道敕令，说有进谏的人就杀掉，一定可以推知天下的士民百姓就没有再敢直言的。所以克制自己励精图治，容纳别人的直言进谏，你们应当经常把这些意思同他谈论。每当看到有做得不对的事情，应当直言极谏，使他能够从中得到补益。"

【注释】 ①谙练：熟习，通晓。

【评解】 从唐太宗与太子的两位老师的对话中，可见对他们寄予的厚望，希望他们能够引导太子将来像自己一样励精图治、虚怀若谷。

贞观十八年，太宗谓侍臣曰："古有胎教世子①，朕则不暇。但近自建立太子，遇物必有诲谕。见其临食将饭，谓曰：'汝知饭乎？'对曰：'不知。'曰：'凡稼穑艰难，皆出人力，不夺其时，常有此饭。'见其乘马，又谓曰：'汝知马乎？'对曰：'不知。'曰：'能代人劳苦者也，以时消息②，不尽其力，则可以常有马也。'见其乘舟，又谓曰：'汝知舟乎？'对曰：'不知。'曰：'舟所以比人君，水所以比黎庶，水能载舟，亦能覆舟。尔方为人主，可不畏惧！'见其休于曲木之下，又谓曰：'汝知此树乎？'对曰：'不知。'曰：'此木虽曲，得绳则正，为人君虽无道，受谏则圣。此傅说所言，可以自鉴。'"

【译文】 贞观十八年（644年），唐太宗对侍从的大臣们说："古代有对世子进行胎教的做法，我却没有空闲做。但最近自从册立了太子，我遇到事物一定会有所教诲晓谕。看到他面对着食物将要吃饭时，就对他说：'你了解饭吗？'他回答说：'不了解。'我说：'凡是春耕秋收这些艰难的农活，都是由老百姓的力气来完成的，不侵占老百姓的农时，就能够经常有这些饭。'看到他骑马，我又问他：'你了解马吗？'他回答说：'不了解。'我说：'它能代替人做一些辛苦的工作，根据时间让它休养生息，不用尽它的力气，就能够经常有马以备骑乘和驱使。'看到他乘船，我又对他说：'你了解船吗？'他回答说：'不了解。'我说：'船可以用来比作君主，水可以用来比作百姓，水能够把船承载起来，也能够把船倾覆。你刚刚做人民的君主，能不对此谨慎畏惧吗！'看到他在弯曲的树木下休息，我又对他说：'你了解这棵树吗？'他回答说：'不了解。'我说：'这棵树虽然弯曲，用绳墨进行规范就可以成为方正的木材，作为君主虽然缺少治国的正确方法，但只要接受劝谏就能够变得圣明。这是傅说的观点，你可以作为自己的借鉴。'"

【注释】 ①世子：古代天子、诸侯的嫡长子或儿子中将要继承帝位或王位的人。 ②消息：休息，休养。

【评解】 从唐太宗对太子的训诫中，可见"民本"、"惠民"的意识在他的心目中是非常重要的。

贞观七年，太宗谓侍中魏征曰："自古侯王能自保全者甚少，皆由生长富贵，好尚骄逸，多不解亲君子远小人故尔。朕所有子弟欲使见前言往行，冀其以为规范。"因命征录古来帝王子弟成败事，名为《自古诸侯王善恶录》，以赐诸王。其序曰：

观夫膺期受命，握图御宇①，咸建懿亲②，藩屏王室，布在方策，可得而言。自轩分二十五子③，舜举一十六族④，爰历周、汉，以逮陈、隋，分裂山河，大启磐石者众矣⑤。或保乂王家⑥，与时升降；或失其土宇，不祀忽诸⑦。然考其隆替，察其兴灭，功成名立，咸资始封之君，国丧身亡，多因继体之后。其故何哉？始封之君，时逢草昧，见王业之艰阻，知父兄之忧勤，是以在上不骄，夙夜匪懈，或设醴以求贤⑧，或吐飧而接士⑨。故甘忠言之逆耳，得百姓之欢心，树至德于生前，流遗爱于身后⑩。暨夫子孙继体，多属隆平，生自深宫之中，长居妇人之手，不以高危为忧惧，岂知稼穑之艰难？昵近小人，疏远君子，绸缪哲妇⑪，傲狠明德⑫，犯义悖礼，淫荒无度，不遵曲宪⑬，僭差越等。恃一顾之权宠⑭，便怀匹嫡之心；矜一事之微劳，遂有无厌之望。弃忠贞之正路，蹈奸宄之迷途⑮。愎谏违卜⑯，往而不返。虽梁孝、齐冏之勋庸⑰，淮南、东阿之才俊⑱，摧摩霄之逸翮⑲，成穷辙之涸鳞⑳，弃桓、文之大功，就梁、董之显戮㉑。垂为炯戒㉒，可不惜乎！皇帝以圣哲之资，拯倾危之运，耀七德以清六合㉓，总万国而朝百灵㉔，怀柔四荒㉕，亲睦九族㉖，念华萼于《棠棣》㉗，寄维城于宗子。心乎爱矣，靡日不思，爰命下臣，考览载籍，博求鉴镜，贻厥孙谋㉘。臣辄竭愚诚，稽诸前训。凡为藩为翰㉙，有国有家者，其兴也必由于积善，其亡也皆在于积恶。故知善不积不足以成名，恶不积不足以灭身。然则祸福无门㉚，吉凶由己，惟人所召，岂徒言哉！今录自古诸王行事得失，分其善恶，各为一篇，名曰《诸王善恶录》，欲使见善思齐，足以扬名不朽；闻恶能改，庶得免乎大过。从善则有誉，改过则无咎。兴亡是系，可不勉欤！

太宗览而称善，谓诸王曰："此宜置于座右㉛，用为立身之本。"

【译文】　贞观七年（633年），唐太宗对侍中魏征说："自古以来王侯能够自我保全的人很少，都是因为生长在富贵之中，追求骄纵安逸，大多不理解亲近君子远离小人的道理的缘故。我想让我的所有子弟都知道前人的言论和行为，希望他们能将此作为约束自己的规范。"于是命魏征采集收录自古以来帝王子弟成败的故事，命名为《自古诸侯王善恶录》，以赐给各位亲王。它的序言中说：

看看古来那些顺应天时、承受天命，掌握河图、统治天下的人，都会分封亲族，作为王室的拱卫屏障，这些都记载在典籍之中，所以有依据进行谈论。自从黄帝分封了二十五个儿子，舜帝授命予十六个家族，于是经历了周朝、汉朝，以至于到了陈朝、隋朝，将完整的国家版图分割，大兴分封子弟之风的人大有人在。这些被分封的人中，有的保护着王室的安定，与国运一起沉浮；有的失去了统治的土地，忽然间灭亡，断绝了宗庙祭祀。然而推究他们的兴隆和更替，考察他们的兴盛和灭亡，他们之所以成功和立名，都是依赖于始封国君的功德，之所以丧国和亡身，大多是因为继位国君的行为。这是什么原因呢？始封的国君，经历过天下草创的时代，看到过成就帝王之业的艰难，了解父王和兄长的忧虑和勤奋，所以身处上位不会骄纵，白天黑夜都不懈怠，有的准备好甜酒来寻求贤才，有的正在吃饭时吐出口中的食物去迎接贤士。所以喜欢逆耳的忠言，赢得百姓的欢心，在生前建立了完美的功德，在身后留下了后人的追思。等到子孙继位，多属于国家兴隆安定的时代，他们出生在深宫之中，成长在妇人之手，不因处于高位而感到忧患和戒惧，怎么能够知道耕种和收获的艰难呢？亲近小人，疏远君子，缠绵于乱国的妇人，对有美德的人倨傲狠戾，违反道义悖逆礼法，荒淫放纵没有节制,不遵守制度法令,僭越身份和等级。依仗一时的权力和宠信,便产生与嫡长子抗衡的念头;自恃一事上的微小功劳,于是生出无法满足的欲望。抛弃了忠诚坚贞的正路,踏上奸诈不法的迷途。固执己见,违背天命,在错误的道路上一直发展不知改悔。虽然有汉代梁孝王刘武、晋代齐王司马冏那样的功勋,汉代淮南王刘安、三国东阿王曹植那样的才华,依然摧折了摩云的翅膀,成为涸辙中的困鱼,抛弃齐桓公、晋文公一样的大功,接受梁冀、董卓一样的死刑。流传后世作为典型的警戒,能不感到痛惜吗!皇帝以圣明睿智的天资,挽救倾覆危急的时局,彰显七德以安定天下,统一四海而使各种神灵前来朝拜,笼络安抚四方之国,亲善和睦血缘亲族,顾念兄弟情意于《棠棣》诗篇的吟诵之中,寄托守卫皇室的责任于宗族子弟的连城分封。皇上的心中存有的仁爱,没有一天不念及,于是命令下臣,查考阅览古代的典籍,广泛搜求可资借鉴的言行,以给后代留下顺应天下人心的谋略。我于是竭尽我的诚心,考察前人的教训。凡是作为国家的保卫者和维护者,封国立家的人,他们的兴亡一定是由于积累善行,他们的灭亡都是在于积累恶行。所以可知善行不积累就不能够成名,恶行不积累就不能够灭亡。然而,福祸没有定数,吉凶全由自己,仅仅是由人自己所招致的,这难道是空话吗!如今辑录古代诸王做事的得失,区分出善恶,各为一篇,命名为《诸王善恶录》,希望能够使各位亲王见贤思齐,能够因此而美名永远流传后世;闻恶能改,也许可以避免大的过失。依从善道就能够取得赞誉,改正过错就能够没有灾祸。兴亡系于此,能不努力吗!

唐太宗看了后评价说好,对诸位亲王说:"应当将此放在你们座位旁边,当做立身处事的根本。"

【注释】 ①握图:顺应天命而拥有天下。图指河图,被古人当作是祥瑞。 ②懿亲:至亲,常特指皇室宗亲。 ③轩:指黄帝,姓轩辕氏。传说黄帝二十五子,分别分封赐姓。 ④一十六族:即八元八凯。 ⑤磐石:厚而大的石头,古代比喻分封的宗室。例如《史记·孝文本纪》中有:"高帝封王子弟,地犬牙相制,此所谓磐石之宗也。" ⑥保乂:治理并使之安定。 ⑦忽诸:忽然,一下子,常用以指忽然灭亡。 ⑧设醴以求贤:《汉书·楚元王刘交传》记载:"元王每置酒,常为穆生设醴。"醴。甜酒。后常以"设醴"比喻礼遇贤士。 ⑨吐飧而接士:《史记·鲁世家》记载:"周公戒伯禽曰:'我,文王之子,武王之弟,成王之叔父。我于天下亦不贱矣,然我一沐三握发,一饭三吐哺,起以待士。'"吐飧:即吐哺,吐出已经送进嘴里的食物,后常用以比喻殷勤待士。 ⑩遗爱:指留于后世而被人追怀的德行、恩惠、贡献等。 ⑪绸缪:情意深厚,缠绵难解,常用于男女之间。哲妇:多谋虑的妇人。《诗经·大雅·瞻卬》中有:"哲夫成城,哲妇倾城。懿厥哲妇,为枭为鸱。"孔颖达疏曰:"若为智多谋虑之妇人,则倾败人之城国。妇言是用,国必灭亡。"后以"哲妇"指乱国的妇人。 ⑫傲狠明德:出自《左传·文公十八年》:"傲很明德,以乱天常。""很"同"狠"。傲狠:倨傲狠戾。明德:美德,有美德的人。 ⑬曲宪:制度法令。 ⑭一顾:一看,比喻一时,很短的时间。权宠:权力和宠信。 ⑮奸宄:违法作乱,奸诈不法。 ⑯愎谏:坚持己见,不听规劝。违卜:不遵占卜所示,指违背天命。 ⑰梁孝:汉文帝的儿子刘武,汉景帝之弟,封梁王,谥号"孝",平定七国之乱有功,曾依仗其母窦太后宠爱欲夺取景帝的帝位,未果。齐冏:西晋宗室司马冏,字景治,司马昭之孙,司马攸之子,袭封齐王。"八王之乱"中,废杀贾后,因功升为游击将军。赵王伦篡位后,又联络其他宗室共讨赵王伦,迎晋惠帝复位,拜大司马。执掌大权之后,骄奢淫逸,犯上作乱。后在与长沙王司马乂的混战中大败,被擒斩首。勋庸:功勋。　⑱淮南:指汉代淮南王刘安,汉高祖刘邦之孙,为人礼贤下士,求贤若渴,曾组织门客撰写了《淮南子》,汉武帝时被控以"阴结宾客,拊循百姓,为叛逆事"的罪名,被迫自杀。东阿:即曹植,曹操的儿子,曹丕的弟弟,曾被封为东阿王。　⑲摩霄:接近云天,冲天。逸翮:指强健善飞的鸟的翅膀。　⑳穷辙之涸鳞:比喻处于困境中的人或物。出自《庄子·外物》:"庄周家贫,故往贷粟于监河侯。监河侯曰:'诺。我将得邑金,将贷子三百金,可乎?'庄周忿然作色曰:'周昨来,有中道而呼者。周顾视车辙中,有鲋鱼焉。周问之曰:"鲋鱼来!子何为者邪?"对曰:"我,东海之波臣也。君岂有斗升之水而活我哉?"周曰:"诺。我且南游吴越之王,激西江之水而迎子,可乎?"鲋鱼忿然作色曰:"吾失我常与,我无所处。吾得斗升之水然活耳,君乃言此,曾不如早索我于枯鱼之肆!"㉑梁:指东汉外戚的梁冀,专权擅政,张扬跋扈,贪享淫逸,后被汉桓帝所杀。董:指东汉董卓,曾任相国,挟持汉献帝,劫掠百姓,后被大臣设计杀死。显戮:明正典刑,陈尸示众。泛指加罪处死。　㉒炯戒:明显的鉴戒或警戒。　㉓七德:古代有文治七德和武功七德。文治七德指尊贵、明贤、庸勋、长老、爱亲、礼新、亲旧,出自《国语·周语中》。武功七德指禁暴、戢兵、保大、定功、安民、和众、丰财,出自《左传·宣公十二年》。六合:四方和上下的总称,代指天下、人世间。　㉔百灵:各种神灵。　㉕怀柔:"怀诸侯"、"柔远人"的合称,指笼络安抚外国或国内少数民族。　㉖九族:以自己为本位,上推至四世之高祖,下推至四世之玄孙为九族。一说父族四、母族三、妻族二为九族。泛指宗族或血缘近亲。　㉗华萼:又作"华鄂",出自《诗经·小雅·常棣》:"常棣之华,鄂不韡韡。凡今之人,莫如兄弟。"后以"华鄂"比喻兄弟友爱。《棠棣》:《诗经·小雅》篇名,是一首申述兄弟应该互相友爱的诗。"常棣"即"棠棣"。　㉘贻厥孙谋:出自《诗经·大雅·文王有声》:"诒厥孙谋,以燕翼子。"郑玄笺曰:"孙,顺也。……传其所以顺天下之谋,以安其敬事之子孙。""孙谋"指顺应天下人心的谋略。孙,通"逊"。一说"孙谋"是为子孙筹划的意思。如朱熹《诗经集传》中说:"谋及其孙,则子可以无事矣。"　㉙翰:通"幹",草木的茎干,引申为骨干、维护者。　㉚无门:没有定数。　㉛座右:座位右边,古人常把所珍视的书画等放置于此。

【评解】　《自古诸侯王善恶录》的编撰,正反映了李世民"以史为鉴,可以知兴替"的思想。新旧唐书中均记载,"魏征《自古诸侯王善恶录》,二卷",但此书今天已经失传。

贞观十年,太宗谓荆王元景、汉王元昌、吴王恪、魏王泰等曰:"自汉已来,帝弟帝子,受茅土、居荣贵者甚众,惟东平及河间王最有令名①,得保其禄位,如楚王玮之徒②,覆亡非一,并为生长富贵,好自骄逸所致。汝等鉴诫,宜熟思之。拣择贤才,为汝师友,须受其谏诤,勿得自专。我闻以德服物,信非虚说。比尝梦中见一人云虞舜,我不觉竦然敬异,岂不为仰其德也!向若梦见桀、纣,必应斫之。桀、纣虽是天子,今若相唤作桀、纣,人必大怒。颜回、闵子骞、郭林宗、黄叔度③,

虽是布衣，今若相称赞道类此四贤，必当大喜。故知人之立身，所贵者惟在德行，何必要论荣贵。汝等位列藩王，家食实封④，更能克修德行，岂不具美也⑤？且君子小人本无常，行善事则为君子，行恶事则为小人，当须自克励，使善事日闻，勿纵欲肆情，自陷刑戮。"

【译文】　贞观十年（636年），唐太宗对荆王李元景、汉王李元昌、吴王李恪、魏王李泰等人说："从汉代以来，皇帝的弟弟和儿子，接受分封、享受荣华富贵的人很多，只有东平王和河间王最有好名声，得以保持他们的俸禄和爵位，像楚王司马玮之徒一样国家倾覆、自己灭亡的，不止一例，都是因为他们生长于富贵之中，喜欢骄奢淫逸所导致的。你们要引以为戒，应当好好思考思考。选拔贤才，作为你们的师友，必须接受他们的直言劝谏，不要自己专断。我听说过以德服人，相信这不是假话。近来曾经在梦中遇到一个人自称虞舜，我不由得肃然起敬，难道不是因为仰慕他的德行吗！当时如果梦见的是夏桀或者是商纣，一定会砍了他。夏桀和商纣虽然是天子，如今如果说别人是夏桀、商纣，别人一定会大怒。颜回、闵子骞、郭林宗、黄叔度，虽然都是普通百姓，如今如果称赞对方像这四个贤人，一定会非常高兴。由此可知人立身处世，最可宝贵的只有德行，为什么一定要讲荣华富贵呢。你们位列藩王，每家都有封地作为食邑，再加上能够实实在在的修养德行，难道不完美吗？况且君子和小人之间的界限并不是确定不变的，做好事就是君子，做坏事就是小人，你们应当自我克制和劝勉，以使每天都做好事，不要放纵情欲，自己陷入被刑罚惩处的境地。"

【注释】　①东平：指汉代东平王刘苍，汉光武帝刘秀的儿子。河间王：指汉代河间王刘德，汉景帝的儿子。　②楚王玮：晋武帝司马炎的儿子司马玮，封为楚王，刚狠好杀，因矫诏杀大臣被贾后处死。　③颜回、闵子骞：都是孔子的弟子，以德行著称。郭林宗：名太。黄叔度：名宪。二人都是东汉时人，以才德名世。　④实封：诸侯实际可以占有的土地。　⑤具美：完美。

【评解】　"自天子以至于庶人，壹是皆以修身为本。"古代无论是家庭教育还是学校教育，伦理道德都是最基本的内容。

　　贞观十年，太宗谓房玄龄曰："朕历观前代拨乱创业之主，生长民间，皆识达情伪①，罕至于败亡。逮乎继世守文之君，生而富贵，不知疾苦，动至夷灭。朕少小以来，经营多难，备知天下之事，犹恐有所不逮。至于荆王诸弟，生自深宫，识不及远，安能念此哉？朕每一食，便念稼穑之艰难；每一衣，则思纺绩之辛苦，诸弟何能学朕乎？选良佐以为藩弼，庶其习近善人，得免于愆过尔。"

【译文】　贞观十年（636年）唐太宗对房玄龄说："我通观前代平定乱世创立基业的君主，他们都生长在民间，都清楚地了解是非对错，很少至于失败和灭亡的。

到了继承前人事业的君主,生长在富贵之中,不了解老百姓的疾苦,动不动就被消灭。我从小以来,事业上经历了许多艰难,完全了解天下的事情,仍然怕有不周全的地方。至于荆王元景等各位弟弟,生长在深宫之中,见识不广,怎么能想到这些呢?我每次吃饭,就会想到耕种收获的艰难;每次穿衣,就会想到纺纱织布的辛苦,各位弟弟怎样才能学到我这些呢?选择贤能的辅佐者作为辅助,也许可以让他们学着做好人,能够避免罪过发生吧。"

【注释】　①情伪:真实与虚假。

【评解】　在人的道德养成中,实践锻炼和环境熏陶都是重要的途径。因此在诸位弟弟无法参加他曾经参加过的实践活动的情况下,李世民希望能够为他们选择师友来帮他们形成良好的道德素质。

贞观十一年,太宗谓吴王恪曰:"父之爱子,人之常情,非待教训而知也。子能忠孝则善矣。若不遵诲诱,忘弃礼法,必自致刑戮。父虽爱之,将如之何?昔汉武帝既崩,昭帝嗣立,燕王旦素骄纵①,诪张不服②,霍光遣一折简诛之③,则身死国除。夫为臣子不得不慎。"

【译文】　贞观十一年(637年),唐太宗对吴王李恪说:"父亲爱孩子,这是人之常情,不是依靠教育才知道的道理。孩子能够做到忠孝就好了。如果不遵从教诲诱导,忘记和背弃礼法,一定会自己招致刑罚杀戮。父亲虽然爱他,又能怎么样呢?当初汉武帝驾崩之后,汉昭帝即位,燕王刘旦素来骄横放纵,欺骗诳诈不服法令,霍光送去一封书信诛罚他,他就自身死亡、封国撤销。做臣子的人不能不谨慎啊。"

【注释】　①燕王旦:汉武帝的第三子刘旦,封为燕王。　②诪张:欺诈,诳惑。　③霍光:西汉大臣,汉武帝死后受遗诏辅佐汉昭帝,任大司马大将军。折简:书信。

【评解】　身教胜于言教,此章及前面几章中李世民对子弟李元景、李泰、李恪、李元昌等都进行过谆谆的教导,言辞不可谓不恳切,但这几人最终都因谋反或者夺嫡而未得善终。对此,戈直的评论颇值得玩味:"四人都没有得到善终,难道是因为富贵骄奢而改变了他们善良的本性吗?大概是因为唐太宗虽然教导和命令的言辞都很恳切,但自己却没有以身作则、做出表率吧!"

贞观中,皇子年小者多授以都督、刺史,谏议大夫褚遂良上疏谏曰:"昔两汉以郡国治人①,除郡以外,分立诸子,割土封疆,杂用周制。皇唐郡县,粗依秦法。皇子幼年,或授刺史。陛下岂不以王之骨肉,镇扞四方②?圣人造制,道高前古,臣愚见有小未尽。何者?刺史师帅③,人仰以安。得一善人,部内苏息④;遇一不善人,阖州劳弊。是以人君爱恤百姓,常为择贤。或称河润九里,京师蒙福⑤;或与人兴咏,生为立祠⑥。汉宣帝云：'与我共理者,惟良二千石乎⑦!'如臣愚见,陛下子内年齿尚幼,未堪临民者,请且留京师,教以经学。一则畏天之威,不敢犯禁；二则观见朝仪,自然成立。因此积习,自知为人,审堪临州,然后遣出。臣谨按汉明、章、和三帝,能友爱子弟,自兹以降,以为准的。封立诸王,虽各有土,年尚幼小者,召留京师,训以礼法,垂以恩惠。讫三帝世⑧,诸王数十百人,惟二王稍恶⑨,自余皆冲和深粹⑩。惟陛下详察。"太宗嘉纳其言。

【译文】 贞观年间,皇子中年纪很小的就多被授以都督、刺史职位,谏议大夫褚遂良上疏劝谏说："当初两汉以郡国并行的制度治理人民,除了郡之外,分封各位皇子,划分土地封疆建国,间杂使用周朝的制度。我大唐采用郡县制,大体上依照秦朝的制度。皇子们年龄幼小,有的就授予刺史职位。陛下岂不是用帝王的亲生骨肉,去镇守捍卫四方？圣人创设制度,原则和方法上要高于前人,依我之见这样做稍微有不完善之处。为什么这样说呢？刺史是一方的长官和统帅,人民依赖他实现安定。使用一个好的人选,辖下境内就可得到休养生息。使用一个不好的人选,整个州都会疲乏困顿。所以国君爱护体恤百姓,经常为这个位置选择贤良的人才。有的被称赞为如同河流滋润沿岸各地一样,连京城都得到好处；有的使人民歌咏赞颂他,活着时就为之设立祭祀的祠堂。汉宣帝说：'与我一起治理国家的,只是贤良的郡守啊！'在我看来,陛下的儿子中年龄尚小,不能够担当治理人民的职责的,请暂时留在京城,用经学来教育他们。一则使他们畏惧天子的威严,不敢违法犯禁；二则可以使他们看到朝廷上的仪式和礼节,自然养成遵循礼仪规矩的习惯。以此来不断学习积累,自然知道如何做人,先考察他们能否胜任治理州郡的职责,然后再把他们派出去。我曾慎重考察过汉代明帝、宣帝、和帝三朝的情况,他们能对子弟友好亲爱,从那时起,将此作为标准。分封诸王,虽然各有封地,但年龄还小的,从封地召回留在京城,用礼法来教育他们,赐予他们恩惠。在这三位皇帝统治的整个时期内,诸王有数百人,只有两个稍微差一些,其余的都为人淡泊平和,德行深厚纯粹。希望陛下能够明察。"唐太宗赞同并采纳了他的建议。

【注释】 ①郡国:汉朝国家治理中兼采封建制和郡县制,分天下为郡与国。郡直属中央,国分封王、侯,封王之国称王国,封侯之国称侯国。　②镇扞:镇守捍卫。　③师帅:军制中师的统帅。《周礼·夏官·序官》有："二千有五百人为师,师帅皆中大夫。"孙诒让《周礼正义》引江永曰："州出二千五百人为师,师帅,中大夫,即州长也。"可见"师帅"又是州长,代指一方的长官和统帅。　④苏息:休养生息。　⑤河润九里,京师蒙福:《后汉书·郭伋传》记载:东汉时,颍川盗贼群起,郭伋被征拜为颍川太守。光武帝召见他说："贤能太守,去帝城不远,河润九里,冀京师并蒙福也。君虽精于追捕,而山道险厄,自斗当一士耳,深宜慎之。"郭伋到郡之后,招怀山贼阳夏赵宏、襄城召吴等数百人,悉遣归附农。　⑥生为立祠:《汉书·王堂传》记载:汉宣帝时,"西羌寇巴郡,为民患,诏书遣中郎将尹就攻讨,连年不克。三府举堂治剧,拜巴郡太守。堂驰兵赴贼,斩虏千余级,巴、庸清静,吏民生为立祠。" ⑦与我共理者,惟良二千石乎:出自《汉书·循吏传序》:"庶民所以安其田里而亡叹息愁恨之心者,政平讼理也。与我共此者,其唯良二千石乎!"二千石:汉制,郡守俸禄为二千石,因此称郡守为"二千石"。
⑧讫:全,都。 ⑨二王:指楚王刘英和广陵思王刘荆,都因谋反失败而死。 ⑩自余:其余,以外,此外。冲和:淡泊平和。深粹:深厚纯粹。

【评解】 褚遂良主张任人唯贤而反对任人唯亲,既是为了老百姓的利益考虑,也是为了李氏王朝的安危着想。

规谏太子第十二

贞观五年，李百药为太子右庶子，时太子承乾颇留意典坟①，然闲宴之后，嬉戏过度。百药作《赞道赋》以讽焉，其词曰：

下臣侧闻先圣之格言②，尝览载籍之遗则。伊天地之玄造③，洎皇王之建国④，曰人纪与人纲，资立言与立德。履之则率性成道，违之则罔念作忒⑤。望兴废如从钧⑥，视吉凶如纠纆⑦。至乃受图膺箓，握镜君临⑧。因万物之思化，以百姓而为心。体大仪之潜运⑨，阅往古于来今。尽为善于乙夜，惜勤劳于寸阴。故能释层冰于瀚海，变寒谷于蹛林⑩。总人灵以胥悦⑪，极穹壤而怀音⑫。

赫矣圣唐，大哉灵命⑬；时维大始⑭，运钟上圣⑮。天纵皇储，固本居正，机悟宏远，神姿凝映。顾三善而必弘⑯，祗四德而为行⑰。每趋庭而闻礼⑱，常问寝而资敬⑲。奉圣训以周旋⑳，诞天文之明命㉑。迈观乔而望梓㉒，即元龟与明镜㉓。自大道云革㉔，礼教斯起，以正君臣，以笃父子。君臣之礼，父子之亲，尽情义以兼极，谅弘道之在人㉕。岂夏启与周诵，亦丹朱与商均。既雕且琢，温故知新。惟忠与敬，曰孝与仁，则可以下光四海，上烛三辰㉖。昔三王之教子，兼四时以齿学；将交发于中外㉗，乃先之以礼乐。乐以移风易俗，礼以安上化人。非有悦于钟鼓，将宣志以和神。宁有怀于玉帛，将克己而庇身。生于深宫之中，处于群后之上；未深思于王业，不自珍于匕鬯㉙。谓富贵之自然，恃崇高以矜尚㉚。必恣骄狠，动愆礼让。轻师傅而慢礼仪，狎奸谄而纵淫放。前星之耀遽隐㉛，少阳之道斯谅㉜。虽天下之为家，蹈夷俭之非一㉝。或以才而见升，或见谗而受黜。足可以省厥休咎㉞，观其得失。请粗略而陈之，觊披文而相质㉟。

在宗周之积德㊱，乃执契而膺期㊲；赖昌、发而作贰㊳，启七百之鸿基。逮扶苏之副秦㊴，非有亏于闻望㊵；以长嫡之隆重，监偏师于亭障㊶。始祸则金以寒离㊷，厥妖则火不炎上㊸；既树置之违道，见宗祀之遄丧㊹。伊汉氏之长世，固明两之递作㊺。高惑戚而宠赵㊻，以天下而为谑㊼。惠结皓而因良㊽,致羽翼于寥廓㊾。景有惭于邓子㊿,成从理之淫虐㉛;终生患于强吴,由发怒于争博㉜。彻居储两㉝,时犹幼冲㉞,防衰年之绝议,识亚夫之矜功,故能恢弘祖业,绍三代之遗风。据开博望㉟,其名未融㊱。哀时命之奇舛㊲,遇谗贼于江充,虽备兵以诛乱,竟背义而凶终。宣嗣好儒㊳,大猷行阐㊴,嗟被尤于德教㊵,美发言于忠謇。始闻道于匡、韦㊶,终获戾于恭、显㊷。太孙杂艺㊸,虽异定陶㊹,驰道不绝㊺,抑惟小善。犹见重于通人㊻,当传芳于前典。中兴上嗣㊼,明、章济济㊽,俱达时政,咸通经礼。极至情于敬爱,惇友于于兄弟㊾。是以固东海之遗堂㊿,因西周之继体。五官在魏㉛,无闻德音。或受讥于妲己,且自悦于从禽。虽才高而学富,竟取累于荒淫。暨贻厥于明皇㉜,构崇基于三世㉝。得秦帝之奢侈,亚汉武之才艺。遂驱役于群臣,亦无救于凋弊。中抚宽爱㉞,相表多奇。重桃符而致惑,纳巨鹿之明规㉟。竟能扫江表之氛秽㊱,举要荒而见羁㊲。惠处东朝㊳,察其遗迹。在圣德其如初,实御床之可惜。悼愍怀之云废㊴,遇烈风之吹沙。尽性灵之狎艺㊵,亦自败于凶邪。安能奉其粢盛㊶,承此邦家!

惟圣上之慈爱,训义方于至道㊷。同论政于汉幄㊸,修致戒于京鄗㊹。鄙《韩子》之所赐㊺,重经术以为宝。咨政理之美恶,亦文身之黼藻㊻。庶有择于愚夫,惭乞言于遗老。致庶绩于咸宁,先得人而为盛。帝尧以则哲垂谟㊼,文王以多士兴咏。取之于正人,鉴之于灵镜㊽。量其器能,审其检行㊾。必宜度机而分职,不可违方以从政。若其惑于听受,暗于知人,则有道者咸屈,无用者必伸。谗谀竞进以求媚,玩好不召而自臻。直言正谏,以忠信而获罪;卖官鬻狱㊿,以货贿而见亲。于是亏我王度,致我彝伦㉛。九鼎遇奸回而远逝㉜,万姓望抚我而归仁。盖造化之至育,惟人灵之为贵。狱讼不理,有生死之异涂;冤结不伸,乖阴阳之和气㉝。士之通塞,属之以深文㉞;命之修短,悬之于酷吏。是故帝尧画像㉟,陈恤隐之言;夏禹泣辜㊱,尽哀矜之志。因取象于《大壮》㊲,乃峻宇而雕墙。将瑶台以琼室㊳,岂画栋以虹梁?或凌云以遐观㊴,或通天而纳凉㊵。极醉饱而刑人力,命痿蹶而受身殃㊶。是以言惜十家之产㊷,汉帝以昭俭而垂裕;虽成百里之囿,周文以子来而克昌。彼嘉会而礼通,重旨酒之为德㊸。至忘归而受祉㊹,在齐圣而温克㊺。若其酗醴以致昏㊻,酖酒而成忒㊼,痛殷受与灌夫㊽,亦亡身而丧国。是以伊尹以酣歌而作戒㊾,周公以乱邦而贻则㊿。咨幽闲之令淑㉛,实好逑于君子㉜。辞玉辇而割爱,固班姬之所耻㉝;脱簪珥而思愆,亦宣姜之为美⑮。乃有祸晋之骊姬⑯,丧周之褒姒⑰。尽妖妍于图画,极凶悖于人理。倾城倾国,思昭示于后王;丽质冶容,宜永鉴于前史。复有蒐狩之礼⑱,驰射之场⑲,不节之以正义,必自致于禽荒⑳。匪外形之疲极,亦中心而发狂。夫高深不惧,胥靡之徒;搆缧为娱㉒,小竖之事㉓。以宗社之崇重,持先王之名器,与鹰犬而并驱,凌艰险而逸辔㉔。马有衔橛之理㉕,兽骇不存之地。犹有觍于获多㉖,独无情而内愧?

以小臣之愚鄙,忝不赀之恩荣㉗。擢无庸于草泽,齿陋质于簪缨㉘。遇大道行而两仪泰㉙,喜元良会而万国贞。以监抚之多暇,每讲论而肃成㉚。仰惟神之敏速,叹将圣之聪明。自礼贤于秋实㉛,足归道于春卿㉜。芳年淑景㉝,时和气清。华殿邃兮帘帷静,灌木森兮风云轻,花飘香兮动笑日,娇莺啭兮相哀鸣。以物华之繁靡,尚绝思于将迎㉞。犹允蹈而不倦㉟,极耽玩以研精㊱。命庸才以载笔㊲,谢摛藻于天庭㊳。异洞箫之娱侍㊴,殊飞盖之缘情㊵。阙雅言以赞德,思报恩以轻生。敢下拜而稽首,愿永树于风声㊶。奉皇灵之遐寿㊷,冠振古之鸿名。

太宗见而遣使谓百药曰:"朕于皇太子处见卿所作赋,述古来储贰事以诫太子,甚是典要㊸。朕选卿以辅弼太子,正为此事,大称所委,但须善始令终耳。"因赐厩马一匹,彩物三百段。

【译文】 贞观五年(631年),李百药为太子右庶子,当时太子李承乾有些留意各种典籍,但是在闲暇的时候,玩乐过度。李百药做了一篇《赞道赋》来讽谏他,词中说:

下臣我听说过古代圣贤传下的格言,曾经读过典籍中记载的前人留下的法则。天地造化万物,一直到帝王建立国家,那些行为规范和道德法则,有利于提出言论和树立德行。遵循它就能够根据规律养成美德,违背它就会不思为善而产生差错。看看兴废就好像不停旋转着的转轮,看看吉凶就好像绞结在一起的绳索。到了我朝陛下接受符瑞顺应天命,手执明镜君临天下。顺应万物的本性谋划教化,把老百姓的想法当成自己的想法。体察天地万物悄悄运行的法则,借鉴古代的经验教训用于当今的国家治理。始终为善直到深夜,勤于政务爱惜每寸光阴。所以能够消融瀚海中的厚厚的冰冻,温暖蹛林中阴冷的山谷。全体百姓都感到欢悦,整个天下都感怀德音。

显赫啊,圣明的大唐! 伟大啊,天命的君主! 时值王朝之初兴,运数寄托于至圣。上天降下皇储,巩固国本遵循正道,机变思虑聪颖深远,神态姿容凝聚光彩。看到三善一定会发扬,尊崇四德将其化为自己的行为。每每经过庭院听父亲教导礼义,常常来到寝宫问候起居以表达对君父的尊敬。尊奉圣上的训示而行动,光大君主圣明的旨意。行动严格遵循父子之道,重视前人的借鉴作用和他人的意见。自从国家治理的常道发生了变化,礼义教化兴起了,用以端正君臣关系,用以加深父子感情。君臣之间的礼节,父子之间的亲情,都充满情义并达到极致,料想弘扬道义在于人的作为。不但夏启和周诵是这样,丹朱和商均也是如此。精雕细琢,温故知新。思考的是忠和敬,谈论的是孝和仁,则可以向下照亮四海,向上映照日月星辰。当初三王教育子弟,兼顾四时的变化来按照年龄入学;将要对国内外的人民有所役使,就先用礼乐进行教化。乐用来移风易俗,礼用来安上化民。不是喜欢钟鼓的美妙声音,而是将要用它宣明志向平和心神。岂是吝啬美玉绢帛,而是将要克制欲望以保护自身。他们生长于深宫之中,位居诸王之上,没有深刻思考过王业的艰难,在饮食面前不知道自我珍惜。认为富贵是自然得到的,因为地位尊贵而骄傲自大。一定会放纵骄横凶暴,行事违背谦让等礼节。轻视师傅且怠慢礼仪,亲近奸邪逸侫之徒又纵欲放荡。前星之光芒马上消失,东宫之道受到败坏。虽然都是以天下作为自己的家,但经历的平坦和险阻却各不相同。有的因为有才华而升迁,有的被陷害而遭废黜。完全可以通过思考他们的吉凶,考察其中的得失。请求让我粗略地陈述一下,期望能够通过分析事例而看到其中的实质。

当初周人积累德行,于是把握契机承受了天命;周成王依赖周文王和周武王的功绩而做了太子,开启了七百年的伟大基业。到了扶苏为秦国的太子,并非在名望上有所欠缺,却以嫡长子的崇高身份,到边塞去监督偏师。刚开始的祸患是打算废掉太子,他最后的灾难是被杀掉;胡亥被立为太子本来就违反道理,最终的结局是国家迅速灭亡。汉代统治天下长久,自然太子相继兴起。汉高祖被戚夫人迷惑而宠爱赵王如意,把天下当作儿戏。汉惠帝结交四皓听从张良,最终从容地掌握了局势。汉景帝因邓通而感到羞惭,成就了最终饿死的周亚夫的狂暴;终生害怕强大的吴国,起因是博戏时争执发怒。汉武帝做太子时,年龄还很小,就提出要防止年老了会抵制谏议,看出周亚夫居功自傲,所以能够发扬光大祖宗的事业,继承三代遗留下来的风范。刘据开了博望苑,但他的名声没有长久。哀叹他的命运不好,遇到江充谗言陷害,虽然发兵诛杀了乱臣,最终因违背道义而以凶死结局。汉宣帝的太子喜欢儒术,治国的大道得到阐扬,嗟叹他在德教方面的杰出,赞美他在言论方面的忠直。他初始的时候从匡衡、韦玄成那里懂得了道义,最终因弘恭、石显而造成了过错。汉成帝的各种技艺,虽然不如定陶王,不横穿皇帝的车马御道,还是考虑到了小的善行。这特别被学识通达的人所看重,理应在前代的典籍中留下美名。东汉的太子,明帝、章帝庄重恭敬,都熟知因时而施政,都通晓经义和礼节。对于敬爱的人能够付出全部的感情,对于兄弟能够给予深厚的友爱。所以能够巩固东海王留下来的事业,遵循西周时传位的传统。曹操的儿子曹丕在魏国时,没有接受过道德教化。曾经被人用妲己的故事讥讽,并且因追逐飞禽而自我感觉快乐。他虽然富有才华和学问,最终因荒淫而受到限制。曹丕把荒淫的习性留给了儿子魏明帝,用三年的时间修筑高高的土山。得到了秦始皇的奢侈,却不如汉武帝的才能。于是驱赶着群臣做劳役,也无法挽救败亡的命运。晋王司马昭的儿子司马炎宽厚仁爱,相貌仪表不凡。晋王司马昭因宠爱桃符而产生迷惑,接受了裴秀明智的建议而立司马炎为太子。竟然能够扫除了江南的战乱,所有边远的地方都来归服。晋惠帝为太子时,考察他的所作所为。当上了皇帝之后德行还是和当初一样,实在是向卫瓘说的一样可惜了皇帝的宝座。哀叹愍怀太子被废,就像狂风吹掉了沙尘。尽管他努力用聪明才智去学习经籍,还是因为习染了邪恶而自取败亡。这样怎么能够捧着祭品祭祀上天,继承这个国家!

圣上以一片慈爱之心,用至善的道理来教给子弟行事的规范。像汉代帝王一样一起在宫中议论政事,像周公一样制定了完善的典章制度。鄙视将《韩非子》赐给太子的做法,重视儒家经世治国之术,将其作为宝贝。从中咨询国家治理措施的好坏,也用来修养自身品性使之完美。希望从愚钝的人那里听到有益的言论,虚心向历经世变的老人请求建议。期望各种事务都有序稳定,把获得人才作为首务而实现国家兴盛。帝尧因为知人善任而流传治国谋略于后世,周文王因为身边人才众多而被歌咏。从正直之人中择取人才,用明镜来进行鉴察。衡量他们的器度才能,考察他们的操行品德。一定要根据事务而设置职位,不能违背规则来参与政事。如果被所听到的不当的言论迷惑,不能够准确地了解人,那么有德有才的人就都会被压抑,没有任何能力的人一定会得势。逸佞阿谀之徒竞相进身以获得献媚的机会,耽于玩乐之辈不用召唤便会自动到来。直言规谏者,因为忠信而受到惩罚,卖官受贿者,因为贿赂而获得亲近。于是破坏了我们的国家法度,败坏了我们的伦理道德。九鼎遇到了奸邪之人而离我远去,百姓希望得到安抚而归向仁君。天地化生万物,只有人最宝贵。官司得不到妥善审理,生和死就会产生不同的结果;冤屈得不到申雪,违背阴阳化生的和气。士人仕途是通达还是阻塞,取决于严苛的法律;性命是长寿还是短命,取决于贪酷的官吏。所以帝尧画衣冠象五刑,表达的是体恤老百姓的意思;夏禹看见罪人而哭泣,充分体现了哀婉同情的感情。因为依据《大壮》的卦象,才建造高高的屋宇并且雕饰墙壁。帝王建造宫室楼台,难道要彩绘的房柱和拱曲的屋梁吗?有的帝王建造凌云台用以远眺,有的帝王建造通天台为了承接露水。酒足饭饱就滥用民力,导致生命困顿并且身体遭殃。所以自称要爱惜十户人家的财产,汉文帝因为弘扬节俭而留下美德;虽然建造了方圆百里的园林,周文王因能够与民同乐,使老百姓如同子女一样前来归服而昌盛。在欢庆的宴会上以礼节相交往,大禹重视美酒可以扰乱德行。至于忘记回家并且接受上天的福祉,都在于他聪明睿智并且能够自我把持。如果他酗酒而导致昏聩,嗜酒而造成过错,也会像商纣王和灌夫一样,落得性命丧失、国家灭亡的可悲下场。所以伊尹因为人们沉湎于饮酒歌舞而制定禁令,周公因饮酒扰乱国家而留下典则。具有柔顺娴静之德的淑女,的确是君子的好配偶。推辞乘坐御辇而回绝汉成帝的宠爱,实因班婕妤耻于做误国的嬖女;摘掉簪珥首饰而反思自己的过错,也是宣姜之所以被赞美的原因。还有给晋国带来灾祸的骊姬,使西周灭亡的褒姒。外表如同描画出来的一样非常妖冶艳丽,但对于伦常来说却是极端凶险悖逆。看到倾国倾城的容貌,应当考虑给后代的帝王留下好榜样;遇到美好的资质艳丽的容颜,应当永远以以前的史实为借鉴。还有,春秋打猎的礼制,追逐射猎的场所,不用礼义进行节制,一定会导致自己沉迷于田猎。不是造成身体极端疲惫,就是导致内心放荡骄纵。高山深谷都不惧怕,这是奴隶一样的人;以打猎为娱乐,是僮仆做的事情。以宗庙社稷的崇高尊贵,掌握着先王留下的名号器物,同鹰犬一起追逐猎物,跨越危险还要骏马疾驰。马有倾覆摔倒的可能性,野兽因在无法生存的地方而惊骇。还为捕获太多而感到羞惭,难道就不因无情而内心有愧吗?

以微臣的愚钝鄙陋,有愧于所得到的不可计算的恩宠和荣耀。从草莽之间将我这无用之人选拔出来,以愚陋的资质与达官显贵相并列。适逢治国的大道得到推行而天下安宁,幸喜太子册立而四方端正。在监国抚军的闲暇,经常讲谈议论学问并侃侃而谈。仰慕神思之敏捷,赞叹太子的聪明。亲自以高尚的德行礼遇贤士,行为足可以与礼义的要求相合。时光美好,天气和顺。华美的宫殿深且广啊,室中帘幕静;葱茏的树木多茂盛啊,天上风云轻;庭中花儿暗飘香啊,时光撩人笑;娇美的黄莺婉转啼啊,深情相对鸣。尽管禀受了又多又好的万物精华,尚且努力思考如何加以保养。依然恪守礼义而不知疲倦,极力专心研习以穷究精义。我受命作为史官记录王室的活动,不能在王庭上卖弄文才。不同于陪侍时做《洞箫赋》使太子欢乐,也有别于作"飞盖相追随"之类的诗句。缺乏优美的言辞来歌功颂德,只想付出生命来报答恩德。请求让我下拜叩首,但愿殿下永远树立可以教化天下的好德行。继承前人的万世基业,声誉超过远古以来的所有好名声。

唐太宗看到这篇赋后派人对李百药说:"我在皇太子那里看到你所作的赋,叙述自古以来太子的事迹来教育太子,非常简要而得体。我选你来辅佐教育太子,正是为了让你做这类事,你非常适合委派给你的职务,希望你一定善始善终啊。"于是赐给他御马一匹,彩缎三百匹。

【注释】 ①典坟:三坟五典的略语。泛指各种书籍。 ②侧闻:从旁听到,即传闻、听说。 ③伊:发语词,无义。玄造:即造化。 ④洎:到。 ⑤忒:差错。 ⑥钧:制陶器用的转轮。 ⑦纠缦:绳索。纠,两股绞成的绳索。缦,三股绞成的绳索。 ⑧握镜:手握明镜。比喻帝王受天命,怀明道。 ⑨大仪:太极,指形成天地万物的本原之气。潜运:悄悄运转。 ⑩寒谷:山谷名,又名黍谷。刘向《七略别录·诸子略》中说:"邹衍在燕,有谷地美而寒,不生五谷,邹子居之,吹律而温至黍生,至今名黍谷。"蹛林:匈奴、鲜卑等北方民族秋社之处,因秋社绕林木而会祭,故称。如《史记·匈奴列传》中有:"秋,马肥,大会蹛林。"司马贞《索隐》引服虔曰:"匈奴秋社八月中皆会祭处。"张守节《正义》引颜师古曰:"蹛者,遶也,言遶林木而祭也。鲜卑之俗,自古相传,秋祭无林木者,尚竖柳枝,众骑驰遶三周乃止,此其遗法也。" ⑪人灵:生灵,百姓。胥:都,全。 ⑫穹壤:天地,代指天下。音:德音,指合乎仁德的言语、教令。 ⑬灵命:上天的意志,天命,代指帝位。 ⑭大始:指开始形成万物的混沌之气,借指初兴的王朝。 ⑮钟:寄托。上圣:至圣,德智超群的人。 ⑯三善:古代指臣事君、子事父、幼事长的三种道德规范。 ⑰祗:恭敬,尊崇。四德:指元、亨、利、贞四德。《周易·乾卦》中说:"文言曰:元者,善之长也;亨者,嘉之会也;利者,义之和也;贞者,事之干也。君子体仁足以长人,嘉会足以合礼,利物足以和义,贞固足以干事。君子行此四德者,故曰乾元亨利贞。" ⑱趋庭:《论语·季氏》中说:"(孔子)尝独立,鲤趋而过庭。曰:'学诗乎?'对曰:'未也。''不学诗,无以言。'鲤退而学诗。他日,又独立,鲤趋而过庭。曰:'学礼乎?'对曰:'未也。''不学礼,无以立。'鲤退而学礼。"孔鲤即孔子的儿子伯鱼,因此后人以"趋庭"比喻子承父教。 ⑲资敬:《孝经·士》有:"资于事父以事君,而敬同。"常用以指尊敬父亲的态度来尊敬君王。 ⑳周旋:古代行礼时进退揖让的动作,引申为遵循一定的规矩而行动。 ㉑诞:大,光大。天文:这里指上天,代指君主。明命:圣明的命令,特指帝王的命令、诏旨。 ㉒观乔而望梓:典出《尚书大传》卷四:"伯禽与康叔见周公,三见而三笞之。康叔有骇色,谓伯禽曰:'有商子者,贤人也。与子见之。'乃见商子而问焉。商子曰:'南山之阳有木焉,名乔。'二三子往观之,见乔实高高然而上,反以告商子。商子曰:'乔者,父道也。南山之阴有木焉,名梓。'二三子復往观焉,见梓实晋晋然而俯,反以告商子。商子曰:'梓者,子道也。'二三子明日见周公,入门而趋,登堂而跪。周公迎拂其首,劳而食之,曰:'尔安见君子乎?'"后常以"乔梓"比喻父子。 ㉓即:接近。元龟:用以占卜的大龟,常比喻可资借鉴的往事。这句话比喻重视前人的借鉴和今人的建议。 ㉔大道:正道,常理,特指最高的治世原则。如《礼记·礼运》有:"孔子曰:'大道之行也,与三代之英,丘未之逮也,而有志焉。'"云:文言助词,无义。革:变化,变易。 ㉕谅:料想,推想。 ㉖烛:照亮。三辰:指日、月、星。 ㉗交发:这里指役使。 ㉘群后:四方诸侯,各位亲王。 ㉙匕鬯(chàng):指宗庙祭祀。匕,饮食的器具。鬯,祭祀用的香酒。 ㉚矜尚:骄傲自大。 ㉛前星:《汉书·五行志下之下》中说:"心,大星,天王也。其前星,太子;后星,庶子也。"后以"前星"指太子。 ㉜少阳:即东方,太子所居之处为东宫,因以代指太子。 ㉝夷俭:平坦和险阻。俭,同"险"。 ㉞休咎:吉凶,善恶。 ㉟觊:期望,希望得到。披:分析,辨析。文:外表,表现形式,这里指具体的事例。 ㊱宗周:即周王朝,周为所封诸侯国之宗主国,故称。 ㊲执契:把握契机。 ㊳昌:姬昌,周文王的名字。发:姬发,周武王的名字。贰:副,代指太子,这里指周成王姬诵。 ㊴扶苏:秦始皇长子,曾被秦始皇派到北方的上郡蒙恬军中监修长城。为了扶植胡亥即位,赵高、李斯等人矫诏将其杀死。 ㊵闻望:声望,名望。 ㊶偏师:主力军之外的军队。亭障:古代边塞要地设置的堡垒。 ㊷金以寒离:《左传》记载:闵公二年,晋献公使太子申生帅师,公衣之偏衣,佩之金玦。狐突叹曰:"时,事之征也;衣,身之章也;佩,衷之旗也。故敬其事,则命以始;服其身,则衣之纯;用其衷,则佩之度。今命以时卒,闵其事也;衣以尨服,远其躬也;佩以金玦,弃其衷也。服以远之,时以闵之,尨凉冬杀,金寒玦离,胡可恃也!"古人认为,金性寒,代表疏远,玦与"决"同音,代表别离。"金以寒离"比喻打算废黜太子。 ㊸厥:他的。妖:反常怪异的现象或事物,灾变。火不炎上:指太子被杀。《五行传》说:"弃法律,逐功臣,杀太子,以妾为妻,则火不炎上。" ㊹遄丧:快,迅速。 ㊺明两:出自《周易·离卦》"明两作离"。本义是《离卦》离下离上，为两明前后相续之象，古人常以“明两”指太阳，并代指帝王或太子，这里代指太子。递作：相继兴起。 ㊻高惑戚而宠赵：指汉高祖刘邦宠爱戚夫人，打算废掉太子刘盈而立戚夫人之子赵王如意之事。 ㊼谑：开玩笑，儿戏。 ㊽惠结皓而因良：指汉惠帝为太子时，得知汉高祖有废黜之意，听从张良的计谋结交四皓之事。 ㊾致羽翼于寥廓：将羽翼置于辽阔的天空之中，指制造条件从容地掌握了局势。 ㊿景有惭于邓子：邓子，指汉文帝的宠臣邓通。汉景帝刘启为太子时，文帝宠信邓通，汉文帝生了毒疮，邓通亲自用嘴替他吮吸。汉文帝问邓通：“天下谁最爱我？”邓通回答说：“当然是太子。”太子进宫问病，汉文帝也让他吸毒疮，太子面有难色。后来听说邓通曾经为皇帝吮吸毒疮，心里感到惭愧，并对邓通产生了怨恨。太子即位为汉景帝之后，邓通便被免职抄家。 (51)从理：指鼻侧口旁达口角的纵理纹。古时相士认为，有从理者，主饿死。《史记·绛侯周勃世家》记载：“周亚夫为河内守，许负相之，指其口曰：‘有从理入口，此饿死法也。’”周亚夫为西汉名将，以军纪严明著称，景帝时因其子犯法被连坐，绝食五日后呕血而死。 (52)终生患于强吴，由发怒于争博：汉景帝为太子时，曾经与吴王刘濞的儿子博戏，刘濞的儿子素来骄纵，博戏时不尊礼法，与景帝起了争执，景帝用博局将他打死。因此以后强大的吴国一直是景帝的心腹大患。 (53)彻：汉武帝，名刘彻。储两：太子。 (54)幼冲：年龄幼小。 (55)据开博望：据，指汉武帝的儿子刘据。刘据为太子时，汉武帝曾经为他开了博望苑，让他用来结交宾客。后刘据因被汉武帝的宠臣江充以“巫蛊之术”陷害，被迫起兵捕杀江充，被告谋反，兵败自到。 (56)融：长久。 (57)奇舛：曲折不顺利。 (58)宣嗣：汉宣帝的儿子，指汉元帝刘奭。 (59)大猷：治国大道。猷：道。 (60)被：同“彼”。 (61)匡、韦：指匡衡和韦玄成，都是西汉著名的儒生，相继被汉元帝任命为相。 (62)恭、显：指弘恭、石显，都是西汉时专权的宦官，曾将萧望之、京房、贾捐之等人迫害致死。 (63)太孙：汉成帝刘骜的字，刘骜为汉元帝太子。 (64)定陶：指定陶王，汉元帝的儿子，汉成帝的弟弟。 (65)驰道不绝：《汉书·成帝纪》记载：“元帝即位，帝为太子。壮好经书，宽博谨慎。初居桂宫，上尝急召，太子出龙楼门，不敢绝驰道，西至直城门，得绝乃度，还入作室门。上迟之，问其故，以状对。上大说，乃著令，令太子得绝驰道云。”驰道：古代供君王行驶车马的道路。绝：穿越。 (66)通人：学识渊博通达的人。 (67)中兴：指东汉。王莽篡汉之后刘秀重新建立了东汉，恢复了汉朝的基业，所以称中兴。上嗣：君主的嫡长子，即太子。 (68)济济：庄重恭敬貌。“济”同“齐”。 (69)友于：《尚书·君陈》有：“惟孝友于兄弟。”后以“友于”为兄弟友爱之义。 (70)东海：指汉明帝之兄东海王，与明帝非常友爱。 (71)五官：指魏文帝曹丕。曹丕曾经做过五官中郎将，跟随曹操平定袁绍之后，看到袁绍的儿媳，即袁熙的妻子甄氏貌美，便纳为自己的妻室。孔融为此杜撰周公娶妲己的故事来讽刺他。曹丕取代汉献帝做了皇帝之后，曾经外出打猎，对群臣说：“射雉乐哉！”大臣辛毗回答说：“于陛下甚乐，于群臣甚苦。” (72)明皇：指曹丕的太子曹叡，即位之后为魏明帝。侍中刘晔曾经评价他：“秦始皇、汉孝武之俦，才具微不及耳。”景初元年，他在芳林园造假山，让公卿以下的百官都为他背土栽树，并且捕捉禽兽放在里面，群臣都累得面目又脏又黑。由此百姓凋敝，四海分崩。 (73)三世：即三年。 (74)中抚：指晋武帝司马炎，司马懿之孙，司马昭之子，曾在魏为中抚军。 (75)重桃符而致惑，纳巨鹿之明规：桃符是司马炎的弟弟齐王司马攸的小名。开始时司马昭曾经想立司马攸为世子，何曾、裴秀劝谏说：“中抚军聪明神武，人望既茂，天表如此，固非人臣之相也。”司马昭于是拿定了主意，立司马炎为世子。司马炎最终取代曹魏，建立晋朝，平定东吴，统一了全国。 (76)江表：指长江以南地区。氛秽：邪恶肮脏之气，比喻战乱。 (77)见羁：受束缚，指归服。 (78)惠：指司马炎的儿子晋惠帝司马衷。东朝:即东宫,指太子。晋惠帝没有即位之前,朝野都知道他是一个弱智,不适宜做太子。尚书令卫瓘想劝谏司马炎但是不敢开口。有一次卫瓘等人陪司马炎在凌云台饮酒,他假装喝醉,跪在司马炎面前,多次欲言又止之后,用手拍着司马炎的座位说:"可惜了这个座位啊。" ㉗愍怀:晋惠帝的儿子愍怀太子司马遹,遭贾后陷害而废为庶人。 ⑧狎艺:亲近经籍,指学习经学典籍。艺:指经籍,古代常称《诗》、《书》、《礼》、《乐》、《易》、《春秋》六经为六艺。 ㉛粢盛:古代盛在祭器内以供祭祀的谷物。何休注《春秋公羊传·桓公十四年》"粢盛委之所藏也"说:"黍稷曰粢,在器曰盛。" ㉜义方:行事应该遵守的规范和道理。至道:指最好的学说或道德。 ㉝汉幄:汉代帝王的居处。幄:即帷幄,指室内悬挂的帐幕,因天子居处必设帷幄,所以常代指天子或天子的居处。 ㉞致戒:最完善的典章制度。传说周公曾经制礼作乐,作为国家治理的基本依据。京鄗:即镐京,西周的都城,今西安。 ㉟《韩子》之所赐:晋元帝喜欢刑名法术,曾经以《韩非子》赐给太子。 ㊱文身:修身,修养心性品德。黼藻:指绘画、雕刻等,代指通过修饰使之完善。 ㊲则哲:《尚书·皋陶谟》中有:"知人则哲,能官人。"后以"则哲"比喻知人。垂谟:流传治国谋略于后世。 ㊳灵镜:古代用以观测星象的仪器,这里指明镜。 ㊴检行:即操行。 ㊵鬻狱:受贿而枉断官司。 ㊶敚:败坏。 ㊷九鼎:相传夏禹铸九鼎,象征九州,夏、商、周三代奉为象征国家政权的传国之宝。周显王时,九鼎没于泗水彭城下。 ㊸和气:古人认为天地间阴气与阳气交合而成之气,万物由此而生。引申指能导致吉利的祥瑞之气。 ㊹深文:制定或援用法律条文苛细严峻。 ㊺帝尧画像:《汉书·武帝纪》中说:"朕闻昔在唐虞,画象而民不犯,日月所烛,莫不率俾。"颜师古注曰:"应劭曰:'二帝但画衣冠,异章服,而民不敢犯也。'《白虎通》云:'画象者,其衣服象五刑也。'"画像:又作"画象",即画衣冠,指上古时人犯了罪过只以特异的服饰象征五刑,以示惩戒。 ㊻恤隐:忧念百姓疾苦。 ㊼夏禹泣辜:刘向《说苑·君道》中说:"禹出见罪人,下车问而泣之。"泣辜:因哀怜罪人而哭泣。 ㊽《大壮》:《周易》六十四卦之一,乾下震上。《系辞下》中说:"上古穴居而野处,后世圣人易之以宫室,上栋下宇,以待风雨,盖取诸《大壮》。"《大壮》上震下乾,震为雷,乾为天,古人认为天形似圆盖,其卦象为上有雷雨,下有御雨之圆盖,所以创建宫室以避风雨,取象于《大壮》。 ㊾瑶台:美玉砌的楼台,相传是夏桀所造楼台的名字,泛指雕饰华丽的楼台。《淮南子·本经训》中说:"晚世之时,帝有桀纣,为琁室瑶台,象廊玉床。"琼室:商纣王所造的玉室,泛指奢华的帝宫。《竹书纪年》卷上:"(殷帝辛)九年,王师伐有苏,获妲己以归。作琼室,立玉门。"瑶台、琼室:这里代指帝王的宫室楼台。 ㊿凌云:即凌云台。三国时魏文帝曹丕所筑。《三国志·魏志·文帝纪》记载:"(黄初二年)十二月,行东巡,是岁筑凌云台。"遐观:遍览,远眺。 ㉛通天:即通天台。汉武帝所造,在今陕西省淳化县西北甘泉山故甘泉宫中。《汉书·武帝纪》记载:"(元封)二年冬十月……作甘泉通天台。"颜师古注曰:"通天台者,言此台高,上通于天地。《汉旧仪》云高三十丈,望见长安城。"《三辅黄图·台榭》引《汉武故事》说:"筑通天台于甘泉,去地百余丈,望云雨悉在其下,见长安城……元凤间,自毁。"纳凉:指承接露水。 ㉜痿蹶:指患病手足萎弱无力,动作行走不便。 ㉝言惜十家之产:《汉书·文帝纪》记载:"孝文皇帝即位二十三年,宫室、苑囿、车骑、服御无所增益。有不便,辄弛以利民。尝欲作露台,召匠计之,直百金。上曰:'百金,中人十家之产也。吾奉先帝宫室,常恐羞之,何以台为!'" ㉞重旨酒之为德:《战国策》记载:仪狄作酒,禹饮而甘之,曰:"后世必有以酒亡国者。"遂疏仪狄而绝旨酒。旨酒:美酒。 ㉟忘归:忘返,指大禹治水三过家门而不入事。受祉:接受上天的降福,指大禹的子孙建立夏朝事。　⑩齐圣而温克：《诗经·小雅·小宛》中有："人之齐圣，饮酒温克。"郑玄笺曰："中正通知之人，饮酒虽醉犹能温藉自持以胜。"齐圣：聪明睿智。温克：醉酒后能蕴藉自持，不至于乱性胡为。　⑩酗䣽（yòng）：即酗酒，酒醉狂乱。䣽，酗酒。　⑩酖（dān）湎：沉湎于饮酒。酖，嗜酒，沉溺。湎，沉迷于酒。　⑩殷受：即商纣王，沉湎酒色，曾造酒池。灌夫：西汉大臣，因醉酒骂丞相田蚡，获罪致死。　⑩伊尹以酣歌而作戒：《商书》记载：伊尹曾经作训曰："敢有恒舞于宫，酣歌于室，时谓巫风。"酣歌：沉湎于饮酒歌舞。　⑪周公以乱邦而贻则：《周书》记载：周公曾经作诰曰："越小大邦用丧，亦罔非酒。"　⑫咨：同"兹"。幽闲：柔顺闲静，多用以形容女子。《诗经·周南·关雎》毛传在解释"窈窕淑女"之"窈窕"时说："窈窕，幽闲也。"令淑：德行善美，这里指淑女。　⑬《诗经·周南·关雎》中有："窈窕淑女，君子好逑。"逑：匹配。　⑭辞玉辇而割爱，固班姬之所耻：汉成帝与班婕妤在后院中游玩，曾经想与她同辇。班婕妤推辞说："观古图画圣贤之君，皆有名臣在侧，三代末主，乃有嬖女，今欲同辇，得无近似之乎？"成帝非常赞赏她的话而接受了建议。　⑮脱簪珥而思愆，亦宜姜之为美：宜姜，周宣王的王后，姜姓。周宣王又一次起晚了，宜姜于是摘下了簪珥等首饰待罪于永巷，并派傅母告诉宣王说："王乐色而忘德，失礼而晏起，乱之兴自婢子始，敢请罪。"周宣王说："寡人不德，实自生过，非夫人之罪。"从此勤于政事。　⑯祸晋之骊姬：骊姬，春称时骊戎之女，晋献公伐骊戎，获姬归，立为夫人。晋献公有子三人：申生、重耳和夷吾。献公听信骊姬之谮，申生自杀，重耳奔翟国，夷吾守屈城，晋国大乱。　⑰丧周之褒姒：褒姒是幽王的宠妃。幽王伐褒，褒人送褒姒于幽王，立为妃。后褒姒生子伯服，幽王因对她宠爱，废去王后申氏和太子宜臼，册立褒姒为王后，立伯服为太子。褒姒平时很少笑，幽王于是下令，谁能使褒姒一笑，赏以千金，虢国石父提出"烽火戏诸侯"的建议，幽王因此失信于诸侯。后来犬戎兵至，燃起烽火，诸侯不再出兵救援，幽王被杀，西周灭亡。　⑱蒐狩：狩猎。春猎为蒐，冬猎为狩。《春秋穀梁传·昭公八年》中说："因蒐狩以习用武事，礼之大者也。"　⑲驰射：骑马射箭，追逐射猎。　⑳禽荒：沉迷于田猎。《尚书·五子之歌》有："内作色荒，外作禽荒。"蔡沉《集传》说："禽荒，耽游畋也；荒者，迷乱之谓。"　㉑胥靡：古代服劳役的奴隶或刑徒。《庄子·庚桑楚》有："胥靡登高而不惧，遗死生也。"　㉒韝緤（gōuxiè）：指打猎。韝，古代射箭时戴的皮制袖套。緤，同"绁"，系动物的绳子。　㉓小竖：僮仆。　㉔逸辔：疾驰的马。　㉕衔橛：指车马倾覆。　㉖觍：感到羞愧。　㉗不赀：无法计量。　㉘齿：并列。陋质：平庸的才能。簪缨：古代官吏的冠饰，比喻显贵。　㉙两仪：天地，这里指天下。　㉚肃成：裴松之注《三国志·魏志·文帝纪》"又使诸儒撰集经传"引王沉《魏书》说："帝初在东宫……集诸儒于肃城门内，讲论大义，侃侃无倦。"后以"肃成"为太子讲学处之称。这里指太子讲论学问。　㉛秋实：秋季成熟的谷物及果实，比喻人的德行成就。　㉜春卿：《周礼》春官司徒，后称礼部长官为春卿。这里代指礼义。　㉝芳年：美好的年华。淑景：美好的时光。　㉞将迎：将养，保养。如《列子·汤问》有："不待杀戮而夭，不待将迎而寿。"　㉟允蹈：恪守，遵循。　㊱耽玩：专心研习，深切玩赏。研精：穷究精义。　㊲载笔：携带文具以记录王事，借指史官。　㊳谢：拒绝。摛藻：铺陈辞藻，施展文才。天庭：王庭，宫廷。　㊴洞箫之娱侍：汉元帝为太子时，好吹洞箫，王褒上《洞箫赋》，乃令后宫贵人皆诵读之。娱侍：陪伴侍候使之欢乐。　㊵飞盖之缘情：魏文帝曹丕为世子时，曹植赋诗曰："消夜游西园，飞盖相追随。"飞盖：指驰车，驱车。缘情：抒发感情，借指作诗。　㊶永树于风声：出自《尚书·毕命》："彰善瘅恶，树之风声。"孔安国传曰："明其为善，病其为恶；立其善风，扬其善声。"风声：教化，好的风气。　㊷皇灵：祖先，前代帝王。遐寿:高寿,长寿。　⑭典要:简要而得体。

【评解】 李百药这篇《赞道赋》,可谓引经据典、言辞恳切,但最终未能使太子李承乾转化为一个恪守封建伦理纲常的人,可见实践道德教化的复杂性和艰巨性。

贞观中,太子承乾数亏礼度,侈纵日甚,太子左庶子于志宁撰《谏苑》二十卷讽之。是时太子右庶子孔颖达每犯颜进谏。承乾乳母遂安夫人谓颖达曰:"太子长成,何宜屡得面折①?"对曰:"蒙国厚恩,死无所恨。"谏诤愈切。承乾令撰《孝经义疏》,颖达又因文见意,愈广规谏之道。太宗并嘉纳之,二人各赐帛五百匹,黄金一斤,以励承乾之意。

【译文】 贞观年间,太子李承乾屡次违背礼法,骄奢放纵日甚一日,太子左庶子于志宁撰写了《谏苑》二十卷来劝谏他。这时太子右庶子孔颖达也经常犯颜极谏。李承乾的乳母遂安夫人对孔颖达说:"太子已经长大了,怎么能够屡屡当面指责呢?"孔颖达回答说:"蒙受国家的厚恩,我死而无憾。"极言进谏更加恳切。李承乾命他撰写《孝经义疏》,孔颖达又在字里行间流露出他的意见,使得规谏的途径更加广泛。唐太宗对他们二人都给予赞赏和肯定,每人赐给帛五百匹,黄金一斤,是因为他们激励了李承乾的缘故。

【注释】 ①面折:当面批评、指责。

【评解】 道德品质培养中,知和行是相辅相成的两个方面,知之而不能行,在道德修养上也是失败的。正如戈直所说:"当时李承乾虽然违背礼度作风奢侈,但对于文史典籍、规劝教诲也没有一概拒绝,这难道不是知不困难,但行却困难吗?"

贞观十三年,太子右庶子张玄素以承乾颇以游畋废学①,上书谏曰:

臣闻皇天无亲,惟德是辅②,苟违天道,人神同弃。然古三驱之礼,非欲教杀,将为百姓除害,故汤罗一面,天下归仁③。今苑内娱猎,虽名异游畋,若行之无恒④,终亏雅度⑤。且傅说曰:"学不师古,匪说攸闻⑥。"然则弘道在于学古,学古必资师训。既奉恩诏,令孔颖达侍讲,望数存顾问,以补万一。仍博选有名行学士,兼朝夕侍奉。览至人之遗教,察既往之行事,日知其所不足,月无忘其所能。此则尽善尽美,夏启、周诵焉足言哉!夫为人上者,未有不求其善,但以性不胜情,耽惑成乱。耽惑既甚,忠言尽塞,所以臣下苟顺,君道渐亏。古人有言:"勿以小恶而不去,小善而不为。"故知祸福之来,皆起于渐。殿下地居储贰,当须广树嘉猷⑦。既有好畋之淫,何以主斯匕鬯?慎终如始,犹恐渐衰,始尚不慎,终将安保!

承乾不纳。玄素又上书谏曰:

臣闻称皇子入学而齿胄者⑧,欲令太子知君臣、父子、尊卑、长幼之道。然君臣之义,父子之亲,尊卑之序,长幼之节,用之方寸之内⑨,弘之四海之外者,皆因行以远闻,假言以光被。伏惟殿下,睿质已隆,尚须学文以饰其表。窃见孔颖达、赵弘智等,非惟宿德鸿儒,亦兼达政要。望令数得侍讲,开释物理⑩,览古论今,增辉睿德。至如骑射畋游,酣歌妓玩,苟悦耳目,终秽心神。渐染既久,必移情性。古人有言:"心为万事主,动而无节即乱。"恐殿下败德之源,在于此矣。

承乾览书愈怒,谓玄素曰:"庶子患风狂耶?"

十四年,太宗知玄素在东宫频有进谏,擢授银青光禄大夫,行太子左庶子。时承乾尝于宫中击鼓,声闻于外,玄素叩阁请见,极言切谏。乃出宫内鼓对玄素毁之,遣户奴伺玄素早朝,阴以马檛击之⑪,殆至于死。是时承乾好营造亭观,穷极奢侈,费用日广。玄素上书谏曰:

臣以愚蔽,窃位两宫⑫,在臣有江海之润,于国无秋毫之益,是用必竭愚诚⑬,思尽臣节者也。伏惟储君之寄,荷戴殊重,如其积德不弘,何以嗣守成业?圣上以殿下亲则父子,事兼家国,所应用物不为节限。恩旨未逾六旬,用物已过七万,骄奢之极,孰云过此?龙楼之下⑭,惟聚工匠;望苑之内⑮,不睹贤良。今言孝敬,则阙侍膳问竖之礼⑯;语恭顺,则违君父慈训之方;求风声,则无学古好道之实;观举措,则有因缘诛戮之罪⑰。宫臣正士⑱,未尝在侧,群邪淫巧,昵近深宫。爱好者皆游伎杂色⑲,施与者并图画雕镂⑳。在外瞻仰,已有此失;居中隐密,宁可胜计哉!宣猷禁门㉑,不异阛阓㉒,朝入暮出,恶声渐远。右庶子赵弘智经明行修,当今善士,臣每请望数召进,与之谈论,庶广徽猷㉓。令旨反有猜嫌,谓臣妄相推引。从善如流,尚恐不逮;饰非拒谏,必是招损。古人云:"苦药利病,苦口利行。"伏愿居安思危,日慎一日。

书入,承乾大怒,遣刺客将加屠害,俄属宫废。

【译文】 贞观十三年(639年),太子右庶子张玄素因为李承乾过度沉迷于出游打猎而荒废了学业,上书劝谏说:

我听说上天对人不分亲疏,只保佑那些有德行的人,如果违背了天道,人民和天神都会抛弃他。然而古代有三驱的狩猎礼制,不是打算引导人们杀生,而是为了替老百姓除害,所以商汤只张一面网,天下人都因他的仁慈而归附他。如今在园林中打猎娱乐,虽然在名义上有别于出游狩猎,如果这样做没有节制,必将违背礼义法度。况且傅说曾经说:"学习不师法古制,我没有听说过。"既然这样,那么弘扬道义就在于学习古代,学习古代一定要借助老师的教导。您既然已经接受了皇帝的诏书,让孔颖达在您身边为您讲学,希望您能够经常向他请教,以弥补万一可能出现的差错。还要广选有名望和德行的饱学之士,一起朝夕侍奉您。观看圣人遗留下来的教训,省察前人做事的法则,每天都能够知道自己有哪些不足,每月都不会忘记自己已经掌握的东西。这样就能够达到尽善尽美,夏启、周成王又何足称道呢!作为人民的君主,没有不追求品德完善的,可是由于善良的本性不能克制情欲,所以放纵迷惑而导致混乱。放纵迷惑一旦到了非常严重的地步,忠言就都听不进去了,所以大臣和属下都苟且顺从,为君之道逐渐背离。古人说:"不要因为恶行小就不改正,善行小就不去做。"由此可知灾祸或福祉的到来,都起于逐渐的积累。殿下您身居太子之位,应当广泛树立好的言行。一旦养成了喜欢打猎的坏习惯,怎么能够主持宗庙的祭祀呢?自始至终谨慎从事,尚且害怕会逐渐懈怠,如果开始时还不谨慎,怎么能够确保以后呢!

李承乾没有采纳。张玄素又上书劝谏说:

我听说主张皇家子弟入学与公卿之子按年龄大小为序的原因,是打算让太子懂得君臣、父子、尊卑、长幼之道。然而君臣之间的忠义、父子之间的亲情、尊卑之间的次序、长幼之间的礼节,存于方寸心中,弘扬于四海之外,都是因为要通过行动来使远方听到,借助言语以遍及天下。我想,殿下您圣明的天性已经非常突出,尚需要学习典章制度来装饰外在的言行。我认为,孔颖达、赵弘智等人,不仅仅是德行高尚的大儒,而且还通达为政之要。希望让他们经常在您身边讲授,解释事物的道理,帮您浏览前人典籍,和您一起探讨当今世事,以增加圣德的光辉。至于像骑马射箭、狩猎出游、沉迷歌舞、狎玩歌妓之事,一时愉悦耳目,终将污染心神。如果长久熏染,必然使人的性情改变。古人说:"心是万事的主宰,行无节制则乱。"恐怕殿下德行败坏的源头,就在这里啊。

李承乾看了上书之后更加生气,对张玄素说:"你疯了吗?"

贞观十四年(640年),唐太宗得知张玄素在东宫频繁向太子进谏,提拔他为银青光禄大夫,兼任太子左庶子。这时李承乾经常在宫中击鼓,声音在宫外都听得到,张玄素在宫中的小门前要求进见,言辞恳切地极力劝谏。太子于是取出宫中的鼓当着张玄素的面毁掉了,后来他派家奴等张玄素去早朝的时候,暗地里用马鞭子打他,差点将他打死。这时李承乾热衷于建造亭台楼榭,极尽奢侈,费用一天天增加。张玄素上书劝谏说:

臣下我以愚昧暗蔽的资质,在两宫中都窃取了名位,对于我来说这是江海一样的福泽,对于国家却连秋毫一般的好处都没有,所以一定竭尽我的诚心,想要尽到做臣子的职责。我以为,太子身上的使命、职责极为重大,如果德行积累不深厚,怎么能够继承和守住祖宗创立的功业呢?圣上因为与殿下有父子之亲,涉及的事务兼有家事和国事，所使用的财物不加以限制。这一恩典发布还不超过六十天，使用的财物已经超过了七万，骄纵奢侈到了极点，还有谁超过了这个限度呢？龙楼之下，聚集的只有工匠；东宫之中，没看到一个贤良之士。如今谈到孝敬，则缺少侍膳问安的礼节；说到恭顺，则违背君父谆谆教诲的法则；讲求声誉，则没有学习古人追求道义的事实；察看举措，则有罗织罪名杀人的罪过。属官中的正直之士没有人在身边，一帮奸邪巧诈之徒在深宫中受到亲近。喜欢的都是些不务正业的歌舞艺人，施行参与的都是些图画雕镂之类的事情。从外面看，已经看到这些过失；居住在宫中没有被人发觉的事情，怎么能够计算得过来呢！施展治国谋略的宫廷，和民间没有区别，早晚人来人往之间，恶名会传得越来越远。右庶子赵弘智经学精湛品德高尚，是当今的贤士，我数次请求希望您能够经常召见他，与他谈论，也许能够拓展美善之道。您的心里反而有所猜疑，说我是妄加引荐。从善如流，尚且害怕有做得不到的地方；文过饰非拒绝劝谏，必会由此带来损失。古人说："苦药利于治病，苦口利于行动。"我希望您能够居安思危，一天比一天谨慎。

书呈上去，李承乾看了之后大怒，派遣刺客想要加害张玄素，不久之后他的太子之位就被废了。

【注释】 ①游畋：出游打猎。　②皇天无亲，惟德是辅：出自《尚书·蔡仲之命》。皇天：对上天及天神的尊称。　③汤罗一面，天下归仁：《史记·殷本纪》记载："汤出，见野张网四面，祝曰：'自天下四方皆入吾网。'汤曰：'嘻，尽之矣！'乃去其三面，祝曰：'欲左，左。欲右，右。不用命，乃入吾网。'诸侯闻之，曰：'汤德至矣，及禽兽。'"　④无恒：即不经，不遵循礼度，没有节制。　⑤雅度：正式的礼义法度。　⑥学不师古，匪说攸闻：出自《尚书·说命下》："事不师古，以克永世，匪说攸闻。"　⑦嘉猷：好的言行。　⑧齿胄：指太子入学与公卿之子依年龄为序。　⑨方寸：指心。　⑩开释：解释。　⑪马挝（zhuā）：马鞭子。挝：鞭子。　⑫窃位：谦词，谓才德不称，窃取名位。两宫：太子所居的东宫和皇帝所居的上台的合称。　⑬是用：因此。　⑭龙楼：汉代太子宫门名，借指太子所居之宫。　⑮望苑：即博望苑，代指太子宫。　⑯问竖：向宫中服侍的仆从询问皇帝的状况。竖：宫中供役使的小臣或宦官。　⑰因缘：罗织罪名，加以构陷。　⑱宫臣：指太子的属官。　⑲游伎：指不务正业的歌舞艺人。杂色：古代戏曲中的角色名，指生、旦、净、末、丑以外的可以扮演任何人物的角色。　⑳施与：施行和参与。　㉑宣猷：施展谋划与方略。禁门：宫门，宫廷。　㉒阛阓（huánhuì）：街市，街道，借指民间。　㉓徽猷：美善之道。

【评解】 在道德教育中，如果没有制度约束，只靠说服和劝导，总难免显得苍白无力。张玄素之于李承乾，便是典型的例子。

贞观十四年，太子詹事于志宁，以太子承乾广造宫室，奢侈过度，耽好声乐，上书谏曰：

臣闻克俭节用，实弘道之源；崇侈恣情，乃败德之本。是以凌云概日①，戎人于是致讥；峻宇雕墙，《夏书》以之作诫②。昔赵盾匡晋，吕望师周，或劝之以节财，或谏之以厚敛。莫不尽忠以佐国，竭诚以奉君，欲使茂实播于无穷③，英声被乎物听④。咸著简策，用为美谈。且今所居东宫，隋日营建，睹之者尚讥其侈，见之者犹叹其华。何容于此中更有修造，财帛日费，土木不停，穷斤斧之工，极磨砻之妙⑤？且丁匠官奴入内⑥，比者曾无复监。此等或兄犯国章，或弟罹王法，往来御苑，出入禁闱，钳凿缘其身，槌杵在其手。监门本防非虑⑦，宿卫以备不虞，直长既自不知，千牛又复不见。爪牙在外⑧，厮役在内⑨，所司何以自安，臣下岂容无惧？

又郑、卫之乐，古谓淫声⑩。昔朝歌之乡，回车者墨翟⑪；夹谷之会，挥剑者孔丘⑫。先圣既以为非，通贤将以为失。顷闻宫内，屡有鼓声，大乐伎儿⑬，入便不出。闻之者股栗，言之者心战。往年口敕，伏请重寻，圣旨殷勤，明诫恳切。在于殿下，不可不思；至于微臣，不得无惧。

臣自驱驰宫阙，已积岁时，犬马尚解识恩，木石犹能知感，臣所有管见，敢不尽言。如鉴以丹诚，则臣有生路；若责其忤旨，则臣是罪人。但悦意取容，臧孙方以疾疢；犯颜逆耳，《春秋》比之药石⑭。伏愿停工巧之作，罢久役之人，绝郑、卫之音，斥群小之辈⑮。则三善允备，万国作贞矣。

承乾览书不悦。

十五年，承乾以务农之时，召驾士等役⑯，不许分番⑰，人怀怨苦。又私引突厥群竖入宫。志宁上书谏曰：

臣闻上天盖高⑱，日月光其德；明君至圣，辅佐赞其功。是以周诵升储，见匡毛、毕⑲；汉盈居震⑳，取资黄、绮。姬旦抗法于伯禽，贾生陈事于文帝，咸殷勤于端士，皆恳切于正人。历代贤君，莫不丁宁于太子者，良以地膺上嗣，位处储君。善则率土沾其恩，恶则海内罹其祸。近闻仆寺、司驭、驾士、兽医，始自春初，迄兹夏晚，常居内役，不放分番。或家有尊亲，阙于温清㉑；或室有幼弱，绝于抚养。春既废其耕垦，夏又妨其播殖。事乖存育，恐致怨嗟。傥闻天听，后悔何及？又突厥达哥支等，咸是人面兽心，岂得以礼义期，不可以仁信待。心则未识于忠孝，言则莫辨其是非，近之有损于英声，昵之无益于盛德。引之入阁，人皆惊骇，岂臣庸识，独用不安？殿下必须上副至尊圣情，下允黎元本望，不可轻微恶而不避，无容略小善而不为。理敦杜渐之方，须有防萌之术。屏退不肖，狎近贤良。如此则善道日隆，德音自远。

承乾大怒，遣刺客张师政、纥干承基就舍杀之。是时丁母忧㉒，起复为詹事㉓。二人潜入其第，见志宁寝处苫庐㉔，竟不忍而止。及承乾败，太宗知其事，深勉劳之。

【译文】 贞观十四年（640年），太子詹事于志宁因为太子李承乾大规模营建宫室，奢侈过度，沉迷于声乐，上书劝谏说：

我听说厉行节俭节约费用，实为弘扬道义的源泉；崇尚奢侈放纵情欲，乃是败坏德行的根本。所以宫室上达云端遮蔽太阳，北方民族的人因此而讥笑；高大的屋宇、彩绘的墙壁，《夏书》对此提出训诫。当年赵盾辅佐晋国，吕望为周朝的太师，有的劝君主节约用度，有的谏止君主加重赋税。莫不是尽忠以辅佐国家，竭诚以侍奉君主，想要使君主盛美的德业传播到无限远的地方，君主英明的名声广及人们的议论。这些都被记载到史书之中，成为美谈。况且您如今所居住的东宫，是隋朝时所建，目睹的人仍然讥讽它的奢侈，看见的人还要感叹它的豪华。怎么能够在这样的宫室之中再进一步进行修造，每天要耗费财物，土木建筑没有休止，竭尽斧斤砍削的技艺华美，穷极磨石打磨的美妙极致？何况服役工匠、官府的奴隶进入东宫，近来缺乏检查和监督。这些人中有的可能是兄长违犯了国家的制度，有的可能是弟弟受到了王法的处置，他们往来于皇家苑林，出入于禁宫之中，身上带着钳子、凿子，手里拿着槌子、木棒。看门人本来是为了防止意外事件，禁卫军是为了防范不测发生，直长官自己已经不了解情况，千牛官又看不到。武士在外面，仆役在宫内，警卫部门怎么能够安心，臣下们怎么能够不担心呢？

另外，郑、卫等地的音乐，古代就被称为淫声。当初朝歌城外，驱车返回的是墨翟；齐鲁夹谷会盟，挥剑而起的是孔丘。前代的圣人认为这样做不对，一般的贤人将认为这样做是过失。近来听到东宫之中，经常有钟鼓之声，乐官和艺人，进入宫中就不再出来。听到此事的人两股战栗，谈论此事的人心惊胆战。往年皇帝给您的口头敕令，希望您能够重新温习，圣上的意图殷切之至，告诫清楚言辞恳切。对于殿下您来说，不能不考虑；对于微臣我来说，不能不戒惧。

我自从来宫里任职，已经一年有余，犬马尚且知道记住恩德，木石都能够知道心意相通，我的一点短浅见识，怎敢不完全吐露出来呢。如果您考虑到我的一片赤诚，那么我还有活路；如果您责怪我忤逆您的心意，那么我就会成为罪人。然而，曲意逢迎，讨别人以求自己安身，臧孙将其比喻为疾患；犯颜直谏，忠言逆耳，《春秋》中将其比喻为治病的良药。希望能够停止工匠们的营建，解散长期服役的人，禁绝郑、卫俗乐，斥退奸邪小人。那么三善一定能够完备，天下也会祥和安宁。

李承乾看了上书之后不高兴。

贞观十五年（641年），李承乾在农忙时节，召集服役之人到宫中引导车驾，

并且不许轮值,人们心里都感到怨愤不满。他又招了一批突厥的宦官到宫中,于志宁上书劝谏说:

我听说上天极高,日月使其德行更加光辉;明君至圣,臣属使其功业更加辉煌。所以周武王的儿子姬诵当上太子,被毛叔和郑毕公辅佐;汉高祖的儿子刘盈当上太子,寻求夏黄公、绮里季帮助。周公姬旦用法度严格要求儿子伯禽,贾谊向汉文帝陈述事理,都是对贤能之士态度殷切,对正直的人存心恳切。历代贤明的君主,没有不谆谆告诫太子的,实在是因为他的地位是天子的继承人,身份为将来的皇帝。太子如果善则天下都能够感受到他的恩德,如果恶则全国都要遭受他的祸殃。近来听说仆寺、司驭、驾士、兽医等在宫中当值的人,从春天开始,一直到夏末,都要一直在宫中服役,不让他们轮值。他们有的家中有双亲,缺人照顾起居;或者家中有幼小的孩子,没有人来抚养。春天已经耽误了他们耕田,夏天又耽误他们播种。这样做与存养百姓的要求相违背,恐怕会导致人们怨愤。倘若被皇帝知道了,后悔还来得及吗?另外,突厥的达哥支等人,都是人面兽心,怎么能够期望他们有礼义,也不能够用仁信来对待。考察他们的内心,则不知道什么是忠孝,听听他们的言语,则不知道什么是是非,靠近他们有损于殿下的英明,亲近他们无益于殿下的德行。把他们领到宫里来,人人都感到担心,难道只是我的心里感到不安吗?殿下您必须对上与天子的情感相符,对下与老百姓的愿望一致,不能够轻视小的恶行而不避免,不允许忽略小的善行而不去做。原则上必须要强化防微杜渐的方法,应当有防患于未然的措施。屏退奸邪之徒,亲近贤良之士。这样就能够使善道日益隆盛,美名自然远播。

李承乾看了之后非常生气,派刺客张师政、纥干承基到于志宁的家中去刺杀他。这时恰逢于志宁的母亲去世需要守丧,丧期未满起复为詹事。二人偷偷到了他的家里,看到于志宁正在苫庐之中睡在草垫子上,竟然不忍心加害而放弃了刺杀。等到李承乾事败之后,唐太宗知道了这件事,深切地劝勉、安慰他。

【注释】 ①概:遮蔽,遮盖。 ②峻宇雕墙,《夏书》以之作诫:《尚书·五子之歌》有:"内作色荒,外作禽荒,甘酒嗜音,峻宇彤墙,有一于此,未或不亡。"峻宇彤墙:高大的屋宇、彩绘的墙壁。《夏书》:《尚书》中《禹贡》、《甘誓》、《五子之歌》、《胤征》四篇,亦称《夏书》,即记载夏代史实的书。 ③茂实:盛美的德业。 ④物听:众人的议论。 ⑤磨砻:磨石,引申为磨制、打磨。 ⑥丁匠:夫役和工匠。官奴:没入官府的奴隶。 ⑦非虑:意外。 ⑧爪牙:比喻勇士、卫士。 ⑨厮役:干杂事劳役的奴隶,泛指受人驱使的奴仆。 ⑩淫声:淫邪的乐声,古代以雅乐为正声,以俗乐为淫声。 ⑪朝歌之乡,回车者墨翟:《淮南子·说山训》中说:"墨子非乐,不入朝歌之邑。"因墨子主张"非乐",所以到了朝歌之后,认为名字不祥,就驱车返回了。朝歌:古地名,在今河南省北部的淇县,商纣王曾在此建都。乡:城市之外的地区。 ⑫夹谷之会,挥剑斩孔丘:《孔子家语·相鲁》记载:齐鲁夹谷会盟时,孔子为鲁相。"齐奏宫中之乐,俳优侏儒戏于前。孔子趋进,历阶而上,不尽一等,曰:'匹夫荧侮诸侯,罪应诛,请右司马速刑焉。'于是斩侏儒,手足异处。齐侯惧,有惭色。"夹谷:古地名,春秋齐地,故址当在今山东莱芜夹谷峪。 ⑬大乐:官名,汉代太常属官有大乐令,掌国家祭祀时奏乐及大飨之乐舞。伎儿:指歌舞艺人。　⑭悦意取容,臧孙方以疾疢;犯颜逆耳,《春秋》比之药石:《左传·襄公二十三年》记载:"臧孙曰:'季孙之爱我,疾疢也。孟孙之恶我,药石也。美疢不如恶石。夫石犹生我,疢之美,其毒滋多。孟孙死,吾亡无日矣。'"疾疢:疾病。药石:药剂和砭石,泛指药物。　⑮群小:众小人。　⑯驾士:导引帝王车驾之士。　⑰分番:轮值。　⑱上天盖高:出自《诗经·小雅·正月》:"谓天盖高,不敢不局。"　⑲毛、毕:指辅佐周成王的毛叔和郑毕公。　⑳居震:《周易·说卦传》有:"震为雷……为长子。"这里指居太子之位。　㉑温凊:寒暖,借指生活起居。　㉒丁忧:古代遭逢父母丧事,子女要守丧,三年内不做官,不婚娶,不赴宴,不应考。　㉓起复:古代官员遭父母丧,守制尚未满期而应召任职。　㉔苫庐:古代在亲丧中所居之室。苫:草垫子。

【评解】　"多行不义必自毙",从李承乾对待张玄素、于志宁等人的态度来看,他最终被废黜的结局也是必然的。

卷　五

仁义第十三

贞观元年，太宗曰："朕看古来帝王以仁义为治者，国祚延长，任法御人者，虽救弊于一时，败亡亦促。既见前王成事①，足是元龟。今欲专以仁义诚信为治，望革近代之浇薄也。"黄门侍郎王珪对曰："天下凋丧日久，陛下承其余弊，弘道移风，万代之福。但非贤不理，惟在得人。"太宗曰："朕思贤之情，岂舍梦寐！"给事中杜正伦进曰："世必有才，随时听用，岂待梦傅说，逢吕尚，然后为治乎？"太宗深纳其言。

【译文】　贞观元年（627年），唐太宗说："我看自古以来以仁义之道治理国家的帝王，都是国运绵长，用法律来控制人民的帝王，虽然能够一时挽救混乱的局面，但失败和灭亡也很迅速。既然看到前代帝王的经验教训，足可以作为借鉴。如今我打算专以仁义诚信来治理国家，希望能够改变近代以来浮薄的风气。"黄门侍郎王珪回答说："天下丧乱困顿的时间已久，陛下承接前人留下的陋蔽之俗，弘扬道义变革风俗，这是可以泽及万代的福祉。但是如果不依靠贤人国家便得不到安宁，问题只在于如何获得人才。"唐太宗说："我希望得到贤才的心情，即使在睡梦中也没有忘记！"给事中杜正伦向前说："世间一定有贤才，随时可以听候任用，难道还要等到梦见傅说，遇到姜尚之后，才开始治理国家吗？"唐太宗对他的话深表赞同。

【注释】　①成事：已成之事，代指前人的经验教训。

【评解】　在中国古代的"仁政"思想中，"任贤"是一项重要的内容。正如汉代贾谊所说："人民是安定还是混乱取决于官吏，国家是安全还是危险取决于治理，所以圣明的君主对于国家治理是很谨慎的，对于官吏的选拔是要严格挑选的，只有这样，国家才能够兴旺。"（《新书·大政下》）

贞观二年，太宗谓侍臣曰："朕谓乱离之后①，风俗难移，比观百姓渐知廉耻，官民奉法，盗贼日稀，故知人无常俗，但政有治乱耳。是以为国之道，必须抚之以仁义，示之以威信，因人之心，去其苛刻，不作异端②，自然安静。公等宜共行斯事也！"

【译文】　贞观二年（628年），唐太宗对身边侍从的大臣说："我认为国家混乱动荡之后，风俗很难变革，近来见老百姓渐渐懂得了廉耻，官吏和人民都遵守法律，盗贼日益稀少，因此明白了人民没有不变的风俗，只是政治有治与乱的区别罢了。所以治理国家的原则，必须要用仁义来安抚人民，对人民示以威严和诚信，顺应民心，革除苛刻暴虐的政策，不做无关紧要的事情，国家自然安宁。你们应当一起来做这样的事情！"

【注释】　①乱离：政治混乱，给国家带来忧患、动荡。　②异端：指无关紧要的事物。

【评解】　"风俗有古今，人心无古今。"只要积极推行教化，措施得力，社会一定能够实现安定有序，风俗淳厚。

　　贞观四年，房玄龄奏言："今阅武库甲仗①，胜隋日远矣。"太宗曰："饬兵备寇虽是要事，然朕唯欲卿等存心理道，务尽忠贞，使百姓安乐，便是朕之甲仗。隋炀帝岂为甲仗不足，以至灭亡？正由仁义不修，而群下怨叛故也。宜识此心。"

【译文】　贞观四年（630年），房玄龄上奏说："如今看看武器库中的兵器储备，已经超过隋朝时很多了。"唐太宗说："整顿军备防范敌寇虽然是国家的大事，但是我只希望你们心里想着理政之道，一定要竭尽忠贞之心，使老百姓安居乐业，这就是我的武器。隋炀帝难道是因为武器不足才导致了国家灭亡吗？正是由于他不修行仁义，而导致臣下怨恨背叛的缘故。你们应当理解我这个心意。"

【注释】　①甲仗：铠甲仪仗，泛指兵器。

【评解】　战争的胜负结果，统治的稳固与否，归根结底都掌握在人民手里。正如贾谊所说："战争能够取得胜利，是因为老百姓想要胜利；进攻能够有所获得，是因为老百姓想要获得；防守能够取得成功，是因为老百姓想要成功。所以率领人民防守，但老百姓不想坚守，那么就没有能够保全的；率领人民进攻，但老百姓不想攻克，那么就没有能够攻克的；率领人民进行战争，但老百姓不想胜利，那么就没有能够胜利的。"（《新书·大政上》）

　　贞观十三年，太宗谓侍臣曰："林深则鸟栖，水广则鱼游，仁义积则物自归之①。人皆知畏避灾害，不知行仁义则灾害不生。夫仁义之道，当思之在心，常令相继，若斯须懈怠，去之已远。犹如饮食资身，恒令腹饱，乃可存其性命。"王珪顿首曰："陛下能知此言，天下幸甚！"

【译文】　贞观十三年（639年），唐太宗对侍从的大臣说："树林深了就有鸟来栖息，水域大了就有鱼来游弋，仁义积累深厚了那么人民自然就会来归服。人们都知道害怕和躲避灾害，却不知道施行仁义就能够使灾害不发生。仁义之道，应当记在心中，使其不间断地得到推行，如果有一刻懈怠，就会背离仁义之道很远了。

这就像饮食有益于身体一样,一直都使肚子吃饱,才可以保存生命。"王珪叩头说:"陛下能知道这个道理,天下人真是太幸运了!"

【注释】　①物:人,人民。

【评解】　在国家治理中,统治者必须看到民心向背的重要性,在施政时充分考虑到人民的利益,爱民、惠民、利民,实行德治、仁政,不能愚弄人民,更不能残害人民。否则便等于自取灭亡。

忠义第十四

冯立,武德中为东宫率①,甚被隐太子亲遇。太子之死也,左右多逃散,立叹曰:"岂有生受其恩,而死逃其难!"于是率兵犯玄武门,苦战,杀屯营将军敬君弘。谓其徒曰:"微以报太子矣。"遂解兵遁于野。俄而来请罪,太宗数之曰:"汝昨者出兵来战,大杀伤吾兵,将何以逃死?"立歔欷悲不自胜,太宗慰勉之,授左屯卫中郎将。立谓所亲曰:"逢莫大之恩幸而获免,终当以死奉答。"未几,突厥至便桥③,率数百骑与虏战于咸阳,杀获甚众,所向皆披靡,太宗闻而嘉叹之。时有齐王元吉府左车骑谢叔方率府兵与立合军拒战,及杀敬君弘、中郎将吕衡,王师不振,秦府护军尉尉迟敬德乃持元吉首以示之,叔方下马号泣,拜辞而遁。明日出首,太宗曰:"义士也。"命释之,授右翊卫郎将。

【译文】 冯立,武德年间担任东宫率,深得隐太子李建成的恩宠和礼遇。太子死了之后,身边的人大多逃散了,冯立感叹道:"哪有活着的时候受他的恩惠,死了之后却躲避灾难的道理呢!"于是率兵攻打玄武门,拼死战斗,杀死屯营将军敬君弘。冯立对他的部下们说:"可以稍微报答太子了。"于是解除武装逃到野外去了。不久又回来请罪,唐太宗责备他说:"你昔日领兵来攻打我,杀死了我许多将士,打算怎么逃脱被处死呢?"冯立哭着回答说:"我不惜生命事奉主人,期望能够以死报效,当战斗来临的那一天,我没有什么可畏惧的。"于是悲伤抽泣不能自持,唐太宗安慰劝勉他,授予他左屯卫中郎将之职。冯立对亲近的人说:"遇到皇帝莫大的恩德而有幸被赦免,一定要以死来报答。"不久,突厥进犯到长安城西门外的便桥,冯立率几百骑兵与敌人激战于咸阳,杀死和俘获很多敌人,所向披靡,唐太宗听说之后对他表示赞叹。当时还有齐王李元吉府的左车骑谢叔方率府兵与冯立合军抗拒李世民的人马,到杀了敬君弘、中郎将吕衡时,李世民的人马士气不振,秦王府护军尉尉迟敬德于是把李元吉的首级拿给他看,谢叔方下马痛哭,叩拜辞别之后逃走了。第二天他又来自首,唐太宗说:"这是一个义士啊。"下令放了他,授予他右翊卫郎将的职务。

【注释】 ①东宫率:掌管东宫侍卫的武官。 ②出身:献身,不惜生命。 ③便桥:即便门桥，在长安城西门外。《三辅决录》中说："长安城西门曰便门，桥北与门对，因号便桥。"

【评解】 其实，李世民不计前嫌任用人才，并使对方竭尽忠心的例子还有许多，比如王珪、魏征等，都被传为佳话。

贞观元年，太宗尝从容言及隋亡之事①，慨然叹曰："姚思廉不惧兵刃，以明大节，求诸古人，亦何以加也！"思廉时在洛阳，因寄物三百段，并遗其书曰："想卿忠节之风，故有斯赠。"初，大业末，思廉为隋代王侑侍读，及义旗克京城时，代王府僚多骇散，惟思廉侍王，不离其侧。兵士将升殿，思廉厉声谓曰："唐公举义兵，本匡王室，卿等不宜无礼于王！"众服其言，于是稍却，布列阶下。须臾，高祖至，闻而义之，许其扶代王侑至顺阳阁下，思廉泣拜而去。见者咸叹曰："忠烈之士，仁者有勇②，此之谓乎！"

【译文】 贞观元年（627年），唐太宗在闲暇之间谈到了隋朝灭亡的事，颇有感慨地叹息道："姚思廉不畏惧刀剑的威胁，来表明自己高尚的节操，即使对照古人的事迹，还有什么可以超过他的呢！"姚思廉当时在洛阳，于是寄给他三百段丝绸，并且写信给他说："想起你忠贞节义的风操，所以有这些馈赠。"当初，大业末年，姚思廉为隋朝代王杨侑的侍读，等唐军的义师攻克京城时，代王府中的幕僚大多惊骇逃散，只有姚思廉还在侍奉代王，不离他的左右。兵士想要登到殿上去，姚思廉厉声对他们说："唐公兴起义兵，本为了匡扶王室，那么不要对代王无礼！"众人都敬服他的话，于是稍稍往后退了一些，列队到台阶之下。不久，唐高祖李渊到了，听说之后觉得他忠义，准许他扶代王杨侑到顺阳宫的侧门之下，姚思廉哭着拜辞而去。看到的人都感叹说："这是一个忠烈之士啊，仁者必有勇，说的就是他这种人吧！"

【注释】 ①从容：悠闲，闲暇。 ②仁者有勇：出自《论语·宪问》："仁者必有勇。"

【评解】 张九成曾经评价姚思廉说："君子以仁来保持诚，以义来作为勇，刀剑在眼前不能使他畏惧，凶恶暴虐的气势不能给他以威慑，这不是因为力量大，而是由于忠义之气的强盛啊。看看隋朝的灭亡，乱兵进入京城，侍从的大臣都惊慌逃散，姚思廉以一人之力奋不顾身，来保全君主的性命。这难道是因为众多的将士，还不如一句话有力量吗？的确是因为有仁在他心中啊。"

贞观二年，将葬故息隐王建成、海陵王元吉，尚书右丞魏征与黄门侍郎王珪请预陪送①。上表曰："臣等昔受命太上，委质东宫②，出入龙楼，垂将一纪。前宫结衅宗社③，得罪人神④，臣等不能死亡，甘从夷戮，负其罪戾，置录周行⑤，徒竭生涯，将何上报？陛下德光四海，道冠前王，陟冈有感⑥，追怀棠棣，明社稷之大义，申骨肉之深恩，卜葬二王⑦,远期有日。臣等永惟畴昔⑧,忝曰旧臣,丧君有君,虽展事君之礼,宿草将列⑨,未申送往之哀。瞻望九原⑩,义深凡百,望于葬日,送至墓所。"太宗义而许之,于是宫府旧僚吏,尽令送葬。

【译文】 贞观二年(628年),将要安葬前息隐王李建成、海陵王李元吉,尚书右丞魏征与黄门侍郎王珪请求参加送葬。他们上表说:"我们当初受太上皇之命,在东宫任职,出入于太子宫中,将近十二年。前太子对宗庙社稷犯下罪过,获罪于先祖的神灵,我们不能够死节或逃亡,甘愿接受杀戮,承担他的罪责,现在置身于朝官的行列,只是庸庸碌碌地度过一生,将如何报答圣上?陛下的德行照耀四海,道义超过历代君王,心中怀念兄弟,追思手足之情,彰明国家崇尚的大义,申明骨肉深切的感情,择定时日埋葬两位亲王,永别的日期眼看就要到了。我们一直追忆往昔,有愧于旧臣的称呼,失去了旧的君主有了新的君主,虽然履行了侍奉新君的礼节,但坟墓上隔年的草都要长起来了,我们还没有表达为故人送葬的哀伤。远望着墓地,忆及所有深深的情义,希望在安葬的日子,能够送葬到墓地。"唐太宗觉得他们忠义,同意了他们的请求,于是李建成宫中和李元吉王府中的旧僚属官吏,都让他们去送葬。

【注释】 ①陪送:陪着离去的人一起走,这里指送葬。 ②委质:这里指献身、置身。 ③前宫:指前东宫太子李建成。结衅:造成罪过。宗社:宗庙社稷,代指国家。 ④人神:先祖的神灵。 ⑤周行:《诗经·周南·卷耳》有:"嗟我怀人,寘彼周行。"毛传曰:"行,列也。思君子,官贤人,置周之列位。"周行原指周官的行列,后泛指朝官。 ⑥陟冈:《诗经·魏风·陟岵》有:"陟彼冈兮,瞻望兄兮。"后以"陟冈"比喻怀念兄弟。 ⑦卜葬:择时择地安葬。孔颖达疏《礼记·杂记下》"卜葬其兄,弟曰'伯子某'"说:"谓卜葬择日而卜人祝龟之辞也。"原意是埋葬死者,先占卜以择吉祥之日与葬地。 ⑧畴昔:往昔,从前。 ⑨宿草:坟墓上隔年的草,多用为悼亡之辞。《礼记·檀弓上》有:"朋友之墓,有宿草而不哭焉。"孔颖达疏曰:"宿草,陈根也,草经一年则根陈也,朋友相为哭一期,草根陈乃不哭也。" ⑩瞻望:往远处或高处看。九原:原为山名,在今山西新绛北,相传春秋时晋国卿大夫的墓地在此,后世泛称墓地为九原。

【评解】 有唐太宗的大度,加上魏征、王珪等人的忠义,所以才能够成为千古佳话。

贞观五年,太宗谓侍臣曰:"忠臣烈士,何代无之?公等知隋朝谁为忠贞?"王珪曰:"臣闻太常丞元善达在京留守,见群贼纵横,遂转骑远诣江都①,谏炀帝,令还京师。既不受其言,后更涕泣极谏,炀帝怒,乃远使追兵,身死瘴疠之地②。有虎贲郎中独孤盛在江都宿卫,宇文化及起逆,盛惟一身,抗拒而死。"太宗曰:"屈突通为隋将,共国家战于潼关③,闻京城陷,乃引兵东走。义兵追及于桃林,朕遣其家人往招慰④，遽杀其奴。又遣其子往，乃云：'我蒙隋家驱使，已事两帝，今者吾死节之秋，汝旧于我家为父子，今则于我家为仇雠。'因射之，其子避走，所领士卒多溃散。通惟一身，向东南恸哭尽哀，曰：'臣荷国恩，任当将帅，智力俱尽，致此败亡，非臣不竭诚于国。'言尽，追兵擒之。太上皇授其官，每托疾固辞。此之忠节，足可嘉尚。"因敕所司，采访大业中直谏被诛者子孙闻奏。

【译文】 贞观五年（631年），唐太宗对身边侍从的大臣说："忠臣烈士，哪个朝代没有？你们知道隋朝谁可以称得上忠贞吗？"王珪说："我听说太常丞元善达在京城留守，看到叛乱者四处纵横，于是辗转骑马远赴江都，劝谏隋炀帝，让他回到京城。隋炀帝不接受他的建议之后，他再次痛哭流涕极言劝谏，隋炀帝大怒，于是派他到远方追赶军队，结果死在了南方瘴气弥漫的地区。还有虎贲郎中独孤盛在江都担任隋炀帝的守卫，宇文化及叛变，独孤盛只有一个人，奋力抵抗而被杀死。"唐太宗说："屈突通为隋朝将军，同我军在潼关开战，听说京城失守，于是领兵向东而去。我军追到桃林，我派他的仆人前去招降他，于是他杀掉了自己的仆人。又派他的儿子去，他于是说：'我接受了隋朝的任用，已经侍奉了两代皇帝，如今是我尽死节的时候，你以前对于我家来说与我是父子，如今则对于我家来说是仇敌。'于是用箭射他，他的儿子逃走了，所率领的士卒大多溃散了。屈突通只剩下一个人，向着东南方向放声痛哭，非常哀伤，说：'我承受国家的恩典，担任了统兵的将帅，才智和力气都已经用完了，落入了这种失败的境地，不是我没有对国家竭尽诚心啊。'说完之后，追兵把他抓住了。太上皇授给他官职，他屡次以有病为由推辞。这样的忠贞气节，足以令人赞美。"于是命令有关部门，搜集寻访大业年间因为直言进谏而被杀的大臣的子孙上报给朝廷。

【注释】 ①江都：今扬州。 ②瘴疠：即瘴气，指南部、西南部地区山林间湿热蒸发能致病之气。 ③国家：公家，朝廷，这里指唐朝。 ④家人：古代对仆人的称呼。招慰：招抚。

【评解】 宋代之后把忠君理解为不事二主，同唐初这些事例比起来，有些偏狭了。

贞观六年，授左光禄大夫陈叔达礼部尚书，因谓曰："武德中，公曾进直言于太上皇，明朕有克定大功，不可黜退云。朕本性刚烈，若有抑挫①，恐不胜忧愤，以致疾毙之危。今赏公忠謇，有此迁授。"叔达对曰："臣以隋氏父子自相诛戮，以致灭亡，岂容目睹覆车，不改前辙？臣所以竭诚进谏。"太宗曰："朕知公非独为朕一人，实为社稷之计。"

【译文】 贞观六年（632年），授予左光禄大夫陈叔达礼部尚书之职，于是对他说："武德年间，你曾经向太上皇进直言，向他说明我有平定天下的大功，不能够罢官免职。我的性情原本很刚烈,如果遇到挫折,恐怕就要无比忧伤怨愤,以至于有生病死亡的危险。因为赞赏你忠诚正直,所以才有这一次升迁。"陈叔达说:"我认为隋朝皇帝父子相互杀戮,所以导致灭亡,怎么能够眼睁睁看着我朝也车马倾覆,还不更弦改辙呢?这就是我为什么要竭诚进谏的原因。"唐太宗说:"我知道你不是仅仅为了我一个人,其实是为了国家考虑。"

【注释】 ①抑挫:遭受压抑、挫折。

【评解】 陈叔达进谏之时李世民和太子李建成之间的矛盾已经非常明显,他不怕得罪太子而能秉公而言,这是他的难能可贵之处。

贞观八年,先是桂州都督李弘节以清慎闻,及身殁后,其家卖珠。太宗闻之,乃宣于朝曰:"此人生平①,宰相皆言其清,今日既然,所举者岂得无罪?必当深理之,不可舍也。"侍中魏征承间言曰②:"陛下生平言此人浊,未见受财之所,今闻其卖珠,将罪举者,臣不知所谓。自圣朝以来,为国尽忠,清贞慎守,终始不渝,屈突通、张道源而已。通子三人来选,有一匹羸马,道源儿子不能存立,未见一言及之。今弘节为国立功,前后大蒙赏赉,居官殁后,不言贪残,妻子卖珠,未为有罪。审其清者,无所存问,疑其浊者,旁责举人,虽云疾恶不疑,是亦好善不笃。臣窃思度,未见其可,恐有识闻之,必生横议③。"太宗抚掌曰:"造次不思,遂有此语,方知谈不容易。并勿问之。其屈突通、张道源儿子,宜各与一官。"

【译文】 贞观八年(634 年),桂州都督李弘节从前曾经以清廉谨慎而著称,等到他死了之后,他的家人有珍珠要卖。唐太宗听说之后,于是在朝廷上公开说:"这个人在世的时候,宰相们都说他为人清廉,今日既然有这种事情,举荐的人难道没有罪过吗?我一定要追查这件事,不能放过。"侍中魏征趁机会说:"陛下素来说这个人贪鄙,没有看到他接受贿赂的证据,如今听说他们家卖珍珠,就要怪罪举荐的人,我不明白你为什么这样说。自从我朝开国以来,为国尽忠,恪守清廉,始终不渝的人,只有屈突通和张道源二人而已。屈突通三个儿子来接受朝廷的选拔,却只有一匹瘦弱的马,张道源的儿子生活都难以维持,我从来没有听到您有一句话提到他们。如今李弘节为国家立下功劳,先后多次蒙受赏赐,在官位上死去之后,不能说他贪婪残暴,妻子儿子出卖珍珠,不能因此而获罪。考察之后觉得清廉的人,没有任何慰问,怀疑别人贪婪,连举荐的人都要牵连受责罚,虽说憎恨坏人坏事不能摇摆不定,这也算得上是喜欢好人好事却不是特别真切。我考虑,这样做未见其合理的地方,恐怕有见识的人听说之后,一定会有非议。"唐太宗拍着手说:"仓促之间缺乏思考,于是说出了这样的话,现在我才知道话也不是能够轻易说的。都不要再追问这件事了。屈突通、张道源的儿子,应当每人给他们一个官做。"

【注释】　①生平:素来,生年,在世的时候。　②承间:趁机会。　③横议:非议,非难。

【评解】　做君主的考虑的往往是让臣子尽死节,而很少考虑他们的利益。如果大臣们自身生活都难以保障,那么无疑会减少他们为君主死心塌地服务的动力。

贞观八年,太宗将发诸道黜陟使,畿内道未有其人①,太宗亲定,问于房玄龄等曰:"此道事最重,谁可充使?"右仆射李靖曰:"畿内事大,非魏征莫可。"太宗作色曰:"朕今欲向九成宫,亦非小,宁可遣魏征出使?朕每行不欲与其相离者,适为其见朕是非得失。公等能正朕不?何因辄有所言,大非道理。"乃即令李靖充使。

【译文】　贞观八年(634年),唐太宗将要委派各个道的黜陟使,畿内道没有合适的人选,唐太宗要亲自确定,向房玄龄等人询问说:"这个道最为关键,谁可以充任?"右仆射李靖说:"畿内关系重大,非魏征不可。"唐太宗变了脸色说:"我如今想到九成宫去,也不是小事,怎么能够把魏征派到外面去任职呢?我每次出行都不想和他分离的原因,就是因为他能够看到我的是非得失。你们能匡正我吗?为什么一开口说话,就如此没有道理。"于是马上下令让李靖来充当这个职务。

【注释】　①畿内:指京城管辖的地区。道:中国古代的行政区划单位。

【评解】　关于为什么唐太宗执意要将魏征而不是李靖留在身边,戈直分析说:"李靖的才华,文武兼备,不是魏征所能比的。但是贞观年间可以没有李靖,但不可以没有魏征,为什么呢?这是因为李靖的才能,不过是增加唐太宗之所有余的部分,而魏征的谏争,才能够补益唐太宗之所不足的部分。所以畿内的差遣唐太宗宁愿使用李靖,也不派遣魏征。"

贞观九年,萧瑀为尚书左仆射。尝因宴集,太宗谓房玄龄曰:"武德六年已后,太上皇有废立之心,我当此日,不为兄弟所容,实有功高不赏之惧。萧瑀不可以厚利诱之,不可以刑戮惧之,真社稷臣也。"乃赐诗曰:"疾风知劲草,板荡识诚臣①。"瑀拜谢曰:"臣特蒙诫训,许臣以忠谅,虽死之日,犹生之年。"

【译文】　贞观九年(635年),萧瑀担任尚书左仆射。一次宴会群臣的时候,唐太宗对房玄龄说:"武德六年之后,太上皇有重新废立太子的意思,我在这时候,不被兄弟所容纳,的确有功劳虽然大但却不能被赏赐的担忧。萧瑀不能够被丰厚利益所引诱,不能够用刑罚杀戮所恐吓,真是国家的栋梁啊。"于是赐诗给他说:"疾风知劲草,板荡识诚臣。"(剧烈大风面前才能识别坚韧的草,社会动荡之后才能鉴别忠诚之臣。)萧瑀拜谢说:"我接受了陛下专门的训诫,期望我能够忠诚正直,即使到死的时候,我也要像活着时一样恪守。"

【注释】 ①劲草:坚韧的草,多比喻操守坚贞,威武不屈的人。板荡:《板》、《荡》都是《诗经·大雅》的篇名,都是讥刺周厉王无道而导致国家败坏、社会动乱的诗篇,代指政局混乱或社会动荡。诚臣:忠诚的大臣。

【评解】 唐太宗对萧瑀赞赏,在于他无论顺境还是逆境中,都对自己忠心不二。

贞观十一年,太宗行至汉太尉杨震墓,伤其以忠非命,亲为文以祭之。房玄龄进曰:"杨震虽当年夭柱①,数百年后方遇圣明,停舆驻跸,亲降神作,可谓虽死犹生,没而不朽。不觉助伯起幸赖欣跃于九泉之下矣。伏读天文,且感且慰,凡百君子,焉敢不勖励名节②,知为善之有效!"

【译文】 贞观十一年(637年),唐太宗路过汉代太尉杨震的墓,感伤他因为忠心而死于非命,亲自写了祭文来祭奠他。房玄龄进言说:"杨震虽然当年短命早死,几百年后才遇到圣明的君主,停下车马,亲自撰写祭文,可以说是虽然死了也像活着一样,死而不朽。我都不由自主想要帮助他站起来,在九泉之下欢欣雀跃了。我读了您的祭文,又感动又欣慰,所有的君子,怎么能够不在名誉节操方面勉励自己,知道行善事能有好的结果呢!"

【注释】 ①夭柱:短命早死。 ②勖励:勉励。

【评解】 《贞观政要》中,房玄龄对唐太宗的赞誉之词比比皆是,由此可见他与一向讽喻诤谏的魏征之不同。

贞观十一年,太宗谓侍臣曰:"狄人杀卫懿公,尽食其肉,独留其肝。懿公之臣弘演呼天大哭,自出其肝,而内懿公之肝于其腹中。今觅此人,恐不可得。"特进魏征对曰:"昔豫让为智伯报仇,欲刺赵襄子,襄子执而获之,谓之曰:'子昔事范、中行氏乎?智伯尽灭之,子乃委质智伯,不为报仇;今即为智伯报仇,何也?'让答曰:'臣昔事范、中行,范、中行以众人遇我,我以众人报之。智伯以国士遇我①,我以国士报之。'在君礼之而已,亦何谓无人焉?"

【译文】 贞观十一年(637年),唐太宗对身边侍从的大臣说:"狄人杀了卫懿公,把他的肉都吃光了,只留下了他的肝。卫懿公的大臣弘演对天号哭,自己取出了自己的肝,而把卫懿公的肝放在自己腹中。如今找这样的人,恐怕找不到了。"特进魏征回答说:"当年豫让为了给智伯报仇,想要刺杀赵襄子,赵襄子抓住了他,对他说:'你当年不是也曾经侍奉范氏和中行氏吗?智伯把他们都消灭了,你于是留在了智伯那里,不为范氏和中行氏报仇;如今你却为智伯报仇,为什么呢?'豫让回答说:'我当年侍奉范氏、中行氏,范氏和中行氏以对待一般人的态度对待我,我也以对待一般人的态度回报他们。智伯以对待一国中最优秀的人物的态度对待我,我也以对待一国中最优秀的人物的态度回报他。'只在于君主能不能以礼待人而已,又怎么能够说没有人呢?"

【注释】 ①国士:一国中才能最优秀的人物。

【评解】 正如孟子所说:"国君把臣下像自己的手脚一样看待,那么臣下就会把国君像自己的腹心一样看待;国君把臣下像狗马一样看待,那么臣下就会把国君像路人一样看待;国君把臣下像泥土草芥一样看待,那么臣下就会把国君像仇敌一样看待。"

贞观十二年,太宗幸蒲州,因诏曰:"隋故鹰击郎将尧君素,往在大业,受任河东,固守忠义,克终臣节。虽桀犬吠尧①,有乖倒戈之志,疾风劲草,实表岁寒之心②。爰践兹境,追怀往事,宜锡宠命③,以申劝奖。可追赠蒲州刺史,仍访其子孙以闻。"

【译文】 贞观十二年(638年),唐太宗来到蒲州,于是下诏说:"隋朝前鹰击郎将尧君素,当年在大业年间的时候,受命任职于河东,恪守忠义,最终能够保全臣节。虽然是桀犬吠尧,各为其主,违背了倒转武器攻击暴君的志向,但是疾风知劲草,的确能够表明其坚贞的意志。如今踏上了这块土地,追思往事,应当给予他加恩赏赐,来表明劝勉奖赏。可追封他为蒲州刺史,再寻访他的子孙奏闻上来。"

【注释】 ①桀犬吠尧:出自汉代邹阳《狱中上书自明》:"今人主诚能去骄傲之心,怀可报之意,披心腹,见情素,隳肝胆,施德厚,终与之穷达,无爱於士,则桀之狗可使吠尧,而跖之客可使刺由。"桀相传是夏朝的末代暴君,尧是传说中远古时代的圣君。桀的狗向着尧乱叫,比喻坏人的爪牙攻击好人,或各为其主。 ②岁寒:一年的严寒时节,比喻忠贞不屈的节操。 ③宠命:加恩特赐的任命。

【评解】 在这里,唐太宗表彰他的"仇敌"尧君素,无疑是为了给自己的臣子树立一个忠贞不贰的榜样。

贞观十二年,太宗谓中书侍郎岑文本曰:"梁、陈名臣,有谁可称?复有子弟堪招引否①?"文本奏言:"隋师入陈,百司奔散,莫有留者,惟尚书仆射袁宪独在其主之傍。王世充将受隋禅,群僚表请劝进②,宪子国子司业承家,托疾独不署名。此之父子,足称忠烈。承家弟承序,今为建昌令,清贞雅操,实继先风。"由是召拜晋王友,兼令侍读,寻授弘文馆学士。

【译文】 贞观十二年(638年),唐太宗对中书侍郎岑文本说:"梁、陈时期有名的大臣,有谁可以称道?还有子孙可以招致吗?"岑文本回答说:"隋朝的军队占领了陈的都城,各个部门的官员都逃散了,没有留下来的,只有尚书仆射袁宪一个人在他的君主的身边。王世充想要接受隋朝的禅让,群臣联名上表劝他登上帝位,只有袁宪的儿子国子司业袁承家,一个人推脱有病不署名。这样的父子,足可以称为忠烈。袁承家的弟弟袁承序,如今为建昌令,清廉忠贞德行高雅,确实是继承了前人的遗风。"于是将他召来封为晋王府的辅佐,兼任侍读,不久又授予他弘文馆学士。

【注释】 ①招引:招致。 ②劝进:劝登帝位。

【评解】 在中国历史上,旌表、表彰是统治者常用的手段。通过这种方法树立起来的道德榜样对于其他社会成员来说,无疑会起到巨大的激励作用。

贞观十五年,诏曰:"朕听朝之暇,观前史,每览前贤佐时,忠臣徇国①,何尝不想见其人,废书钦叹②!至于近代以来,年岁非远,然其胤绪,或当见存,纵未能显加旌表,无容弃之遐裔③。其周、隋二代名臣及忠节子孙,有贞观已来犯罪配流者,宜令所司具录奏闻。"于是多从矜宥④。

【译文】 贞观十五年(641年),唐太宗下诏说:"我在上朝听政的闲暇,观看前代的史籍,每当看到前代的贤臣辅佐当时的君主,忠臣为国家牺牲性命,何尝不想见到这样的人,于是放下书嗟叹不已!至于近代以来,时间还不是很远,然而他们的子孙,有的应当还在,即使不能给予显赫的表彰,也不允许抛弃他们的后裔。周、隋二代名臣及忠节之士的子孙,有在贞观以来犯罪发配流放的,应当让有关部门全部统计下来予以上奏。"于是很多人都被饶恕赦免。

【注释】 ①徇国:为国家利益而献出生命。徇,通"殉"。 ②钦叹:嗟叹。 ③遐裔:后裔。 ④矜宥:矜怜宽宥。

【评解】 古代统治者表彰的对象,其实往往就是他们所期望的某种道德品质的化身。

贞观十九年,太宗攻辽东安市城①,高丽人众皆死战,诏令耨萨延寿、惠真等降,众止其城下以招之,城中坚守不动。每见帝幡旗,必乘城鼓噪②。帝怒甚,诏江夏王道宗筑土山,以攻其城,竟不能克。太宗将旋师,嘉安市城主坚守臣节,赐绢三百匹,以劝励事君者。

【译文】 贞观十九年(645年),唐太宗攻打辽东的安市城,高丽的守城军民都拼死战斗,太宗下诏让耨萨延寿、惠真等人投降,人马停止攻城驻扎在城下招降他们,但城中坚守不动。每当看到唐太宗的旗帜,他们都会登上城头擂鼓呐喊。唐太宗非常生气,下令江夏王李道宗修筑土山,用来攻城,最终也没有攻克。唐太宗将要班师的时候,赞赏安市城的主将坚守臣节,赐给他三百匹绢,以劝勉激励侍奉君主的人。

【注释】 ①安市城:在今辽宁安平境内。 ②乘城:登城。鼓噪:擂鼓呐喊,鸣鼓喧哗。

【评解】 李世民晚年穷兵黩武之际,仍未忘记砥砺臣属的忠义之节。

孝友第十五

司空房玄龄事继母,能以色养①,恭谨过人。其母病,请医人至门,必迎拜垂泣。及居丧,尤甚柴毁②。太宗命散骑常侍刘洎就加宽譬,遗寝床、粥食、盐菜。

【译文】 司空房玄龄侍奉继母,能够做到和颜悦色地奉养,恭敬谨慎超过常人。他的母亲病了,请医生到他家里来看病,他一定要亲迎并拜谢,悲伤地哭泣。到居丧的时候,他因过度悲伤而特别消瘦憔悴。唐太宗命散骑常侍刘洎前往宽慰他,并送给他寝床、粥食、盐菜。

【注释】 ①色养:出自《论语·为政》:"子游问孝。子曰:'今之孝者,是谓能养。'……子夏问孝。子曰:'色难。'"何晏《集解》引包咸曰:"色难者,谓承顺父母颜色乃为难也。"朱熹《集注》曰:"色难,谓事亲之际,惟色为难也。"后人称人子和颜悦色地奉养父母或承顺父母颜色为"色养"。 ②柴毁:指居丧期间过于悲伤,骨瘦如柴,形容憔悴。

【评解】 《孝经》中说:"君子之事亲孝,故忠可移于君。"所以封建时代的统治者出于维护自己统治的考虑,对于"孝"道的提倡也大多颇为热心。

虞世南,初仕隋,历起居舍人。宇文化及杀逆之际,其兄世基时为内史侍郎,将被诛,世南抱持号泣,请以身代死,化及竟不纳。世南自此哀毁骨立者数载①,时人称重焉。

【译文】 虞世南,最初的时候在隋朝为官,做过起居舍人。宇文化及谋反杀死隋炀帝的时候,他的哥哥虞世基当时是内史侍郎,将要被杀死,虞世南抱着他痛哭,要求自己替哥哥死,宇文化及竟然没有听从。虞世南从此悲伤憔悴极端消瘦达数年之久,当时的人们对他都很称许看重。

【注释】 ①骨立:形容人消瘦到极点。

【评解】 孝、悌是相互联系的两种德性。同时,"事兄悌,故顺可移于长"。弟对兄的悌在中国传统社会中也被认为是维护宗法等级制度的基本德性。

韩王元嘉①,贞观初为潞州刺史。时年十五,在州闻太妃有疾,便涕泣不食,及至京师发丧,哀毁过礼。太宗嘉其至性,屡慰勉之。元嘉闺门修整②,有类寒素士大夫,与其弟鲁哀王灵夔甚相友爱,兄弟集见,如布衣之礼。其修身洁己,内外如一,当代诸王莫能及者。

【译文】 韩王李元嘉,贞观初年做潞州刺史。当时年龄只有十五岁,在潞州听说皇太妃有病,便哭泣不吃饭,等到京城发丧的时候,哀痛伤毁超过了礼制的规定。唐太宗赞许他情真意切,数次安慰劝勉他。李元嘉家风严整,就像寒门的士大夫一样,与他的弟弟鲁哀王李灵夔非常友爱,兄弟聚会见面,礼节同普通老百姓一样。他修养品德端正自身,表里如一,同时代的亲王没有能够比得上的。

【注释】 ①韩王元嘉:唐高祖的第十一个儿子李元嘉,封为韩王。 ②闺门:宫苑、内室的门,借指宫廷、家庭。

【评解】 想想他的前辈如李元吉,以及李泰、李恪等人的结局,元嘉"过礼"的孝悌也许另有苦衷。

霍王元轨①,武德中,初封为吴王。贞观七年,为寿州刺史,属高祖崩②,去职,毁瘠过礼。自后常衣布服,示有终身之戚。太宗尝问侍臣曰:"朕子弟孰贤?"侍中魏征对曰:"臣愚暗,不尽知其能,惟吴王数与臣言,臣未尝不自失。"太宗曰:"卿以为前代谁比?"征曰:"经学文雅,亦汉之间、平③,至如孝行,乃古之曾、闵也。"由是宠遇弥厚,因令妻征女焉。

【译文】 霍王李元轨,武德年间最初被封为吴王。贞观七年,担任寿州刺史,恰逢唐高祖去世,辞去官职,哀痛毁伤超过礼数。从此之后经常穿着布衣,表示终生悲痛。唐太宗曾经问身边侍从的大臣:"我的儿子兄弟中谁最贤德?"侍中魏征回答说:"我愚蠢暗蔽,不能完全了解他们的特长,只是吴王多次同我谈论,我始终感到不如他。"唐太宗说:"你认为他可以与前代的谁相比?"魏征说:"经学文才,同汉代的河间献王、东平献王一样;至于孝行,同古代孔子的弟子曾参、闵子骞一样。"因此唐太宗对这个弟弟更加宠爱优待,于是命令他娶了魏征的女儿。

【注释】 ①霍王元轨:李渊的第十四子李元轨,曾封为霍王。 ②属(zhǔ):恰好遇到,恰逢。 ③汉之间、平:西汉的河间献王刘德和东汉的东平献王刘苍。

【评解】 孝行是贤德的重要组成部分,但毕竟不是全部。李元轨或许有一定的才能和德行,但从历史评价的角度看,与汉代的刘苍以及曾参、闵子骞等孔门弟子确实有不小差距。由此可见,魏征对于自己这位未来的女婿也是过誉了。

贞观中,有突厥史行昌直玄武门,食而舍肉,人问其故,曰:"归以奉母。"太宗闻而叹曰:"仁孝之性,岂隔华夷?"赐尚乘马一匹①,诏令给其母肉料。

【译文】 贞观年间,有个突厥人史行昌在玄武门当值,吃饭的时候把肉放在一边,别人问他原因,他说:"回家给母亲吃。"唐太宗听到之后感叹道:"仁爱孝顺的本性,难道会因是华族还是夷族而有所不同吗?"赐给他尚乘局中的马一匹,下令供给他的母亲肉食。

【注释】 ①尚乘:即尚乘局,隋炀帝时始置,职责是为皇室养马。

【评解】 本章似乎要引导人们得出这样一个结论:孝作为至德要道,是不分民族、种族的。

公平第十六

太宗初即位,中书令房玄龄奏言:"秦府旧左右未得官者,并怨前宫及齐府左右处分之先己①。"太宗曰:"古称至公者,盖谓平恕无私②。丹朱、商均,子也,而尧、舜废之。管叔、蔡叔,兄弟也,而周公诛之。故知君人者,以天下为公,无私于物。昔诸葛孔明,小国之相,犹曰'吾心如称,不能为人作轻重',况我今理大国乎?朕与公等衣食出于百姓,此则人力已奉于上,而上恩未被于下,今所以择贤才者,盖为求安百姓也。用人但问堪否,岂以新故异情?凡一面尚且相亲,况旧人而顿忘也!才若不堪,亦岂以旧人而先用?今不论其能不能,而直言其嗟怨,岂是至公之道耶?"

【译文】 唐太宗刚即位的时候,中书令房玄龄上奏说:"秦王府的老部下没有获得官职的人,都埋怨前东宫和齐王府的部下比自己安置得早。"唐太宗说:"古代称得上最公正的人,都说他们是持平宽仁没有私心。丹朱、商均,是儿子,但尧、舜废了他们。管叔、蔡叔,是兄弟,但周公杀了他们。由此可见治理人民的人,以天下为公,不偏私个人。当年诸葛孔明,是小国的丞相,尚且说'我的心就像秤一样,不能因为人而规定轻重的标准',何况我如今治理大国呢?我与你们的衣食都是出自老百姓,这是人民的力气已经用来侍奉君上,而君上的恩德还没有泽及下面的百姓,如今之所以选择贤才的原因,是为了追求老百姓安定啊。任用人才只考察是否胜任,哪能够因为关系新旧而态度不一呢?人曾经见过一面尚且会产生亲近感,何况是旧部署,哪能马上就忘了呢!才能如果不胜任,又怎么能够是老关系就优先任用呢?如今我们如果不讨论他们有没有才能,就径直说他们有怨言,这难道是至公之道吗?"

【注释】 ①处分:安置。 ②平恕:持平宽仁。

【评解】 《管子》将"君主应当重视三件事情:一是德不当其位,二是功不当其禄,三是能不当其官"作为治国的"三本",因此赏罚作为一种激励手段如果要让它很好地发挥作用,就必须做到公正。

贞观元年,有上封事者,请秦府旧兵并授以武职,追入宿卫。太宗谓曰:"朕以天下为家,不能私于一物,惟有才行是任,岂以新旧为差?况古人云:'兵犹火也,弗戢将自焚①。'汝之此意,非益政理。"

【译文】 贞观元年(627年),有人秘密上奏章,请求将秦王府的旧兵都授予武职,追加进入宫廷侍卫之中。唐太宗说:"我以天下为家,不能偏私于一人,只任用有才德品行的人,怎么能凭关系新旧来差遣呢?况且古人说:'武力就像火一样,不知道停止必将自焚。'你的这个意见,不利于国家安定。"

【注释】 ①兵犹火也,弗戢将自焚:出自《左传·隐公四年》:"夫兵犹火也,弗戢,将自焚也。"戢:停止。

【评解】 唐太宗深知他所管理的是整个国家,如果对故旧偏私,无疑不利于对天下的治理。

贞观元年,吏部尚书长孙无忌尝被召,不解佩刀入东上阁门,出阁门后,监门校尉始觉。尚书右仆射封德彝议,以监门校尉不觉,罪当死,无忌误带刀入,徒二年,罚铜二十斤。太宗从之。大理少卿戴胄驳曰:"校尉不觉,无忌带刀入内,同为误耳。夫臣子之于尊极,不得称误,准律云①:'供御汤药、饮食、舟船,误不如法者,皆死。'陛下若录其功,非宪司所决;若当据法,罚铜未为得理。"太宗曰:"法者非朕一人之法,乃天下之法,何得以无忌国之亲戚,便欲挠法耶?"更令定议。德彝执议如初,太宗将从其议,胄又驳奏曰:"校尉缘无忌以致罪,于法当轻,若论其过误,则为情一也,而生死顿殊,敢以固请。"太宗乃免校尉之死。

是时,朝廷大开选举,或有诈伪阶资者②,太宗令其自首,不首,罪至于死。俄有诈伪者事泄,胄据法断流以奏之。太宗曰:"朕初下敕,不首者死,今断从法,是示天下以不信矣。"胄曰:"陛下当即杀之,非臣所及,既付所司,臣不敢亏法。"太宗曰:"卿自守法,而令朕失信耶?"胄曰:"法者,国家所以布大信于天下;言者,当时喜怒之所发耳。陛下发一朝之忿,而许杀之,既知不可,而置之以法,此乃忍小忿而存大信,臣窃为陛下惜之。"太宗曰:"朕法有所失,卿能正之,朕复何忧也!"

【译文】 贞观元年(627年),吏部尚书长孙无忌曾经被召见,他没有解下佩刀就直接进入了东上阁门,出了阁门之后,看门的校尉才发觉。尚书右仆射封德彝议处,认为监门校尉没有发觉,论罪应当处死,长孙无忌误带刀进宫,应徒刑两年,罚铜二十斤。唐太宗听从了他的意见。大理少卿戴胄反驳说:"校尉没有发觉,长孙无忌带刀入宫,同样都是失误。臣子对于皇帝,不能以失误推脱。依照法律规定:'供应给皇帝的汤药、饮食、舟船,因为失误而不符合法律者,都要处死。'陛下如果根据他的功劳,这就不是司法部门所能决断的;如果根据法律,罚铜则是不合理的。"唐太宗说:"法律不是我一个人的法律,乃是天下的法律,怎么能够因为长孙无忌是皇室的亲戚,就要枉法呢?"重新命令拟议定罪。封德彝仍然坚持原来的拟议,唐太宗打算同意他的拟议,戴胄又上奏反驳说:"校尉因为长孙无忌而获罪,根据法律应当更轻,如果根据他们的失误,那么情况是一样的,而处罚的结果却是生死悬殊,所以我还是坚决请求重新拟议。"唐太宗于是免去校尉的死罪。

　　这时,朝廷大规模选拔举荐人才,有人假造职位和资历,唐太宗让他们自首,如果不自首,就要处以死罪。不久有人因为造假而被揭露,戴胄根据法律判决流放并上奏。唐太宗说:"我当初曾经下令,不自首的人处死,如今你根据法律来判决,是向天下人表明我不守信用啊。"戴胄说:"陛下您如果当时杀了他,这不是我能干涉的,既然交给了相关部门处理,我不敢不遵守法律。"唐太宗说:"你自己遵守法律,而让我丧失信用吗?"戴胄说:"法律,是国家为了向天下宣布大信用的;言语,是当时因一时的喜怒而说出的。陛下因为一朝发怒,而主张杀他,已经知道这样做不可以,所以根据法律处置,这是忍住小怒气而保存大信用,我替陛下珍惜这一点。"唐太宗说:"我对待法律有过失,你能匡正我,我还有什么可忧虑的呢!"

【注释】　①准律:依照法律。　②阶资:职位和资历。

【评解】　法律一经颁布,便成为硬性的准则,不能因为个人的喜怒而随意变更,否则,法律在社会秩序维护中的作用将无法得到保障。

　　贞观二年,太宗谓房玄龄等曰:"朕比见隋代遗老,咸称高颎善为相者,遂观其本传①,可谓公平正直,尤识治体,隋室安危,系其存没。炀帝无道,枉见诛夷,何尝不想见此人,废书钦叹!又汉、魏已来,诸葛亮为丞相,亦甚平直,尝表废廖立、李严于南中,立闻亮卒,泣曰:'吾其左衽矣②!'严闻亮卒,发病而死。故陈寿称③:'亮之为政,开诚心,布公道,尽忠益时者,虽仇必赏;犯法怠慢者,虽亲必罚。'卿等岂可不企慕及之?朕今每慕前代帝王之善者,卿等亦可慕宰相之贤者,若如是,则荣名高位,可以长守。"玄龄对曰:"臣闻理国要道,在于公平正直,故《尚书》云:'无偏无党,王道荡荡。无党无偏,王道平平④。'又孔子称'举直错诸枉,则民服⑤'。今圣虑所尚,诚足以极政教之源,尽至公之要,囊括区宇,化成天下。"太宗曰:"此直朕之所怀,岂有与卿等言之而不行也?"

【译文】 贞观二年(628年),唐太宗对房玄龄等人说:"我近来见到隋朝留下的旧臣,都称赞高颎是善于当宰相的人,于是就看正史中他的传记,他可以称得上公平正直,特别通晓国家治理的策略,隋朝的安危同他的生死直接联系在一起。隋炀帝无道,他含冤被杀,我何尝不想见到这样的人啊,放下书后嗟叹不已!另外,汉、魏以来,诸葛亮做丞相,也是非常公平正直,曾经在南中上表请求罢免廖立和李严,廖立听说诸葛亮去世,哭着说:'我们或许要亡国了啊!'李严听说诸葛亮去世,得病死去了。所以陈寿说:'诸葛亮治理国家,敞开诚心,发扬公道,尽忠国家,有利于当时的人,即使与自己有仇也一定会赏赐;违犯法律玩忽懈怠的人,即使是自己的亲信也一定要处罚。'你们难道不仰慕并希望做得像他一样吗?我如今经常思慕前代帝王中那些明君,你们也可以仰慕宰相中的那些贤相,如果这样,那么光荣的名声尊贵的地位,就可以长久地保持。"房玄龄回答说:"我听说治理国家最重要的法则,就在于公平正直,所以《尚书》中说:'没有偏心没有私情,王道广阔博大;没有私情没有偏私,王道公允有序。'另外孔子也说:'使正直的人的地位位于奸邪的人之上,那么人民就会信服。'如今您的思虑所崇尚的,确实足以达到国家教化的根源,穷尽最公正之道的要义,包罗宇内,化成天下。"唐太宗说:"这正是我所关心的,哪能与你们说过了而不实行呢?"

【注释】 ①本传:见于正史的人物传记。 ②左衽:出自《论语·宪问》:"微管仲,吾其被发左衽矣。"左衽,衣襟向左掩,北方少数民族的装束习惯,代指国家灭亡于外族。 ③陈寿:西晋史学家,《三国志》的作者。 ④无偏无党,王道荡荡。无党无偏,王道平平:出自《尚书·洪范》。党:偏私,偏袒。荡荡:广大、浩大的样子。平平:治理有序。 ⑤举直错诸枉,则民服:出自《论语·为政》。错:同"措"。

【评解】 诸葛亮认为,国家在施政中必须要"喜不应喜无喜之事,怒不应怒无怒之物,喜怒之间,必明其类"(《便宜十六策·喜怒》)。只有做到了赏罚公平,使好人都能得到鼓励,恶行都能受到惩治,才能够使刑罚之政真正起到教化人民的目的。

长乐公主,文德皇后所生也。贞观六年将出降①,敕所司资送②,倍于长公主③。魏征奏言:"昔汉明帝欲封其子,帝曰:'朕子岂得同于先帝子乎?可半楚、淮阳王。'前史以为美谈。天子姊妹为长公主,天子之女为公主,既加长字,良以尊于公主也,情虽有殊,义无等别。若令公主之礼有过长公主,理恐不可,实愿陛下思之。"太宗称善,乃以其言告后,后叹曰:"尝闻陛下敬重魏征,殊未知其故,而今闻其谏,乃能以义制人主之情,真社稷臣矣!妾与陛下结发为夫妻,曲蒙礼敬,情义深重,每将有言,必俟颜色,尚不敢轻犯威严,况在臣下,情疏礼隔?故韩非谓之说难,东方朔称其不易,良有以也。忠言逆耳而利于行,有国有家者深所要急,纳之则世治,杜之则政乱,诚愿陛下详之,则天下幸甚!"因请遣中使赍帛五百匹,诣征宅以赐之。

【译文】 长乐公主是文德皇后所生。贞观六年将要出嫁,太宗命令有关部门置办陪嫁,数量超过长公主的一倍。魏征上奏说:"当初汉明帝想要封他的儿子,他说:'我的儿子怎么能够同先帝的儿子等同呢?分封的规模可以是楚王、淮阳王的一半。'以前的史家将此当做美谈。天子的姊妹称为长公主,天子的女儿称为公主,既然加了一个长字,确实就比公主尊贵啊,感情上虽然有差别,道理上没有等级的区分,如果让对公主的礼节超过长公主,于理来说恐怕不可以,希望陛下好好考虑这件事。"唐太宗认为他说得好,于是把魏征的话转告了皇后,皇后叹息说:"曾经听说陛下敬重魏征,非常不理解其中的原因,如今听到他的劝谏,他竟然能够用礼义制约君主的私情,真是国家的栋梁啊!我和陛下结发为夫妻,承蒙陛下礼遇敬重,情义深厚,每当有话对你说时,一定要看你的脸色,尚且不敢轻易冒犯威严,何况是臣下,感情更疏远,礼节上也有距离呢?所以韩非称劝说君主是难事,东方朔也说这样做不易,的确是有原因的。忠言逆耳利于行,对于有国有家需要治理的人来说极为重要,听从,社会就能治理好,拒绝,政局就要混乱,深切希望陛下能够好好思考思考,那么对于天下来说就是一件极大的幸事!"于是请求让宫中的使节带五百匹帛,到魏征的府第赐给他。

【注释】 ①出降:帝王之女出嫁,因帝王地位高,故称。 ②资送:置办陪嫁物品。 ③长公主:皇帝的姊妹的封号,仪服同藩王。

【评解】 公正作为原则,不仅是法律活动中应当遵循的,同样是礼制的重要要求。古人认为,严格按照礼制行事,离公正的原则就不远了。

刑部尚书张亮坐谋反下狱①,诏令百官议之,多言亮当诛,惟殿中少监李道裕奏亮反形未具,明其无罪。太宗既盛怒,竟杀之。俄而刑部侍郎有阙,令宰相妙择其人,累奏不可。太宗曰:"吾已得其人矣。往者李道裕议张亮云'反形未具',可谓公平矣。当时虽不用其言,至今追悔。"遂授道裕刑部侍郎的职务。

【译文】 刑部尚书张亮被定罪为谋反而投进了监狱,唐太宗下诏让百官议处,大多数人都说张亮应当处死,只有殿中少监李道裕上奏说张亮谋反的事实尚未成立,申明他无罪。唐太宗已经非常生气,竟然将张亮杀掉。不久刑部侍郎的职位有空缺,让宰相仔细选择合适的人,数次上奏都没获批准。唐太宗说:"我已经有人选了。从前李道裕议处张亮时说'造反的事实尚未成立',可以说是非常公平的。当时虽然没有听从他的话,但至今仍然很后悔。"于是授予道裕刑部侍郎的职务。

【注释】 ①坐:定罪,因……而获罪。

【评解】 从唐太宗对待张亮一事的做法上可见,在集权制度之下,法律的公正与个人的好恶之间的关系的确是很难处理好的。

贞观初,太宗谓侍臣曰:"朕今孜孜求士,欲专心政道,闻有好人,则抽擢驱使①。而议者多称'彼者皆宰臣亲故',但公等至公,行事勿避此言,便为形迹②。古人'内举不避亲,外举不避仇',而为举得其真贤故也。但能举用得才,虽是子弟及有仇嫌,不得不举。"

【译文】 贞观初年,唐太宗对身边侍从的大臣说:"我如今不知疲倦搜求贤士,是一心打算治理好国家,听说有好的人才,就提拔任用。而议论的人经常说'这些人都是辅佐大臣的亲戚故旧',只要你们有至公之心,做事的时候就不要刻意避免这样的议论,对于这样的嫌疑要灵活处理。古人说'举荐内部的人不回避亲属,举荐外面的人不回避仇人',这样做的原因是为了举荐到真正的贤才。只要推举任用能够得到贤才,无论是自己的子弟还是与自己有怨仇的人,都不能不举荐。"

【注释】 ①抽擢:提拔。 ②形迹:嫌疑。

【评解】 "举贤不避亲",其实正是秉持公道的表现。而在现实生活中,这条原则往往被人曲解,成为举"亲"拒"贤"的借口。

贞观十一年,时屡有阉宦充外使,妄有奏,事发,太宗怒。魏征进曰:"阉竖虽微,狎近左右,时有言语,轻而易信,浸润之谮①,为患特深。今日之明,必无此虑,为子孙教,不可不杜绝其源。"太宗曰:"非卿,朕安得闻此语?自今已后,充使宜停。"魏征因上疏曰:

臣闻为人君者,在乎善善而恶恶,近君子而远小人。善善明,则君子进矣;恶恶著,则小人退矣。近君子,则朝无秕政②;远小人,则听不私邪。小人非无小善,君子非无小过。君子小过,盖白玉之微瑕;小人小善,乃铅刀之一割③。铅刀一割,良工之所不重,小善不足以掩众恶也;白玉微瑕,善贾之所不弃,小疵不足以妨大美也。善小人之小善,谓之善善,恶君子之小过,谓之恶恶,此则蒿兰同臭,玉石不分,屈原所以沉江,卞和所以泣血者也。既识玉石之分,又辨蒿兰之臭,善善而不能进,恶恶而不能去,此郭氏所以为墟,史鱼所以遗恨也。

陛下聪明神武,天姿英睿,志存泛爱,引纳多途。好善而不甚择人,疾恶而未能远佞。又出言无隐,疾恶太深,闻人之善或未全信,闻人之恶以为必然。虽有独见之明,犹恐理或未尽。何则?君子扬人之善,小人讦人之恶。闻恶必信,则小人之道长矣;闻善或疑,则君子之道消矣。为国家者,急于进君子而退小人,乃使君子道消,小人道长,则君臣失序,上下否隔④,乱亡不恤⑤,将何以治乎?且世俗常人,心无远虑,情在告讦,好言朋党。夫以善相成谓之同德,以恶相济谓之朋党。今则清浊共流,善恶无别,以告讦为诚直,以同德为朋党。以之为朋党,则谓事无可信;以之为诚直,则谓言皆可取。此君恩所以不结于下,臣忠所以不达于上。大臣不能辩正,小臣莫之敢论,远近承风,混然成俗,非国家之福,非为治之道。适足以长奸邪,乱视听,使人君不知所信,臣下不得相安。若不远虑,深绝其源,则后患未之息也。今之幸而未败者,由乎君有远虑,虽失之于始,必得之于终故也。若时逢少隳,往而不返,虽欲悔之,必无所及。既不可以传诸后嗣,复何以垂法将来?且夫进善黜恶,施于人者也;以古作鉴,施于己者也。鉴貌在乎止水,鉴己在乎哲人⑥。能以古之哲王鉴于己之行事,则貌之妍丑宛然在目⑦,事之善恶自得于心,无劳司过之史,不假刍荛之议,巍巍之功日著,赫赫之名弥远。为人君者不可务乎?

臣闻道德之厚,莫尚于轩、唐;仁义之隆,莫彰于舜、禹。欲继轩、唐之风,将追舜、禹之迹,必镇之以道德,弘之以仁义,举善而任之,择善而从之。不择善任能,而委之俗吏,既无远度,必失大体。惟奉三尺之律⑧,以绳四海之人,欲求垂拱无为,不可得也。故圣哲君临,移风易俗,不资严刑峻法,在仁义而已。故非仁无以广施,非义无以正身。惠下以仁,正身以义,则其政不严而理,其教不肃而成矣。然则仁义,理之本也;刑罚,理之末也。为理之有刑罚,犹执御之有鞭策也。人皆从化,而刑罚无所施;马尽其力,则有鞭策无所用。由此言之,刑罚不可致理,亦已明矣。故《潜夫论》曰:"人君之治莫大于道德教化也。民有性、有情、有化、有俗。情性者,心也,本也;化俗者,行也,末也。是以上君抚世,先其本而后其末,顺其心而履其行。心情苟正,则奸慝无所生,邪意无所载矣。是故上圣无不务治民心⑨,故曰:'听讼,吾犹人也,必也使无讼乎?'⑩'道之以礼,务厚其性而明其情。民相爱,则无相伤害之意;动思义,则无畜奸邪之心。若此,非律令之所理也,此乃教化之所致也。圣人甚尊德礼而卑刑罚,故舜先敕契以敬敷五教,而后任咎繇以五刑也。凡立法者,非以司民短而诛过误也,乃以防奸恶而救祸患,检淫邪而内正道。民蒙善化,则人有士君子之心;被恶政,则人有怀奸乱之虑。故善化之养民,犹工之为曲蘖也⑪。六合之民,犹一荫也⑫,黔首之属,犹豆麦也,变化云为,在将者耳!遭良吏,则怀忠信而履仁厚;遇恶吏,则怀奸邪而行浅薄。忠厚积,则致太平;浅薄积,则致危亡。是以圣帝明王,皆敦德化而薄威刑也。德者,所以循己也;威者,所以治人也。民之生也,犹铄金在炉,方圆薄厚,随熔制耳!是故世之善恶,俗之薄厚,皆在于君。世之主诚能使六合之内、举世之人,感忠厚之情而无浅薄之恶,各奉公正之心,而无奸险之虑,则醇酽之俗⑬,复见于兹矣。"后王虽未能遵,专尚仁义,当慎刑恤典,哀敬无私⑭,故管子曰:"圣君任法不任智,任公不任私。"故王天下,理国家。

贞观之初,志存公道,人有所犯,一一于法。纵临时处断或有轻重,但见臣下执论,无不忻然受纳。民知罪之无私,故甘心而不怨;臣下见言无忤,故尽力以效忠。顷年以来⑮,意渐深刻⑯,虽开三面之网,而察见渊中之鱼⑰,取舍在于爱憎,轻重由乎喜怒。爱之者,罪虽重而强为之辞;恶之者,过虽小而深探其意。法无定科⑱,任情以轻重;人有执论,疑之以阿伪。故受罚者无所控告,当官者莫敢正言。不服其心,但穷其口,欲加之罪,其无辞乎?又五品已上有犯,悉令曹司闻奏。本欲察其情状,有所哀矜;今乃曲求小节,或重其罪,使人攻击惟恨不深。事无重条,求之法外所加,十有六七,故顷年犯者惧上闻,得付法司,以为多幸。告讦无已,穷理不息,君私于上,吏奸于下,求细过而忘大体,行一罚而起众奸,此乃背公平之道,乖泣辜之意,欲其人和讼息,不可得也。

故《体论》云⑲:"夫淫泆盗窃,百姓之所恶也,我从而刑罚之,虽过乎当,百姓不以我为暴者,公也。怨旷饥寒⑳,亦百姓之所恶也,遁而陷之法,我从而宽宥之,百姓不以我为偏者,公也。我之所重,百姓之所憎也;我之所轻,百姓之所怜也。是故赏轻而劝善,刑省而禁奸。"由此言之,公之于法,无不可也,过轻亦可。私之于法,无可也,过轻则纵奸,过重则伤善。圣人之于法也公矣,然犹惧其未也,而救之以化,此上古所务也。后之理狱者则不然:未讯罪人,则先为之意,及其讯之,则驱而致之意,谓之能;不探狱之所由,生为之分㉑,而上求人主之微旨以为制㉒,谓之忠。其当官也能,其事上也忠,则名利随而与之。驱而陷之,欲望道化之隆,亦难矣。

凡听讼理狱,必原父子之亲,立君臣之义,权轻重之序,测浅深之量。悉其聪明,致其忠爱,疑则与众共之。疑则从轻者,所以重之也,故舜命咎繇曰:"汝作士㉓,惟刑之恤。"又复加之以三讯㉔,众所善,然后断之。是以为法,参之人情。故《传》曰:"小大之狱,虽不能察,必以情。"而世俗拘愚苛刻之吏,以为情也者取货者也,立爱憎者也,右亲戚者也,陷怨仇者也。何世俗小吏之情,与夫古人之悬远乎? 有司以此情疑之群吏,人主以此情疑之有司,是君臣上下通相疑也,欲其尽忠立节,难矣。

凡理狱之情,必本所犯之事以为主,不严讯,不旁求,不贵多端,以见聪明。故律正其举劾之法㉕,参伍其辞㉖,所以求实也,非所以饰实也,但当参伍明听之耳,不使狱吏锻炼饰理成辞于手㉗。孔子曰:"古之听狱,求所以生之也;今之听狱,求所以杀之也。"故析言以破律㉘,任案以成法,执左道以必加也。又《淮南子》曰:"沣水之深十仞㉙,金铁在焉,则形见于外。非不深且清,而鱼鳖莫之归也。"故为上者以苛为察,以功为明,以刻下为忠,以讦多为功,譬犹广革,大则大矣,裂之道也。夫赏宜从重,罚宜从轻,君居其厚,百王通制。刑之轻重,恩之厚薄,见思与见疾,其可同日言哉! 且法,国之权衡也,时之准绳也。权衡所以定轻重,准绳所以正曲直。今作法贵其宽平,罪人欲其严酷,喜怒肆志,高下在心,是则舍准绳以正曲直,弃权衡而定轻重者也,不亦惑哉? 诸葛孔明,小国之相,犹曰:"吾心如秤,不能为人作轻重。"况万乘之主,当可封之日,而任心弃法,取怨于人乎?

又时有小事,不欲人闻,则暴作威怒,以弭谤议。若所为是也,闻于外其何伤? 若所以非也,虽掩之何益? 故谚曰:"欲人不知,莫若不为;欲人不闻,莫若勿言。"为之而欲人不知,言之而欲人不闻,此犹捕雀而掩目,盗钟而掩耳者,只以取诮,将何益乎? 臣又闻之,无常乱之国,无不可理之民者。夫君之善恶由乎化之薄厚,故禹、汤以之理,桀、纣以之乱;文、武以之安,幽、厉以之危。是以古之哲王,尽己而不以尤人,求身而不以责下。故曰:"禹、汤罪己,其兴也勃焉;桀、纣罪人,其亡也忽焉。"为之无已,深乖恻隐之情,实启奸邪之路。温舒恨于囊日㉚,臣亦欲惜不用,非所不闻也。臣闻尧有敢谏之鼓,舜有诽谤之木,汤有司过之史,武有戒慎之铭。此则听之于无形,求之于未有,虚心以待下,庶下情之达上,上下无私,君臣合德者也。魏武帝云:"有德之君乐闻逆耳之言,犯颜之诤,亲忠臣,厚谏士,斥谗慝,远佞人者,诚欲全身保国,远避灭亡者也。"凡百君子,膺期统运,纵未能上下无私,君臣合德,可不全身保国,远避灭亡乎? 然自古圣哲之君,功成事立,未有不资同心,予违汝弼者也㉛。

昔在贞观之初，侧身励行㉜，谦以受物。盖闻善必改，时有小过，引纳忠规，每听直言，喜形颜色。故凡在忠烈，咸竭其辞。自顷年海内无虞，远夷慑服，志意盈满，事异厥初。高谈疾邪，而喜闻顺旨之说；空论忠谠，而不悦逆耳之言。私嬖之径渐开，至公之道日塞，往来行路，咸知之矣。邦之兴衰，实由斯道。为人上者，可不勉乎？臣数年以来，每奉明旨，深惧群臣莫肯尽言。臣切思之，自比来人或上书，事有得失，惟见述其所短，未有称其所长。又天居自高，龙鳞难犯，在于造次，不敢尽言，时有所陈，不能尽意，更思重竭，其道无因。且所言当理，未必加于宠秩㉝；意或乖忤，将有耻辱随之。莫能尽节，实由于此。虽左右近侍，朝夕阶墀㉞，事或犯颜，咸怀顾望，况疏远不接，将何以极其忠款哉？又时或宣言云："臣下见事，只可来道，何因所言，即望我用？"此乃拒谏之辞，诚非纳忠之意。何以言之？犯主严颜，献可替否，所以成主之美，匡主之过。若主听则惑，事有不行，使其尽忠谠之言，竭股肱之力，犹恐临时恐惧，莫肯效其诚款。若如明诏所道，便是许其面从，而又责其尽言，进退将何所据？欲必使乎致谏，在乎好之而已。故齐桓好服紫，而合境无异色；楚王好细腰，而后宫多饿死。夫以耳目之玩，人犹死而不违，况圣明之君求忠正之士，千里斯应，信不为难。若徒有其言，而内无其实，欲其必至，不可得也。

太宗手诏曰：

省前后讽谕，皆切至之意，固所望于卿也。朕昔在衡门㉟，尚惟童幼，未渐师保之训，罕闻先达之言㊱。值隋主分崩，万邦涂炭，慄慄黔黎㊲，庇身无所。朕自二九之年，有怀拯溺，发愤投袂㊳，便提干戈，蒙犯霜露，东西征伐，日不暇给，居无宁岁。降苍昊之灵㊴，禀庙堂之略，义旗所指，触向平夷。弱水、流沙㊵，并通辀轩之使㊶；被发左衽㊷，皆为衣冠之域㊸。正朔所班㊹，无远不届。及恭承宝历㊺，寅奉帝图㊻，垂拱无为，氛埃靖息㊼，于兹十有余年。斯盖股肱馨帷幄之谋，爪牙竭熊罴之力，协德同心，以致于此。自惟寡薄，厚享斯休㊽，每以抚大神器，忧深责重，常惧万机多旷，四聪不达，战战兢兢，坐以待旦。询于公卿，以至隶皂㊾，推以赤心。庶几明赖，一动以钟石㊿；淳风至德，永传于竹帛。克播鸿名，常为称首[51]。朕以虚薄，多惭往代，若不任舟楫，岂得济彼巨川？不藉盐梅，安得调夫五味？赐绢三百匹。

【译文】 贞观十一年(637年)，当时经常有宦官充当对外的使节，有一些虚假的陈奏,事情暴露之后,唐太宗非常生气。魏征说:"宦官虽然地位低微,但是在皇帝的身边,经常说一些话,皇帝稍有松懈就容易相信,长期浸染在无中生有的谗言之中,造成的危害特别严重。如今您明白了这个道理,一定就不会有这样的忧虑了,要把这个道理教给子孙,不能不杜绝它的源头。"唐太宗说:"如果不是你,我怎么能够听到这样的话呢?从此以后,宦官充当外使应当停止。"魏征于是上疏说:

  我听说作君主的人,在于喜欢好言行并且厌恶坏言行,接近君子并且疏远小人。喜欢好言行得到弘扬,那么君子就会被进用;厌恶坏言行受到彰扬,那么小人就会被黜退。接近君子,那么朝中就没有不良或有害的政治措施;疏远小人,那么听到的就不是偏私邪曲之语。小人并非没有小的优点,君子并非没有小的缺陷。君子的小缺陷,如同白玉上微小的瑕疵;小人的小优点,如同铅刀也能够切割一次。铅刀可以切割一次,好工匠不会看重它,因为小的优点不能够掩饰众多的缺陷;白玉有微小的瑕疵,好商人不会抛弃它,因为小的缺陷不足以妨碍整体的美感。喜欢小人的小优点,将此称为喜欢好言行,厌恶君子的小缺陷,将此称为厌恶坏言行,这就是认为蒿草和兰花气味相同,美玉和顽石不加区分,这就是屈原之所以投江,卞和之所以伤心哭泣的原因。既能够辨别美玉和顽石的不同,又能够区分蒿草和兰花的气味,但喜欢好言行不能够进用,厌恶坏言行不能够摒除,这就是郭国之所以成为废墟,史鱼之所以留下遗恨的原因。

  陛下聪明神武,天资英明,胸怀泛爱天下之心,选拔人才不拘一格。但喜欢好言行却不太重视人才的选择,厌恶坏言行却不能远离邪佞之人。另外说话的时候没有隐讳,厌恶邪行太过分,听说别人的好的言行或许不能够完全相信,听说别人的坏的言行就认为一定是这样。虽然陛下自身见识高明,但仍然害怕在道理上有未尽之处。为什么会这样呢?君子弘扬别人的善言善行,小人攻击人的过错短处。听说坏的言行必定相信,小人的做事原则就得到增强,小人的做事原则增强,那么君臣之间就会失去秩序,上下之间就会隔绝不通,这样国家混乱败亡都顾不了,将如何达到安定有序呢?况且世俗中的一般人,心中没有长远的考虑,本能就是攻击揭发别人,喜欢指责他人,朋比为党。用善言善行相互成全叫做同心同德,用恶言恶行相互帮助叫做朋比为党。如今的情况是清浊同流,善恶无别,把攻击告发当做诚实正直,以同心同德当做朋比为党。把他们看做朋比为党,就会说他们的事情不可信;认为他们诚实正直,就会说他们的话都可取。这就是君主的恩德为什么不能贯彻到下面,臣属的忠心不能够被君主了解的原因。地位高的大臣不能分辨纠正,地位低的小臣不敢妄加议论,远近都承继了这种风气,混混沌沌地就成为了风俗,这不是国家的福气,也不是治国之道。而这正能够助长奸邪,扰乱视听,使君主不知道该相信什么,臣下也不能够和谐相处。如果没有长远的考虑,彻底断绝这种不良风气的根源,那么后患就不可能阻止。如今国家幸而还没有因此而被败坏,是由于君主有长远的考虑,虽然开始的时候有所失误，但最终还是回到了正确的道路的缘故。如果世道稍有毁坏，发展下去不知纠正，虽然想要悔改，一定于事无补了。这样治理国家既然连后代都无法传给，又怎么能够留下来成为将来的法则呢？况且进用好人黜退坏人，是对待别人的原则；用古代的经验教训作为借鉴，是对待自身的原则。鉴察自己的容貌要靠静止的水，鉴察自身的言行要靠有智慧的人。能用古代有智慧的君王作为自己行事的借鉴，那么外表的美丑就能够清晰地呈现在眼前，事情的善恶就能够在自己的心中清楚地了解，这就不需要麻烦专管纠正过失的官吏，也不需要借助老百姓的议论，巍巍的功勋一天比一天显著，赫赫的名声传播得越来越远。做国君的人能够不致力于此吗？

我听说道德敦厚，没有人超过轩辕黄帝和唐尧；仁义突出，没有人比舜和禹更明显。想要继承轩辕黄帝和唐尧的遗风，打算追赶舜和禹的事功，一定要以道德作为根本，用仁义加以弘扬，选拔贤德的人加以任用，选择贤人并听从他们的建议。不能选择贤士并任用有才能的人，而把任务分派给普通的官吏，这样做既然没有长远的考虑，一定会背离治国的根本原则。只是拿着三尺法律，来约束天下人民，想要达到无为而治，是不可能的。所以圣明的君主统治天下，移风易俗，不靠严刑峻法，只是凭借仁义而已。所以不靠仁不能广施恩德，不靠义不能端正自身。用仁给下面的人恩惠，用义端正自身，那么国家的措施不严厉但却能够秩序井然，国家的教化不严格但能够形成好的风俗。既然这样，那么仁义，就是治国的根本；刑罚，就是治国的末节。治理国家有刑罚，就如同驾驭马车有鞭子一样，如果人民都接受了教化，那么刑罚就失去了作用；马尽了它的力，那么鞭子就没有什么用处。因此可以说，刑罚无法达到国家的安定有序，也已经是非常明显的道理了。所以汉代王符的《潜夫论》中说："君主治理国家没有比道德教化更重要的了。人民有本性、有感情、有教化、有风俗，感情和本性，是心，是根本；教化和风俗，是行，是末节。所以君主安抚天下，先用根本而后用末节，顺从人民的内心并遵循人民的行为。内心的感情如果端正，那么奸诈就无处生长，邪恶就无处承载。所以以前的圣人无不致力于整肃民心，所以说：'听讼断官司，我同别人一样，我的理想不就是要使人民不打官司吗？'用礼义加以引导，是要使人民善良的本性更敦厚，感情更加清明纯正。老百姓相互亲爱，就没有相互伤害的心思；行动考虑到义，在心里就不会积累奸邪。像这些，都不是靠法律能够调节的，这是教化所产生的效果。圣人非常尊崇道德礼义而鄙视刑罚，所以舜命令契来认真地向人民推行五德之教，然后才让咎繇使用五刑。国家制定法律，不是用来监视人民的短处并惩罚他们的过错失误，而是为了防止奸恶以挽救灾难祸乱，约束淫邪以将其纳入正道。人民接受了道德教化，那么人人都有士君子之心；遭受了残暴的政治，那么人人都有奸诈作乱的念头。所以用道德教化来培养老百姓，就如同工匠制作豆豉。人民处于天地间，就如同一个制作豆豉的地窖，老百姓之类的人，就好像制作豆豉用的豆子和小麦，让他们如何变化，就在于社会管理者了!遇到好的官吏,那么就会心怀忠诚守信而践行仁义敦厚;遇到坏的官吏,那么就会心怀奸邪而践行浅薄。忠厚积累,就能够导致太平;浅薄积累,就会导致危亡。所以圣明的帝王,都是重视道德教化而鄙薄威势刑罚。道德,是用来约束自己的;威势,是用来管理他人的。老百姓的性情,就如同在熔炉中熔炼金子一样,最终是方是圆是薄是厚,都随熔化制作而定!所以世风的善恶,风俗的厚薄,都在于君主。当世的君主如果能够使四海之内、举世之人都养成忠厚的情感并没有浅薄的恶劣品质,都秉持公正之心,就不会有奸邪险恶的打算,那么淳厚敦和的风俗,就可以再在当代出现了。"后来的帝王即使不能遵循这些议论,专门使用仁义来治理国家,也应当慎重使用刑罚,怀着怜悯之心应用法典,同情人民,公正无私,因此管子说:"圣明的君主使用法律但不使用智谋,遵循公道但不遵循私情。"所以能够用仁德统一天下,使国家安定有序。

贞观初年,陛下心中想着公道,有犯法的人,都能够用法律决断。即使对具体的案例处理决断时可能有轻有重,但发现臣下提出异议,无不欣然接受建议。人民知道处罚没有偏私,所以甘心接受而没有怨言;臣下看到自己的言论没有触犯皇帝,所以能够尽力效忠。近年来,陛下性情越来越严峻苛刻,虽然网开三面,但却明察太过,根据爱憎进行取舍,依据喜怒进行裁判。喜欢的人,罪过虽然重却勉强替他开脱;厌恶的人,过错虽然小却要深究他的内心。执法不是根据明确的法令,而是根据自己的情感来决定裁决的轻重;他人如果有异议,则怀疑他阿谀或虚伪。所以受到处罚的人无处控告,担任官职的人没有人敢直言以告。不是要使对方心服,只是想使他们辞穷,想要给他们定罪,难道怕没有托词吗!另外,五品以上的官员如果有过错,统统让有关部门上奏。本意是要了解具体情形,有所体恤哀怜;如今却曲意追查细节,可能加重对他的处罚,命人打击处置只是遗憾于不够严厉。所犯的罪责如果法律中没有重责的条款,则在法律之外进行追加处罚,此类情况占十之六七,所以近年来犯罪的人害怕皇帝知道,能够交给相关部门处理,则认为是莫大的幸运。控告揭发的人没有休止,穷究追查没有停息,在上位的君王有私心,在下面的官吏有奸诈,追究小过错而忘记了大原则,行了一个处罚而引起了众多奸邪,这是违背公平之道,背弃哀怜无辜的感情,想要达到人民和谐止息诉讼,是不可能的。

所以《体论》中说:"淫逸盗窃,是百姓厌恶的事情,我顺从老百姓的意志对此以法律进行处罚,即使处罚超过了合适的标准,老百姓也不会认为我残暴,这是因为我本着公心。别离饥寒,也是老百姓厌恶的事情,为了逃避而触犯了法律,我顺从老百姓的意志宽恕他们,老百姓不会认为我偏私,这是因为我本着公心。我所加重处罚的,是老百姓所憎恶的;我所从轻发落的,是老百姓所哀怜的。所以赏赐很轻就能够使善行得到激励,刑罚减省也能够使奸邪得到禁止。"因此可以说,用公心来对待法律,没有什么不可行的,处罚过于轻微也可以。用私心来对待法律,没有什么是可行的,处罚过于轻微就会纵容奸邪,过于严苛就会伤害善良。圣人对法律是以公心对待的,然而尚且怕它达不到效果,因而用教化来匡救,这是上古时代所致力追求的。后世处理案件的人却不是这样:没有审讯犯人,自己心里就先为之做好了打算,等到审讯的时候,就千方百计使案情向自己做好的打算靠拢,这样的人被称为有才能;不追求案件发生的原因,硬对它进行推断,并且向上推测君主内心的意愿而进行判决,这样的人被称为忠臣。这样的人担当职责是能人,侍奉君主是忠臣,那么名利自然随之赐给了他。对人民进行驱赶和陷害,想要期望道德教化隆盛,也是很难的事情啊。

凡是听断诉讼处理案件,一定要推究父子之间的亲情,确立君臣之间的道义,权衡轻重的次序,度量深浅的限度。用尽聪明才智,追求忠义仁爱,有疑问就与众人一起商量解决。有疑问就从轻处置,这是重视它的缘故,所以舜命令咎繇说:"你做掌管刑狱的官员,刑罚一定要体恤人民。"又增加了多方咨询的方法,众人都说好,然后才能决断。所以制定法律,就以人情作为依据。所以《书传》中说:"大小案件,虽然无法彻底审察,一定要依据人情。"而世俗拘泥、愚蠢、苛刻的官吏,认为人情就是收取贿赂,就是取决于爱憎,就是偏袒亲戚,就是诬陷怨恨仇视的人。为什么世俗小吏所理解的人情,与古人差别就如此悬殊呢?有关部门用这种人情来怀疑众官吏,君主以这种人情来怀疑有关部门,所以君臣上下都相互猜疑,想要他们尽忠立节,很困难啊。

处理案件基本的道理是,一定要以所犯的事由作为主要依据,不严刑逼供,不四处搜求,不提倡多方寻找事端,以表现审理者的聪明。所以法律要端正检举控告的方法,对错综的言辞加以比较验证,是为了得到实情,不是为了掩盖实情,使得听狱决断建立在综合比较和明白听取的基础之上,不要使得案件在掌管诉讼刑狱的官吏手中被罗织罪名、修饰事理、曲成文辞。孔子说:"古人听狱断案,追求的是如何保全人的生命;如今听狱断案,追求的是如何将人杀掉。"所以巧说诡辩以曲解律令,根据案件随意制定法律,按照旁门左道来加重罪责。另外,《淮南子》中说:"沣河水深达十仞,金器、铁器在水底,都能够从外面看到。水并非不够深和清,但鱼鳖等都不到这里来。"所以在上位的人把苛刻当做明察,把有功劳当成明智,把刻薄对待下属当做忠心,把攻击指责别人多当做功绩,这就像把皮革使劲张大一样,大是大了,却是导致破裂的做法。赏赐应当从重,惩罚应当从轻,君主做到宽厚,这是百代君王一贯所遵循的法则。刑罚的轻重,恩德的厚薄,被思念与被记恨,难道是可同日而语的吗!况且法律,是国家的权衡,时代的准绳。权衡是用来确定轻重的,准绳是用来端正曲直的,如今制定法律以宽厚平和为贵,惩罚人却想要严格残酷,喜怒取决于意志,高低取决于心情,这就好比是丢掉准绳来端正曲直,抛弃权衡来确定轻重,不是糊涂的做法吗?诸葛孔明,是小国的丞相,尚且说:"我的心像秤一样,不能为了某个人而规定轻重的标准。"况且是大国的君主,在风俗淳厚的时候,却依据心情抛弃法律,岂不是要招致他人的怨愤吗?

另外,陛下有一些小事,不想让人听到,那么就会突然发怒,以止息他人议论。如果做得对,让外面的人听到又有什么坏处?如果做得不对,即使掩盖又有什么益处?所以谚语说:"想要人不知,不如己不为;想要人不闻,不如己不言。"做了又想他人不知道,说了又想别人听不见,这就像掩目捕雀、掩耳盗钟一样,只会招致别人的取笑,将有什么好处呢?我又听说,没有长久混乱的国家,因为没有不能管理好的人民。君主的善恶在于教化的厚薄,所以夏禹、商汤因此而使国家有序,夏桀、商纣因此而使国家混乱;周文王、周武王因此而使国家安定,周幽王、周厉王因此而使国家危亡。所以古代圣明的君王,尽力修养自己的品行而不用以怪罪他人,追求自身的完善而不用以指责下属。所以说:"夏禹和商汤惩罚自己,他们的兴起是迅速的;夏桀和商纣惩罚他人,他们的灭亡是迅速的。"您不停止息议论,极端违背恻隐的情感,肯定会为奸邪之人开辟道路。温殊当年所痛恨的事情,我也在心里惋惜没有被采用,不是没有听说啊。我听说尧有为敢于进谏的人准备的鼓,舜有为想要发表议论的人树立的木牌,商汤有专门纠正过错的大臣,周武王有提醒自己警惕谨慎的铭文。这都是从无形之中听取建议,从尚未发生的事情中探究得失,虚心对待下属,希望下面的情况能够被上面所了解,上下都没有私心,君臣同心同德。魏武帝说:"有德行的君主喜欢听逆耳之忠言,犯颜之诤谏,亲近忠臣,厚待进谏的人,斥退奸邪之徒,疏远佞谀之人的原因,是一心打算保全自身和国家,远避灭亡的命运啊。"历代诸位君子,承受天命传承帝祚,即使不能上下无私,君臣合德,难道不想保全自身和国家,远避灭亡的命运吗?然而自古以来圣明的君主,成就功业建立事功,没有不凭借上下同心,鼓励大臣直言进谏的。

当初在贞观初年的时候,陛下戒惧谨慎,砥砺德行,虚心地接受别人的意见。听到善言一定会纠正自己的行为,有时出现了小的过错,接纳大臣忠心规谏,每当听到诚挚直率的言论,都喜形于色。所以忠烈之士,都能够把自己的话完全说出。自近年来天下没有了忧患,远方的民族都畏惧敬服,志得意满,做事和当初就有所不同了。高谈痛恨奸邪,却喜欢听顺从自己心意的言语;空论忠诚正直,但不喜欢逆耳的忠言。偏私的道路渐渐打开,至公的大道一天天堵塞,即使南来北往的行路人,都知道这一点。国家的兴衰,实在是由这条道路的选择所决定的。作为君主,难道能不努力吗?我数年以来,每当接受了陛下的旨意,深深地担心群臣不肯把心里的话完全说出来。我仔细地考虑了这件事,自从近年以来,有的人上书言事,陈述的事情可能有得有失,但陛下只指摘他们的短处,从不称道他们的长处。另外,陛下地位尊崇,龙鳞难犯,如果事出仓促,那么就不敢把话完全说出来,偶尔有所陈述,也不能完全表达心意,如果进一步地想加倍竭尽心智,则更没有理由这样做了。况且所说的合乎道理,未必能够加官晋爵,如果稍稍违背陛下的意旨,将会有惩罚随之而来,群臣不能够尽节,实在是由于这个原因。即使是身边侍从的大臣,朝夕在朝堂上侍奉,也可能会有冒犯威严的事情,都心怀犹豫观望,何况那些疏远的没有接触过的臣属,又怎么能尽他们的忠心呢？另外,陛下曾经公开说："臣下看见了什么事情,只管来说出来就可以了,为什么你们所说的话,就希望我采纳？"这是拒绝进谏的话,实在不是愿意听取忠言的意思。为什么这样说呢？冒犯君主的威严,进献可以代替不当做法的可行之计,是为了成全君主的美德,匡救君主的过失。如果君主听了反而怀疑,事情得不到推行,如果他们把忠诚正直的话都说出来了,竭尽了忠心和力量,就恐怕他们再遇到事情的时候心怀恐惧,不肯诚心效忠了。如果像您的诏书中所说,既让他们顺从自己的心意,又要督促他们把心里的话都吐露出来,这样使得臣子们进退两难,将根据什么取舍呢？想要一定让他们进谏,在于陛下喜欢这样做而已。所以齐桓公喜欢穿紫色衣服,于是整个齐国境内没有其他颜色;楚王喜欢纤细的腰肢,结果后宫中有许多人为了减肥而饿死。对于君主耳目方面的爱好,人们尚且死都不违背,何况圣明的君主寻求忠正的贤士,千里之外都会响应,相信不是困难的事情。如果空有其言,而内心没有真正实行的意思,想让他们一定要来,无法做到啊。

唐太宗亲自写诏书答复说：

看了你前后上书劝谏,都是非常诚恳的意见,这就是我所期望于你的。我当初还在民间的时候,年龄还很小,没有接受过老师的教育熏陶,很少听到有德行有学问的前辈的话。正值隋朝君主的统治土崩瓦解,天下遭受灾难,恐惧不安的百姓,没有躲避的地方。我从十八岁起,就怀有拯救危难的志向,振作奋发,于是就提起干戈,经受风霜雨露,东征西讨,每天不得停歇,没有一年安定地生活。蒙受苍天的保佑,秉承朝廷的谋划,义旗所指,所到之处无不平定。弱水、流沙等偏远地区,都有使节来往;披发左衽的少数民族地区,都成了接受文明教化的区域。我大唐新颁布的历法,即使偏远的地方也没有不使用的。等到我恭敬地继承了国祚,接受了帝位,垂拱无为而治,战乱平息,到目前已经有十多年的时间了,这都是股肱之臣竭尽心智谋略,爪牙之士用尽勇武之力,同心同德,才达到了这种局面。我自认为德行浅薄,却享受这样深厚的福禄,经常因为弘扬国家基业,忧虑多责任重,常常害怕国家的各种事务多有荒废,听闻不够畅达,战战兢兢,坐以待旦。咨询于公卿大臣,甚至地位低下的差役,以赤诚之心交接人家。希望能够依赖大家的智慧,每一行动都合乎规则;德风淳厚,永远流传于史册。努力传播美好的声誉,一直追求做得最好。我因为自己能力弱小德行浅薄,在前代圣君面前多有惭愧,如果不凭借舟楫的帮助,怎么能够度过大河呢？不借助盐梅等调料,怎么能够调制出五味呢？赐给你三百匹绢。

【注释】 ①浸润之谮:出自《论语·颜渊》："浸润之谮,肤受之愬,不行焉,可谓明也已矣。"何晏《集解》引郑玄曰："谮人之言,如水之浸润,渐以成之。"指浸染于无中生有的谗言之中,积久也会发生作用。 ②秕政:弊政,不良的有害的政治措施。 ③铅刀之一割:铅质的刀虽钝,但总可以割一次。比喻钝驽无能,但是还可一用。 ④否隔:隔绝不通。 ⑤不恤:不顾。

⑥哲人:智慧卓越的人。 ⑦宛然:真切,清晰。 ⑧三尺之律:即法律。古时把法律条文写在三尺长的竹简上,故称。如《史记·酷吏列传》有:“周曰:‘三尺安出哉?’”裴骃《集解》引《汉书音义》曰:“以三尺竹简书法律也。” ⑨上圣:即前圣。 ⑩听讼,吾犹人也,必也使无讼乎:孔子的话,出自《论语·颜渊》。听讼:听理诉讼,审案。 ⑪曲豉:豆豉,一种用大豆发酵制成的调味品。 ⑫荫:此处指用于制作豆豉的地窖、暗室。 ⑬醇醲:酒味浓厚。比喻风俗淳厚敦和。 ⑭哀敬:怜恤,同情。出自《尚书·吕刑》:“哀敬折狱,明啟刑书胥占,咸庶中正。”孔安国传曰:“当怜下人之犯法,敬断狱之害人。” ⑮顷年:近年。 ⑯深刻:严峻苛刻。 ⑰察见渊中之鱼:看得见深水中的鱼,比喻过于精明或明察太过。 ⑱定科:明确规定的法令条例。 ⑲《体论》:曹魏时杜恕所撰,原八篇,分为四卷,唐之后亡佚。 ⑳怨旷:长期别离。 ㉑分(fèn):意料,料想。 ㉒微旨:隐而未露的意愿。 ㉓士:古代指掌管刑狱的官员。 ㉔三讯:多方查询,形容决狱慎重。王肃注《孔子家语·刑政》“大司寇正刑明辟以察狱,狱必三讯焉”说:“一曰讯群臣,二曰讯群吏,三曰讯万民也。” ㉕举劾:列举罪行、过失加以弹劾。 ㉖参伍:交互错杂;错综比较,加以验证。参:三。伍:五。 ㉗狱吏:掌管讼案、刑狱的官吏。锻炼:罗织罪名,陷人于罪。 ㉘析言以破律:巧说诡辩以曲解律令。 ㉙沣水:古水名,源出陕西省咸阳市南秦岭,北流注入渭水。 ㉚温舒:西汉大臣,曾上书言狱吏之害。 ㉛予违汝弼:出自《尚书·益稷》:“予违汝弼,汝无面从,退有后言。”孔安国传:“我违道,汝当以义辅正我。”意思是我有过失,你应匡正。古代常作为天子勖勉大臣进谏之词。 ㉜侧身:倾侧着身子,表示戒惧不安。出自《诗经·大雅·云汉序》:“遇烖而惧,侧身修行。”孔颖达疏曰:“侧者,不正之言,谓反侧也。忧不自安,故处身反侧。” ㉝宠秩:指尊贵的官秩。 ㉞阶墀:这里指朝堂。 ㉟衡门:横木为门,指简陋的房屋。出自《诗经·陈风·衡门》:“衡门之下,可以栖迟。”朱熹《集传》曰:“衡门,横木为门也。门之深者,有阿塾堂宇,此惟横木为之。” ㊱先达:有德行学问的前辈。 ㊲惵惵:恐惧貌。黔黎:黔首黎民,指百姓。 ㊳投袂:甩袖,形容激动奋发。 ㊴苍昊:苍天。 ㊵弱水:古水名。由于水道水浅或当地人民不习惯造船而不通舟楫,只用皮筏济渡的,古人便认为是水弱不能载舟,于是称弱水,所以古代称弱水者很多。一,指山丹河—黑河—额济纳河。《尚书·禹贡》:“黑水西河惟雍州,弱水既西。”又:“导弱水至于合黎,余波入于流沙。”这里所说“弱水”上源指今甘肃山丹河,下游即山丹河与甘州河合流后的黑河,入内蒙古境后,称额济纳河。二,指洛水上游支流。《山海经·西山经》:“劳山,弱水出焉,而西流注于洛。”指今陕西北部洛水上游某支流。三,指西域远方的河流。《山海经·大荒西经》:“(昆仑之丘)其下有弱水之渊。”《史记·大宛列传》:“安息长老传闻条支有弱水西王母。”《后汉书·西域传·大秦》:“(大秦国)西有弱水、流沙,近西王母所居处。”所指皆在西方远处以至国外。四,指今青海境内的某河流。《汉书·地理志下》:“金城郡……临羌。”原注:“西有须抵池,有弱水、昆仑山祠。”可能指今青海。五,指今黑龙江境内的某河流。《后汉书·东夷传·夫馀》:“北有弱水。”当在今黑龙江省境内。六,指今蒙古境内的某河流。《资治通鉴·宋文帝元嘉六年》:“魏主循弱水西行,至涿邪山。”当在今蒙古人民共和国境内。七,指今青海或西藏境内的某河流。《新唐书·西域传上·东女》:“有弱水南流。”当在今青海或西藏境。八,指今内蒙古境内的某河流。《新唐书·北狄传·奚》:“以奚阿会部为弱水州。”当在今内蒙古东境。这里并非实指,而是极言远方荒蛮之地。流沙:沙漠中的沙常因风吹而流动,故又称沙漠为流沙。古代常特指西域。 ㊶輶轩:古代使臣乘坐的车,代指使臣。 ㊷被发左衽:头发披散不束,衣襟向左掩,古代指中

原地区以外少数民族的装束。代指少数民族或少数民族居住的区域。 ㊸衣冠：穿衣戴冠，古代汉族的装束，代指文明礼教。 ㊹正朔：指帝王新颁的历法。古代帝王易姓受命，必改正朔，故夏、殷、周、秦及汉初的正朔各不相同。如《礼记·大传》有："改正朔，易服色。"孔颖达疏曰："改正朔者，'正'谓年始，'朔'谓月初，言王者得政示从我始，改故用新，随寅丑子所损也。周子、殷丑、夏寅，是改正也；周半夜、殷鸡鸣、夏平旦，是易朔也。" ㊺宝历：国祚，皇位。 ㊻寅：恭敬。帝图：指帝王应天命的图箓，代指帝位。 ㊼氛埃：污浊之气，尘埃，比喻战乱。靖息：平息。 ㊽休：福禄。 ㊾隶皂：古代指贱役，后专称衙门里的差役。这里代指地位低贱的人。 ㊿钟石：钟和磬，这里指节律、规则。 (51)称首：第一，最好。

【评解】 人们在对人进行评判时，常常会因距离的远近而产生认识上的偏差，这在用人方面是应当竭力避免的。

诚信第十七

贞观初,有上书请去佞臣者,太宗谓曰:"朕之所任,皆以为贤,卿知佞者谁耶?"对曰:"臣居草泽,不的知佞者①,请陛下佯怒以试群臣,若能不畏雷霆,直言进谏,则是正人,顺情阿旨,则是佞人。"太宗谓封德彝曰:"流水清浊,在其源也。君者政源,人庶犹水,君自为诈,欲臣下行直,是犹源浊而望水清,理不可得。朕常以魏武帝多诡诈,深鄙其为人,如此,岂可堪为教令?"谓上书人曰:"朕欲使大信行于天下,不欲以诈道训俗,卿言虽善,朕所不取也。"

【译文】 贞观初年,有人上书请求清除奸佞之臣,唐太宗对他说:"我所任用的人,都认为他们贤明,你所知道的奸佞的人是谁啊?"回答说:"我居住在民间,不能够确知谁是奸佞之人,请陛下假装发怒来试试群臣,如果不畏惧陛下发怒,直言进谏,就是正直的人,顺从意志阿谀奉承,就是奸佞的人。"唐太宗对封德彝说:"流水是清是浊,在于源头。君主是施政的源头,人民就像水一样,君主自己做奸诈的事,想要使臣下行为正直,这就如同源头浑浊而希望水流清澈一样,国家有序是不可能的。我常常认为魏武帝过于诡诈,非常鄙视他的为人,这样做,怎么能够推行教化命令?"于是对上书人说:"我打算让大信义推行于天下,不想用诡诈之道引导风俗,你的建议虽然不错,但我不会接受。"

【注释】 ①的知:确知,确切了解。

【评解】 "上行下效谓之风,薰蒸渐渍谓之化。"(司马光:《传家集》卷二十四,《上谨习疏》)统治者的榜样作用历来受到人们的重视。唐太宗虽然善于纳谏,但没有听从这个人的建议,说明他在接受意见时也是注意区分是非的。

贞观十年,魏征上疏曰:

臣闻为国之基,必资于德礼,君之所保,惟在于诚信。诚信立则下无二心,德礼形则远人斯格。然则德礼诚信,国之大纲,在于君臣父子,不可斯须而废也。故孔子曰:"君使臣以礼,臣事君以忠。"又曰:"自古皆有死,民无信不立。"文子曰①:"同言而信,信在言前;同令而行,诚在令外。"然而言而不信,言无信也;令而不从,令无诚也。不信之言，无诚之令，为上则败德，为下则危身，虽在颠沛之中②，君子之所不为也。

自王道休明③，十有余载，咸加海外，万国来庭，仓廪日积，土地日广，然而道德未益厚，仁义未益博者，何哉？由乎待下之情未尽于诚信，虽有善始之勤，未睹克终之美故也。昔贞观之始，乃闻善惊叹，暨八九年间，犹悦以从谏。自兹厥后，渐恶直言，虽或勉强有所容，非复曩时之豁如④。謇谔之辈⑤，稍避龙鳞；便佞之徒，肆其巧辩。谓同心者为擅权，谓忠谠者为诽谤。谓之为朋党，虽忠信而可疑；谓之为至公，虽矫伪而无咎。强直者畏擅权之议，忠谠者虑诽谤之尤。正臣不得尽其言，大臣莫能与之争。荧惑视听⑥，郁于大道⑦，妨政损德，其在此乎？故孔子曰"恶利口之覆邦家者"，盖为此也。

且君子小人，貌同心异。君子掩人之恶，扬人之善，临难无苟免，杀身以成仁。小人不耻不仁，不畏不义，惟利之所在，危人自安。夫苟在危人，则何所不至？今欲将求致治，必委之于君子；事有得失，或访之于小人。其待君子也则敬而疏，遇小人也必轻而狎。狎则言无不尽，疏则情不上通。是则毁誉在于小人，刑罚加于君子，实兴丧之所在，可不慎哉！此乃孙卿所谓⑧："使智者谋之，与愚者论之，使修洁之士行之，与污鄙之人疑之，欲其成功，可得乎哉？"夫中智之人，岂无小惠？然才非经国，虑不及远，虽竭力尽诚，犹未免于倾败；况内怀奸利，承颜顺旨，其为祸患，不亦深乎？夫立直木而疑影之不直，虽竭精神，劳思虑，其不得亦已明矣。

夫君能尽礼，臣得竭忠，必在于内外无私，上下相信。上不信，则无以使下，下不信，则无以事上，信之为道大矣。昔齐桓公问于管仲曰："吾欲使酒腐于爵，肉腐于俎，得无害霸乎？"管仲曰："此极非其善者，然亦无害于霸也。"桓公曰："如何而害霸乎？"管仲曰："不能知人，害霸也；知而不能任，害霸也；任而不能信，害霸也；既信而又使小人参之，害霸也。"晋中行穆伯攻鼓⑨，经年而弗能下，馈间伦曰："鼓之啬夫⑩，间伦知之。请无疲士大夫，而鼓可得。"穆伯不应，左右曰："不折一戟，不伤一卒，而鼓可得，君奚为不取？"穆伯曰："间伦之为人也，佞而不仁，若使间伦下之，吾可以不赏之乎？若赏之，是赏佞人也。佞人得志，是使晋国之士舍仁而为佞。虽得鼓，将何用之？"夫穆伯，列国之大夫，管仲，霸者之良佐，犹能慎于信任、远避佞人也如此，况乎为四海之大君，应千龄之上圣，而可使巍巍至德之盛，将有所间乎⑪？

若欲令君子小人是非不杂,必怀之以德,待之以信,厉之以义,节之以礼,然后善善而恶恶,审罚而明赏。则小人绝其私佞,君子自强不息,无为之治,何远之有?善善而不能进,恶恶而不能去,罚不及于有罪,赏不加于有功,则危亡之期,或未可保,永锡祚胤,将何望哉!

太宗览疏叹曰:"若不遇公,何由得闻此语!"

【译文】 贞观十年(636年),魏征上疏说:

我听说治理国家的基础,一定要借助于道德和礼义,君主所应当保持的,就是诚信。诚信的原则得以确立,那么下面的人就没有二心,道德和礼义得到落实,那么即使边远地区的人也会自我约束。既然这样,那么道德、礼义、诚信,就是国家的根本纲领,存在于君臣父子等基本的人伦关系之中,一刻也不能抛弃。所以孔子说:"君主依据礼义来任用臣子,臣子凭借忠诚来侍奉君主。"又说:"自古以来人人都会死,人民如果不信任国家就无法维持。"文子说:"说出的话能够让人赞同并且相信,是因为在说话之前就树立了信用;发出的命令能够让人认同并且遵守,是因为命令之外体现出的是诚心。"既然这样,那么说出的话而不能够被别人相信,就是因为说的话没有信用;发出的命令得不到遵守,就是因为命令没有诚意。不被人相信的话,没有诚意的命令,对在上位者来说则会败坏品德,对在下位者来说则会危及自身,即使身处困顿挫折之中,君子也不会这样说、这样做。

自从王道得到彰显,已经十多年了,神威远及海外,万国都来归服,仓库中的储备一天天增加,疆土一天比一天广阔,但是国家的道德风气却没有更加淳厚,仁义之道也没有更加广博,为什么呢?这是因为对待臣民的感情没有完全出于诚信,虽然在良好的开端中是勤勉于此的,但却没有能够看到坚持到最终而产生好的结果的缘故。当年在贞观初年的时候,陛下听到了善言就震惊感叹,以后的八九年间,都能够非常高兴地接受劝谏。从那之后,便开始渐渐地厌恶直言规谏,虽然有时候能够勉强接受,也不像当初那般旷达。正直敢言之人,逐渐开始避免触怒你;阿谀奉承之徒,肆无忌惮地施展花言巧语。认为与自己同心同德的人是专权擅政,认为忠诚正直的人是诋毁诽谤。您认为大臣是结党营私,即使实际上忠诚守信也可能被怀疑;您认为大臣是大公无私,即使是实际上虚情假意也不会被责罚。刚强正直的人害怕会得到专权擅政的议论,忠诚公正的人担心承担诋毁诽谤的罪过。正直的臣子不能说出心里话,权位高的人不能与君主争辩。君主的视听被迷惑,治国的正道被阻塞,妨碍施政损害德行,不就在于这个原因吗?所以孔子说"厌恶那些强词夺理而葬送了国家的人",就是这个原因。

况且君子和小人,外表相同但内心不同。君子隐瞒别人的缺点,赞扬别人的好处,面对困难不会苟且追求幸免,牺牲自己也要成全仁义。小人不以不仁为耻,不认为不义可值得担心,只要有利益存在,就会危害别人保全自己。如果能够危害别人,那么他们什么事情做不出来?如今想要达到天下安宁,必定要将这个职责委托给君子;但事情有不顺利的时候,有时又向小人求教。对待君子是既敬重又疏远,对待小人是既随意又亲近。亲近则言无不尽,疏远则消息无法使上面了解。因此诋毁和赞誉都取决于小人,刑罚都施加给了君子,这实在是国家兴亡的关键,能不慎重吗!这就是荀子所说的:"让智者谋划,同愚者谈论,让品德高尚的人实行,同品质恶劣的人一起怀疑,想要达到成功,可能吗?"智识一般的人,难道就没有小优点吗?只是他的才能达不到治理国家的要求,思考问题没有远见,即使竭尽全力极端忠诚,也不能逃避失败的命运;况且是内怀奸诈和私利,承顺脸色迎合心意之人,他们带来的灾祸,不是很深吗?竖起笔直的木头却怀疑影子不直,即使用尽心智,不停地思虑,也不会成功,这个道理也已经很明显了。

君主能够恪尽礼义,臣属就能够竭尽忠诚,这一定取决于内外没有私心,上下相互信任。在上位的人不信任,就无法任用下属;下面的人不被任用,就无法侍奉上级,信任作为治国原则很重要啊。当年齐桓公问管仲说:"我想让酒臭在杯子里,肉烂在案板上,对于霸业没有危害吧?"管仲说:"这是非常不好的行为,然而对于霸业也不会有危害。"齐桓公问:"怎样才会危害霸业?"管仲说:"不能鉴察人的品德和才能,危害霸业;能够鉴察但不能任用人,危害霸业;任用而不能信任人,危害霸业;既信任人又要让小人参与,危害霸业。"晋国的中行穆伯攻打鼓国,攻打了一年没有攻克,馈间伦说:"鼓国的啬夫,我认识。不要再让将士们劳累了,鼓国可以拿下。"穆伯没有答应他,身边的人说:"不费一兵,不伤一卒,而鼓国可以拿下,你为什么不同意呢?"穆伯说:"馈间伦的为人,奸佞而不仁,如果让他拿下了鼓国,我能够不赏他吗?如果赏他,就是赏奸佞之人。奸佞之人得志,这是让晋国的人都舍弃仁义而追求奸佞。即使拿下了鼓国,又有什么用呢?"穆伯是诸侯国的大夫,管仲是霸主的好助手,仍能这样慎重地信任、疏远躲避奸佞之人,何况是拥有四海的天子,帝业千年的至圣呢?难道要使无比崇高的美德,被人有所非议吗?

要使君子和小人是非不混淆,一定要用德行来安抚他们,用信任来对待他们,用道义来激励他们,用礼节来约束他们,这样才能做到喜欢好的言行并厌恶坏的言行,刑罚得当而赏赐明确。那么小人就会抛弃他们的私心和奸佞,君子就会自强不息,无为而治的目标,还会远吗?喜欢善言善行但不能进用善人,厌恶恶言恶行而不能黜退恶人,刑罚不能加在有罪的人身上,赏赐也落不到有功的人头上,那么国家危亡的日子,或许都难以确定,将帝业永远传承下去,又怎么能够期望呢!

唐太宗看了奏疏之后说:"如果不是遇到你,我怎么能够听到这些话呢!"

【注释】 ①文子:相传是老子的弟子,姓文,名字已无可考。 ②颠沛:困顿挫折。 ③休明:美好清明,常用于赞美君子的盛德。 ④豁如:开阔,旷达。 ⑤謇谔:正直敢言。 ⑥荧惑:炫惑,使人迷惑。 ⑦郁:阻滞,堵塞。 ⑧孙卿:即荀子。 ⑨中行穆伯:春秋时晋国的贵族。鼓:春秋时鼓国,在今河北省晋县,白狄的一支,为晋国所灭。 ⑩啬夫:古代官职名,春秋时当为检束群吏百姓的官员。如《管子·君臣上》中有:"吏啬夫任事,人啬夫任教。"尹知章注曰:"吏啬夫谓检束群吏之官,若督邮之比也。人啬夫亦谓检束百姓之官。" ⑪间:非难,毁谤。

【评解】 孔子曾经说:"如果没有人民的信义,政府便无法维持。"他也是从管理国家的角度谈的。不但治理国家离不开"信"字,做人、做事同样离不开信义。

太宗尝谓长孙无忌等曰:"朕即位之初,有上书者非一,或言人主必须威权独任,不得委任群下;或欲耀兵振武,慑服四夷。惟有魏征劝朕'偃革兴文,布德施惠,中国既安,远人自服'。朕从此语,天下大宁①,绝域君长②,皆来朝贡,九夷重译,相望于道。凡此等事,皆魏征之力也。朕任用岂不得人?"征拜谢曰:"陛下圣德自天,留心政术。实以庸短,承受不暇,岂有益于圣明?"

【译文】 唐太宗曾经对长孙无忌等人说:"我即位之初,有许多人上书言事,有的说君主必须借助威势和权力独断专行,不能把事情委任给群臣;有的打算炫耀兵威加强武备,以镇服四方各族。惟有魏征劝我'停止兵革振兴文教,推行德政广施恩惠,中国得到安定,远方的人民一定会自己归服'。我听从了这个建议,天下安定,极其遥远的地方的君主酋长,都来朝拜进贡,各个民族通过重重翻译而来的,在道路上源源不断。这些事情,都是魏征的功劳。我任用的难道不是合适的人选吗?"魏征拜谢说:"陛下的圣德来自于天赋,专心于国家治理之道。我其实是以平庸短浅的见识,承担自己的职责力不从心,怎么能够对圣上的明智有补益呢?"

【注释】 ①大宁:天下安定。 ②绝域:极其遥远的地方。

【评解】 对于一个国家或者组织来说,人才可以成为领导者的左膀右臂。古代君主礼贤下士而治国成功的事例不胜枚举。对于个人来说,有才华有能力的人在身边不但可以经常给自己提出一些指教和帮助,而且还可以直接促进自己能力的提高。

贞观十七年,太宗谓侍臣曰:"《传》称'去食存信①',孔子曰:'民无信不立。'昔项羽既入咸阳,已制天下,向能力行仁信,谁夺耶?"房玄龄对曰:"仁、义、礼、智、信,谓之五常,废一不可。能勤行之,甚有裨益。殷纣狎侮五常,武王夺之,项氏以无信为汉高祖所夺,诚如圣旨。"

【译文】 贞观十七年(643年),唐太宗对侍从的大臣说:"古书中说'宁可失去粮食,也要坚持信义',孔子说:'人民不信任,国家就无法维持。'当初项羽进入咸阳之后,已经控制了天下,如果能够努力推行仁爱信义,谁能从他手中夺走呢?"房玄龄回答说:"仁、义、礼、智、信,称为五常,缺一不可。能努力践行,很有帮助。商纣王轻慢五常,周武王夺取了他的天下,项羽因为没有信用,天下被汉高祖夺取,的确像陛下说的那样。"

【注释】 ①去食存信:《论语·颜渊》记载:"子贡问政,子曰:'足食,足兵,民信之矣。'子贡曰:'必不得已而去,于斯三者何先?'曰:'去食。自古皆有死,民无信不立。'"

【评解】 中华民族历来把诚实守信当做立身处世之本,许多典籍中都谈到立信的重要性。《论语》中除了上面这一段论述与"信"有关外,还记载了孔子及其弟子许多相关的论述,其中我们耳熟能详的一句就是"人而无信,不知其可也"。充分说明了诚信对于一个人立身行事的重要意义。

卷 六

俭约第十八

贞观元年，太宗谓侍臣曰："自古帝王凡有兴造，必须贵顺物情。昔大禹凿九山，通九江，用人力极广，而无怨谗者，物情所欲，而众所共有故也。秦始皇营建宫室，而人多谤议者，为徇其私欲，不与众共故也。朕今欲造一殿，材木已具，远想秦皇之事，遂不复作也。古人云：'不作无益害有益①。''不见可欲，使民心不乱②。'固知见可欲，其心必乱矣。至如雕镂器物，珠玉服玩，若恣其骄奢，则危亡之期可立待也。自王公以下，第宅、车服、婚嫁、丧葬，准品秩不合服用者，宜一切禁断。"由是二十年间，风俗简朴，衣无锦绣，财帛富饶，无饥寒之弊。

【译文】　贞观元年(627年)，唐太宗对身边侍从的大臣说："自古以来帝王要有兴建营造之事，一定要尊重和顺应人心。当初大禹治水时凿开了九座大山，疏通了九条江河，用人力很多，而人民没有怨言，就在于这是人心所希望的，他能够和大家一起分享的缘故。秦始皇营造宫室，而人民有很多的诽谤议论，是因为他是为满足自己的私欲，不同大家一起分享的缘故。我目前打算造一座宫殿，木材已经准备好了，遥想秦始皇的事情，于是就不再建造了。古人说：'不做没有用处的事情危害有用的事情。''不展示可以激起欲望的东西，使民心不产生混乱。'可见展示可以激起欲望的东西，他们的心就会产生混乱。至于像精雕细刻的器物、珠宝、玉器、服饰玩具之类，如果放任骄纵奢侈，那么危险灭亡的日子就指日可待了。自王公之下，府邸宅院、车马服饰、婚嫁、丧葬，根据等级地位不当使用的，应当完全禁止断绝。"从此之后二十年内，风俗简朴，衣服没有锦绣，财物丰富，没有饥寒之苦。

【注释】　①不作无益害有益：出自《尚书·旅獒》。　②不见可欲，使民心不乱：出自老子《道德经》。

【评解】　鼓励老百姓发展生产与统治者节制欲望之间，有着非常紧密的因果联系。如果统治者欲望太强，贪得无厌，就势必会对老百姓横征暴敛，干扰他们正常的生产劳作，从而使生产无法进行，惠民措施只能成为空话。

贞观二年，公卿奏曰："依礼，季夏之月①，可以居台榭。今夏暑未退,秋霖方始,宫中卑湿,请营一阁以居之。"太宗曰:"朕有气疾,岂宜下湿?若遂来请,糜费良多。昔汉文将起露台,而惜十家之产,朕德不逮于汉帝,而所费过之,岂为人父母之道也?"固请至于再三,竟不许。

【译文】 贞观二年(628年),公卿上奏说:"根据礼制,六月可以居住在台榭之中。如今夏天的暑热尚未消退,宫中地势低而潮湿,请建造一座阁楼来居住。"唐太宗说:"我的呼吸有问题,难道应当居住在低洼潮湿的地方吗?但如果同意你的请求,就会耗费很多。当初汉文帝将要修建露台,但爱惜可能花掉的十家的财产,我的德行不如汉文帝,可是花费超过他,这怎么是作为人民的君父该做的呢?"公卿坚决请求了多次,唐太宗最终也没有答应。

【注释】 ①季夏之月:夏季的最后一个月,即农历六月。

【评解】 《淮南子》中曾经算过一笔账:"夫天地之大,计三年耕而余一年之食,率九年而有三年之畜,十八年而有六年之积,二十七年而有九年之储,虽涔旱灾害之殃,民莫困穷流亡也。故国无九年之畜,谓之不足;无六年之积,谓之悯急;无三年之畜,谓之穷乏。"因此,为了不使老百姓陷入"困穷流亡"的境地,贤明的统治者应当躬行节俭,"取下有节,自养有度",不要"挠于其下,侵渔其民,以适无穷之欲。"(《淮南子·主术训》)

贞观四年,太宗谓侍臣曰:"崇饰宫宇①,游赏池台,帝王之所欲,百姓之所不欲。帝王所欲者放逸②,百姓所不欲者劳弊。孔子云:'有一言可以终身行之者,其恕乎!己所不欲,勿施于人。'劳弊之事,诚不可施于百姓。朕尊为帝王,富有四海,每事由己,诚能自节,若百姓不欲,必能顺其情也。"魏征曰:"陛下本怜百姓,每节己以顺人。臣闻:'以欲从人者昌,以人乐己者亡。'隋炀帝志在无厌,惟好奢侈,所司每有供奉营造,小不称意,则有峻罚严刑。上之所好,下必有甚,竞为无限,遂至灭亡。此非书籍所传,亦陛下目所亲见。为其无道,故天命陛下代之。陛下若以为足,今日不啻足矣;若以为不足,更万倍过此,亦不足。"太宗曰:"公所奏对甚善。非公,朕安得闻此言?"

【译文】 贞观四年(630年),唐太宗对身边侍从的大臣说:"修饰宫殿屋宇,游玩观赏水池亭台,是帝王喜欢做,百姓不喜欢的事情。帝王所喜欢的是轻松安逸,百姓不喜欢的是劳苦疲困。孔子说:'有一句话可以终身奉行的,那就是恕!自己不喜欢的事情,不要强加给别人。'劳苦疲困之事,的确不能施加于老百姓。我贵为帝王,富有四海,每件事情都取决于自己的意志,若真正做到自我节制,如果百姓不喜欢,一定能够顺从他们的心意。"魏征说:"陛下出于爱怜百姓的本意,经常克制自己来顺从民心。我听说:'将自己的欲望顺从人民的人能够昌盛,用人民来使自己快乐的人就会灭亡。'隋炀帝一心贪得无厌,只是追求奢侈,相关部门每当有供奉或者建造,稍有不如意,就用严刑峻法来处置。在上位的人有所爱好,下面的人一定会更加过分,上下都竞相没有限制地追求,以至于灭亡。这不但是书籍中所记载的,也是陛下所亲眼见到的。因为他无道,所以上天让陛下取代了他。陛下如果感到满足,如今不异于已经充足了;如果感到不满足,再超过目前千万倍,也还是不充足。"唐太宗说:"你所奏对的很好。不是你,我怎么能够听到这些话呢?"

【注释】　①崇饰:装饰,修饰。　②放逸:放纵逸乐,轻松安逸。

【评解】　克制自己的欲望,是道德修养的重要途径。无论对于天子还是一般老百姓来说都是这样。尤其是天子,为了满足自己的某种欲望和爱好往往给老百姓的正常生产和生活带来巨大扰动甚至灾难。

贞观十六年,太宗谓侍臣曰:"朕近读《刘聪传》①,聪将为刘后起凰仪殿,廷尉陈元达切谏,聪大怒,命斩之。刘后手疏启请,辞情甚切,聪怒乃解,而甚愧之。人之读书,欲广闻见以自益耳,朕见此事,可以为深诫。比者欲造一殿,仍构重阁,今于蓝田采木,并已备具,远想聪事,斯作遂止。"

【译文】　贞观十六年(642年),唐太宗对身边侍从的大臣说:"我最近读《刘聪传》,刘聪打算为刘皇后建造凰仪殿,廷尉陈元达直言极谏,刘聪大怒,下令杀掉他。刘皇后亲自写奏疏为他求情,言语感情非常恳切,刘聪的怒气才消解,而感到非常惭愧。人读书,想要使闻见广博以对自己有所补益,我看到了这件事,可以作为一个深刻的教训。近来想要建造一座宫殿,并要建造二层楼阁,如今在蓝田采伐木料,木料已经齐备,遥想刘聪的这件事,这项工程于是就停止了。"

【注释】　①刘聪:十六国时由匈奴族所建立的汉国的皇帝,刘渊之子。

【评解】　唐太宗君臣之所以得出在统治中必须关注民生,采取惠民的措施,让老百姓能够安居乐业的结论,正是他们对隋朝及前代国家兴亡的经验教训反思的结果。

贞观十一年,诏曰:"朕闻死者终也,欲物之反真也;葬者藏也,欲令人之不得见也。上古垂风,未闻于封树①;后世贻则,乃备于棺椁。讥僭侈者,非爱其厚费;美俭薄者,实贵其无危。是以唐尧,圣帝也,谷林有通树之说②;秦穆,明君也,橐泉无丘陇之处③。仲尼,孝子也,防墓不坟④;延陵⑤,慈父也,嬴、博可隐⑥。斯皆怀无穷之虑,成独决之明,乃便体于九泉,非徇名于百代也。洎乎阖闾违礼,珠玉为凫雁⑦;

始皇无度，水银为江海⑧；季孙擅鲁，敛以玙璠⑨；桓魋专宋，葬以石椁⑩。莫不因多藏以速祸，由有利而招辱。玄庐既发⑪，致焚如于夜台⑫；黄肠再开⑬，同暴骸于中野⑭。详思曩事，岂不悲哉？由此观之，奢侈者可以为戒，节俭者可以为师矣。朕居四海之尊，承百王之弊，未明思化，中宵战惕。虽送往之典详诸仪制⑮，失礼之禁著在刑书，而勋戚之家多流遁于习俗⑯，闾阎之内或侈靡而伤风⑰。以厚葬为奉终，以高坟为行孝，遂使衣衾棺椁极雕刻之华，灵轜冥器穷金玉之饰⑱。富者越法度以相尚，贫者破资产而不逮，徒伤教义，无益泉壤⑲，为害既深，宜为惩革⑳。其王公以下，爰及黎庶，自今以后，送葬之具有不依令式者，仰州府县官明加检察，随状科罪。在京五品以上及勋戚家，仍录奏闻。"

【译文】 贞观十一年(637年)，唐太宗下诏说："我听说死亡就是终结，是想要使人回到原初自然的本真状态；埋葬就是收藏，是想要使人不再见到他。上古传下的风范，没有听说过堆土植树做为坟墓的标记；后世留下的法则，才追求棺椁等丧葬物品和形式的完备。讥讽僭越奢侈者，并非吝啬高额的花费；赞美节俭薄葬者，其实看重的是这样可以使死者不至于受到危害。所以唐尧，是圣帝，他死后埋葬的地点谷林有被全部栽上了树木之说；秦穆公，是明君，他死后埋葬的地点橐泉宫没有用土堆起的地方。孔子，是孝子，他父母合葬在防地的墓地没有土堆；季札，是慈父，异乡的嬴、博可以成为埋葬死去的儿子之地。这些都是怀着长远的考虑，做出了独立而英明的决断，是为了使遗体在九泉之下能够安息，并不是为了在后代永远留下好名声。至于闾间违背礼制，用珍珠美玉制作野鸭大雁做陪葬；秦始皇奢侈无度，在坟墓中用水银仿制江海；季孙在鲁国擅政，配着美玉入殓；桓魋在宋国专权，用石头做的棺椁下葬。这些人莫不因陪葬太多很快就招来灾祸，因为墓中有利可图而招来耻辱。墓穴被打开，导致墓葬被焚毁；黄肠进一步被打开，同尸骸一起暴露在原野之中。仔细想想从前的事情，难道不让人感到悲哀吗？因此看来，奢侈的人可以以此为戒，节俭的人可以以此为师。我身为天下至尊，承接百王之弊，不清楚如何改变，半夜仍感到恐惧。虽然祭送死者的典仪在礼制中很详细，禁止违背礼制的法令也写在刑律典章之中，但是功臣国戚之家大多放纵于旧习俗，在民间有时会因奢侈浪费而败坏风俗。把厚葬当做对双亲的最后侍奉，把砌高坟墓当成是尽孝道，于是使得装殓用的衣被棺椁极尽雕刻的华丽，丧车和殉葬的器物也尽用黄金玉石装饰。富裕的人超越法度以互相攀比，贫穷之家倾家荡产也不能达到目的，只会伤害教化，无益于死者的埋葬，对社会危害既然严重，就应当吸取教训而变革。自王公以下，以至于普通百姓，从今之后，送葬的用具有不按照法令仪制者，希望州、府、县的官员详细加以核查，根据情况予以定罪。在京城中的五品之上及功臣、国戚之家,还要记录上奏。"

【注释】 ①封树:古代葬礼的习俗,堆土为坟,植树为饰。 ②谷林有通树之说:《吕氏春秋·安死》记载:"尧葬于谷林,通树之。" ③橐泉:即橐泉宫,秦国宫殿名。《三辅皇图·宫》中说:"《皇览》曰秦穆公冢在橐泉宫祈年观下。"丘陇:用土堆起的坟墓。 ④防墓:防地之墓,为孔子父母合葬处。《礼记·檀弓上》中说:"孔子既得合葬于防,曰:'吾闻之,古也墓而不坟。今丘也东西南北之人也,不可以弗识也。'于是封之,崇四尺。孔子先反,门人后,雨甚至。孔子问焉,曰:'尔来何迟也?'曰:'防墓崩。'孔子不应,三,孔子泫然流涕曰:'吾闻之,古不修墓。'"郑玄注:"言所以迟者,修之而来。"坟:埋葬死者后筑起的土堆。 ⑤延陵:即春秋时吴国公子季札,吴王寿梦少子,封于延陵,称延陵季子。 ⑥嬴、博可隐:嬴和博都是齐邑,季札出使齐国,儿子中途病死,葬在嬴、博之间,见《礼记·檀弓下》。 ⑦珠玉为凫雁:《吴越春秋》记载:"阖庐死,葬于国西北,名虎丘,穿土为川,积壤为丘,发五都之士十万人,共治千里,使象挺土,冢池四周,水深丈馀,椁三重,倾水银为池,池广六十步,黄金珠玉为凫雁。" ⑧水银为江海:《史记·秦始皇本纪》记载:"始皇初即位,穿治郦山,及并天下,天下徒送诣七十余万人,穿三泉,下铜而致椁,宫观百官奇器珍怪徙臧满之。令匠作机弩矢,有所穿近者辄射之。以水银为百川江河大海,机相灌输,上具天文,下具地理。以人鱼膏为烛,度不灭者久之。" ⑨玙璠:美玉。《左传·定公五年》记载:"季平子行东野,还未至,丙申,卒于房,阳虎将以玙璠敛。"杜预注曰:"玙璠,美玉,君所佩。"季平子,即季孙氏,春秋时鲁国大夫,在鲁国专权多年。 ⑩葬以石椁:《孔子家语》卷十记载:"孔子在宋,见桓魋自为石椁,三年而不成,工匠皆病。"桓魋:春秋时宋国司马。 ⑪玄庐:墓的别称。 ⑫焚如:火焰炽盛。夜台:坟墓。 ⑬黄肠:柏木之心。柏木心黄,故称。汉代葬制,用去皮的柏木在棺椁之外垒起一道墙,成为"黄肠题凑",省称"黄肠"。 ⑭中野:原野之中。 ⑮送往:祭送死者。 ⑯流遁:耽乐放纵。 ⑰闾阎:里巷内外的门,后多借指里巷,泛指民间。 ⑱灵轜:丧车。 ⑲泉壤:指墓穴。 ⑳惩革:吸取前人的教训而变革。

【评解】 儒家重视丧葬,因此葬礼在中国古代往往成为耗费资财的重大活动。这其中的弊端当然也有很多,除了唐太宗之外,汉文帝等君主对此也曾有过专门的论述。

岑文本为中书令,宅卑湿,无帷帐之饰。有劝其营产业者,文本叹曰:"吾本汉南一布衣耳,竟无汗马之劳,徒以文墨致位中书令,斯亦极矣。荷俸禄之重,为惧已多,更得言产业乎?"言者叹息而退。

【译文】 岑文本为中书令,住宅低洼潮湿,没有帷帐等装饰。有人劝他经营产业,他感叹说:"我本来是汉南的一个普通百姓,没有汗马功劳,只是因为舞文弄墨而位至中书令,已经很高了。领受如此重的俸禄,已经有很多不安,怎么敢再谈什么产业呢?"提建议的人叹息着退下了。

【评解】 古代能够通过"立德"而扬名后世者,往往都是因为严于律己、率先垂范。例如,诸葛亮一生始终"鞠躬尽瘁",严格要求自己,事事率先垂范,以至于最终留给子孙的只有十多顷薄田和几百株桑树,内无余帛,外无盈财,因此受到后人的称颂。

户部尚书戴胄卒,太宗以其居宅弊陋,祭享无所,令有司特为之造庙。

【译文】 户部尚书戴胄去世,唐太宗因为他的宅第破旧简陋,没有地方祭祀,下令有关部门特意为他修了一座庙。

【评解】 节俭往往同清廉联系在一起,物质欲望是每个人都具有的,能够坚持廉洁的操守,甘受清贫,不为利欲所动,才显出廉洁节俭的美德难能可贵。

温彦博为尚书右仆射,家贫无正寝①,及薨,殡于旁室。太宗闻而嗟叹,遽命所司为造,当厚加赗赠②。

【译文】 温彦博为尚书右仆射,家中贫穷没有正厅,等到去世时,灵柩停放在偏房。唐太宗听说之后叹息不已,于是命有关部门为他建造正房,并加倍赐给财物。

【注释】 ①正寝:泛指房屋的正厅或正屋。 ②赗赠:指赠送给丧家的财物。

【评解】 颜回"一箪食,一瓢饮,在陋巷,人不堪其忧,回也不改其乐"被后人所推崇,就在于人节制物质欲望之难,像温彦博、戴胄、魏征等人,虽身居高位,但能够洁身自好,所以才受到世人的称道,让唐太宗嗟叹。

魏征宅内,先无正堂。及遇疾,太宗时欲造小殿,而辍其材为征营构,五日而就。遣中使赍素褥布被而赐之①,以遂其所尚。

【译文】 魏征的家中,最初没有正堂。等到他病了之后,唐太宗当时正打算建造一座小宫殿,于是就停下来用这些木材给魏征建正堂,五天就建成了。又派宫中的使节给魏征送去白色的褥子和布做的被子,以顺从他的喜好。

【注释】 ①赍(jī):拿东西给人。

【评解】 由此可见,魏征不仅仅是劝唐太宗要修养德行,自己也是知行一致的。

谦让第十九

贞观二年,太宗谓侍臣曰:"人言作天子则得自尊崇,无所畏惧,朕则以为正合自守谦恭,常怀畏惧。昔舜诫禹曰:'汝惟不矜①,天下莫与汝争能;汝惟不伐②,天下莫与汝争功。'又《易》曰:'人道恶盈而好谦。'凡为天子,若惟自尊崇,不守谦恭者,在身倘有不是之事,谁肯犯颜谏奏?朕每思出一言,行一事,必上畏皇天,下惧群臣。天高听卑,何得不畏?群公卿士,皆见瞻仰,何得不惧?以此思之,但知常谦常惧,犹恐不称天心及百姓意也。"魏征曰:"古人云:'靡不有初,鲜克有终。'愿陛下守此常谦常惧之道,日慎一日,则宗社永固,无倾覆矣。唐、虞所以太平,实用此法。"

【译文】 贞观二年(628 年),唐太宗对身边侍从的大臣说:"有人说作天子的人应当把自己看得地位高贵,无所畏惧,我则认为天子正应当自我保持谦虚恭敬的品格,常常心怀畏惧。当年舜告诫禹说:'你只要不自大,天下没有人能比得上你的才能;你只要不自夸,天下没有人能比得上你的功劳。'《周易》中又说:'做人的原则是厌恶自满而喜好谦虚。'作为天子,如果只想着自己地位高贵,不保持谦恭的品德,自身如果有做得不对的事情,谁敢犯颜直谏和上奏?我经常想说一句话,做一件事,一定要上畏惧苍天,下畏惧群臣。苍天在高处听着低处的事情,怎么能不让人感到畏惧?公卿百官,都在仰望着我,怎么能不让人感到畏惧?这样想来,就明白经常谦卑经常畏惧,还恐怕不能满足上天的意志和老百姓的心意。"魏征说:"古人说:'做事情都会有个好的开头,但很少能保持到终了。'希望陛下能够保持这个经常谦卑经常畏惧的原则,一天比一天谨慎,那么社稷就能够永远稳固,没有倾覆的危险。唐尧、虞舜之所以实现了天下太平,其实就是使用的这个方法。"

【注释】 ①矜:自大,自夸。 ②伐:自夸,自吹自擂。

【评解】 谦恭不仅是一种美德,而且是一种境界。"谦"是谦虚,不自满,肯接受批评,说谦虚的话。谦虚了才有足够的气魄包容一切,这也正是唐太宗为什么能勇于纳谏的原因之一。

贞观三年，太宗问给事中孔颖达曰："《论语》云：'以能问于不能，以多问于寡，有若无，实若虚。'何谓也？"颖达对曰："圣人设教，欲人谦光①。己虽有能，不自矜大，仍就不能之人求访能事。己之才艺虽多，犹病以为少，仍就寡少之人更求所益。己之虽有，其状若无，己之虽实，其容若虚。非惟匹庶②，帝王之德，亦当如此。夫帝王内蕴神明，外须玄默③，使深不可知。故《易》称'以蒙养正'；'以明夷莅众④'。若其位居尊极，炫耀聪明，以才陵人，饰非拒谏，则上下情隔，君臣道乖。自古灭亡，莫不由此也。"太宗曰："《易》云：'劳谦⑤，君子有终，吉。'诚如卿言。"诏赐物二百段。

【译文】　贞观三年（629年），唐太宗问给事中孔颖达说："《论语》中说：'有才能的人向没有才能的人请教，才艺多的人向才艺少的人请教，有才能就像没有才能一样，满腹学问就像内心空虚一样。'这是什么意思？"孔颖达回答说："圣人进行教化，想要使人谦虚。自己虽然有才能，不自高自大，仍然主动向没有才能的人询问他所擅长的事情。自己的才艺虽然多，仍然感到苦恼认为还很少，仍然主动向才艺少的人进一步学习他的长处。自己虽然具有才能，表现得像没有一样，自己虽然知识充实，接受新知识时仍然像很无知一样。不仅平民百姓，帝王的德行，也应当如此。帝王内在的本质虽然无比英明，但外表应当沉默不语，让人觉得深不可测。所以《周易》中说：'用蒙昧来培养正确的德行'；'用掩藏智慧来管理众人'。如果君主位居至尊，炫耀聪明，以才凌人，掩饰过错拒绝劝谏，那么上下之间消息隔绝，君臣之间道义疏远。自古以来国家灭亡，无不因此。"唐太宗说："《周易》中说：'勤奋谦恭，君子将此坚持到底，吉利。'的确像你所说的。"下诏赐给他二百段绢帛。

【注释】　①谦光：谦虚而显示其光明的美德。　②非惟：不但，不仅。匹庶：平民百姓。③玄默：沉默不语。　④明夷：六十四卦之一。离下坤上。《周易·明夷卦》中说："明夷，利艰贞。"孙星衍《集解》引郑玄曰："夷，伤也，日出地上，其明乃光，至其入地，明则伤矣，故谓之明夷。"后用比喻昏君在上，贤人遭受艰难或不得志。莅：治理，管理，统治。　⑤劳谦：勤劳谦恭。

【评解】　谦虚是成功的重要因素，古今中外许多知名的学者和有成就的人，也证明了这一点。被人们称为"力学之父"的牛顿，在二十多岁时就创立了微积分，发现了光谱，提出了万有引力定律。尽管取得了这么多成就，他还是谦虚地说："如果我所见的比别人远一点，那是因为我站在巨人肩上的缘故。"这句话不仅直接表现出了牛顿的谦虚，同时也说明，正是因为他虚心学习研究前人的科学成果，在前人成就的基础上，才更上了一层楼。

河间王孝恭，武德初封为赵郡王，累授东南道行台尚书左仆射。

孝恭既讨平萧铣、辅公祐,遂领江、淮及岭南、北,皆统摄之。专制一方,威名甚著,累迁礼部尚书。孝恭性惟退让,无骄矜自伐之色。时有特进江夏王道宗,尤以将略驰名①,兼好学,敬慕贤士,动修礼让②,太宗并加亲待③。诸宗室中,惟孝恭、道宗莫与为比,一代宗英云④。

【译文】 河间王李孝恭,武德初年封为赵郡王,后来逐渐提升为东南道行台尚书左仆射。李孝恭消灭了萧铣、辅公祐之后,于是统领江淮及岭南、岭北,都由他管辖。独立统治一方,威名很盛,逐渐提升为礼部尚书。李孝恭性情谦让,没有骄傲自夸的神情。当时还有特进江夏王李道宗,特别以用兵有谋略而驰名,同时他还好学,敬重仰慕贤士,言行举止谦让,有礼节,唐太宗对他们都很亲近优待。在宗室之中,只有李孝恭和李道宗没人能比,是皇室中的一代佼佼者。

【注释】 ①将略:用兵谋略。 ②动:言行举止。 ③亲待:亲近优待。 ④宗英:皇室中才能杰出的人。

【评解】 谦虚还是一种人生智慧。"满招损,谦受益。"不仅为官如此,就是为人做事,也应当如此。如果你做出了成绩,别人自然会看到眼里,并不需要时时刻刻都通过言语或行动表现出来,更不能因此而看不起别人,甚至居功自傲、目中无人,否则,你以前的成就不但不会成为继续前进的基础,反而会成为进一步发展的绊脚石。

仁恻第二十

贞观初,太宗谓侍臣曰:"妇人幽闭深宫,情实可愍。隋氏末年,求采无己①,至于离宫别馆,非幸御之所,多聚宫人。此皆竭人财力,朕所不取。且洒扫之余,更何所用?今将出之,任求伉俪,非独以省费,兼以息人,亦各得遂其情性。"于是后宫及掖庭前后所出三千余人②。

【译文】 贞观初年,唐太宗对身边侍从的大臣说:"妇女被幽闭在深宫之中,处境实在很可怜。隋朝末年,不停地搜求选取,至于离宫别馆,皇帝不会停留的地方,也聚集了很多宫女。这都是耗竭人民的财力,我不这样做。况且这些人除了打扫庭院之外,还有什么用处呢?如今我要让她们出宫,随便选择配偶,不单单是为了节省开支,也是为了安定人民,也使她们能够顺从各自的情意。"于是后宫和掖庭中先后裁减去宫女三千多人。

【注释】 ①求采:搜求选取。 ②掖庭:宫中旁舍,妃嫔居住的地方。

【评解】 "恻隐之心,人皆有之。"唐太宗能够体会到他人的疾苦,所以才有释放宫女等有益于民众的举动。

贞观二年,关中旱,大饥。太宗谓侍臣曰:"水旱不调,皆为人君失德。朕德之不修,天当责朕,百姓何罪,而多遭困穷!闻有鬻男女者,朕甚愍焉。"乃遣御史大夫杜淹巡检,出御府金宝赎之,还其父母。

【译文】 贞观二年(628年),关中地区发生旱灾,饥荒严重。唐太宗对身边侍从的大臣说:"水旱不和调,都是因为君主德行不够。我没有修养好德行,上天应当责罚我,百姓有什么罪过呢,而遭受了这样严重的困难!听说有卖儿卖女者,我感到非常怜悯。"于是派御史大夫杜淹巡视,拿出皇室府库中的钱财赎买被卖出的男女,还给他们的父母。

【评解】 爱民就应"宁民"、"安民",当遇到天灾人祸、民不聊生之时,采取措施保障百姓的正常生活,帮他们渡过难关,对于社会稳定来说显得尤为重要。

贞观七年,襄州都督张公谨卒。太宗闻而嗟悼,出次发哀①。有司奏言:"准阴阳书云②:'日在辰,不可哭泣。'此亦流俗所忌。"太宗曰:"君臣之义,同于父子,情发于中,安避辰日?"遂哭之。

【译文】 贞观七年(633年),襄州都督张公谨去世。唐太宗听说之后哀伤悲叹,离开皇宫到郊外举行哀悼的仪式。有关部门上奏说:"根据阴阳书中所说:'今天是辰日,不能哭泣。'这也是民间习俗的禁忌。"唐太宗说:"君臣之情,就像父子一样,哀伤之情从内心发出,怎么能避开辰日?"于是哭起来。

【注释】 ①出次:为悼念死者而离开正寝,出郊外暂住。发哀:举行哀悼的仪式。 ②阴阳书:原指战国时邹衍、邹奭等所作阴阳历律之书,后多指择日、占卜、星相等书。

【评解】 这件事情既反映了唐太宗对君臣感情的重视,也反映了他不拘泥于迷信禁忌的性格。

贞观十九年,太宗征高丽,次定州①,有兵士到者,帝御州城北门楼抚慰之。有从卒一人病,不能进。诏至床前,问其所苦,仍敕州县医疗之。是以将士莫不欣然愿从。及大军回次柳城,诏集前后战亡人骸骨,设太牢致祭②,亲临,哭之尽哀,军人无不洒泣。兵士观祭者,归家以言,其父母曰:"吾儿之丧,天子哭之,死无所恨。"太宗征辽东,攻白岩城,右卫大将军李思摩为流矢所中,帝亲为吮血,将士莫不感励。

【译文】 贞观十九年(645年),唐太宗征讨高丽,临时驻扎在定州,有兵士来到这里,皇帝都要到州城的北门楼安抚慰问。有一个随从的士卒病了,不能够进见。唐太宗就下诏来到他的床前,询问他的病情,并命令当地州县为他治疗。因此将士们无不欣然,愿意跟随他。等到大军返回驻扎在柳城,下诏收集前后阵亡的将士的尸骨,设置太牢之礼进行祭祀,唐太宗亲自到祭坛,哭得非常哀痛,军中将士无不垂泪。兵士中有看到祭祀的,回家之后告诉了家里人,阵亡者的父母说:"我的儿子死了,天子为他哭泣,死而无憾。"唐太宗征伐辽东,攻打白岩城,右卫大将军李思摩被流矢射中,皇帝亲自为他吮吸淤血,将士们无不感动振奋。

【注释】 ①次:临时驻扎或住宿。 ②太牢:古代祭祀,牛羊豕三牲具备称为太牢。

【评解】 《史记·孙武吴起列传》中记载了一段关于吴起爱兵如子的小故事。吴起在魏国当将军的时候,十分体贴士兵,经常与条件最艰苦的士兵吃一样的饭、穿一样的衣,行军的时候也不骑马,而是亲自背负着军粮,以此来分担普通士兵的劳苦。有一次,吴起在巡营的时候发现,一个士卒身上生了毒疮,而且已经溃烂化脓。他不但十分关心地对这个生病的士兵问寒问暖,而且亲自蹲下来,用嘴为那位士兵吸吮伤口,以吸出其中积聚的脓液。那位士兵见大将军竟然如此对待自己,感动得热泪盈眶。其他士兵们看了,也深受感动。别人把这个故事讲给那位士兵的母亲听。士兵的母亲听了后,却伤心地大哭起来。别人对她说:"你的儿子只是一个普通的士卒,大将军能为他亲自吸吮毒疮以疗伤,你看,将军对你儿子那么好,你应该高兴才对呀,为什么哭呢?"她说:"我是担心我儿子的命呀！当年,吴将军也曾为他的父亲吸吮过伤口,他父亲感念将军的恩情,舍生忘死,英勇杀敌,结果战死在沙场上。我的儿子现在也死定了!"将心比心,吴起和唐太宗对将士的体恤,换来的是将士们十倍、百倍的回报。

慎所好第二十一

贞观二年,太宗谓侍臣曰:"古人云:'君犹器也,人犹水也,方圆在于器,不在于水。'故尧、舜率天下以仁,而人从之;桀、纣率天下以暴,而人从之。下之所行,皆从上之所好。至如梁武帝父子志尚浮华,惟好释氏、老氏之教,武帝末年,频幸同泰寺,亲讲佛经,百寮皆大冠高履①,乘车扈从②,终日谈论苦空③,未尝以军国典章为意。及侯景率兵向阙,尚书郎以下,多不解乘马,狼狈步走,死者相继于道路。武帝及简文卒被侯景幽逼而死。孝元帝在于江陵,为万纽于谨所围,帝犹讲《老子》不辍,百寮皆戎服以听。俄而城陷,君臣俱被囚挚。庾信亦叹其如此,及作《哀江南赋》,乃云:'宰衡以干戈为儿戏④,缙绅以清谈为庙略⑤。'此事亦足为鉴戒。朕今所好者,惟在尧、舜之道,周、孔之教,以为如鸟有翼,如鱼依水,失之必死,不可暂无耳。"

【译文】 贞观二年(628年),唐太宗对身边侍从的大臣说:"古人说:'君主好比器皿,人民好比是水,水是方是圆取决于器皿,不在于水本身。'所以尧、舜以仁道来治理天下,而人民也随之而具有仁爱之心;桀、纣以暴政来治理天下,而人民也随之而具有暴虐之心。下面的人的爱好,都是顺从上面的人的爱好。至于像梁武帝父子追求浮华,只喜欢佛教、道教,武帝末年,频繁地到同泰寺中去,亲自宣讲佛经,群臣也都戴着高冠穿着高底鞋,乘车跟随,整天谈论佛教教义,从不把军国大事典章制度挂在心上。等到侯景领兵攻到宫阙,尚书郎以下的官员,大多不会骑马,狼狈地步行逃跑,死亡的人在路上一个接一个。梁武帝和简文帝最终被侯景囚禁逼迫而死。梁孝元帝在江陵,被西魏统帅万纽于谨所包围,孝元帝仍然在不停地讲授《老子》,百官都穿着军服在听。不久城被攻陷,君臣都被囚禁。庾信也感叹他们的这种做法,他作了一篇《哀江南赋》,其中说:'宰相把干戈当成儿戏,官员把清谈当做谋略。'这件事也足可以引为教训。我如今所爱好的,只有尧、舜之道,周公、孔子之教,认为这些对于我来说就像鸟有了翅膀,就像鱼离不开水,失去它就会灭亡,一刻也不能没有啊。"

【注释】 ①大冠高履:为南朝时士大夫的时尚装束。颜之推《颜氏家训·涉务》中说:"梁世士大夫,皆尚褒衣博带,大冠高履,出则车舆,入则扶侍。" ②扈从:随从皇帝出巡。 ③

苦空:根据佛教教义,人世间一切皆苦,万事俱空。这里代指佛教教义。 ④宰衡:出自《汉书·平帝纪》:"夏,皇后见于高庙,加安汉公号曰'宰衡'。"颜师古注引应劭曰:"周公为太宰,伊尹为阿衡,采伊周之尊以加莽。"后以指宰相。 ⑤庙略:庙堂中的谋划。

【评解】 从汉武帝时开始,儒家思想便成为中国封建政权主导的治国理念。这是因为儒家思想和封建社会的时代要求想契合。

贞观二年,太宗谓侍臣曰:"神仙事本是虚妄,空有其名。秦始皇非分爱好,为方士所诈,乃遣童男童女数千人,随其入海求神仙。方士避秦苛虐,因留不归,始皇犹海侧踟蹰以待之①,还至沙丘而死。汉武帝为求神仙,乃将女嫁道术之人,事既无验,便行诛戮。据此二事,神仙不烦妄求也。"

【译文】 贞观二年(628年),唐太宗对身边侍从的大臣说:"神仙之事本来就是虚妄的,空有其名。秦始皇过度爱好,被方士所欺骗,于是派童男童女数千人,跟随他们到海中去求神仙。方士为了逃避秦朝的苛政暴虐,于是留在那里没有回来,秦始皇还在海边逗留等待他们,回去时走到沙丘就死了。汉武帝为了求神仙,于是将女儿嫁给修行道术的人,事情没有应验,就大开杀戒。根据这两件事,神仙不要妄求啊。"

【注释】 ①踟蹰:逗留。

【评解】 春秋时子产和孔子就分别提出了"天道远,人道迩"(《左传·昭公十八年》)和"未能事人,焉能事鬼"(《论语·先进》)的著名论断。在国家治理中,只有以民为本,才是长治久安之道。

贞观四年,太宗曰:"隋炀帝性好猜防,专信邪道,大忌胡人,乃至谓胡床为交床①,胡瓜为黄瓜,筑长城以避胡。终被宇文化及使令狐行达杀之。又诛戮李金才,及诸李殆尽,卒何所益?且君天下者,惟须正身修德而已,此外虚事,不足在怀。"

【译文】 贞观四年(630年),唐太宗说:"隋炀帝生性喜好猜疑防范,专门迷信歪门邪道,非常忌讳胡人,以致称胡床为交床,胡瓜为黄瓜,修筑长城以隔开胡人。他最终被宇文化及派的狐行达杀死。另外,他还杀了李金才,以致把李氏家族差不多杀光,最终有什么用处呢?况且治理天下的人,只需要端正自身修养品行就够了,这些虚妄之事,不值得考虑。"

【注释】 ①胡床:一种可以折叠的轻便坐具。

【评解】 正如儒家的创始人孔子曾经多次强调的:"君子之德风,小人之德草。草上之风,必偃。"统治者如果自身不端正而追求社会稳定,无异于缘木求鱼。

贞观七年，工部尚书段纶奏进巧人杨思齐至。太宗令试，纶遣造傀儡戏具。太宗谓纶曰："所进巧匠，将供国事，卿令先造此物，是岂百工相戒无作奇巧之意耶①？"乃诏削纶阶级②，并禁断此戏。

【译文】　贞观七年(633年)，工部尚书段纶引荐一位名叫杨思齐的巧手工匠来到宫里。唐太宗让他试试身手，段纶让他制造演傀儡戏的用具。唐太宗对段纶说："你所举荐的巧匠，是为了替国家做事，你让他先造这东西，这难道是让各种工匠相互告诫不要做奇巧之物的意思吗？"于是下诏降低段纶的官职，并彻底禁止傀儡戏。

【注释】　①百工：各种工匠。　②阶级：官的品位、等级。

【评解】　《尚书》上说："玩人丧德，玩物丧志"，一个人如果沉缅于声色享受，必然会丧失进取的志向。这样的例子历史上比比皆是。

慎言语第二十二

贞观二年,太宗谓侍臣曰:"朕每日坐朝,欲出一言,即思此一言于百姓有利益否,所以不敢多言。"给事中兼知起居事杜正伦进曰:"君举必书,言存左史①。臣职当兼修起居注②,不敢不尽愚直。陛下若一言乖于道理,则千载累于圣德,非止当今损于百姓,愿陛下慎之。"太宗大悦,赐彩百段。

【译文】 贞观二年(628年),唐太宗对身边侍从的大臣说:"我每天坐朝,打算说一句话,就会考虑这句话对老百姓是否有利,所以不敢多说。"给事中兼知起居事杜正伦进言说:"君主的举动都一定会记录下来,说过的话保存在左史那里,我兼任着修撰起居注的职责,不敢不恪尽做臣子的诚挚之心。陛下如果有一句话违背道理,那么千年之后还会对陛下的圣德有损害,不只是当前损害百姓的利益,希望陛下能够谨慎。"唐太宗非常高兴,赐给他一百匹彩缎。

【注释】 ①左史:周代史官有左史、右史之分,根据《汉书·艺文志》,左史记言,右史记事。唐代曾以门下省之起居郎、中书省之起居舍人为左、右史,分别主记事与记言。 ②起居注:皇帝的言行录。唐代时凡朝廷命令赦宥、礼乐法度、赏罚除授、群臣进对、祭祀宴享、临幸引见、四时气候、户口增减、州县废置等事,皆按日记载。

【评解】 有人说,中国虽然没有西方那样的宗教信仰,但中国人青史留名的期望同样可以看作是一种终极追求,这话是有道理的。

贞观八年,太宗谓侍臣曰:"言语者,君子之枢机,谈何容易①?凡在众庶,一言不善,则人记之,成其耻累,况是万乘之主?不可出言有所乖失。其所亏损至大,岂同匹夫?我常以此为戒。隋炀帝初幸甘泉宫,泉石称意,而怪无萤火,敕云:'捉取多少于宫中照夜。'所司遽遣数千人采拾,送五百舆于宫侧。小事尚尔,况其大乎?"魏征对曰:"人君居四海之尊,若有亏失,古人以为如日月之蚀,人皆见之,实如陛下所戒慎。"

【译文】 贞观八年(634年),唐太宗对身边侍从的大臣说:"言语,是君子品质的关键,谈说议论怎能容许轻易进行?对于普通老百姓来说,一句话说得不对,那么人们就会记住,成为他的耻辱和过失,何况是大国的君主?说话不能违背道理。他如果说话违背道理损失就会很大,同普通老百姓怎么能一样?我经常以此来提醒自己。隋炀帝刚到甘泉宫的时候,泉水山石都符合他的心意,但他却责怪没有萤火,下令说:'捉取一些放在宫中夜里照明。'有关部门于是派了几千人四处捕捉萤火虫,送五百车萤火虫到甘泉宫的附近。小事尚且如此,何况是大事呢?"魏征回答说:"君主身处国家中最尊贵的位置,如果在道理上有所违背,古人认为就如同日食和月食一样,人人都会看得到,的确像陛下所警戒和谨慎的那样。"

【注释】 ①谈何容易:谈说论议、指陈得失不可轻易从事。《盐铁论·箴石》里有:"贾生有言曰:'悫言则辞浅而不入,深言则逆耳而失指。'故曰:'谈何容易。'谈且不易,而况行之乎?"马非百《简注》说:"谈,说话。何容,怎能容许。易,轻易。"

【评解】 注意自己讲话的艺术和分寸,在与人交往中是很重要的。尤其是身处众人仰慕的地位,说的每一句话都可能给他人带来深远的影响,所以更应当注意。

贞观十六年,太宗每与公卿言及古道,必诘难往复。散骑常侍刘洎上书谏曰:"帝王之与凡庶,圣哲之与庸愚,上下相悬,拟伦斯绝①。是知以至愚而对至圣,以极卑而对极尊,徒思自强,不可得也。陛下降恩旨,假慈颜,凝旒以听其言②,虚襟以纳其说,犹恐群下未敢对扬③,况动神机,纵天辩,饰辞以折其理,援古以排其议,欲令凡庶何阶应答?臣闻皇天以无言为贵,圣人以不言为德,老子称'大辩若讷',庄生称'至道无文',此皆不欲烦也。是以齐侯读书,轮扁窃议④;汉皇慕古,长孺陈讥⑤,此亦不欲劳也。且多记则损心,多语则损气,心气内损,形神外劳,初虽不觉,后必为累。须为社稷自爱,岂为性好自伤乎?窃以今日升平,皆陛下力行所至。欲其长久,匪由辩博,但当忘彼爱憎,慎兹取舍,每事敦朴,无非至公,若贞观之初,则可矣。至如秦政强辩⑥,失人心于自矜;魏文宏材,亏众望于虚说。此才辩之累,皎然可知。伏愿略兹雄辩,浩然养气,简彼缃图⑦,淡焉怡悦⑧,固万寿于南岳⑨,齐百姓于东户⑩,则天下幸甚,皇恩斯毕。"太宗手诏答曰:"非虑无以临下,非言无以述虑。比有谈论,遂至烦多。轻物骄人,恐由兹道。形神心气,非此为劳。今闻谠言,虚怀以改。"

【译文】 贞观十六年(642年),唐太宗每当与公卿大臣们谈及古代的道理,一定要反复反问辩驳。散骑常侍刘洎上书劝谏说:"帝王与一般百姓,圣贤与平庸愚昧之人,高低相差悬殊,无法相比。因此可知以极端愚昧应对极端聪明,以极端卑微应对极端尊贵,仅仅想着要自我努力,是无法做到的。陛下降下充满恩德的旨意,摆出慈祥的面容,态度肃穆庄重地听他们谈论,虚怀若谷以接受他们的建议,尚且害怕众臣下不敢面君应对,况且动用您的神妙智慧,施展您的天生辩才,修饰自己的言辞来驳斥他们提出的道理,引述古事来排斥他们的议论,这样做想要使一般人通过什么途径来应答您呢?我听说皇天因沉默而尊贵,圣人因沉默而显出德行,老子说'最出色的辩论者好像是木讷一样',庄子说'最精深微妙的大道没有文采',这都是不想过于繁杂。所以齐桓公读书,轮扁私下里议论;汉武帝仰慕古人,汲黯表达了自己的讥讽,这也是不想让人过于劳烦啊。况且记忆过多则损害心,言语过多则损害气,体内的心、气受到损伤,外在的形、神就会劳顿,开始时虽然无法发觉,最终必然要受到拖累。陛下应当为了社稷而自我珍惜,怎么能够为了一时的情绪喜好而自我损伤呢?我认为如今的升平景象,都是陛下力行的结果。想要使这种状况长久地保持下去,不是靠辩论反驳能做到的,应当忘记自己的爱憎,谨慎进行取舍,每件事上都要敦厚朴实,做事不要背离至公之道,就像贞观初年一样,这就可以了。至于像秦始皇能言善辩,因为自高自大而失去人心;魏文帝才高志大,因为空谈而辜负了众人的期望。这都是口才和善辩的拖累,非常明白易知。希望陛下能够减少一些雄辩,修养浩然正气,减少一些对书卷的关注,节制一下自己的情绪爱好,确保像南山一样万寿无疆,把百姓治理得像东户季子时代一样,那么天下人都会感到万分荣幸,皇恩也能够真正得到贯彻。"唐太宗亲自写诏书答复说:"不经过思虑不能够治理天下,不通过言语不能表达思虑。近来有些谈论,以至到了繁杂过盛的地步。轻视他人,对人傲慢的心态,恐怕会由此而生。形、神、心、气,不能承受这样的劳顿。如今听到你的直言,一定虚心改正。"

【注释】 ①拟伦:比拟,类比。 ②凝旒(liú):冕旒静止不动。形容帝王态度肃穆专注。旒:同"瑬",冕冠前后悬垂的玉串。 ③对扬:原意是臣受君赐时的答谢、颂扬之语,泛指面君答对。 ④齐侯读书,轮扁窃议:齐侯,这里指齐桓公。轮扁,春秋时齐国著名的造车工匠。《庄子·天道》记载:"桓公读书于堂上,轮扁斫轮于堂下,释椎凿而上,问桓公曰:'敢问公之所读者,何言邪?'公曰:'圣人之言也。'曰:'圣人在乎?'公曰:'已死矣。'曰:'然则君之所读者,古人之糟魄已矣!'桓公曰:'寡人读书,轮人安得议乎!有说则可,无说则死!'轮扁曰:'臣也以臣之事观之。斫轮,徐则甘而不固,疾则苦而不入,不徐不疾,得之于手而应于心,口不能言,有数存焉于其间。臣不能以喻臣之子,臣之子亦不能受之于臣,是以行年七十而老斫轮。古之人与其不可传也死矣,然则君之所读者,古人之糟魄已夫!'" ⑤汉皇慕古,长孺陈讥:汉皇,这里指汉武帝。长孺,西汉名臣汲黯的字。《史记·汲黯列传》记载:汉武帝时,"天子方招文学儒者,上曰吾欲云云,黯对曰:'陛下内多欲而外施仁义,奈何欲效唐虞之治乎!'上默然,怒,变色而罢朝。" ⑥秦政:指秦始皇,名嬴政。 ⑦缃图:指书卷图籍。缃,浅黄色,泛指书卷。 ⑧怡悦:取悦,喜悦。这里指情绪爱好。 ⑨南岳:即南山。《诗经·小雅·天保》中有:"如月之恒,如日之升,如南山之寿,不骞不崩。"常用以比喻人健康长寿。 ⑩东户:即东户季子,传说中的上古君主。《淮南子·缪称训》中说:"昔东户季子之世,道路不拾遗,末耜、余粮宿诸畮首。"

【评解】 《论语·子路》中记载孔子的话说:"刚、毅、木、讷近仁。"即刚强、果断、朴实、少言,有这四种品德的人就接近仁德了。古希腊罗马把辩论术当做人的最重要的才能之一,而在中国古代,则认为花言巧语、能言善辩的人是靠不住的。

杜谗邪第二十三

贞观初,太宗谓侍臣曰:"朕观前代,谗佞之徒,皆国之蟊贼也①。或巧言令色,朋党比周。若暗主庸君,莫不以之迷惑,忠臣孝子所以泣血衔冤。故丛兰欲茂,秋风败之;王者欲明,谗人蔽之。此事著于史籍,不能具道。至如齐、隋间谗谮事,耳目所接者,略与公等言之。斛律明月,齐朝良将,威震敌国,周家每岁斫汾河冰,虑齐兵之西渡。及明月被祖孝征谗构伏诛,周人始有吞齐之意。高颎有经国大才,为隋文帝赞成霸业,知国政者二十余载,天下赖以安宁。文帝惟妇言是听,特令摈斥。及为炀帝所杀,刑政由是衰坏。又隋太子勇抚军监国,凡二十年间,固亦早有定分。杨素欺主罔上,贼害良善,使父子之道一朝灭于天性,逆乱之源,自此开矣。隋文既混淆嫡庶,竟祸及其身,社稷寻亦覆败。古人云'世乱则谗胜',诚非妄言。朕每防微杜渐,用绝谗构之端,犹恐心力所不至,或不能觉悟。前史云:'猛兽处山林,藜藿为之不采;直臣立朝廷,奸邪为之寝谋②。'此实朕所望于群公也。"魏征曰:"《礼》云:'戒慎乎其所不睹,恐惧乎其所不闻③。'《诗》云'恺悌君子,无信谗言。谗言罔极,交乱四国④。'又孔子曰:'恶利口之覆邦家⑤',盖为此也。臣尝观自古有国有家者,若曲受谗谮,妄害忠良,必宗庙丘墟,市朝霜露矣。愿陛下深慎之!"

【译文】 贞观初年,唐太宗对身边侍从的大臣说:"我看前代的历史,谗邪奸佞之徒,都是危害国家的蟊贼。他们经常花言巧语见风使舵,结党营私相互包庇。如果君主昏暗愚昧,莫不被他们所迷惑,忠臣孝子因此而泣血含冤。所以丛生的兰草想要茂盛,秋风使它们凋敝了;君主想要圣明,谗邪之徒把他们蒙蔽了。这类事情记载在史籍之中,例子举不胜举。至于像北齐、隋朝时的谗言中伤之事,我亲耳听到亲眼见到的,大致同你们说一下。斛律明月,是北齐的良将,威震敌国,北周每年都要把汾河上的冰敲碎,怕齐兵渡河到西岸来攻击他们。等到斛律明月被祖孝征进谗言害死之后,北周才有了吞并北齐的打算。高颎有治理国家的雄才大略,辅佐隋文帝成就了霸业,参与谋划国家大事二十多年,天下依赖他而得到安定。隋文帝只听妇人之言，专门下令罢黜了他。等到他被隋炀帝所杀，国家的法度政治也因此而衰败。另外，隋朝的太子杨勇抚军监国，前后二十多年，已经早就有了确定的名分。杨素欺君罔上，残害善良之人，使父子之间原本出于天性的亲情一下子被破坏了，叛逆混乱的源头，从此被打开。隋文帝已经混淆了长幼嫡庶之分，终于自己也遭受了祸殃，国家不久也灭亡了。古人说'世道混乱则谗邪得逞'，这的确不是没有根据的话。我经常防微杜渐，以杜绝谗言构陷的源头，尚且怕自己的思想和力量达不到，或者自己不能觉察体悟。前代史书中说：'有猛兽在山林中，藜藿就因此而不会被采挖；有正直的大臣站在朝廷上，奸邪之人就因此而隐藏自己的计划。'这也是我对你们的期望。"魏征说："《礼记》中说：'在别人看不到的地方也应该警惕谨慎，在别人听不到的地方也应当感到恐惧不安。'《诗经》中说：'和乐平易君子，不要听信谗言。谗言没有休止，扰乱天下四方。'另外孔子也说：'厌恶强词夺理扰乱国家'，都是这个原因。我曾经考察过古代有国有家的人，如果曲意接受谗言构陷，随意陷害忠良，一定会使宗庙成为废墟，市朝成为荒野。希望陛下重视这件事！"

【注释】　①蟊贼：原意指吃禾苗的两种害虫。如《诗经·小雅·大田》中有："去其螟螣，及其蟊贼。"毛传曰："食根曰蟊，食节曰贼。"比喻危害人民或国家的人。　②猛兽处山林，藜藿为之不采；直臣立朝廷，奸邪为之寝谋：出自《汉书·盖宽饶传》："臣闻山有猛兽，藜藿为之不采；国有忠臣，奸邪为之不起。"藜藿：藜和藿，两种野菜。寝：隐蔽，隐瞒。　③戒慎乎其所不睹，恐惧乎其所不闻：出自《礼记·中庸》。　④恺悌君子，无信谗言。谗言罔极，交乱四国：出自《诗经·小雅·青蝇》。恺悌：原作"岂弟"，和乐平易。　⑤恶利口之覆邦家：出自《论语·阳货》。利口：能言善辩，强词夺理。

【评解】　唐太宗一面提出要勇于纳谏，一面又要杜绝谗邪，如果没有审慎的态度和明智的判断力，这两者是很难同时做到的。

贞观七年，太宗幸蒲州。刺史赵元楷课父老服黄纱单衣①，迎谒路左，盛饰廨宇②，修营楼雉以求媚③。又潜饲羊百余口、鱼数千头，将馈贵戚。太宗知，召而数之曰："朕巡省河、洛，经历数州，凡有所须，皆资官物。卿为饲羊养鱼，雕饰院宇，此乃亡隋弊俗，今不可复行。当识朕心，改旧态也。"以元楷在隋邪佞，故太宗发此言以戒之。元楷惭惧，数日不食而卒。

【译文】　贞观七年（633年），唐太宗巡行蒲州。刺史赵元楷命令州中父老穿着黄纱做的单衣，在路边迎候，并大加装饰官舍，修缮营造城墙来博取皇帝的欢心。又偷偷地养了一百多只羊、几千条鱼，打算送给皇亲国戚。唐太宗知道了此事，将其召来数落他说："我巡查河、洛一带，经过了数个州城，凡是有所需要，都依靠官府供给。你为我饲养羊和鱼，装饰院落房屋，这是灭亡了的隋朝的坏习俗，如今不能再这样做了。你要了解我的心意,改变原来的做法。"因为赵元楷在隋朝时奸邪谄佞,所以唐太宗说这样的话来警告他。赵元楷又惭愧又害怕,几天吃不下饭死了。

【注释】 ①课:要求,督促。父老:对老年人的尊称。 ②廨宇:官舍。 ③楼雉:城楼与城堞,泛指城墙。

【评解】 如果面对的皇帝不是唐太宗,或许赵元楷又要因此而升迁了。

贞观十年,太宗谓侍臣曰:"太子保傅①,古难其选。成王幼小,以周、召为保傅,左右皆贤,足以长仁,致理太平,称为圣主。及秦之胡亥,始皇所爱,赵高作傅,教以刑法。及其篡也,诛功臣,杀亲戚,酷烈不已,旋踵亦亡。以此而言,人之善恶,诚由近习。朕弱冠交游②,惟柴绍、窦诞等,为人既非三益③,及朕居兹宝位,经理天下,虽不及尧、舜之明,庶免乎孙皓、高纬之暴。以此而言,复不由染,何也?"魏征曰:"中人可与为善,可与为恶,然上智之人自无所染。陛下受命自天,平定寇乱,救万民之命,理致升平,岂绍、诞之徒能累圣德?但经云:'放郑声,远佞人④。'近习之间,尤宜深慎。"太宗曰:"善。"

【译文】 贞观十年(636年),唐太宗对身边侍从的大臣说:"保育、教导太子的官员,自古以来就难以挑选。周成王年幼时,以周公、召公为他的师傅,身边都是贤人,足以增进仁德,使得国家被治理得非常安定,被称为圣主。秦朝的胡亥,是秦始皇宠爱的儿子,赵高做师傅,教他严刑峻法。等他篡位之后,杀功臣,杀亲人,残酷暴虐的事情没有休止,不久之后就死了。因此可知,人的善恶,的确都是被周围的事物长久熏染的结果。我二十出头时交往的朋友,只有柴绍、窦诞等人,他们从为人上说并不是能给人以助益的良友,等到我登上帝位,治理天下,虽然不如尧、舜英明,但差不多可以避免孙皓、高纬那样的暴政。以此来说,人的习性有不是熏陶的结果,为什么呢?"魏征说:"中等资质的人可以受善的影响而为善,也可以受恶的影响而为恶,但是上等智慧的人自然不会受到熏染。陛下承受天命,平定内乱外患,拯救了万民的性命,治理国家达到太平,您的圣德难道是柴绍、窦诞等人能损害的吗?但是经典中说:'抛弃靡靡之音,远离奸佞之人。'对于身边之人的习染,还是应当特别慎重。"唐太宗说:"说得好。"

【注释】 ①保傅:古代保育、教导太子等贵族子弟及未成年帝王、诸侯的男女官员的统称。 ②弱冠:古时以男子二十岁为成人,初加冠,因体犹未壮,故称弱冠。后遂称男子二十岁或二十几岁的年龄为弱冠。 ③三益:《论语·季氏》中说:"孔子曰:益者三友,损者三友。友直,友谅,友多闻,益矣。"借指能给自己以帮助和教益的良友。 ④放郑声,远佞人:出自《论语·卫灵公》:"放郑声,远佞人。郑声淫,佞人殆。"郑声:原指春秋战国时郑国的音乐。因与孔子等提倡的雅乐不同,故受儒家排斥。刘宝楠《正义》说:"《五经异义·鲁论》说郑国之俗,有溱、洧之水,男女聚会,讴歌相感,故云郑声淫。"

【评解】 人的道德养成,既与客观环境有关,更与主观的意愿和努力程度有关。即使处于同样的成长环境之下,不同的人最终的境界可能也会不同。

尚书左仆射杜如晦奏言:"监察御史陈师合上《拔士论》,谓人之思虑有限,一人不可总知数职,以论臣等。"太宗谓戴胄曰:"朕以至公治天下,今任玄龄、如晦,非为勋旧,以其有才行也。此人妄事毁谤,止欲离间我君臣。昔蜀后主昏弱,齐文宣狂悖,然国称治者,以任诸葛亮、杨遵彦不猜之故也。朕今任如晦等,亦复如法。"于是,流陈师合于岭外①。

【译文】 尚书左仆射杜如晦上奏说:"监察御史陈师合上了一篇《拔士论》,文中说人的思考能力有限,一个人不可能统管数种职责,来议论我们这些大臣。"唐太宗对戴胄说:"我以大公无私之道治理天下,如今任用房玄龄、杜如晦,并非因为他们是有功勋的旧臣,而是因为他们有才能和德行。这个人妄加毁谤,只是要离间我们君臣之间的关系。当年蜀汉后主刘禅昏庸暗弱,北齐文选帝高洋狂妄悖礼,然而国家能够治理得非常好,就是由于任用诸葛亮、杨遵彦且没有猜忌之心的缘故。我如今任用杜如晦,也是按照前人的做法。"因此,把陈师合流放到了岭南。

【注释】 ①岭外:即岭南。

【评解】 俗话说:"疑人不用,用人不疑。"陈师合的观点也许是值得商榷的。但因一道奏疏将其流放到岭南,与唐太宗一贯的作风则不太一致。

贞观中,太宗谓房玄龄、杜如晦曰:"朕闻自古帝王上合天心,以致太平者,皆股肱之力。朕比开直言之路者,庶知冤屈,欲闻谏诤。所有上封事人,多告讦百官,细无可采。朕历选前王,但有君疑于臣,则下不能上达,欲求尽忠极虑,何可得哉?而无识之人,务行谗毁,交乱君臣,殊非益国。自今以后,有上书讦人小恶者,当以谗人之罪罪之。"

【译文】 贞观年间,唐太宗对房玄龄、杜如晦说:"我听说自古以来帝王能与天意相合,以达到天下太平的,都是辅佐大臣的功劳。我近来开辟直言进谏之路的原因,是希望了解下面的冤屈,想要听到直言诤谏。但所有上秘密奏章的人,大多是告发攻击百官,事情琐碎无法采纳。我遍观前代君主,如果有君主疑心臣子的,那么下面的情形就不能够上达,想要让大臣竭尽忠诚和思虑,怎么可能呢?但是那些没有见识的人,专门从事造谣毁谤,扰乱君臣关系,对于国家很没有好处。从此之后,再有上书攻击别人小缺点的,应当以诽谤他人的罪行进行处罚。"

【评解】 "可知者,可用也;不可知者,谋者所不用也。"只要上下相互信任,谗邪者也是无隙可乘的。

魏征为秘书监,有告征谋反者。太宗曰:"魏征,昔吾之雠,只以忠于所事,吾遂拔而用之,何乃妄生谗构?"竟不问征,遽斩所告者。

【译文】 魏征做秘书监时,有人告他谋反。唐太宗说:"魏征,当初是我的仇敌,只因为他忠心于自己所侍奉的主人,我才提拔任用了他,为什么凭空罗织陷害?"最终没有追问魏征,于是就把告发的人杀掉了。

【评解】 唐太宗对魏征的信任是经过实践检验的,所以才如此坚定。

贞观十六年,太宗谓谏议大夫褚遂良曰:"卿知起居,比来记我行事善恶?"遂良曰:"史官之设,君举必书。善既必书,过亦无隐。"太宗曰:"朕今勤行三事,亦望史官不书吾恶。一则鉴前代成败事,以为元龟;二则进用善人,共成政道;三则斥弃群小,不听谗言。吾能守之,终不转也。"

【译文】 贞观十六年(642年),唐太宗对谏议大夫褚遂良说:"你负责记录我的起居,近来记录我所做的事情的善恶了吗?"褚遂良说:"设立史官,君主的一举一动都要记下来。善行既然要记录下来,过错当然也不会隐藏。"唐太宗说:"我近来力行三件事,也是希望史官不会记录下我的恶行。一是考察前代成败的经验教训,作为借鉴;二是选拔任用有善德善行的人,与他们一起实现国家的治理;三是斥退小人,不听信谗言。我会坚持这样做,始终不改变。"

【评解】 对于唐太宗的自我标榜,唐仲友评论说:"唐太宗所说的都是为君之道,但是他说要长久保持而不违背,也是希望史官不记录自己的短处,这就有护短的意图了。隋炀帝攻伐辽东的教训不远就穷兵黩武,任用魏征却在他去世之后拉倒了他的墓碑,知道宇文士及奸佞却听信流言而自我辩解,说长久保持而不违背,未免自夸了。"

悔过第二十四

贞观二年,太宗谓房玄龄曰:"为人大须学问。朕往为群凶未定,东西征讨,躬亲戎事,不暇读书。比来四海安静,身处殿堂,不能自执书卷,使人读而听之。君臣父子,政教之道,共在书内。古人云:'不学,墙面,莅事惟烦①。'不徒言也。却思少小时行事,大觉非也。"

【译文】 贞观二年(628年),唐太宗对房玄龄说:"做人非常需要学问。我以前因为天下没有平定,东征西讨,亲自参加战事,没有时间读书。近来四海安定,身居殿堂之中,不能自己拿着书卷之时,也要让人读来听。君臣父子之礼,政治教化之道,都在书里。古人说:'不学习,就像面对墙壁,遇到事情的时候就会烦乱。'这不是空话。现在回想年轻时做的事情,感觉做得非常不好。"

【注释】 ①不学,墙面,莅事惟烦:出自伪古文《尚书·周官》。

【评解】 俗话说"家中再有,不如一技在手。"在社会上,一个人的成功固然需要机遇的垂青和他人的帮助、举荐或扶持,但如果自身没有胜过别人的优势,腹中空空,一无所知,一无所长,即使机会再好,也没有能力抓住;别人给予的支持再多,也只能成为一个扶不起的阿斗。

贞观中,太子承乾多不修法度,魏王泰尤以才能为太宗所重,特诏泰移居武德殿。魏征上疏谏曰:"魏王既是陛下爱子,须使知定分,常保安全,每事抑其骄奢,不处嫌疑之地也。今移居此殿,使在东宫之西,海陵昔居①,时人以为不可。虽时移事异,犹恐人之多言。又王之本心,亦不宁息。既能以宠为惧,伏愿成人之美。"太宗曰:"我几不思量,甚大错误。"遂遣泰归于本第。

【译文】 贞观年间,太子李承乾非常不注重礼义法度,而魏王李泰因为有才能特别被唐太宗器重,太宗特意下诏让李泰移居武德殿。魏征上书劝谏说:"魏王既然是陛下的爱子,就应当让他知道固定的名分,这样才能长久地保持安全,每件事上都要抑制他的骄纵奢侈,不要让他处于容易产生嫌疑的地方。如今移居到这座殿,让他在东宫之西,这是海陵王当年住的地方,那时候人们就认为他不该住在这里。虽然时间变迁,事情不同,还是怕别人非议。另外魏王自己的内心,也不会安宁。既然他能因受到宠爱而心怀戒惧,希望陛下能够成全他的美德。"唐太宗说:"我一点没有考虑到,就犯了一个重大的错误。"于是又让李泰回到了自己的府第。

【注释】 ①海陵:即李渊的四子李元吉。见前注。

【评解】 《荀子·修身》中说:对我进行批评的人,如果他批评得正确,就是我的老师;对我进行肯定的人,如果他肯定得恰当,就是我的朋友;那些一味谄媚讨好我的,是我的敌人。所以,君子应当尊敬老师,亲近朋友,还要厌恶那些阿谀奉承之徒。追求好的品德而永不厌倦,接受别人的劝谏并能够引以为戒,这样的人就是不想进步,也是不可能的。

贞观十七年,太宗谓侍臣曰:"人情之至痛者,莫过乎丧亲也。故孔子云:'三年之丧,天下之通丧①。'自天子达于庶人也。又曰:'何必高宗?古之人皆然②。'近代帝王遂行不逮,汉文以日易月之制,甚乖于礼典。朕昨见徐幹《中论·复三年丧》篇,义理甚深,恨不早见此书,所行大疏略,但知自咎自责,追悔何及!"因悲泣久之。

【译文】 贞观十七年(643年),唐太宗对身边侍从的大臣说:"人的情感中最感到悲痛的,莫过于父母去世。所以孔子说:'三年的丧期,是天下通行的丧礼。'从天子到普通老百姓都是这样。又说:'为何只是商高宗武丁?古代的人都是这样。'近代帝王实际实行的丧期达不到这个标准,汉文帝用一天代替一月的制度,很违背礼制规定。我昨天看到徐幹的《中论·复三年丧》篇,里面的道理非常深刻,遗憾自己没有早看到这本书,在父母丧礼上过于简单随意,现在只能自咎自责,追悔莫及!"于是悲伤哭泣了很久。

【注释】 ①三年之丧,天下之通丧:出自《论语·阳货》。 ②何必高宗?古之人皆然:出自《论语·宪问》。高宗:指商朝君主武丁。

【评解】 汉文帝改革丧制,是为了减少浪费,利于生产,是有进步意义的。唐太宗这里拘泥于礼制,就说要重新恢复古代的丧制,未免有开历史的倒车之嫌。

贞观十八年,太宗谓侍臣曰:"夫人臣之对帝王,多承意顺旨,甘言取容。朕今欲闻己过,卿等皆可直言。"散骑常侍刘洎对曰:"陛下每与公卿论事,及有上书者,以其不称旨,或面加诘难,无不惭退,恐非诱进直言之道。"太宗曰:"朕亦悔有此问难,当即改之。"

【译文】 贞观十八年(644年),唐太宗对身边侍从的大臣说:"臣子对于帝王,大多顺承心意,说甜言蜜语博取欢心。我如今想要听听你们谈论我的过错,你们都可以直言不讳。"散骑常侍刘洎回答说:"陛下每次与公卿大臣谈论事情,以及有人上书,因为他们不合心意,您有时当面诘问指责,大臣无不羞惭而退,这恐怕不是引导大臣进直言的做法。"唐太宗说:"我也后悔有这样的追问责难,马上就改。"

【评解】 人没有一生都不犯错误的,犯了错误就应该努力改正。而经常的情况是,我们自己犯了错误自己却觉察不出,这就需要由别人指出来,我们自己虚心接受别人的批评,而不应当对批评者指责诘难。

奢纵第二十五

贞观十一年,侍御史马周上疏陈时政曰:

臣历睹前代,自夏、殷、周及汉氏之有天下,传祚相继,多者八百余年,少者犹四五百年,皆为积德累业,恩结于人心。岂无僻王①,赖前哲以免尔!自魏、晋以还,降及周、隋,多者不过五六十年,少者才二三十年而亡。良由创业之君不务广恩化,当时仅能自守,后无遗德可思。故传嗣之主政教少衰,一夫大呼而天下土崩矣。今陛下虽以大功定天下,而积德日浅,固当崇禹、汤、文、武之道,广施德化,使恩有余地,为子孙立万代之基。岂欲但令政教无失,以持当年而已!且自古明王圣主虽因人设教,宽猛随时,而大要以节俭于身、恩加于人二者是务。故其下爱之如父母,仰之如日月,敬之如神明,畏之如雷霆。此其所以卜祚遐长而祸乱不作也②。

今百姓承丧乱之后,比于隋时才十分之一,而供官徭役,道路相继,兄去弟还,首尾不绝。远者往来五六千里,春秋冬夏,略无休时。陛下虽每有恩诏,令其减省,而有司作既不废,自然须人,徒行文书,役之如故。臣每访问,四五年来,百姓颇有怨嗟之言,以陛下不存养之。昔唐尧茅茨土阶,夏禹恶衣菲食③,如此之事,臣知不复可行于今。汉文帝惜百金之费,辍露台之役,集上书囊以为殿帷,所幸夫人衣不曳地。至景帝以锦绣纂组妨害女工④,特诏除之,所以百姓安乐。至孝武帝,虽穷奢极侈,而承文、景遗德,故人心不动。向使高祖之后即有武帝,天下必不能全。此于时代差近,事迹可见。今京师及益州诸处营造供奉器物,并诸王妃主服饰,议者皆不以为俭。臣闻昧旦丕显⑤,后世犹怠,作法于理,其弊犹乱。陛下少处民间,知百姓辛苦,前代成败,目所亲见,尚犹如此,而皇太子生长深宫,不更外事,即万岁之后⑥,固圣虑所当忧也。

臣窃寻往代以来成败之事,但有黎庶怨叛,聚为盗贼,其国无不即灭,人主虽欲改悔,未有重能安全者。凡修政教,当修之于可修之时,若事变一起,而后悔之,则无益也。故人主每见前代之亡,则知其政教之所由丧,而皆不知其身之有失。是以殷纣笑夏桀之亡,而幽、厉亦笑殷纣之灭。隋帝大业之初,又笑周、齐之失国,然今之视炀帝,亦犹炀帝之视周、齐也。故京房谓汉元帝云:"臣恐后之视今,亦犹今之视古。"此言不可不戒也。

往者贞观之初,率土霜俭⑦,一匹绢才得粟一斗,而天下帖然⑧。百姓知陛下甚忧怜之,故人人自安,曾无谤讟。自五六年来,频岁丰稔,一匹绢得十余石粟,而百姓皆以陛下不忧怜之,咸有怨言。又今所营为者,颇多不急之务故也。自古以来,国之兴亡不由蓄积多少,惟在百姓苦乐。且以近事验之,隋家贮洛口仓,而李密因之;东京积布帛,王世充据之;西京府库亦为国家之用,至今未尽。向使洛口、东都无粟帛,即世充、李密未必能聚大众。但贮积者固是国之常事,要当人有余力而后收之。若人劳而强敛之,竟以资寇,积之无益也。然俭以息人,贞观之初,陛下已躬为之,故今行之不难也。为之一日,则天下知之,式歌且舞矣⑨。若人既劳矣,而用之不息,傥中国被水旱之灾,边方有风尘之警⑩,狂狡因之窃发⑪,则有不可测之事,非徒圣躬旰食晏寝而已。若以陛下之圣明,诚欲励精为政,不烦远求上古之术,但及贞观之初,则天下幸甚。

太宗曰:"近令造小随身器物,不意百姓遂有嗟怨,此则朕之过误。"乃命停之。

【译文】 贞观十一年(637年),侍御史马周上书陈奏时政得失,说:

我遍观前代,从夏、商、周一直到汉代取得天下,帝位一代代传承,多的八百多年,少的也有四五百年,都是因为积累德行和功业,用恩惠来联结人心。难道就没有邪僻不正的君主吗? 他们只不过是依赖前代圣王的遗泽而幸免罢了! 从魏、晋以来,一直到北周、隋朝,统治时间多的不过五六十年,少的才二三十年就灭亡了。真正的原因是因为创业的君主不追求广施恩德与教化,在位的时候只能勉强自守,而后人对他们没有可以怀念的遗留恩德。所以继承帝位的君主政治教化措施稍有消弱,一个人带头振臂一呼天下就土崩瓦解了。如今陛下虽然以大功平定了天下,但德行积累的时间还很短,所以一定要尊崇夏禹、商汤、周文王、周武王之道,广施德化,使恩德有余,作为子孙万代统治的根基。难道只是追求政治教化没有失误,来保持自己在位时稳定而已吗! 况且自古以来圣明的帝王君主虽然根据人情进行教化,刑政措施的宽严根据时代变化,但他们所努力做到的大致都是自身节俭、施恩于人这两件事。所以他们的臣民爱他们如同爱自己的父母一样,敬仰他们如同敬仰日月一样,尊敬他们如同尊敬神明一样,畏惧他们如同畏惧雷霆一样。因此他们能够使国祚绵长而祸乱不发生。

如今百姓刚刚经过了社会混乱，人口和隋朝比起来只有十分之一，但给官府运送物资和服徭役的人，在道路上源源不断，哥哥刚走弟弟又来，首尾相连。远的来回五六千里，春夏秋冬，得不到休息。陛下虽然经常有一些充满恩德的诏书，让他们减少征发，但有关部门的事务不停，自然需要人来完成，空发文书，劳役征发如故。我经常调查此事，四五年来，老百姓很有怨愤和叹息之言，因为陛下对他们不体恤抚养。当初唐尧住的是茅草屋土台阶，夏禹穿粗衣吃淡饭。这样的事情，我知道在当今不能够再实行。汉文帝爱惜百两黄金的花费，停止了建造露台的劳役，收集臣下上书的袋子作为宫殿的帷幕，所宠爱的夫人衣裙长度拖不到地。到了汉景帝因为织锦刺绣、杂色丝带耗费女子的劳动，特意下诏革除，所以百姓安乐。到了汉武帝，虽然非常奢侈浪费，但承受了文帝、景帝遗留下来的恩德，所以人心没有浮动。假设当初汉高祖之后就是汉武帝，天下必然不能保全。这些事情和现在时间较近，流传下来的事迹都还很清楚。如今京城及益州等地的修建营造、物资供应，以及诸位亲王、王妃、公主的衣服首饰，谈论的人都认为不节俭。我认为开国的君主勤政英明，后世仍会懈怠，制定的法律符合道理，国家衰落的时候依然会混乱。陛下年轻的时候生活在民间，了解百姓的辛苦，前代的成败，自己亲眼所见，尚且还这样做，而皇太子生长在深宫之中，没有经历过外面的事情，等陛下去世之后，确实是您应该感到忧虑的。

我考察古代以来的成败之事，只要老百姓产生怨恨离叛，聚集起来成为盗贼，国家没有不很快灭亡的，君主虽然想悔改，没有能够重新安定获得保全的。修行政治教化，应当在能够修行的时候修行，如果事情一旦发生变化，再后悔，就没有用处了。所以君主经常看到前代的灭亡，就知道前代政治教化产生混乱的原因，但都不知道自己有过失。所以商纣讥笑夏桀亡国，而周幽王、周厉王也讥笑商纣灭亡。隋朝大业初年，隋炀帝又讥笑北周和北齐亡国，然而今天看隋炀帝，也像隋炀帝看北周、北齐一样。所以京房对汉元帝说："我恐怕后人看我们今天，就像今天看古人一样。"这话不能不警惕啊。

当初贞观初年之时，全国庄稼因严霜而歉收，一匹绢才能换一斗粮食，但天下安定。老百姓都知道陛下对他们很忧心怜悯，所以人人都能够自己安定，没有诽谤和怨言。从贞观五六年之后，每年收成都很好，一匹绢能换十多石小米，但老百姓都认为陛下对他们不忧心怜悯，所以都有怨言。另外还由于如今所兴办的，很多都不是急需办理的事务的缘故。自古以来，国家的兴盛和灭亡不取决于积蓄的多少，只在于老百姓感觉是痛苦还是欢乐。可用近代的事情来验证这个道理，隋朝将粮食积储在洛口仓，而被李密接收了；将布帛积储在东都洛阳，而被王世充占有了；西京长安的官府仓库储备也被我朝所用，到如今还没有用完。当初如果使洛口、东都没有粮食布帛，那么李密、王世充未必能够聚集起那么多人。尽管储备本是国家必要的事情，但关键是应当在人民有余力之后再征收。如果人民劳顿而强行收取,最终只能留给盗贼,积累了也没有用处。然而用节俭的方式使人民安定,贞观初年时,陛下已经亲自这样做过,所以如今再推行也不难。实行一日,那么天下人知道了,就会载歌载舞。如果人民已经很劳顿了,还驱使他们不知休止,倘若国家蒙受了水旱灾害,边境上有战争的紧急情况,心怀叛逆者趁机悄悄举事,就会有意想不到的事情发生,这不仅仅靠陛下废寝忘食就可以了。如果以陛下的圣明,真心想励精图治,不用远求上古时期的治国之道,只要像贞观初年一样,那么天下人就很幸运了。

　　唐太宗说:"近来下令制造小小的随身器物,没想到百姓就产生了叹息怨恨,这是我的过错啊。"于是下令停止制造。

【注释】　①僻王:邪僻不正的君主。　②遐长:久长,久远。　③恶衣菲食:粗劣的衣食。菲:薄。　④綦组:杂色丝带。　⑤昧旦:天破晓时。破晓时就起来处理政务,比喻勤政。丕显:英明。　⑥万岁:君主去世的讳称。　⑦霜俭:严霜使庄稼歉收。　⑧帖然:安定的样子。　⑨式:句首助词,无实义。　⑩风尘:战乱,战争。　⑪狂狡:狂妄狡诈之徒,常代指叛乱者。

【评解】　《周易》强调"否极泰来",即"物极必反"。在物质享受上也是一样,不明白这种事理的人,都不会有好结果。相反,一个人只有控制住自己的欲望,才能不为眼前的小利所动,保持内心的清醒和安定,把精力放在更大更重要的事情上。

贪鄙第二十六

贞观初,太宗谓侍臣曰:"人有明珠,莫不贵重。若以弹雀,岂非可惜?况人之性命甚于明珠,见金钱财帛不惧刑网,径即受纳,乃是不惜性命。明珠是身外之物,尚不可弹雀,何况性命之重,乃以博财物耶①?群臣若能备尽忠直,益国利人,则官爵立至。皆不能以此道求荣,遂妄受财物,赃贿既露,其身亦殒,实为可笑。帝王亦然。恣情放逸,劳役无度,信任群小,疏远忠正,有一于此,岂不灭亡?隋炀帝奢侈自贤,身死匹夫之手,亦为可笑。"

【译文】 贞观初年,唐太宗对身边侍从的大臣说:"人拥有一颗明珠,无不觉得贵重。如果用它当做弹子来打鸟雀,难道不可惜吗?何况人的性命比明珠更贵重,看到金钱财帛不惧怕法律惩罚,马上就接受,乃是不爱惜性命。明珠是身外之物,尚且不能用来打鸟雀,何况性命如此贵重,还用它来换取财物吗?群臣如果能够完全做到忠诚正直,有益国家有利人民,那么官爵马上随之而至。可是人们都不能用这条道路来求取荣华富贵,于是就乱收财物,贪赃受贿一旦败露,自己也会身败名裂,实在可笑。帝王也是这样。任性放纵,劳役没有休止,信任小人,疏远忠诚正直之人,做到其中一条,难道可能不灭亡吗?隋炀帝奢侈无度自高自大,自己被普通人所杀,也很可笑。"

【注释】 ①博:换取。

【评解】 历史经验表明,放纵自己的欲望,是没有好下场的。所以孟子说:修心养性最好的办法就是减少物质欲望。欲望不多,即使善性有所丧失,那失去的也不会太多;欲望过多,即使善性有所保留,那保留下来的也会极少。古人说,生于忧患死于安乐。一个统治者如果沉湎于声色犬马,便会祸国殃民;一个普通人如果贪图吃喝玩乐,迷恋安逸的生活,此人也必将一事无成。

贞观二年,太宗谓侍臣曰:"朕尝谓贪人不解爱财也。至如内外官五品以上,禄秩优厚①,一年所得,其数自多。若受人财贿,不过数万。一朝彰露,禄秩削夺,此岂是解爱财物?规小得而大失者也②。昔公仪休性嗜鱼,而不受人鱼,其鱼长存。且为主贪,必丧其国;为臣贪,必亡其身。《诗》云：'大风有隧，贪人败类③。'固非谬言也。昔秦惠王欲伐蜀，不知其径，乃刻五石牛，置金其后。蜀人见之，以为牛能便金。蜀王使五丁力士拖牛入蜀，道成。秦师随而伐之，蜀国遂亡。汉大司农田延年赃贿三千万，事觉自死。如此之流，何可胜记！朕今以蜀王为元龟，卿等亦须以延年为覆辙也。"

【译文】　贞观二年（628年），唐太宗对身边侍从的大臣说："我曾经说贪婪的人不懂得怎么才算爱惜财物。至于内外官员达到五品以上的，俸禄优厚，一年的收入，数量已经很多了。如果接受别人的贿赂，数量不过几万。一旦暴露，俸禄被削减或剥夺，这难道是懂得怎么才算爱惜财物吗？这是谋求小利益而失去大利益。从前公仪休喜欢吃鱼，但不接受别人送给他的鱼，所以他能长久地有鱼吃。况且作君主的贪婪，一定会失去他的国家；作臣子的贪婪，一定会失去他的性命。《诗经》中说：'大风有路径，贪人毁族类。'的确不是假话啊。当初秦惠王打算攻打蜀地，不知道道路，于是雕刻了五只石牛，把金子放在牛的后面。蜀人看到了，以为石牛能够屙金子。蜀王派五名力士将牛拖到蜀国，这样道路就出来了。秦国军队随后攻打，蜀国于是灭亡。汉朝大司农田延年受贿三千万，事情败露自杀而死。像这样的人和事，怎么能够记得过来！我如今以蜀王为借鉴，你们也应当以田延年为前车之鉴。"

【注释】　①禄秩：官员的俸禄。　②规：谋求。　③大风有隧，贪人败类：出自《诗经·小雅·桑柔》。隧：道路。败类：毁害族类。

【评解】　唐代柳宗元写过一篇名为《蝜蝂传》的寓言故事。蝜蝂是一种喜欢背东西的小虫。它在路上爬行时，遇到东西就拿起来，昂着头背起它。蝜蝂的背部很粗糙，东西积累很多也不会散落。它总是不停地拾东西往自己的背上放，不管压得自己多难受也不停止，一直到压得倒在地上，爬不起来。有的人遇到这种情况，出于怜悯，帮它拿掉背上的东西，但是它一旦能够走动，又会像原来一样继续往自己的背上加东西。这种虫子还喜欢往高处爬，不到力气用尽决不停止，直到最后从高处落地而死。柳宗元说：世上嗜好掠取的人，遇到财物从不回避，拿来增加自己的家产，不考虑是否会成为自己的负担，唯恐钱财积累不够。等到疲倦摔跟头时或被贬斥抛弃后，就会萎靡不振。而一旦能够翻身，又天天想着爬上更高的位置，得到更多的俸禄，贪念更加滋生。即使接近于崩溃，看到以前有人因此而丧命，也不知道有所警戒。虽然他们的身形高大，他们的名称是人，但是智慧却并不比这种小虫子高明啊！

贞观四年，太宗谓公卿曰："朕终日孜孜，非但忧怜百姓，亦欲使卿等长守富贵。天非不高，地非不厚，朕常兢兢业业，以畏天地。卿等若能小心奉法，常如朕畏天地，非但百姓安宁，自身常得欢乐。古人云：

'贤者多财损其志,愚者多财生其过。'此言可为深诫。若徇私贪浊,非止坏公法,损百姓,纵事未发闻,中心岂不常惧?恐惧既多,亦有因而致死。大丈夫岂得苟贪财物,以害及身命,使子孙每怀愧耻耶?卿等宜深思此言。"

【译文】 贞观四年(630年),唐太宗对公卿们说:"我每天孜孜不倦,不仅是忧虑怜悯百姓,也是想让你们能够长久保持富贵。天不是不高,地不是不厚,我一直兢兢业业,以表达对天地的敬畏。你们如果能够小心遵守法律,始终像我敬畏天地一样,不但百姓安宁,你们自己也能够长久地得到欢乐。古人说:'贤明的人财物太多损伤志向,愚蠢的人财物过多产生过错。'这句话可以作为深刻的警诫。如果为了私情贪污,不只是破坏国家的法律,损害老百姓,即使事情没有败露,心中难道不经常恐惧吗?恐惧太多,也有因此导致丧命的。大丈夫哪能够随便地贪恋财物,以至于危害自己的身家性命,让子孙心中经常觉得羞愧耻辱呢?你们应当好好考虑考虑这些话。"

【评解】 《管子》中说,一概听任于物而能掌握物的变化称为"神",一概听任于事而能掌握事情的变化称为"智"。能够掌握物的变化而自己的气不变,掌握事的变化而自己的智不变,这是只有坚持专一的君子才能做到的。人的力量是有限的,有时需要借助于外物,一个人只有做到善于利用外物而不被外物所役使,才算真正明智的人。

贞观六年,右卫将军陈万福自九成宫赴京,违法取驿家麸数石。太宗赐其麸,令自负出以耻之。

【译文】 贞观六年(632年),右卫将军陈万福从九成宫回京城,违法从驿站拿走了几石麸皮。唐太宗赐给他麸皮,并令他自己背出去以使他感到羞耻。

【评解】 "羞耻之心,人皆有之。"唐太宗此举,既对违法盗取公物的人以惩戒,以促其自我反省,又表明了自己的宽仁,只为达到使对方内心羞愧的目的而不加罪,可谓一举两得。

贞观十年,治书侍御史权万纪上言:"宣、饶二州诸山大有银坑,采之极是利益,每岁可得钱数百万贯。"太宗曰:"朕贵为天子,是事无所少之。惟须纳嘉言,进善事,有益于百姓者。且国家剩得数百万贯钱,何如得一有才行人?不见卿推贤进善之事,又不能按举不法,震肃权豪①,惟道税鬻银坑以为利益②。昔尧、舜抵璧于山林③,投珠于渊谷,由是崇名美号,见称千载。后汉桓、灵二帝好利贱义,为近代庸暗之主。卿遂欲将我比桓、灵耶?"是日敕放令万纪还第。

【译文】 贞观十年(636年),治书侍御史权万纪进言说:"宣州和饶州的大山中有很多产银的矿坑,如果开采能够得到很大利益,每年可以获得几百万贯钱的收入。"唐太宗说:"我贵为天子,这些东西一点也不缺少。只需要采纳善言,接受善事,以有利于老百姓。况且国家剩下几百万贯钱,怎么比得上得到一个有才能德行的人?我没有看到你做推举贤士引荐善人之类的事,又不能够检举违法乱纪之人,震慑整肃权贵豪强,只说租卖产银的矿坑来获得利益。从前尧、舜掷璧于山林,投珠于深谷,因此得到美名赞誉,几千年来被人称颂。后世的汉桓帝、汉灵帝追求利益轻贱仁义,是近世昏庸暗昧的君主。你打算把我比作汉桓帝、汉灵帝吗?"当天敕令权万纪罢官回家。

【注释】 ①震肃:因震慑而整肃。 ②税鬻:租和卖。 ③抵璧:掷璧。

【评解】 "民为邦本,本固邦宁。"前有秦始皇,后有隋炀帝,唐太宗怎么会接受权万纪的建议而聚敛财富危害百姓呢?

贞观十六年,太宗谓侍臣曰:"古人云:'鸟栖于林,犹恐其不高,复巢于木末;鱼藏于水,犹恐其不深,复穴于窟下。然而为人所获者,皆由贪饵故也。'今人臣受任,居高位,食厚禄,当须履忠正,蹈公清,则无灾害,长守富贵矣。古人云:'祸福无门,惟人所召①。'然陷其身者,皆为贪冒财利②,与夫鱼鸟何以异哉?卿等宜思此语为鉴诫。"

【译文】 贞观十六年(642年),唐太宗对身边侍从的大臣说:"古人说:'鸟栖息于树林,还唯恐树木不高,又把巢筑在树梢;鱼潜藏于水中,还唯恐水不深,又穴居于水底的洞窟之中。然而它们还是被人所捕获,都是由于贪恋诱饵的缘故。'如今大臣接受任命,身居高位,享受厚禄,应当履行忠诚正直,践行公正清廉,那么就不会有灾难祸患,能够永久保持富贵。古人说:'祸福没有定数,只是人自己所招致的。'然而让他们自身堕落的原因,都是因为贪财图利,这同鱼和鸟有什么不同呢?你们应当深刻地思考这些话并作为借鉴。"

【注释】 ①祸福无门,惟人所召:出自《左传·襄公二十三年》。无门:没有定数。 ②贪冒:贪得,贪财图利。

【评解】 俗话说,"人为财死,鸟为食亡"。汲汲于名利,可能是人的通病,所以一些人为了得到虚名和浮利,可以不择手段。但是,不论求名还是求利,都有一个界限问题,因此老子说:"过分追求名声必定要付出惨重的代价,过分积聚钱财必定会招来重大损失。""知道自我满足就不会受到屈辱,知道适可而止就不会遭遇危险。"说的都是这个道理。

卷 七

崇儒学第二十七

太宗初践阼①,即于正殿之左置弘文馆,精选天下文儒②,令以本官兼署学士,给以五品珍膳,更日宿直③,以听朝之隙引入内殿,讨论坟典,商略政事,或至夜分乃罢。又诏勋贤三品以上子孙为弘文学生。

【译文】 唐太宗刚刚即位时,就在正殿的左侧设置弘文馆,精选天下的有学问的儒家学者,让他们在原有官职之外兼任学士,给予五品以上官员才能享用的好饮食,按日期轮流夜间值班,在听朝的间隙将他们召进内宫,讨论古代典籍,商量国家大事,有时到半夜才结束。又下令三品以上有功勋的贤臣的子孙为弘文学生。

【注释】 ①践阼:原意为走上阼阶主位,代指天子即位,登基。古代庙寝堂前两阶,主阶在东,称阼阶,阼阶上为主位。如《礼记·曲礼下》中有:"践阼,临祭祀。"孔颖达疏曰:"践,履也;阼,主人阶也。天子祭祀升阼阶……履主阶行事,故云践阼也。" ②文儒:指儒者中从事撰述的人。出自王充《论衡·书解》:"著作者为文儒,说经者为世儒。"也泛指儒家学者,儒生。 ③宿直:夜间当值。

【评解】 宋代真德秀曾经评价说:"后世人主之好学者,莫如唐太宗。"正是因为唐太宗明白自己的不足,不是自高自大,才能有勇于纳谏等优良品质,从而使他执政时期成为"贞观之治"。

贞观二年,诏停周公为先圣,始立孔子庙堂于国学,稽式旧典,以仲尼为先圣,颜子为先师,两边俎豆干戚之容①,始备于兹矣。是岁大收天下儒士,赐帛给传②,令诣京师,擢以不次③,布在廊庙者甚众。学生通一大经以上④,咸得署吏。国学增筑学舍四百余间,国子、太学、四门、广文亦增置生员,其书、算各置博士、学生,以备众艺。太宗又数幸国学,令祭酒、司业、博士讲论,毕,各赐以束帛。四方儒生负书而至者,盖以千数。俄而吐蕃及高昌、高丽、新罗等诸夷酋长,亦遣子弟请入于学。于是国学之内,鼓箧升讲筵者⑤,几至万人,儒学之兴,古昔未有也。

【译文】 贞观二年(628年),下诏停止以周公为先圣,开始在国家设立的学校中设立孔子庙堂，取法古代的典章，以孔子为先圣，颜回为先师，两边的俎豆干戚等祭祀器具，也在此时开始完备。这年又广泛搜寻天下的儒士，赐给布帛给予车马，让他们到京城，破格授予官职，这些儒士在朝廷做官的很多。学生通晓一门大经以上的，都能够录用为官吏。国家的官学增修房舍四百多间，国子监、太学、四门学、广文馆都增加了学生的数量，书学、算学都各自设置博士和学生，以使各种技艺都齐备。唐太宗又多次到国学中视察，让祭酒、博士、司业等人讲授讨论，结束之后，分别赐予一束帛。四方的儒生背着书而来的，数以千计。不久吐蕃以及高昌、高丽、新罗等各民族的首领，也派来子弟请求进入学校学习。因此国家设立的学校之内，击鼓开箧登上讲坛的，几乎达到万人，儒学的兴盛，前所未有。

【注释】 ①俎豆：俎和豆，古代祭祀、宴飨时盛食物用的两种礼器，泛指各种礼器。干戚：盾与斧，古代的两种兵器，也作为武舞所执的舞具。 ②给传：朝廷给予驿站车马。 ③不次：不以正常次序，即破格。 ④大经：唐宋时国子监教课及进士考试经书，按经文长短，分大、中、小三级。唐代以《礼记》、《春秋左氏传》为大经；宋代以《诗经》、《礼记》、《周礼》、《春秋左传》为大经。 ⑤鼓箧：击鼓开箧，古时入学的一种仪式。如《礼记·学记》有："入学鼓箧，孙其业也。"郑玄注曰："鼓箧，击鼓警众，乃发箧出所治经业也。"

【评解】 "夫太学者，礼义之宫，教化所由兴也。"（《后汉书》卷三十三，《朱浮传》）"学校为育材首善之地，教化所从出。"（《续资治通鉴》卷七十九）学校在国家治理中的作用是巨大的，它不但起到直接教化受教育者的作用，而且还在培养着教化的实施者，因此受到历代明智的统治者的重视。

　　贞观十四年诏曰："梁皇侃、褚仲都，周熊安生、沈重，陈沈文阿、周弘正、张讥，隋何妥、刘炫，并前代名儒，经术可纪，加以所在学徒①，多行其讲疏，宜加优赏，以劝后生，可访其子孙见在者，录姓名奏闻。"二十一年诏曰："左丘明、卜子夏、公羊高、穀梁赤、伏胜、高堂生、戴圣、毛苌、孔安国、刘向、郑众、杜子春、马融、卢植、郑玄、服虔、何休、王肃、王弼、杜预、范宁等二十有一人，并用其书，垂于国胄②，既行其道，理合褒崇。自今有事于太学③，可并配享尼父庙堂④。"其尊儒重道如此。

【译文】 贞观十四年（640年）唐太宗下诏说："南梁的皇侃、褚仲都，北周的熊安生、沈重，南陈的沈文阿、周弘正、张讥，隋朝的何妥、刘炫，都是前代有名的儒士，在经学方面可以取法他们，再加上各处学校中的学生，大多采用他们的讲义和注释，应当对他们特别赏赐，以激励以后的读书人，可以寻访他们的子孙中仍然在世者，记下姓名加以上奏。"贞观二十一年（647年）又下诏说："左丘明、卜子夏、公羊高、穀梁赤、伏胜、高堂生、戴圣、毛苌、孔安国、刘向、郑众、杜子春、马融、卢植、郑玄、服虔、何休、王肃、王弼、杜预、范宁等二十一人，现在都在用他们的书籍，传授给国中的子弟，既然推行他们的思想，理应进行褒奖尊崇。从今以后在太学中祭祀时,可以让他们在孔子庙堂中配享。"唐太宗尊崇儒学重视儒家思想达到如此的程度。

【注释】　①所在:各处。　②国胄:帝王和贵族的子弟。　③有事:这里指祭祀。　④配享:合祭,衬祀,指孔子弟子或历代名儒衬祀于孔庙。享,通"飨"。尼父:对孔子的尊称。

【评解】　褒奖、配享等制度,都是为了激励人们努力读书、学习,以留名青史,同时也用来表明统治者对儒学的重视。

　　贞观二年,太宗谓侍臣曰:"为政之要,惟在得人。用非其才,必难致治。今所任用,必须以德行、学识为本。"谏议大夫王珪曰:"人臣若无学业,不能识前言往行,岂堪大任?汉昭帝时,有人诈称卫太子①,聚观者数万人,众皆致惑。隽不疑断以蒯聩之事②。昭帝曰:'公卿大臣,当用经术明于古义者,此则固非刀笔俗吏所可比拟。'"上曰:"信如卿言。"

【译文】　贞观二年(628年),唐太宗对身边侍从的大臣说:"治理国家的关键,只在于得到人才。任用的不是称职的人才,一定难以实现国家的安定。如今任用官员,一定要以德行、学识为根本。"谏议大夫王珪说:"大臣如果没有学识,不了解前人的言论、以往的事迹,怎么能够担当大任?汉昭帝时,有人假称自己是卫太子刘据,围观的人达到几万,众人都被他迷惑。隽不疑以春秋时卫国公子蒯聩的事情作为例子来处理。汉昭帝说:'公卿大臣,应当任用通晓经学并明白古代大义的人,这的确不是只能舞文弄墨的一般官吏所能比拟的。'"皇上说:"的确如你所说。"

【注释】　①卫太子:汉武帝的儿子刘据。详见前注。　②蒯聩之事:蒯聩为春秋时卫灵公之子,因得罪卫灵公而出逃。后灵公去世蒯聩想要回国继承君位,卫人因其获罪于灵公而不纳。

【评解】　善于向历史学习经验,并不意味着可以把前人的说教当做教条,对于前人留下来的原则和理论,必须能够结合当前的情况做具体的分析和运用。

　　贞观四年,太宗以经籍去圣久远,文字讹谬,诏前中书侍郎颜师古于秘书省考定五经。及功毕,复诏尚书左仆射房玄龄集诸儒重加详议。时诸儒传习师说,舛谬已久①,皆共非之,异端蜂起。而师古辄引晋、宋以来古本,随方晓答②,援据详明,皆出其意表③,诸儒莫不叹服。太宗称善者久之,赐帛五百匹,加授通直散骑常侍,颁其所定书于天下,令学者习焉。太宗又以文学多门④,章句繁杂⑤,诏师古与国子祭酒孔颖达等诸儒,撰定五经疏义⑥,凡一百八十卷,名曰《五经正义》,

付国学施行。

【译文】 贞观四年(630年),唐太宗因为经籍离圣人的年代久远,文字错讹,下诏命前中书侍郎颜师古于秘书省考核审定五经。完成之后,又下诏命尚书左仆射房玄龄召集诸位儒士重新加以详细讨论。当时各位儒士都是传授和讲习自己老师的学说,差错由来已久,都对颜师古的考定进行否定,各种异说蜂拥而起。而颜师古引用晋、宋以来的古本,根据提出的问题明白地进行了解答,援引的论据详细明确,都出乎他们意料,各位儒士莫不惊叹折服。太宗称赞了他很长时间,赐给他五百匹绢帛,又授予他通直散骑常侍,将他所审定的书籍颁布于天下,让学生们学习。唐太宗又因为儒家学说出自多条不同途径,经籍的注释繁多而杂乱,下诏命颜师古和国子祭酒孔颖达等儒士,撰写编定五经疏义,共一百八十卷,命名为《五经正义》,交给国家的官学使用。

【注释】 ①舛谬:差错,错误。 ②随方:依据情势,根据问题。 ③意表:意料之外。 ④文学:这里指儒家学说。 ⑤章句:剖章析句,经学家解说经义的一种方式,泛指书籍注释。 ⑥疏义:对文义进行疏通和阐发。

【评解】 组织学者编纂经学教材,一直是国家重要的教化职责之一。

太宗尝谓中书令岑文本曰:"夫人虽禀定性,必须博学以成其道,亦犹蜃性含水①,待月光而水垂;木性怀火,待燧动而焰发;人性含灵,待学成而为美。是以苏秦刺股②,董生垂帷③。不勤道艺,则其名不立。"文本对曰:"夫人性相近,情则迁移,必须以学饬情,以成其性。《礼》云:'玉不琢不成器,人不学不知道④。'所以古人勤于学问,谓之懿德⑤。"

【译文】 唐太宗曾经对中书令岑文本说:"人所禀受的天赋之性虽然是确定的,但一定要通过广泛的学习才能够成就道德和技能,就好像蜃的本性中含水,但要等到有月光水才能流出来;木的本性包含着火,但要等钻动火焰才能产生;人的本性中包含着灵气,但要通过学习才能够成就美德。所以苏秦刺股,董仲舒垂下帷幕。在道德技艺上不勤奋,那么名声就不能确立。"岑文本回答说:"人的本性相近,情欲却可以转变,一定要通过学习来约束情欲,来成就天性。《礼记》中说:'玉不经过雕琢不能成器物,人不通过学习不明白道理。'所以古人在学问上非常勤奋,并将此称为美德。"

【注释】 ①蜃:大蛤。古人认为蜃遇到月光就会吐水。 ②苏秦刺股:《战国策·秦策一》记载:"(苏秦)读书欲睡,引锥自刺其股。" ③董生:即西汉儒家学者董仲舒。垂帷:放下室内悬挂的帷幕,专心读书学习。《汉书·董仲舒传》记载:"(董仲舒)少治《春秋》,孝景时为博士。下帷讲诵,弟子传以久次相授业,或莫见其面。盖三年不窥园,其精如此。" ④玉不琢不成器,人不学不知道:出自《礼记·学记》。 ⑤懿德:美德。

【评解】 荀子曾经说过:"积土成山,风雨兴焉;积水成渊,蛟龙生焉;积善成德,而神明自得,圣心备焉。故不积跬步,无以致千里;不积小流,无以成江海。"他又认为,学习需要努力钻研,为学者只要认清学习的目的,不懈努力,最终一定会有所成就。无论是做事情,还是修学问,如果没有毅力,终归不会有好的结果。

文史第二十八

贞观初,太宗谓监修国史房玄龄曰:"比见前、后《汉史》载录扬雄《甘泉》、《羽猎》,司马相如《子虚》、《上林》,班固《两都》等赋,此既文体浮华,无益劝诫,何假书之史策? 其有上书论事,词理切直,可裨于政理者,朕从与不从皆须备载。"

【译文】 贞观初年,唐太宗对监修国史房玄龄说:"近来看到西汉和东汉的史书中载录有扬雄的《甘泉》、《羽猎》,司马相如的《子虚》、《上林》,班固的《两都》等赋,这些作品文体浮华,对于劝诫人无益,为什么还要记载在史书中呢? 如果有上书议论政事,言词道理恳切正直,对国家治理有所助益的,不论我同意还是不同意都要完整载录。"

【评解】 中国古代一向主张学问的外在目的是经国济民,而不是为了卖弄小聪明、小技巧。但扬雄、司马相如等人的辞赋自然也有其意义,一棍子打死的做法也是不太合适的。

贞观十一年,著作佐郎邓隆表请编次太宗文章为集①。太宗谓曰:"朕若制事出令,有益于人者,史则书之,足为不朽。若事不师古,乱政害物,虽有词藻,终贻后代笑,非所须也。只如梁武帝父子及陈后主、隋炀帝,亦大有文集,而所为多不法,宗社皆须臾倾覆。凡人主惟在德行,何必要事文章耶?"竟不许。

【译文】 贞观十一年(637年),著作佐郎邓隆上表请求编辑整理唐太宗的文章结为文集。唐太宗对他说:"如果我处理政事发布命令,对人民有益的,史书中就会记载下来,足可以不朽。如果做事不师法古道,扰乱政治危害人民,即使有华丽的文辞,最终只会留给后代笑柄,这是不需要的。就像梁武帝父子和陈后主、隋炀帝一样,也有很多文集,但所做的事情大多不符合礼法,国家都很快就灭亡了。君主重要的只是德行,何必要刻意从事文章的创作呢?"最终没有答应。

【注释】 ①编次:编辑整理。

【评解】 文章是教化的重要载体。因此唐太宗的这一观点,未免过于片面了。

贞观十三年，褚遂良为谏议大夫，兼知起居注。太宗问曰："卿比知起居，书何等事？大抵于人君得观见否？朕欲见此注记者，将却观所为得失以自警戒耳①。"遂良曰："今之起居，古之左、右史，以记人君言行，善恶毕书，庶几人主不为非法，不闻帝王躬自观史。"太宗曰："朕有不善，卿必记耶？"遂良曰："臣闻守道不如守官，臣职当载笔，何不书之？"黄门侍郎刘洎进曰："人君有过失，如日月之蚀，人皆见之。设令遂良不记，天下之人皆记之矣。"

【译文】 贞观十三年（639年），褚遂良做谏议大夫，同时负责起居注。唐太宗问他："你近来负责记录我的起居，都记了些什么事？对于君主可以大体拿来看一下吗？我想看一下起居注中的记载的原因，只是打算回过头看看我以前所作所为的得失用以自我警戒罢了。"褚遂良说："今天记载起居的官职，相当于古代的左史和右史，职责是记载君主的言行，善的和恶的都要记录下来，希望君主不做不符合礼法的事情，没有听说过帝王亲自看关于自己的记载的。"唐太宗说："我有做得不好的事情，你一定会记下来吗？"褚遂良说："我听说遵守原则不如遵守职责，我的职责就是持笔记录，什么事情会不记下来呢？"黄门侍郎刘洎进言说："君主有过失，就像日月有日食和月食一样，人人都看得见。假设褚遂良不记录，天下人也都会记下来的。"

【注释】 ①却观：回过头看看。却：回转，翻转。

【评解】 对于君主来说，权力至高无上，本来就缺乏监督机制。历史和舆论是他们自觉约束自身行为的一种外在力量，如果这些都被帝王所左右，独裁专政、为非作歹恐怕要更加无所忌惮了。

贞观十四年，太宗谓房玄龄曰："朕每观前代史书，彰善瘅恶①，足为将来规诫。不知自古当代国史，何因不令帝王亲见之？"对曰："国史既善恶必书，庶几人主不为非法。止应畏有忤旨，故不得见也。"太宗曰："朕意殊不同古人。今欲自看国史者，盖有善事，固不须论；若有不善，亦欲以为鉴诫，使得自修改耳。卿可撰录进来。"玄龄等遂删略国史为编年体，撰高祖、太宗实录各二十卷，表上之。太宗见六月四日事②，语多微文③，乃谓玄龄曰："昔周公诛管、蔡而周室安，季友鸩叔牙而鲁国宁。朕之所为，义同此类，盖所以安社稷，利万民耳。史官执笔，何烦有隐？宜即改削浮词，直书其事。"侍中魏征奏曰："臣闻人主位居尊极，无所忌惮。惟有国史，用为惩恶劝善，书不以实，后嗣何观？陛下今遣史官正其辞，雅合至公之道④。"

【译文】 贞观十四年(640年),唐太宗对房玄龄说:"我每次看到前代的史书,表彰美善憎恨邪恶,足可以作为将来的教训和借鉴。不知道自古以来当代的国史,为什么不让帝王亲自看?"回答说:"国史既然是善恶都要记载下来,希望君主不做不符合礼法的事情。只因为怕有触犯帝王心意的地方,所以不让他们看。"唐太宗说:"我的心意和古人非常不同。现在之所以想要亲自看看国史,目的在于如果记载有善事,的确不用说;如果有不好的事,想要用来作为借鉴,让自己能够自我改正和完善。你可以再载录进来。"房玄龄等人于是把国史删节为编年体,撰写唐高祖和唐太宗实录各二十卷,上表呈递上去。唐太宗看到六月四日所做的事情,言辞中有很多隐喻讽喻的文字,于是对房玄龄说:"当初周公杀掉了管叔和蔡叔而周王朝得到了安定,季友毒死了叔牙而鲁国得以安宁。我所做的事情,道理上与此相同,是为了安定国家,有利万民。史官执笔记载,为什么要有所隐瞒呢?应当马上删改虚浮的言辞,直接记录这件事。"侍中魏征上奏说:"我听说君主处于至高无上的位置,没有可以畏惧的事情。只有国史,用来惩罚恶行劝勉善行,记录如果不根据事实,后代人有什么可看的?陛下如今让史官端正国史中的言辞,正好符合至公之道。"

【注释】 ①彰善瘅恶:表彰美善,憎恨邪恶。瘅:憎恨。 ②六月四日事:指玄武门兵变这天的事情。 ③微文:隐喻讽喻的文辞。 ④雅合:恰好符合,正好相合。

【评解】 历史是一面镜子,可以映照出每个人的行止,观察每件事的得失。正是由于这个原因,才使得以"不朽"为人生追求的古人自觉约束自身言行,以免给后人留下不好的评论。

礼乐第二十九

太宗初即位,谓侍臣曰:"准《礼》,名,终将讳之。前古帝王,亦不生讳其名,故周文王名昌,《周诗》云:'克昌厥后'①。春秋时鲁庄公名同,十六年《经》书:'齐侯、宋公同盟于幽。'惟近代诸帝,妄为节制,特令生避其讳,理非通允,宜有改张。"因诏曰:"依《礼》,二名义不偏讳②,尼父达圣,非无前指③。近世以来,曲为节制,两字兼避,废阙已多,率意而行,有违经语。今宜依据礼典,务从简约,仰效先哲,垂法将来。其官号人名,及公私文籍,有'世'及'民'两字不连读,并不须避。"

【译文】 唐太宗刚刚即位时,对身边侍从的大臣说:"根据《礼记》的规定,人的名字,去世之后要避讳。往古时代的帝王,也不在活着的时候就避讳他们的名字,所以周文王名字叫昌,周代的诗歌中说:'克昌厥后'。春秋时鲁庄公的名字叫同,《春秋经》庄公十六年中写道:'齐侯、宋公同盟于幽'。只有近世的诸位帝王,妄加限制,特意下令活着的时候就要避他的名讳,这在道理上讲不通,应当有所变革。"于是下诏说:"根据《礼记》的规定,两个字的名字不应当单独避讳其中的一个字,孔子是通达事理的圣人,这样说不是没有古人的意图在里面。近世以来,曲意加以约束限制,两个字都要避讳,废弃和缺失的字过多,这样根据自己的心意行事,与经书上讲的相违背。如今应当根据记载礼制的典籍,本着简约的原则,效法前代圣贤,为后世留下法则。无论官号还是人名,以及公私的文章档案,如果有'世'和'民'两个字但不是连在一起的,不用避讳。"

【注释】 ①克昌厥后:出自《诗经·周颂·雍》。 ②二名义不偏讳:出自《礼记·曲礼上》:"二名不偏讳。"孔颖达疏曰:"谓两字作名,不一一讳也。"二名:两个字的名字。 ③前指:前人的意图。指,同"旨"。

【评解】 避讳是中国古代尊卑等级制度的一个重要内容,备受人们重视。但如果避讳过于拘执和极端,则难免给正常的生活和交往带来不便。

贞观二年,中书舍人高季辅上疏曰:"窃见密王元晓等俱是懿亲①,陛下友爱之怀,义高古昔,分以车服,委以藩维,须依礼仪,以副瞻望。比见帝子拜诸叔，诸叔亦即答拜，王爵既同，家人有礼，岂合如此颠倒昭穆②？伏愿一垂训诫，永循彝则③。"太宗乃诏元晓等，不得答吴王恪、魏王泰兄弟拜。

【译文】 贞观二年(628年)，中书舍人高季辅上疏说："我看到密王李元晓等人都是皇室宗亲，陛下对他们心怀友爱，情义超过古代任何一个人，分给他们车马衣服，委任他们为一方诸侯，这些都要依据礼制的规定，以不辜负人们的期望。近来看到您的儿子拜见各位叔叔，各位叔叔也马上回拜，亲王的爵位既然相同，自家的人行礼，怎么能够如此颠倒长幼次序呢？希望陛下能够有所训示，让后人有可以永远遵循的法则。"唐太宗于是下诏给李元晓等人，不能对吴王李恪、魏王李泰兄弟进行回拜。

【注释】 ①懿亲：至亲，特指皇室宗亲。 ②昭穆：古代宗法制度，宗庙或宗庙中神主的排列次序，始祖居中，以下父子(祖、父)递为昭穆，左为昭，右为穆。这里指辈分次序。 ③彝则：经常的制度、准则。

【评解】 不论是宗教典仪的礼，还是典章制度的礼、道德规范的礼，归根结底都是一定社会秩序的礼，并且为这种社会秩序服务。在中国古代，礼所反映和为之服务的，就是上下尊卑的社会等级秩序。

贞观四年，太宗谓侍臣曰："比闻京城士庶居父母丧者，乃有信巫书之言，辰日不哭，以此辞于吊问，拘忌辍哀，败俗伤风，极乖人理。宜令州县教导，齐之以礼典。"

【译文】 贞观四年(630年)，唐太宗对身边侍从的大臣说："近来听说京城中的官民百姓为父母居丧，还有人听信巫书上的话，辰日的时候不哭，以此为理由拒绝吊唁慰问，拘泥于忌讳而停止哀悼，伤风败俗，非常违背做人的道理。应当让各州县加强教导，用礼制的规定来整顿风俗。"

【评解】 人们重视"礼"，并非只是学习和遵守它的仪文，将其作为约束和禁忌，更重要的是领会其精神实质，发挥它在经邦治国、教化万民中的作用。

贞观五年，太宗谓侍臣曰："佛道设教，本行善事，岂遣僧尼道士等妄自尊崇，坐受父母之拜①，损害风俗，悖乱礼经？宜即禁断，仍令致拜于父母。"

【译文】 贞观五年(631年)，唐太宗对身边侍从的大臣说："佛道实施教化，本来是为了行善事，怎么能够让僧人、尼姑、道士等妄自尊大，白白承受父母之拜，损害风俗，违背、扰乱礼义法则呢？应当马上禁止，仍让他们向父母下拜。"

【注释】 ①坐受：白白地承受。

【评解】 在国家治理中,儒家思想所确认的那套尊卑等级制度,始终是历代统治者所强调和维护的。

贞观六年,太宗谓尚书左仆射房玄龄曰:"比有山东崔、卢、李、郑四姓,虽累叶陵迟①,犹恃其旧地,好自矜大,称为士大夫。每嫁女他族,必广索聘财,以多为贵,论数定约,同于市贾,甚损风俗,有紊礼经。既轻重失宜,理须改革。"乃诏吏部尚书高士廉、御史大夫韦挺、中书侍郎岑文本、礼部侍郎令狐德棻等,刊正姓氏②,普责天下谱牒③,兼据凭史传,剪其浮华,定其真伪,忠贤者褒进,悖逆者贬黜,撰为《氏族志》。士廉等及进定氏族等第,遂以崔干为第一等。太宗谓曰:"我与山东崔、卢、李、郑,旧既无嫌,为其世代衰微,全无官宦,犹自云士大夫,婚姻之际,则多索财物,或才识庸下,而偃仰自高④,贩鬻松槚⑤,依托富贵,我不解人间何为重之?且士大夫有能立功,爵位崇重,善事君父,忠孝可称,或道义清素⑥,学艺通博,此亦足为门户,可谓天下士大夫。今崔、卢之属,惟矜远叶衣冠,宁比当朝之贵?公卿已下,何暇多输钱物,兼与他气势,向声背实,以得为荣。我今定氏族者,诚欲崇树今朝冠冕⑦,何因崔干犹为第一等,只看卿等不贵我官爵耶?不论数代已前,只取今日官品、人才作等级,宜一量定,用为永则。"遂以崔干为第三等。至十二年,书成,凡百卷,颁天下。又诏曰:"氏族之美,实系于冠冕,婚姻之道,莫先于仁义。自有魏失御,齐氏云亡,市朝既迁,风俗陵替,燕、赵古姓,多失衣冠之绪,齐、韩旧族,或乖礼义之风。名不著于州闾,身未免于贫贱,自号高门之胄,不敦匹嫡之仪⑧,问名惟在于窃赀⑨,结褵必归于富室⑩。乃有新官之辈,丰财之家,慕其祖宗,竞结婚姻,多纳货贿,有如贩鬻。或自贬家门,受辱于姻娅⑪;或矜其旧望,行无礼于舅姑。积习成俗,迄今未已,既紊人伦,实亏名教。朕夙夜兢惕⑫,忧勤政道,往代蠹害,咸已惩革⑬,唯此弊风,未能尽变。自今以后,明加告示,使识嫁娶之序,务合礼典,称朕意焉。"

【译文】 贞观六年(632 年),唐太宗对尚书左仆射房玄龄说:"近来山东的崔、卢、李、郑四个大姓,虽然几代以来逐渐衰败,但仍然依仗着他们旧有的地位和名望,妄自尊大,称为士大夫。每当把女儿嫁给其他宗族,一定要大肆索要聘礼财物,以聘礼多者为尊贵,根据数量订立婚约,和市场上商人做买卖一样,很败坏风俗,扰乱了礼义法则。既然做事的尺度已经不适当,按理应当改革。"于是诏令吏部尚书高士廉、御史大夫韦挺、中书侍郎岑文本、礼部侍郎令狐德棻等人,校正姓氏名分,普遍检查天下的谱牒,同时依据史料记载,剪除浮华,确定真伪,忠正贤明的人褒奖举荐,违背礼法的人贬斥废黜,撰写成《氏族志》。高士廉等人在进呈审定的氏族等级时,于是以崔干为第一等。唐太宗对他们说:"我和山东的崔、卢、李、郑等家族,本来就没有怨仇,因为他们世代衰落,完全没有人做官,还自称士大夫,订立婚姻的时候,就大量索要财物,有的才能智识平庸低下,却骄傲自大,贩卖先人的名望,凭此跻身于富贵者的行列,我不明白社会上为什么尊重他们?况且士大夫有才能建立功勋,善待父母,忠孝品行可以称道,有的道德品质清正廉洁,学问技艺通达广博,这也足可以自立门户,可以称为士大夫。如今崔、卢等家族,只是夸耀远祖是士大夫,怎么能够比得上当朝的显贵呢?公卿以下的人,为什么要多送给他们钱物,同时给他增长气势,追逐虚名违背事实,以图获得荣耀。我如今校定氏族,真正的打算是尊崇、树立当朝仕宦的地位,为什么还把崔干列为第一等,是不是反映出你们不认为我朝的官爵尊贵呢?不要考虑几代以前,只取今天的官职品级、人才高下作为等级确定的标准,应当一次考核确定,作为永远的标准。"于是把崔干定为第三等。到贞观十二年(638年)时,《氏族志》撰成,共一百卷,颁布天下。又下诏说:"氏族的光彩,的确是与仕宦的等级相联系,婚姻的原则,没有比仁义更重要的。自从北魏对天下失去控制,北齐灭亡,改朝换代,风俗变换,燕、赵地区古代的大姓,大多失去了士大夫身份的传承;齐、韩地区原有的望族,有的违背了礼义风化。名誉在地方上已经不显著,自身难免陷于贫贱,自称是名门大户的后裔,却不恪守缔结婚姻的礼仪,派人到女家询问女方的姓名和生辰八字只为了窃取财物,嫁女儿一定嫁给富裕的人家。于是有新做了官的人,有钱的人家,仰慕他们的祖宗,竞相同他们缔结婚姻,他们多收取财物,就如同商人做买卖一样。有的自贬家门,受辱于姻亲;有的夸耀前人的名望,对公婆举止无礼。这种习气积累成为风俗,迄今为止没有停止,扰乱了人伦,对礼教大为有害。我日夜戒惧,为国家的治理而忧虑勤劳,前代的弊端,都已经加以改革,只有这个不好的风气,没有能够彻底改变。从今以后,明确加以昭告,使大家都明白婚姻嫁娶的规矩,努力符合礼制的要求,就达到我的目的了。"

【注释】 ①累叶:累世,数代。陵迟:逐渐衰败。 ②刊正:校正。 ③谱牒:记述氏族或宗族世系的文书。 ④偃仰:骄傲。 ⑤松槚:松、槚二树常被栽植墓前,亦作墓地的代称。这里指已经去世的先人。 ⑥清素:清正廉洁。 ⑦冠冕:古代帝王、官员所戴的帽子,比喻仕宦或仕宦之家。 ⑧匹嫡:指缔结婚姻。 ⑨问名:婚礼中六礼之一,男家具书托媒请问女子的名字和出生的年月日,女家复书具告。 ⑩结褵:古代嫁女的一种仪式,女子临嫁,母为之系结佩巾,以示至男家后奉侍舅姑,操持家务。归:女子出嫁。 ⑪姻娅:亲家和连襟,泛指姻亲。 ⑫兢惕:戒惧。 ⑬惩革:鉴于前失而有所改变。

【评解】 在中国古代社会,"礼"的一个重要作用就是对等级尊卑制度起到确认和强化作用。从魏晋到隋唐,社会结构和人们之间的地位关系发生了重大变化,统治者当然不允许礼制与此不协调。

礼部尚书王珪子敬直,尚太宗女南平公主。珪曰:"《礼》有妇见舅姑之仪,自近代风俗弊薄,公主出降,此礼皆废。主上钦明,动循法制,吾受公主谒见,岂为身荣,所以成国家之美耳。"遂与其妻就位而坐,令公主亲执巾,行盥馈之道①,礼成而退。太宗闻而称善。是后公主下降有舅姑者,皆遣备行此礼。

【译文】 礼部尚书王珪的儿子敬直,娶了唐太宗的女儿南平公主。王珪说:"《礼经》中有儿媳妇见公婆的礼节,自从近代以来风俗衰败,公主出嫁,这个礼仪全废除了。陛下敬肃明察,行动遵循礼仪法度,我接受公主拜见,难道是为了自身荣耀吗?是为了以此成全国家的美德。"于是王珪与妻子在位置上坐好,命公主亲自拿着手巾,行侍奉长者盥洗和进膳的礼节,礼节完成才退下。唐太宗听说之后说做得好。从此之后公主出嫁家中有公婆的,都让她们完整地行这个礼节。

【注释】 ①盥馈:侍奉尊者或长者盥洗及进膳食。《仪礼·士昏礼》中有:"舅姑入于室,妇盥馈。"

【评解】 由于人的角色的复杂性,有些礼制和礼节之间难免产生冲突,最终应当以什么为标准,关键是看它们在维护社会稳定中的作用。在中国古代家国一体的社会结构下,"孝"在个人品德中处于核心的地位,因此备受人们的重视。

贞观十二年,太宗谓侍臣曰:"古者诸侯入朝,有汤沐之邑①,刍禾百车,待以客礼。昼坐正殿,夜设庭燎②,思与相见,问其劳苦。又汉家京城亦为诸郡立邸舍③。顷闻考使至京者④,皆赁房以坐,与商人杂居,才得容身而已。既待礼之不足,必是人多怨叹,岂肯竭情于共理哉?"乃令就京城闲坊⑤,为诸州考使各造邸第。及成,太宗亲幸观焉。

【译文】 贞观十二年(638年),唐太宗对身边侍从的大臣说:"古代诸侯朝拜天子,都有供其住宿并斋戒沐浴的封地,和一百车喂牲口的草料,用对待客人的礼节对待他们。诸侯白天居于正殿,晚上庭中点有火炬,天子想要与他们相见,要询问他们的劳苦。另外,汉代京城中也为各个郡都建有客馆。近来听说各郡到京城的朝集使,都租房子居住,与商人杂居在一起,地方小得仅能容纳一个人而已。既然接待的礼节不充分,一定会使人产生很多怨言和叹息,怎么能够竭尽全力同我一同治理国家呢?"于是下令在京城空闲之处,为各个州郡的朝集使分别建造客馆。落成之后,唐太宗亲自前往察看。

【注释】 ①汤沐之邑:周代供诸侯朝见天子时住宿并沐浴斋戒的封地。《礼记·王制》中说:"方伯为朝天子,皆有汤沐之邑于天子之县内。"郑玄注曰:"给齐戒自絜清之用。浴用汤,沐用潘。"孔希旦《集解》曰:"方伯汤沐之邑在天子之县内者,即《左氏》、《公羊》所谓朝宿之邑也,《左氏》《公羊》以在京师者为朝宿之邑,在泰山下者为汤沐之邑,其实京师及泰山下之邑,皆为朝王而居宿,皆所以齐戒自洁清也。" ②庭燎:庭中照明的火炬。 ③邸舍:客馆。 ④考使:即朝集使,各郡每年进京报告郡政及财经情况的使节。 ⑤坊:古代把一个城邑划分为若干区,通称为坊。

【评解】 在中国古代的礼制中,宾礼作为"五礼"之一,是礼制的重要内容。所谓"宾礼",即朝聘接见之礼,其作用是"以待四夷之君长与其使者"。

贞观十三年,礼部尚书王珪奏言:"准令,三品以上,遇亲王于路,不合下马,今皆违法申敬,有乖朝典①。"太宗曰:"卿辈欲自崇贵,卑我儿子耶?"魏征对曰:"汉、魏已来,亲王班皆次三公下②。今三品并天子六尚书九卿,为王下马,王所不宜当也。求诸故事,则无可凭,行之于今,又乖国宪,理诚不可。"帝曰:"国家立太子者,拟以为君。人之修短③,不在老幼。设无太子,则母弟次立。以此而言,安得轻我子耶?"征又曰:"殷人尚质④,有兄终弟及之义。自周已降,立嫡必长,所以绝庶孽之窥窬⑤,塞祸乱之源本。为国家者,所宜深慎。"太宗遂可王珪之奏。

【译文】 贞观十三年(639年),礼部尚书王珪上奏说:"根据法令,三品以上的官员,在路上遇到亲王,不应当下马,如今官员都违背法令表达恭敬,与朝廷的礼仪制度有所背离。"唐太宗说:"你们想要自我抬高身份地位,看轻我的儿子吗?"魏征回答说:"汉魏以来,亲王的等级都低于三公。如今三品官员以及天子的六部尚书和九卿,都为亲王下马,这是亲王所不能承受的。根据往事,则没有凭据,行之于今,又违背国家制度,于理来说的确不可以。"唐太宗说:"国家设立太子,打算以他为君主。人的品质高低,不在于年龄老幼。如果没有太子,那么他的同母弟弟根据次序就会立为太子。因此来说,怎么能够轻视我的儿子呢?"魏征又说:"商朝人崇尚质朴,有兄长去世弟弟继位的原则。从周代之后,所立的嫡子一定是年长者,用来断绝妃妾所生之子产生非分的企图,堵塞祸乱发生的根源。治理国家的人,应当非常慎重啊。"唐太宗于是同意了王珪的奏对。

【注释】 ①朝典:朝廷的礼仪制度。 ②班:职位等次,位次,等级。 ③修短:指人的长处和短处。 ④质:朴实,纯朴,指没有繁琐的礼法,与"文"相对。 ⑤庶孽:妃妾所生之子。如何休注《春秋公羊传·襄公二十七年》"臣仆庶孽之事"说:"庶孽,众贱子,犹树之有孽生。"窥窬:觊觎,非分的希望或企图。

【评解】 在古人看来,从一开始,"礼"就是为了维护社会秩序而生的。因此在中国古代,礼本身就是这种社会秩序的体现,对于处于不同地位的人在社会生活中的方方面面都做了明确的规定。同时,当在一定的范围内人们的行为产生冲突或者混乱时,也要通过礼来协调,这时候,礼制就会在其中发生重要的作用。

贞观十四年，太宗谓礼官曰："同爨尚有缌麻之恩①，而嫂叔无服；又舅之与姨，亲疏相似，而服之有殊，未为得礼，宜集学者详议。余有亲重而服轻者，亦附奏闻。"是月尚书八座与礼官定议曰：

臣窃闻之，礼所以决嫌疑，定犹豫，别同异，明是非者也②。非从天下，非从地出，人情而已矣。人道所先，在乎敦睦九族。九族敦睦，由乎亲亲，以近及远。亲属有等差，故丧纪有隆杀③，随恩之薄厚，皆称情以立文。原夫舅之与姨，虽为同气，推之于母，轻重相悬。何则？舅为母之本宗，姨乃外戚他姓，求之母族，姨不与焉，考之经史，舅诚为重。故周王念齐，是称舅甥之国④；秦伯怀晋，实切《渭阳》之诗⑤。今在舅服止一时之情⑥，为姨居丧五月，徇名丧实，逐末弃本，此古人之情或有未达，所宜损益，实在兹乎。

《礼记》曰⑦："兄弟之子犹子也，盖引而进之也。嫂叔之无服，盖推而远之也。"礼，继父同居则为之期，未尝同居则不为服。从母之夫⑧，舅之妻，二人相为服。或曰"同爨缌麻"。然则继父且非骨肉，服重由乎同爨，恩轻在乎异居。固知制服虽系于名文，盖亦缘恩之厚薄者也。或有长年之嫂，遇孩童之叔，劬劳鞠养⑨，情若所生，分饥共寒，契阔偕老⑩，譬同居之继父，方他人之同爨，情义之深浅，宁可同日而言哉？在其生也，乃爱同骨肉，于其死也，则推而远之，求之本源，深所未喻。若推而远之为是，则不可生而共居；生而共居为是，则不可死同行路。重其生而轻其死，厚其始而薄其终，称情立文，其义安在？且事嫂见称，载籍非一。郑仲虞则恩礼甚笃⑪，颜弘都则竭诚致感⑫，马援则见之必冠⑬，孔伋则哭之为位⑭，此盖并躬践教义，仁深孝友，察其所行之旨，岂非先觉者欤？但于时上无哲王，礼非下之所议，遂使深情郁于千载，至理藏于万古，其来久矣，岂不惜哉！

今陛下以为尊卑之叙，虽焕乎已备，丧纪之制，或情理未安，爰命秩宗⑮，详议损益。臣等奉遵明旨，触类傍求，采摭群经⑯，讨论传记，或抑或引，兼名兼实，损其有余，益其不足，使无文之礼咸秩⑰，敦睦之情毕举，变薄俗于既往，垂笃义于将来，信六籍所不能谈⑱，超百王而独得者也。

谨按曾祖父母，旧服齐衰三月⑲，请加为齐衰五月；嫡子妇，旧服大功⑳，请加为期；众子妇，旧服小功㉑，今请与兄弟子妇同为大功九月；嫂叔，旧无服，今请服小功五月。其弟妻及夫兄亦小功五月。舅，旧服缌麻，请加与从母同服小功五月。

诏从其议。此并魏征之词也。

【译文】 贞观十四年（640年），唐太宗对掌管礼仪的官员说："同灶饮食的人去世尚有服缌麻之丧的亲情，而叔嫂之间却没有丧服；另外舅与姨，亲疏关系相似，但丧服却有差异，不符合礼仪，应当召集学者详细地商讨。其他如果还有亲情紧密但丧服较轻者，也随同上奏。"当月尚书八座和掌管礼仪的官员共同拟定了一个意见，说：

我们听说，礼制的作用是用来决断疑惑难辨的事理，决定迟疑不决的事情，区别相同与差异，判明正确与错误。不是从天上掉下来的，也不是从地下冒出来的，只是根据人的情感而已。人伦关系最重要的，在于使九族亲厚和睦。九族亲厚和睦，由此就能够亲近与自己关系密切的人，并且可以由近及远。亲情关系有等级差别，所以丧事上也有厚薄之分，根据亲情的厚薄，都衡量人情而制定礼仪规范。考察舅和姨，虽然都是同胞，但从母亲的角度考察，轻重的差别就很明显了。为什么这样呢？舅是母亲本宗族之人，姨则是外姓亲戚，从母族进行考察，没有姨的位置，察考经史典籍，舅的确重要。所以周王怀念齐国，将其称为甥舅之国；秦国国君怀念晋国，情意正如《渭阳》诗中的表达。如今对于舅的丧服只有三个月的礼制规定，对于姨要居丧五个月，谋求虚名而丧失了实际意义，追求末节而抛弃了根本，这说明古人的思考可能有不到的地方，所应当减少或增加的，实际就在这个地方。

《礼记》中说："兄弟的儿子如同自己的儿子，是为了通过引导使关系更加亲近。叔嫂之间不服丧，是为了通过推离使关系更加疏远。"根据礼制，继父和自己共同居住就为他服一年丧，没有共同居住就不用服丧。姨的丈夫，舅的妻子，二人的丧服一致。有人说同灶饮食就有缌麻之服。既然这样，那么继父既然与自己没有骨肉之亲，丧服较重的原因就在于和自己同灶饮食，恩情淡薄就在于不在一起居住。因此可知丧服制度虽然关系到名分和仪节，也会根据恩情的厚薄来确定。或许有年龄较大的嫂子，遇到尚处于幼年的小叔子，辛苦抚养，感情上就像对待自己的亲生儿子一样，共度饥寒，辛辛苦苦一起生活到老，比起一同居住的继父，比起其他同灶饮食者，情义的深浅，难道能够等同吗？在活着的时候相互关爱如同骨肉，死了之后却要推离使之疏远，寻求这样做的根源，很难让人理解。如果推离使之疏远是对的，那么活着的时候就不能居住在一起；如果活着的时候居住在一起是对的，那么死了之后就不能像陌路人一样。活着时重视而死了后轻视，开始时感情深厚而最终却感情淡薄，依据情感来确定礼仪，它的道理在哪里呢？况且因侍奉嫂子而被称赞的，典籍中的记载也并非绝无仅有。郑仲虞对待嫂子则情义和礼节都非常深厚完备，颜弘都对待嫂子因竭诚而感动上天，马援拜见嫂子总要戴上帽子，子思哭嫂子依据亲疏的次序，这些人都是躬行教化之义，仁德深厚，具有孝友之德，考察他们行为所依据的原则，难道不是先觉者吗?但他们当时由于上面没有圣明的君主,礼制又不是下面的人可以妄加议论的,于是使这种深厚的情感阻塞了千载,真切的道理埋藏了万年,事情已经沿袭很久了,难道不让人痛惜吗!

如今陛下认为尊卑之间的秩序,虽然已经焕然齐备,但丧礼的制度,有的在情理上还不稳妥,于是命令礼官,详细加以议论以有所增减。我们尊奉旨意,类推旁求,选取各种经典,讨论历代传记,有的舍弃有的引用,既注重名又注重实,减损其中多余的,增加其中不足的,使没有条理的礼仪都具有了秩序,敦实和睦的感情都得到体现,改变原来浅薄的风俗,以为将来留下信实的礼义,对六经所没有谈到的内容进行引申,这是超越历代帝王的独一无二的成就。

经慎重考证,对于曾祖父母,旧的丧服制度是齐衰三个月,请求加为齐衰五个月;对于嫡子的妻子,旧的丧服制度是九个月的大功,请求加为一年;对于其他诸子的妻子,旧的丧服制度是五个月的小功,现在请求与兄弟儿子的妻子一样同为大功九个月;对于叔嫂,原来没有丧服规定,如今请求服小功五个月。弟弟的妻子和丈夫的兄长也是小功五个月。对于舅,旧的丧服制度是缌麻三个月,请求加到与姨母一样服小功五个月。

诏令接受这个建议。这些都是魏征所写的。

【注释】 ①同爨(cuàn)尚有缌麻之恩:《礼记·檀弓上》有:"同爨缌。"孔颖达疏曰:"既同爨而食,合有缌麻之亲。"同爨:同灶炊食,指同居,不分家。缌麻:古代丧服名。五服中之最轻者,孝服用细麻布制成,服期三月。凡本宗为高祖父母、曾伯叔祖父母、族伯叔父母、族兄弟及未嫁族姊妹,外姓中为表兄弟、岳父母等,均服之。 ②嫌疑:疑惑难辨的事理。 ③隆杀:尊卑、厚薄、高下。如《礼记·乡饮酒义》有:"至于众宾,升受,坐祭,立饮,不酢而降,隆杀之义别矣。"郑玄注曰:"尊者礼隆,卑者礼杀,尊卑别也。" ④甥舅之国:《左传·成公二年》记载:"晋侯使巩朔献齐捷于周,王弗见,使单襄公辞焉,曰:'蛮夷戎狄,不式王命,淫湎毁常,王命伐之,则有献捷,王亲受而劳之,所以惩不敬,劝有功也。兄弟甥舅,侵败王略,王命伐之,告事而已,不献其功,所以敬亲昵,禁淫慝也。今叔父克遂,有功于齐,而不使命卿镇抚王室,所使来抚余一人,而巩伯实来,未有职司于王室,又奸先王之礼,余虽欲于巩伯、其敢废旧典以忝叔父?夫齐,甥舅之国也,而大师之后也,宁不亦淫从其欲以怒叔父,抑岂不可谏诲?'" ⑤《渭阳》之诗:《诗经·秦风》中的一首诗,诗中有:"我送舅氏,曰至渭阳。"朱熹《集传》说:"舅氏,秦康公之舅,晋公子重耳也。出亡在外,穆公召而纳之。时康公为太子,送之渭阳而作此诗。" ⑥一时:一个季节,三个月。 ⑦《礼记》曰:以下引文出自《礼记·檀弓》。 ⑧从母:母亲的姐妹,即姨母。 ⑨劬(qú)劳:劳累,劳苦。劬:辛苦。鞠养:抚养,养育。 ⑩契阔:辛劳,辛苦。 ⑪郑仲虞:名均,东汉时人。为人好义笃实,养寡嫂孤儿,恩礼敦至。兄子长,令别居并门,尽推财与之,使得一尊其母。 ⑫颜弘都:名含,东晋时人。传说颜含的哥哥去世之后,嫂子樊氏因病失明,颜含尽心奉养,医生告诉他蚺蛇胆能够治好嫂子的病,他便四处搜寻,最终因感动上天而寻获。 ⑬马援:东汉人,事嫂至恭,不冠不敢入庐拜见。 ⑭孔伋:即孔子的孙子子思。《礼记·檀弓》有:"子思之哭嫂也为位,妇人倡踊。"为位:讲究次序。 ⑮秩宗:古代掌宗庙祭祀的官。 ⑯采撷:选取,采集摘录。 ⑰秩:次序。 ⑱信:同"伸"。

六籍:即六经。 ⑲齐衰:丧服名,为五服之第二等,其服用粗麻布制成,以其缉边缝齐,故称。服期有三年,有一年,有五月,有三月。 ⑳大功:丧服名,为五服之第三等,其服用熟麻布做成,较齐衰稍细,较小功为粗,故称大功。服期九个月。堂兄弟、未婚的堂姊妹、已婚的姑妹、侄女及众孙、众子妇、侄妇等之丧,都服大功;已婚女为伯父、叔父、兄弟、侄、未婚姑、姊妹、侄女等服丧,也服大功。 ㉑小功:丧服名,五服之第四等,其服以熟麻布制成,较大功为细,较缌麻为粗。服期五个月。凡本宗为曾祖父母、伯叔祖父母、堂伯叔祖父母、未嫁祖姑、堂姑、已嫁堂姊妹、兄弟之妻、从堂兄弟及未嫁从堂姊妹;外亲为外祖父母、母舅、母姨等,均服之。

【评解】 孔子说:"礼云礼云,玉帛云乎哉?乐云乐云,钟鼓云乎哉?"(《论语·阳货》)"礼"必须有仁爱等精神实质贯穿其中,只有空洞的形式是没有意义的。因此,礼制本身必须与人们的精神需要相协调,否则很难深入人心。

贞观十七年十二月癸丑,太宗谓侍臣曰:"今日是朕生日。俗间以生日可为喜乐,在朕情,翻成感思。君临天下,富有四海,而追求侍养①,永不可得。仲由怀负米之恨②,良有以也。况《诗》云:'哀哀父母,生我劬劳③。'奈何以劬劳之辰,遂为宴乐之事!甚是乖于礼度。"因而泣下久之。

【译文】 贞观十七年(643年)十二月癸丑日,唐太宗对身边侍从的大臣说:"今天是我的生日。民间认为生日可以进行庆贺欢乐,在我心里,反而有所感怀和思考。作为君主治理天下,富有四海,而想要奉养父母,却永远也做不到了。子路有不能背着米奉养父母的遗憾,的确是有原因的。何况《诗经》中说:'哀伤我的父母,养我多么辛劳。'为什么在父母辛劳的时候,却做宴饮欢乐的事情!很违背礼义法度啊。"因此而落泪哭泣了很久。

【注释】 ①侍养:奉养,常指奉养父母。 ②仲由:即子路。《孔子家语·致思》记载:"子路见于孔子曰:'负重涉远,不择地而休;家贫亲老,不择禄而仕。昔者,由也事二亲之时,常食藜藿之食,为亲负米百里之外。亲殁之后,南游于楚,从车百乘,积粟万钟,累茵而坐,列鼎而食。愿欲食藜藿,为亲负米,不可复得也。枯鱼衔索,几何不蠹?二亲之寿,忽若过隙。'孔子曰:'由也事亲,可谓生事尽力,死事尽思者也。'" ③哀哀父母,生我劬劳:出自《诗经·小雅·蓼莪》。

【评解】 《礼记·礼器》中说:"经礼三百,曲礼三千。"《中庸》中又说:"礼仪三百,威仪三千。"在我国古代,礼的内容纷繁复杂,几乎涉及了人们社会生活的方方面面。

太常少卿祖孝孙奏所定新乐。太宗曰:"礼乐之作,是圣人缘物设教,以为樽节①,治政善恶,岂此之由?"御史大夫杜淹对曰:"前代兴亡,实由于乐。陈将亡也为《玉树后庭花》,齐将亡也而为《伴侣曲》,行路闻之,莫不悲泣,所谓亡国之音。以是观之,实由于乐。"太宗曰:

"不然,夫音声岂能感人?欢者闻之则悦,哀者听之则悲。悲悦在于人心,非由乐也。将亡之政,其人心苦,然苦心相感,故闻之则悲耳。何乐声哀怨,能使悦者悲乎?今《玉树》、《伴侣》之曲,其声具存,朕能为公奏之,知公必不悲耳。"尚书右丞魏征进曰:"古人称:'礼云,礼云,玉帛云乎哉!乐云,乐云,钟鼓云乎哉②!'乐在人和,不由音调。"太宗然之。

【译文】 太常少卿祖孝孙向唐太宗陈奏创作新乐曲的情况。唐太宗说:"礼乐的创作,是圣人根据人情而实施教化,用它们来约束人的行为,国家治理的好坏,难道是由于音乐吗?"御史大夫杜淹回答说:"前代的兴亡,的确是由于音乐。陈朝将要灭亡的时候做了《玉树后庭花》,南齐将要灭亡的时候做了《伴侣曲》,行路之人听到之后,都无不悲伤哭泣,这就是所谓的亡国之音。由此看来,的确是由于音乐。"唐太宗说:"不是这样,音乐的声音怎么能够感动人呢?欢乐的人听了之后则喜悦,哀伤的人听了之后则悲痛。悲痛和喜悦都在于人的心情,不是由于音乐。将要亡国的政治,使人民内心凄苦,而凄苦之心与音乐产生共鸣,所以听到之后感到悲痛。什么音乐声音哀怨,能够使喜悦的人听了之后悲痛吗?如今《玉树》、《伴侣》等曲目,它们的乐曲都还在,我能为你们演奏,知道你们一定不会悲痛啊。"尚书右丞魏征进言说:"古人说:'礼啊,礼啊,说的是玉帛等物品吗!乐啊,乐啊,说的是钟鼓等乐器吗!'音乐的作用在于人的响应,不是因为音调如何。"唐太宗认为他说得对。

【注释】 ①搏节:抑制,节制。 ②礼云,礼云,玉帛云乎哉!乐云,乐云,钟鼓云乎哉:出自《论语·阳货》。

【评解】 同礼一样,乐的教化作用也很早就受到华夏先民的注意。原因就在于"其本在人心之感于物",乐与人的内心情感密切相关。

贞观七年,太常卿萧瑀奏言:"今《破陈乐舞》,天下之所共传,然美盛德之形容,尚有所未尽。前后之所破刘武周、薛举、窦建德、王世充等,臣愿图其形状,以写战胜攻取之容。"太宗曰:"朕当四方未定,因为天下救焚拯溺,故不获已,乃行战伐之事,所以人间遂有此舞,国家因兹亦制其曲。然雅乐之容,止得陈其梗概,若委曲写之①,则其状易识。朕以见在将相,多有曾经受彼驱使者,既经为一日君臣,今若重见其被擒获之势,必当有所不忍,我为此等,所以不为也。"萧瑀谢曰:"此事非臣思虑所及。"

【译文】 贞观七年(633年),太常卿萧瑀上奏说:"如今《破阵乐舞》,在天下人之间流传,但是用以赞美陛下的盛德,还不是很完善。您先后打败刘武周、薛举、窦建德、王世充等,我希望能够画出他们的样子,以反映当时战胜攻取的场面。"唐太宗说:"我在天下还没有平定的时候,因为要拯救天下于水火之中,所以不得已,才进行攻打征伐之类的事情,这样民间才有了这个舞蹈,国家因此也创作了相应的曲子。但是雅乐所描述的,只是陈述事情的大概,如果详细加以描写,那么它的场面就容易被看透。我现在的将相,很多都曾经是刘武周等人的手下,既然曾经有一段时间的君臣关系,如今如果重新看到他们被擒获时的情景,一定心中会有所不忍,我因为这个原因,所以不那么做。"萧瑀道歉说:"这件事情不是我的思虑能够达到的。"

【注释】　①委曲:详述事情的原委。

【评解】　不同的音乐对人的情绪会产生不同的影响,在用乐教来感化人心时,必须掌握各种音乐的不同特征以及聆听音乐的人的不同情感。

卷　八

务农第三十

贞观二年，太宗谓侍臣曰："凡事皆须务本。国以人为本，人以衣食为本，凡营衣食，以不失时为本。夫不失时者，在人君简静乃可致耳①。若兵戈屡动，土木不息，而欲不夺农时，其可得乎？"王珪曰："昔秦皇、汉武，外则穷极兵戈，内则崇侈宫室，人力既竭，祸难遂兴。彼岂不欲安人乎？失所以安人之道也。亡隋之辙，殷鉴不远，陛下亲承其弊，知所以易之。然在初则易，终之实难。伏愿慎终如始，方尽其美。"太宗曰："公言是也。夫安人宁国，惟在于君。君无为则人乐，君多欲则人苦。朕所以抑情损欲，克己自励耳。"

【译文】　贞观二年（628年），唐太宗对身边侍从的大臣说："任何事情都要抓住根本。国家以人民为根本，人民以衣食为根本，凡是经营衣食的活动，以不失生产的时机为根本。不失生产的时机，对于君主来说简约清静才能够达到。如果经常发动战争，不断进行建造，而想不侵夺农时，能够做到吗？"王珪说："当初秦始皇、汉武帝，对外则穷兵黩武，对内则崇尚奢侈营建宫室，人力已经用尽，祸乱灾难随之兴起。他们难道不想使人民安定吗？只是失去了安定人民之道。刚刚灭亡的隋朝的教训，离我们不远，陛下亲自体会过其中的弊端，知道为什么要改变，然而开始时容易做到，坚持到底实在困难。希望陛下自始至终小心谨慎，才能成就您这个美好的想法。"唐太宗说："你说得对。使人民安定国家安宁，只在于君主。君主无为人民就安乐，君主欲望多人民就痛苦。我因此而抑制情感减少欲望，克制自己并勉励自己。"

【注释】　①简静：简约清静，指施政不繁苛。

【评解】　《淮南子·主术训》中就曾经提出"食者，民之本也；民者，国之本也；国者，君之本也"的命题。唐太宗的这一论述，是对前人思想的继承和发挥，同时也是他的民本思想的基础。

贞观二年，京师旱，蝗虫大起。太宗入苑视禾，见蝗虫，掇数枚而咒曰①："人以谷为命，而汝食之，是害于百姓。百姓有过，在予一人，尔其有灵，但当蚀我心，无害百姓。"将吞之，左右遽谏曰："恐成疾，不可。"太宗曰:"所冀移灾朕躬,何疾之避?"遂吞之。自是蝗不复为灾。

【译文】 贞观二年(628年),京城发生旱情,蝗虫泛滥成灾。唐太宗到园林中察看庄稼,看到蝗虫,捡起了几只咒骂道:"人用谷物来维持生命,而你们却将其吃掉,这是祸害老百姓。老百姓有过错,由我一个人承担,你如果有灵性,只应当吞噬我的心,不要残害百姓。"打算把这几只蝗虫吞下去,身边的人马上劝谏说:"吃了恐怕会生病,不能吃。"唐太宗说:"我所期望的是把灾难转移到我身上,还怕什么得病?"于是吞了它们。从此蝗虫不再成灾。

【注释】 ①掇:拾取。

【评解】 这则记载明显有夸张的成分,但也体现出唐太宗对农业生产的重视。

贞观五年,有司上书言:"皇太子将行冠礼①,宜用二月为吉,请追兵以备仪注②。"太宗曰:"今东作方兴③,恐妨农事。"令改用十月。太子少保萧瑀奏言:"准阴阳家④,用二月为胜。"太宗曰:"阴阳拘忌⑤,朕所不行。若动静必依阴阳,不顾理义,欲求福祐,其可得乎?若所行皆遵正道,自然常与吉会。且吉凶在人,岂假阴阳拘忌?农时甚要,不可暂失。"

【译文】 贞观五年(631年),有关部门上书说:"皇太子马上要行冠礼,应当在二月举行比较吉利,请求调集军队以备典礼仪式之用。"唐太宗说:"如今春耕刚刚开始,恐怕会妨害农业生产。"下令把日期改在十月。太子少保萧瑀上奏说:"根据阴阳家的说法,在二月举行较为吉利。"唐太宗说:"阴阳禁忌,我不讲究。如果行动都要按照阴阳,不考虑道理,想要求得保佑,能得到吗?如果所实行的事情都遵循正道,自然总会与吉利相符合。况且吉凶在于人为,难道是借助阴阳禁忌吗?农时非常重要,不能一刻耽误。"

【注释】 ①冠礼:古代男子二十岁(天子、诸侯可提前至十二岁)举行的加冠之礼,表示其成人。 ②追兵:征召、调集军队。仪注:制度,仪节。 ③东作:指春耕。如《尚书·尧典》有:"寅宾出日,平秩东作。"孔安国传曰:"岁起于东,而始就耕,谓之东作。" ④阴阳家:原指战国时期提倡阴阳五行说的一个学派,后指以择日、占星、风水等迷信为业的人。 ⑤拘忌:禁忌。

【评解】 《尚书》中说:"天视自我民视,天听自我民听。"《左传》中不止一次地说:"民,神之主也。"人才是国家的根本,如果失去了民心,老百姓不能安居乐业,统治者的地位也必将会失去根据而坍塌。

贞观十六年,太宗以天下粟价率计斗值五钱,其尤贱处,计斗值三钱,因谓侍臣曰:"国以民为本,人以食为命。若禾黍不登,则兆庶非国家所有。既属丰稔若斯,朕为亿兆人父母,唯欲躬务俭约,必不辄为奢侈。朕常欲赐天下之人,皆使富贵。今省徭赋,不夺其时,使比屋之人恣其耕稼①,此则富矣。敦行礼让,使乡闾之间,少敬长,妻敬夫,此则贵矣。但令天下皆然,朕不听管弦,不从畋猎,乐在其中矣!"

【译文】 贞观十六年(642年),唐太宗因为天下的小米价格大约一斗才值五个钱,特别便宜的地方,一斗才值三个钱,于是对身边侍从的大臣说:"国家以人民为根本,人民以粮食为生命。如果粮食不丰收,那么人民就不会再接受国家的统治。既然取得了如此的丰收,我作为亿万人民的父母,只希望亲自推行节俭,一定不会轻易做奢侈的事情。我经常想赏赐天下人民,让他们都富贵。如今减轻徭役赋税,不侵夺农时,使老百姓都能够一心从事农业生产,这样就能够富足了。大力推行礼让的礼节,使民间百姓,年轻者尊敬年长者,妻子敬重丈夫,这样就能够尊贵了。只要能够使天下都如此,我不用听音乐,不用去打猎,就能从其中感受到快乐了!"

【注释】 ①比屋:所居屋舍相邻,借指家家户户,老百姓。

【评解】 作为社会物质生产的承担者,人民在国家经济发展中的作用是不容置疑的,民用充足是统治者收入来源稳定的前提。所以孔子说:"百姓足,君孰与不足?百姓不足,君孰与足?"(《论语·颜渊》)

刑法第三十一

贞观元年,太宗谓侍臣曰:"死者不可再生,用法务在宽简。古人云,鬻棺者欲岁之疫,非疾于人,利于棺售故耳。今法司核理一狱,必求深刻①,欲成其考课②。今作何法,得使平允?"谏议大夫王珪进曰:"但选公直良善人,断狱允当者,增秩赐金,即奸伪自息。"诏从之。太宗又曰:"古者断狱,必讯于三槐、九棘之官③,今三公、九卿,即其职也。自今以后,大辟罪皆令中书、门下四品以上及尚书九卿议之④,如此,庶免冤滥。"由是至四年,断死刑,天下二十九人,几致刑措。

【译文】 贞观元年(627年),唐太宗对身边侍从的大臣说:"人死了不能够复生,使用法律一定要从宽从简。古人说,卖棺材的人希望每年都发生瘟疫,不是因为憎恨人,是因为有利于棺材出售的缘故。如今执法机关审理一件案子,一定会追求严峻苛刻,想要使考核取得好成绩。如今使用什么方法,可以使执法公平适当?"谏议大夫王珪进言说:"只要选用公正耿直善良之人,判决案件适当者,增加品级赐给财物,那么奸邪虚假自然会消失。"唐太宗下诏遵从这个建议。唐太宗又说:"古代判决案件,一定要向三公九卿咨询,如今的三公九卿,担当的就是这一职责。从今以后,死罪都让中书省和门下省四品以上的官员和九卿合议,这样就有可能避免冤杀和滥杀了。"从此到贞观四年(630年),被判定死刑的,全国只有29人,刑罚几乎被搁置不用了。

【注释】 ①深刻:严峻苛刻。 ②考课:按一定标准考核官吏优劣,分别等差,决定升降赏罚。 ③三槐:相传周代宫廷外种有三棵槐树,三公朝天子时,面向三槐而立。后以三槐比喻三公。九棘:古代群臣外朝之位,树九棘为标识,以区分等级职位。如《周礼·秋官·朝士》有:"左九棘,孤、卿、大夫位焉……右九棘,公、侯、伯、子、男位焉。"郑玄注曰:"树棘以为立者,取其赤心而外刺,象以赤心三刺也。"后因以九棘为九卿的代称。 ④大辟:古代五刑之一,即死罪。

【评解】 古人认为,"诛期于无诛",法律的目的是为了使老百姓因畏惧受到惩罚而自己约束自己的行为,遵守社会规范,而不是为了残害百姓。

贞观二年,太宗谓侍臣曰:"比有奴告主谋逆,此极弊法,特须禁断。假令有谋反者,必不独成,终将与人计之;众计之事,必有他人论之,岂藉奴告也? 自今奴告主者,不须受,尽令斩决。"

【译文】 贞观二年(628年),唐太宗对身边侍从的大臣说:"近来有家奴告发主人谋反,这是非常有害的做法,必须禁止杜绝。如果有人谋反,一定不会靠一个人就能实现,一定会和别人商量;和众人商量的事情,一定有其他的人议论,怎么还要靠家奴来告发? 从今之后凡有家奴告发主人的,不用受理,都下令处死。"

【评解】 唐太宗为什么要发布这道诏令,戈直分析说:"大臣叛逆,这是以下叛上;家奴告发主人,这也是以下叛上。自己厌恶别人叛上,却又让叛上之人得逞,这是用混乱来代替混乱,差别有多大呢?"这一分析是有道理的。

贞观五年,张蕴古为大理丞。相州人李好德素有风疾①,言涉妖妄,诏令鞫其狱②。蕴古言:"好德癫病有征,法不当坐③。"太宗许将宽宥。蕴古密报其旨,仍引与博戏④。治书侍御史权万纪劾奏之。太宗大怒,令斩于东市⑤。既而悔之,谓房玄龄曰:"公等食人之禄,须忧人之忧,事无巨细,咸当留意。今不问则不言,见事都不谏诤,何所辅弼? 如蕴古身为法官,与囚博戏,漏泄朕言,此亦罪状甚重,若据常律,未至极刑。朕当时盛怒,即令处置,公等竟无一言,所司又不覆奏,遂即决之,岂是道理。"因诏曰:"凡有死刑,虽令即决,皆须五覆奏。"五覆奏,自蕴古始也。又曰:"守文定罪,或恐有冤。自今以后,门下省覆,有据法令合死而情可矜者,宜录奏闻。"

蕴古,初以贞观二年,自幽州总管府记室兼直中书省,表上《大宝箴》,文义甚美,可以规诫。其词曰:

今来古往,俯察仰观,惟辟作福⑥,为君实难。宅普天之下,处王公之上,任土贡其所有⑦,具僚和其所唱。是故恐惧之心日弛,邪僻之情转放⑧。岂知事起乎所忽,祸生乎无妄⑨。故以圣人受命,拯溺亨屯⑩,归罪于己,推恩于民。大明无偏照⑪,至公无私亲。故以一人治天下,不以天下奉一人。礼以禁其奢,乐以防其佚。左言而右事⑫,出警而入跸。四时调其惨舒⑬,三光同其得失。故身为之度,而声为之律。勿谓无知,居高听卑;勿谓何害,积小成大。乐不可极,极乐成哀;欲不可纵,纵欲成灾。壮九重于内⑭,所居不过容膝⑮;彼昏不知,瑶其台而琼其室⑯。罗八珍于前⑰,所食不过适口;惟狂罔念⑱,丘其糟而池其酒。勿内荒于色,勿外荒于禽;勿贵难得之货,勿听亡国之音。内荒伐人性⑲,外荒荡人心;难得之物侈,亡国之声淫。勿谓我尊而傲贤侮士,勿谓我智而拒谏矜己。闻之夏后,据馈频起⑳;亦有魏帝,牵裾不止㉑。安彼反侧㉒，如春阳秋露；巍巍荡荡㉓，推汉高大度㉔。抚兹庶事㉕，如履薄临深；战战栗栗，用周文小心。

《诗》云："不识不知㉖。"《书》曰："无偏无党。"一彼此于胸臆，捐好恶于心想。众弃而后加刑，众悦而后命赏。弱其强而治其乱，伸其屈而直其枉。故曰：如衡如石㉗，不定物以数，物之悬者，轻重自见；如水如镜，不示物以形，物之鉴者，妍蚩自露㉘。勿浑浑而浊㉙，勿皎皎而清㉚；勿汶汶而暗㉛，勿察察而明㉜。虽冕旒蔽目而视于未形，虽黈纩塞耳而听于无声㉝。纵心乎湛然之域㉞，游神于至道之精㉟。扣之者，应洪纤而效响㊱；酌之者，随浅深而皆盈。故曰：天之清，地之宁，王之贞。四时不言而代序㊲，万物无为而受成㊳。岂知帝有其力，而天下和平。吾王拨乱，戡以智力㊴；人惧其威，未怀其德。我皇抚运㊵，扇以淳风㊶；民怀其始，未保其终。爰述金镜㊷，穷神尽性。使人以心，应言以行。包括理体，抑扬辞令。天下为公，一人有庆㊸。开罗起祝㊹，援琴命诗㊺。一日二日，念兹在兹㊻。惟人所召，自天祐之。争臣司直，敢告前疑。

太宗嘉之，赐帛三百段，仍授以大理寺丞。

【译文】　贞观五年（631年），张蕴古为大理丞。相州人李好德一直有疯癫的毛病，说了些怪异荒诞的话，唐太宗下令让张蕴古审理这个案子。张蕴古说："李好德患有疯癫病有确凿的证据，根据法律不应当判罪。"唐太宗准许给予宽大处理。张蕴古私下里把唐太宗的意思通报给李好德，并将其招来同自己一同博戏。治书侍御史权万纪上奏弹劾了他。唐太宗大怒，下令将张蕴古在东市斩首。不久之后他就后悔了，对房玄龄说："你们吃别人的俸禄，就必须替别人分忧，事情无论大小，都应当留心。如今我不问你们就不说话，遇到事也不直言劝谏，称得上什么辅弼？比如张蕴古身为执法官员，与囚徒一起博戏，泄露了我的话，这个罪状也是很重的，但如果依据一般的法律，不至于处死。我当时非常生气，就下了处死的命令，你们竟然没有一个人说话，相关部门又没有审核上奏，于是马上处决了，这难道合乎道理吗！"于是下诏说："凡是有判处死刑的，即使下令马上处决，也都必须五次审核上奏。"五次审核上奏的制度，是从张蕴古开始的。唐太宗又说："依据法律判定罪行，有的恐怕会产生冤情。从今之后，要由门下省复核，有依据法律应当处死但依据情理可以怜悯的，应当记录上奏。"

张蕴古，当初在贞观二年（628年），任幽州总管府记室兼直中书省时，上表进呈了一篇《大宝箴》，文章的思想非常好，能够起到规诫的作用。是这样写的：

古往今来，远察近观，天子掌握福柄，国君着实难当。居于普天之下，位处王公之上；各地因其所有而进贡，百官随其所唱而附和。因此惶恐戒惧之心日渐减少,邪恶悖理之情转而放纵。哪还知道事变兴起于疏忽之间,灾祸发生于不测之时。所以圣人禀受天命,拯救危难困厄,将罪过归于自己,恩德施予人民。如日月无所不照,行至公没有偏私。所以以一人治理天下,不以天下奉养一人。以礼节禁止其奢侈,以音乐防止其放逸。左史记言右史记事,出入警诫禁止行人。根据四季调和其宽严,三光明暗仿佛其得失。因此行为就是法度,声音就是节律。不要说一无所知,身居高位要倾听下情;不要说没有危害,小害积累就会酿成大祸。欢乐不要无度,乐极生悲;情欲不可放纵,纵欲成灾。在内扩充宫室,所居不过容膝之地;昏昧无知,宝石为台美玉为室。珍馐美味罗列于前,吃的不过是合乎口味的那几种;不思为善,酒糟堆成山美酒贮满池。在内不要沉湎于美色,在外不要沉迷于田猎;不要看重难得的物品,不要去听亡国的音乐。在内沉湎美色会败坏人的天性,在外沉迷田猎会扰乱人的心志;难得的物品导致奢侈,亡国的音乐导致放纵。不要认为自己尊贵而傲慢贤才侮辱士人,不要认为自己聪明而拒绝纳谏夸耀自己。听说夏禹王,吃着饭还频繁起来处理事务;还有魏文帝,大臣进谏可以扯着他的衣襟不放。安抚那些不顺服的人,要像春天的太阳秋天的雨露;道德崇高恩泽博大,推崇汉高祖的胸怀大度。处理各种事务,要如临深渊如履薄冰;内心战战栗栗,像周文王般小心谨慎。

《诗经》中说:"不去认识不去了解。"《尚书》中说:"没有偏私没有朋党。"在观念中等同彼此,在思想中抛弃好恶。众人都厌恶然后才处以刑罚,众人都喜欢然后才加以赏赐。削弱强悍者治理混乱者,伸张压抑者挺直弯曲者。所以说:如同秤和石,虽然不决定物品的重量,但物品悬挂上去,轻重自然显现;如同水和镜,虽然不显示物品的形状,但物品映照上去,美丑自然暴露。不要以浑厚为污浊,不要以分明为清白;不要以不明为昏暗,不要以苛察为精明。虽然冠冕上的玉串遮住了眼睛,但在行迹还未显露时就可以看清;虽然冠冕上的绵球塞住了耳朵,但在声音还没发出时就可以听见。思想驰骋在清澈的境界之内,神思遨游于大道的光明之中。叩击物品,因大小不同而发出声响;斟酒于杯,无论深浅都要盈满。所以说:天追求的是清明,地追求的是安宁,君王追求的是公正。四季不言但按照时序而更替,万物无为但遵循一定的规律。哪里知道是因为帝王有力量,天下才和平。我朝君主平定祸乱,安定天下靠的是智谋和力量;人们惧怕皇帝的威严,但没有感受到皇帝的恩德。陛下顺应天命即位,倡导敦厚古朴之风;这是人们感受恩德的开始,但还没有能够保持到最终。于是陈述正道,以使陛下勤于思虑修养德性。用诚心驱使百姓,用行动履行诺言。全面掌握治理国家的原则,根据需要增减言辞和号令。天下为公,是因为天子一人有善德。像商汤放开网罗进行祷告,像舜帝操起五弦琴歌南风之诗。一天一天,念念不忘。福祸是由人自己招来的,上天予以庇佑。诤谏之臣想要纠正人主的过错,斗胆陈述上述的疑惑。

唐太宗对此十分赞赏,赐予三百段丝帛,因而任命他为大理寺丞。

【注释】 ①风疾:疯病,神经错乱、精神失常。 ②鞫:通"鞠",审问,究问。 ③坐:判罪。

④博戏:古代一种决输赢的游戏。 ⑤东市:汉代在长安东市处决判死刑的犯人,后以"东市"泛指刑场。 ⑥辟(bì):天子,君主。作福:赐给别人福祉。 ⑦任土:地方进贡时根据土地的情况。如《尚书·禹贡序》有:"禹别九州岛,随山浚川,任土作贡。"孔安国传曰:"任其土地所有定其贡赋之差。" ⑧放:放纵,放荡。 ⑨无妄:意外,不测。 ⑩拯溺:救援溺水的人,引申为解救危难。亨屯:通达与困厄,这里指拯救困厄。 ⑪大明:指日月。 ⑫左言而右事:指左史记言右史记事。 ⑬惨舒:汉代张衡《西京赋》有:"夫人在阳时则舒,在阴时则惨,此牵乎天者也。"后以"惨舒"指忧乐、宽严、盛衰等。 ⑭壮:加强,壮大。九重:指宫禁。 ⑮容膝:仅能容纳双膝,指狭小之地。 ⑯瑶其台而琼其室:用美玉砌成楼台宫室,泛指修建华丽的宫廷建筑物。 ⑰八珍:一说为八种烹饪法。如《周礼·天官·膳夫》有:"珍用八物。"郑玄注曰:"珍,谓淳熬、淳母、炮豚、炮牂、捣珍、渍、熬、肝膋也。"宋代吕希哲《侍讲日记》中则说:"八珍者,淳熬也,淳母也,炮也,捣珍也,渍也,熬也,糁也,肝膋也。先儒不数糁而分炮豚羊为二,皆非也。"一说为八种珍贵食品。如明代陶宗仪《辍耕录·续演雅发挥》中有:"所谓八珍,则醍醐、麆沆、野驼蹄、鹿唇、驼乳糜、天鹅炙、紫玉浆、玄玉浆也。"泛指珍馐美味。 ⑱惟狂罔念:出自《尚书·多方》:"惟圣罔念作狂,惟狂克念作圣。"这里指那些狂妄放纵的暴君不思为善。 ⑲伐:败坏,危害。 ⑳闻之夏后,据馈频起:《淮南子·氾论训》中说:"禹之时,……一馈而十起,一沐而三捉发,以劳天下之民。"夏后:夏朝的帝王,这里指大禹。馈:以食物送人,这里指吃饭。 ㉑亦有魏帝,牵裾不止:《三国志·魏志·辛毗传》记载,三国时魏文帝曹丕要从冀州迁十万户到河南去,时连年蝗灾百姓生活困难,百官以为不可,辛毗与群臣一起上谏,不听。曹丕不答而入内,辛毗拉住他的衣裾,曹丕奋力挣脱,很久才挣开,于是说:"佐治,卿持我何太急邪?"后来辛毗一再苦谏,终于减去五万户。 ㉒反侧:不安分,不顺从。 ㉓巍巍荡荡:出自《论语·泰伯》:"大哉尧之为君也!巍巍乎!唯天为大,唯尧则之。荡荡乎,民无能名焉。"朱熹《集注》曰:"巍巍,高大之貌;荡荡,广远之称也。"后以"巍巍荡荡"形容道德崇高,恩泽博大。 ㉔推:推重。 ㉕抚:治理,处理。 ㉖不识不知:出自《诗经·大雅·皇矣》。没有知识,比喻民风淳朴。 ㉗衡:秤。石:古代重量单位,一百二十斤为一石。 ㉘妍蚩:即美丑。 ㉙浑浑:浑厚淳朴。 ㉚皎皎:分明貌,明白貌。 ㉛汶汶(mén):不明貌。汶:蒙蔽。 ㉜察察:明察,苛察。 ㉝黈纩:黄绵所制的小球,悬于冠冕之上,垂于两耳旁,以表示不欲妄听是非。 ㉞湛然:清澈貌。 ㉟精:清朗,光明。如《史记·天官书》有:"天精而见景星。"司马贞《索隐》引韦昭曰:"精谓清朗。" ㊱洪纤:大小,巨细。效:显示,呈现。 ㊲代序:按照时序更替。 ㊳受成:接受一定的安排或谋略。 ㊴戡:平定。 ㊵抚运:顺应时运。 ㊶淳风:敦厚古朴之风。 ㊷金镜:铜镜。常比喻显明的正道。 ㊸天下为公:出自《礼记·礼运》:"大道之行也,天下为公,选贤与能,讲信修睦。"孙希旦《集解》说:"天下为公者,天子之位传贤而不传子也。"原意为君位不为一家私有,也代指一种美好的社会政治理想。一人有庆:出自《尚书·吕刑》:"一人有庆,兆民赖之,其宁惟永。"孔安国传曰:"天子有善,则兆民赖之,其乃安宁长久之道。"后常用为歌颂帝王德政之词。 ㊹开罗起祝:指商汤放开网罗进行祷告。 ㊺援琴命诗:指舜操五弦琴,歌南风之诗。援琴:持琴,弹琴。 ㊻念兹在兹:出自《尚书·大禹谟》:"帝念哉!念兹在兹,释兹在兹。名言兹在兹,允出兹在兹,惟帝念功。"孔安国传曰:"兹,此;释,废也。念兹人,在此功;废兹人,在此罪。言不可诬。"后形容念念不忘于某一事情。

【评解】 罚当其罪是执法的基本要求,凭一时好恶或喜怒来执法,难免造成冤案。赏罚公平，使好人都能得到鼓励，恶行都能受到惩治，这样才能使刑罚起到教化人民的作用。否则，只能成为统治者耍淫威的工具。

贞观五年，诏曰："在京诸司，比来奏决死囚，虽云三覆，一日即了，都未暇审思，三奏何益？纵有追悔，又无所及。自今后，在京诸司奏决死囚，宜二日中五覆奏，天下诸州三覆奏。"又手诏敕曰："比来有司断狱，多据律文，虽情在可矜而不敢违法，守文定罪，或恐有冤。自今门下省复有据法合死，而情在可矜者，宜录状奏闻。"

【译文】 贞观五年(631年)，唐太宗下诏说："京城中的各官署，近来上奏判决处死囚犯，虽说要三次复核，但在一天之内就办完了，连审核思考的时间都没有，三次上奏有什么用处？即使以后追悔，又没有办法补救，从此之后，在京城的各官署上奏判决处死囚犯的事情，应当在两日之内五次复核上奏，天下的各个州郡三次复核上奏。"另外，又亲自手写诏书下令说："近来有关部门判决案件，大多依据法律条文，虽然情理上可以怜悯但不敢违反法律规定，根据条文定罪，有的恐怕其中有冤情。从今以后门下省再有根据法律应当处死，但依据情理可以怜悯的，应当记录案情上奏。"

【评解】 刑罚必须谨慎，尤其是死刑，一经执行便无可挽回，因此从程序上必须认真审核，避免冤狱。

贞观九年，盐泽道行军总管、岷州都督高甑生，坐违李靖节度，又诬告靖谋逆，减死徙边。时有上言者曰："甑生旧秦府功臣，请宽其过。"太宗曰："虽是藩邸旧劳，诚不可忘。然理国守法，事须画一，今若赦之，使开侥幸之路。且国家建义太原，元从及征战有功者甚众①，若甑生获免，谁不觊觎？有功之人，皆须犯法。我所以必不赦者，正为此也。"

【译文】 贞观九年(635年)，盐泽道行军总管、岷州都督高甑生，犯了违抗李靖节制调度的罪，同时还诬告李靖谋反，减免死罪发配到边疆。当时有人上奏说："高甑生是旧秦王府的功臣，请求宽恕他的罪过。"唐太宗说："虽然是我为藩王时在府上的一些旧功劳，但确实不能够忘记。然而治理国家须遵守法度，事情需要有一个一致的标准，如今如果赦免了他，就会使侥幸免于责罚的道路被打开。况且我国是从太原首举义旗，开始时就跟从以及有功劳的人很多，如果高甑生得到赦免，哪个人不心生非分之想？有功劳的人，一定都会违反法律。我之所以坚决不赦免他，正是由于这个原因。"

【注释】 ①元：开始，起端。

【评解】 统治者在进行社会公共管理时，利用赏罚作为激励手段，不仅要做到标准明确、公平、一视同仁，而且赏罚要及时实施、兑现，必须言而有信，严格按照事先颁布的法令和制度行事。

贞观十一年,特进魏征上疏曰:

臣闻《书》曰:"明德慎罚①","惟刑恤哉②!"《礼》云③:"为上易事,为下易知,则刑不烦矣。上人疑则百姓惑,下难知则君长劳矣。"夫上易事,则下易知,君长不劳,百姓不惑。故君有一德,臣无二心,上播忠厚之诚,下竭股肱之力,然后太平之基不坠,"康哉"之咏斯起。当今道被华戎④,功高宇宙,无思不服,无远不臻。然言尚于简文,志在于明察,刑赏之用,有所未尽。夫刑赏之本,在乎劝善而惩恶,帝王之所以与天下为画一,不以贵贱亲疏而轻重者也。今之刑赏,未必尽然。或屈伸在乎好恶,或轻重由乎喜怒;遇喜则矜其情于法中,逢怒则求其罪于事外;所好则钻皮出其毛羽,所恶则洗垢求其瘢痕。瘢痕可求,则刑斯滥矣;毛羽可出,则赏因谬矣。刑滥,则小人道长;赏谬,则君子道消。小人之恶不惩,君子之善不劝,而望治安刑措,非所闻也。

且夫暇豫清谈,皆敦尚于孔、老;威怒所至,则取法于申、韩。直道而行,非无三黜⑤,危人自安,盖亦多矣。故道德之旨未弘,刻薄之风已扇。夫刻薄既扇,则下生百端;人竞趋时⑥,则宪章不一。稽之王度,实亏君道。昔州犁上下其手⑦,楚国之法遂差;张汤轻重其心,汉朝之刑以弊。以人臣之颇僻,犹莫能申其欺罔,况人君之高下,将何以措其手足乎?以睿圣之聪明,无幽微而不烛,岂神有所不达,智有所不通哉?安其所安,不以恤刑为念;乐其所乐,遂忘先笑之变⑧。祸福相倚,吉凶同域,惟人所召,安可不思?顷者责罚稍多,威怒微厉,或以供帐不赡⑨,或以营作差违,或以物不称心,或以人不从命,皆非致治之所急,实恐骄奢之攸渐。是知"贵不与骄期而骄自至,富不与侈期而侈自来",非徒语也。

且我之所代,实在有隋。隋氏乱亡之源,圣明之所临照⑩。以隋氏之府藏譬今日之资储,以隋氏之甲兵况当今之士马,以隋氏之户口校今时之百姓,度长比大,曾何等级?然隋氏以富强而丧败,动之也;我以贫穷而安宁,静之也。静之则安,动之则乱,人皆知之,非隐而难见也,非微而难察也。然鲜蹈平易之途,多遵覆车之辙,何哉?在于安不思危,治不念乱,存不虑亡之所致也。昔隋氏之未乱,自谓必无乱;隋氏之未亡,自谓必不亡,所以甲兵屡动,徭役不息。至于将受戮辱,竟未悟其灭亡之所由也,可不哀哉!

夫鉴形之美恶,必就于止水;鉴国之安危,必取于亡国。故《诗》曰:"殷鉴不远,在夏后之世。"又曰:"伐柯伐柯,其则不远⑪。"臣愿当今之动静,必思隋氏以为殷鉴,则存亡治乱,可得而知。若能思其所以危,则安矣;思其所以乱,则治矣;思其所以亡,则存矣。知存亡之所在,节嗜欲以从人,省游畋之娱,息靡丽之作,罢不急之务,慎偏听之怒;近忠厚,远便佞,杜悦耳之邪说,甘苦口之忠言;去易进之人,贱难得之货,采尧舜之诽谤,追禹汤之罪己;惜十家之产,顺百姓之心,近取诸身,恕以待物,思劳谦以受益,不自满以招损;有动则庶类以和,出言而千里斯应,超上德于前载,树风声于后昆⑫。此圣哲之宏观,而帝王之大业,能事斯毕,在乎慎守而已。

夫守之则易,取之实难。既能得其所以难,岂不能保其所以易?其或保之不固,则骄奢淫泆动之也。慎终如始,可不勉欤!《易》曰⑬:"君子安不忘危,存不忘亡,治不忘乱,是以身安而国家可保也。"诚哉斯言,不可以不深察也。伏惟陛下欲善之志,不减于昔时;闻过必改,少亏于曩日。若以当今之无事,行畴昔之恭俭⑭,则尽善尽美矣,固无得而称焉。

太宗深嘉而纳用。

【译文】　贞观十一年(637年),特进魏征上疏说:

我听《尚书》中说:"修明德行,慎用刑罚","只有刑罚值得忧念!"《礼记》中说:"在上位者容易侍奉,在下位者容易了解,那么刑罚就不必繁苛了。上面的人有怀疑那么老百姓就会迷惑,下面的人难以了解那么君主长上就要忧劳。"在上位者容易侍奉,那么在下位者就容易了解,君主长上就不会劳烦,老百姓也不会迷惑。所以君主有专一的美德,臣下就没有二心,在上位者广布忠厚的真诚,在下位者就会竭尽股肱之力,那么天下太平的基业就牢固了,"康哉"的歌咏就会兴起。陛下道义覆盖华夏和夷狄,功劳高过宇宙,没有人会有不服从的想法,无论多远的人都来朝拜。然而言语崇尚文采,心里只想着苛察,刑罚和赏赐在使用的过程中,有做得不是很恰当的地方。刑罚和赏赐的根本,在于劝勉善行和惩罚恶行,帝王因此在使用刑罚和赏赐时追求天下标准一致,不以亲疏贵贱而确定不同的标准。如今的刑罚和赏赐,未必都是这样做的。或者以好恶决定屈伸,或者因喜怒决定轻重;遇到喜悦时则在法律之中加入怜悯的感情,遇到愤怒时则在事实之外寻找对方的过错;自己喜欢的恨不能用钻开皮肉的方法得到羽毛,自己厌恶的恨不能洗掉污垢来寻找疤痕。疤痕可以寻找,那么刑罚就会滥用;羽毛可以得到,那么赏赐因此不当。刑罚滥用,那么小人之道就会彰扬;赏赐不当,那么君子之道就会消逝。小人的罪恶不惩罚,君子的善行不鼓励,而期望政治安定刑罚得当,没有听说过这样的事情。

况且闲暇安逸的时候清谈，都非常崇尚孔子、老子的学说；逞威发怒的时候，则取法于申不害、韩非等法家。按照正直之道做事，并非没有多次被罢官的情况，危害他人求得自安的事例，大概也有很多了吧。所以道德的原则没有得到弘扬，刻薄的风气已经孳生蔓延。刻薄的风气一旦孳生蔓延，那么下面就会生出各种事端；人人争相迎合这种风气，那么国家的法令制度就无法统一。衡量于王者的法度，的确有损于为君之道。当初州犁玩弄手法作弊，楚国的法律于是就产生了混乱；张汤以自己的心意确定刑罚的轻重，汉朝的刑罚于是就产生了弊端。做臣子的偏颇邪僻，尚且没有人能够揭露他们的欺骗行径，何况是君主行事的优劣得失，别人怎么能够插手干涉呢？以帝王的聪明睿智，没有什么幽暗细微的东西不能被明察，难道是神思还不够畅达，智识还不够通畅吗？因老百姓的安定而安心，不要时刻考虑怜悯或者刑罚；因老百姓的快乐而欢乐，于是忘记命运吉凶的变化。祸福相互转化，吉凶同时存在，都是由人自己所招致的，这个道理能不深思吗？近来责问处罚稍微多了一些，威风和怒气稍微严厉了一些，或者因为宴饮用品供应不充足，或者因为土木建造出现了差错，或者因为物品不称心，或者因为有人不听话，都不是国家治理的要紧事，深恐骄横奢侈的风气因此而孳长。因此可知"尊贵与骄横没有约定但骄横会自己到来，富足与奢侈没有约定但奢侈会自己到来"，这不是空话啊。

况且我朝所取代的，是隋朝。隋朝混乱和灭亡的根源，是陛下亲眼看到的。以隋朝的仓库储存同今天的仓库储存相比，以隋朝的军事力量同当今的军事力量相比，以隋朝的人口数量同当今的人口数量相比，衡量长短比较大小，各自的情况究竟如何？然而隋朝虽然富强但是亡国了，是因为他们举措太多；我朝虽然贫穷但是国家安宁，是由于为政清简。为政清简就能够安定，举措太多就容易混乱，这是人人都能够看到的道理，并不是隐藏起来了得难以发现，细微到难以观察的道理。但是人们却很少走平坦易行的大道，而是沿着前车倾覆的辙印，为什么呢？就是因为安定时想不到危险，有序时想不到混乱，生存时想不到灭亡而导致的。当初隋朝没有混乱的时候，自己以为一定不会混乱；隋朝没有灭亡的时候，自己以为一定不会灭亡，所以穷兵黩武，徭役不断。即使到了将要被杀死的时候，隋炀帝竟然还没有明白灭亡的原因是什么，能不让人觉得悲哀吗！

考察外表的美丑，一定要以静止的水面为镜子；考察国家的安危，一定要以灭亡的国家为教训。所以《诗经》中说："殷商的借鉴不远，就在夏桀的时代。"又说："拿着斧子砍斧柄，标准不必去远求。"我希望如今有所举措，一定要想到隋朝，将之作为鉴戒，那么国家的存亡治乱之道，就可以明白了。如果能够思考隋朝之所以危险的原因，我们就能够安全了；思考到隋朝之所以混乱的原因，我们就能够有序了；思考到隋朝之所以灭亡的原因，我们就能够生存了。知道存亡的原因，节制自己的爱好和欲望以顺应老百姓的意志，减少游玩打猎等娱乐，停止华丽宫室的建造，减省不急迫的事务，谨慎因偏听偏信导致的愤怒；接近忠厚的人,疏远奸佞的人,杜绝悦耳的邪说,喜爱苦口的忠言;罢黜平庸的人,轻贱难得的物品,借鉴尧舜喜欢听到别人指责自己的过失,效仿禹汤对自己的过错进行责罚;爱惜十家的产业,顺从百姓的意志,从身边的事情做起,以恕道待人,思考勤劳谦虚能够受益的道理,不因自满而招致损失;有举措就会得到天下百姓的响应,发号令就会影响到千里之外的地方,超越前人的高尚德行,为后代树立良好的风范。这是圣哲的长远眼光,帝王的伟大事业,能否将事情都做得很完满,在于自己能否恪守正道而已。

保持正道容易,按照正道实行却很难。既然能够做到比较难的,难道还不能保持比较容易的吗?如果是保持得不牢固,那么骄奢淫逸就会产生。最终也像开始时一样谨慎,能够不努力去做吗!《周易》中说:"君子安全的时候不忘记危险,生存的时候不忘记灭亡,有序的时候不忘记混乱,所以自身安全并且国家可以保持长久。"这话说得非常正确,不能够不深入地分析啊。陛下想要推行善政的志向,不减于当年;听到别人指出自己的过错一定会改正,却与当初比起来稍微有点欠缺。如果在当今的太平之世,遵循当初的谦恭俭朴,那么就能够达到尽善尽美了,肯定没有什么事情可以与此相媲美。

唐太宗深深赞同他的建议并采纳了。

【注释】 ①明德慎罚:出自《尚书·康诰》。 ②惟刑恤哉:出自《尚书·舜典》。 ③《礼》云:以下引文出自《礼记·缁衣》:"为上易事也,为下易知也,则刑不烦矣。""上人疑则百姓惑,下难知则君长劳。" ④当今:指当前在位的皇帝。 ⑤三黜:三次被罢官。出自《论语·微子》:"柳下惠为士师,三黜。人曰:'子未可以去乎?'曰:'直道而事人,焉往而不三黜?'" ⑥趋时:迎合潮流,迎合时尚。 ⑦州犁上下其手:《左传·襄公二十六年》记载:楚国攻打郑国,"穿封戌囚皇颉,公子围与之争之。正于伯州犁,伯州犁曰:'请问于囚。'乃立囚。伯州犁曰:'所争,君子也,其何不知?'上其手,曰:'夫子为王子围,寡君之贵介弟也。'下其手,曰:'此子为穿封戌,方城外之县尹也。谁获子?'囚曰:'颉遇王子,弱焉。'"后以"上下其手"比喻玩弄手法,协同作弊。 ⑧先笑之变:指命运吉凶的前后变化。出自《周易·同人卦》:"九五,同人先号咷而后笑,大师克相遇。" ⑨供帐:指供宴饮之用的帷帐、用具、饮食等物。 ⑩照临:从上面照察、观察。出自《诗经·小雅·小明》:"明明上天,照临下土。"郑玄笺曰:"照临下土,喻王者当察理天下之事也。" ⑪伐柯伐柯,其则不远:出自《诗经·豳风·伐柯》。意思是手中拿着斧子砍削木棍做一只新的斧柄,标准和样式不用到别的地方去寻找,自己的手中就有。 ⑫后昆:后代,后嗣。 ⑬《易》曰:以下引文出自《周易·系辞下》。 ⑭畴昔:往日,从前。

【评解】 中国古代虽然重视刑罚,但一直有"德主刑辅"的主张,认为德治才是根本,法治不过是德治、仁政的补充。如果崇尚法治,对老百姓实施严刑峻法,必将引起人民的不满。

贞观十四年,戴州刺史贾崇以所部有犯十恶者①,被御史劾奏。太宗谓侍臣曰:"昔陶唐大圣②,柳下惠大贤,其子丹朱甚不肖,其弟盗跖为巨恶。夫以圣贤之训,父子兄弟之亲,尚不能使陶染变革③,去恶从善。今遣刺史,化被下人,咸归善道,岂可得也？若令缘此皆被贬降,或恐递相掩蔽,罪人斯失。诸州有犯十恶者,刺史不须从坐,但令明加纠访科罪,庶可肃清奸恶。"

【译文】　贞观十四年(640年),戴州刺史贾崇因为部下有人犯了十恶不赦的大罪,被御史弹劾。唐太宗对身边侍从的大臣说:"尧是大圣,柳下惠是大贤,尧的儿子丹朱非常不成器,柳下惠的弟弟盗跖是个大恶人。凭着圣贤的教训,父子兄弟的亲情,尚且不能够使他们熏陶感染的恶习得到变革,弃恶从善。如今派遣刺史,教化下面的人民,让每一个人都回到为善的道路上来,可能实现吗？如果要因此而让他们贬官降职,恐怕将会相互掩盖,有罪的人就会被放过。各州郡如有犯十恶罪行的,刺史不必被连坐,只要求他们明确地加以查访、定罪,这样才可能肃清奸恶之人。"

【注释】　①十恶:刑律所定的十种大罪。《隋书·刑法志》中说:"(开皇元年)更定《新律》……又置十恶之条,多采后齐之制,而颇有损益。一曰谋反,二曰谋大逆,三曰谋叛,四曰恶逆,五曰不道,六曰大不敬,七曰不孝,八曰不睦,九曰不义,十曰内乱。犯十恶及故杀人狱成者,虽会赦,犹除名。"唐代沿袭,《唐律疏议·名例一·十恶》说:"周齐虽具十条之名,而无十恶之目。开皇创制,始备此科……自武德以来,仍遵开皇,无所损益。"　②陶唐:即尧。　③陶染:熏陶感染。

【评解】　责任追究也应当有限度,如果对社会管理者无限地追究责任,只能使他们束手束脚,无所作为。

　　贞观十六年,太宗谓大理卿孙伏伽曰:"夫作甲者欲其坚,恐人之伤;作箭者欲其锐,恐人不伤。何则？各有司存①,利在称职故也。朕常问法官刑罚轻重,每称法网宽于往代,仍恐主狱之司,利在杀人,危人自达,以钓声价。今之所忧,正在此耳。深宜禁止,务在宽平。"

【译文】　贞观十六年(642年),唐太宗对大理卿孙伏伽说:"制作铠甲的人希望铠甲坚固,恐怕人受到伤害;制作弓箭的人希望箭头锋利,唯恐人受不到伤害。为什么呢？他们各有职责,因为这样做有利于履行自己的职责罢了。我经常询问执法的官员刑罚的轻重问题,他们往往都说法律约束比前代要宽,但我仍然害怕掌管刑狱的部门,认为杀人有利于职责,通过危害别人来谋求自己的升迁,以获取名声和赞誉。如今我所忧虑的,正在于此事。应当大力禁止,司法一定要追求宽大和公平。"

【注释】　①司存:执掌,职责。

【评解】　司法最重要的是出于公心,如果事事都从自己的私利出发,则难免会产生曲意枉法的情况。

赦令第三十二

贞观七年,太宗谓侍臣曰:"天下愚人者多,智人者少,智者不肯为恶,愚人好犯宪章。凡赦宥之恩,惟及不轨之辈。古语云:'小人之幸,君子之不幸。''一岁再赦,善人喑哑。'凡养稂莠者伤禾稼①,惠奸宄者贼良人②。昔文王作罚,刑兹无赦。又蜀先主尝谓诸葛亮曰:'吾周旋陈元方、郑康成之间③,每见启告理乱之道备矣,曾不语赦。'故诸葛亮治蜀十年不赦,而蜀大化。梁武帝每年数赦,卒至倾败。夫谋小仁者,大仁之贼。故我有天下以来,绝不放赦。今四海安宁,礼义兴行,非常之恩,弥不可数,将恐愚人常冀侥幸,惟欲犯法,不能改过。"

【译文】 贞观七年(633年),唐太宗对身边侍从的大臣说:"天下愚笨的人较多,明智的人较少,明智的人不肯作恶,愚笨的人喜欢触犯法度。凡是赦免宽宥的恩典,只是给那些不法之徒。古语说:'小人的幸运,是君子的不幸。''一年之内数次赦免,为善之人哑口无言。'养育杂草一定会伤害庄稼,惠泽违法之徒一定会伤害好人。从前周文王制定刑法,触犯了刑法则不予赦免。还有,蜀汉先主刘备曾经对诸葛亮说:'我与陈元方、郑康成等人交往,经常听到他们同我谈起治国之道,非常完备,但他们从没说过赦免。'所以诸葛亮治理蜀国十年没有进行过赦免,而蜀国的风气大为好转。梁武帝每年数次赦免,最终导致了国家败亡。追求小的仁慈,是对大的仁慈的损害。所以我继承帝位以来,绝不颁布赦令。如今四海安定,礼义兴盛,超越常规的恩典,数不胜数,恐怕愚笨的人经常希望获得侥幸,想要违反法律,不能够改正过错。"

【注释】 ①稂莠:狗尾草,泛指对禾苗有害的杂草,常比喻害群之人。 ②奸宄:违法作乱的人。 ③周旋:交往,交际。陈元方:名纪,颍川许昌人,东汉末年名士。郑康成:名玄,北海高密人,东汉末年著名经学家。

【评解】 法律是用来惩治奸恶的,如果赦宥过于频繁,难免使作奸犯科者产生侥幸心理。因此范祖禹说:"多次赦免的害处,前代论述得非常清楚。这样做奉公守法的好人感受不到恩泽而有罪的人得到饶恕,国家治理中的偏私没有比这更严重的。想要用这种做法达到社会和谐,法律得到遵守,不是距离很远吗?但是做君主的经常把赦免当做散布恩德,或者以此祈求得到上天的好报。唐太宗批评这种做法,可以说是很好的治国理念。"

贞观十年,太宗谓侍臣曰:"国家法令,惟须简约,不可一罪作数种条。格式既多①,官人不能尽记,更生奸诈,若欲出罪即引轻条②,若欲入罪即引重条③。数变法者,实不益道理,宜令审细,毋使互文④。"

【译文】 贞观十年(636年),唐太宗对身边侍从的大臣说:"国家的法令,必须要简约,不能一种罪行却规定几种不同的处罚方法。规则法度一旦繁多,官吏不能够完全记住,就会产生更多的奸诈行为,如果打算开脱罪责就引用较轻的条款,如果打算构陷罪责就引用较重的条款。多次改变法令,的确不利于事情的处理,应当让法律非常精确,不要产生互有歧义的条文。"

【注释】 ①格式:规则法度。 ②出罪:免罪,开脱罪责。 ③入罪:治罪,构陷罪责。 ④互文:互有歧义的条文。

【评解】 法制的优势之一就在于它的刚性,能够为人们提供明确的行为准则。如果法令前后抵触,就容易使人产生无所适从之感。

贞观十一年,太宗谓侍臣曰:"诏令格式,若不常定,则人心多惑,奸诈益生。《周易》称'涣汗其大号①',言发号施令,若汗出于体,一出而不复也。《书》曰:'慎乃出令,令出惟行,弗为反②。'且汉祖日不暇给,萧何起于小吏,制法之后,犹称画一。今宜详思此义,不可轻出诏令,必须审定,以为永式。"

【译文】 贞观十一年(637年),唐太宗对身边侍从的大臣说:"诏令规则,如果不能保持稳定,那么人心就会产生很多疑惑,奸诈的行为就会大量增加。《周易》中说'天子的号令,发出便无法收回',说的就是国家发布号令,就像汗从身体里流出来一样,一旦出来就不可能回去。《尚书》中说:'发布号令要谨慎,号令发出就要实行,不要反复无常。'汉高祖每天事务繁忙没有空闲,萧何出身于低级官吏,他们制定法律之后,尚且能够做到始终一致。如今应当仔细考虑这个道理,不能轻易发布诏令,必须对诏令的规则进行审定,作为永恒的标准。"

【注释】 ①涣汗其大号:出自《周易·涣卦》:"九五,涣汗其大号。"孔颖达疏曰:"人遇险厄惊怖而劳,则汗从体出,故以汗喻险厄也。九五处尊履正,在号令之中,能行号令以散险厄者也。"朱熹《周易本义》说:"九五巽体,有号令之象,汗谓如汗之出而不反也。"指帝王号令,如人之汗,一出不复收。 ②慎乃出令,令出惟行,弗为反:出自《尚书·周官》。

【评解】 法律应当具有连续性,不能朝令夕改,否则也无法起到为人们提供明确的准则的作用。

长孙皇后遇疾,渐危笃①。皇太子启后曰:"医药备尽,今尊体不瘳②，请奏赦囚徒并度人入道③，冀蒙福祐。"后曰："死生有命，非人力所加。若修福可延，吾素非为恶者；若行善无效，何福可求？赦者国之大事，佛道者，上每示存异方之教耳，常恐为理体之弊。岂以吾一妇人而乱天下法？不能依汝言。"

【译文】 长孙皇后生病了，病情越来越危急。皇太子向皇后启奏说："医生和药物都用尽了，如今您的身体还没有痊愈，请求赦免囚犯并度人出家，期望能够以此获得上天的保佑。"皇后说："人的生死由命运决定，不是人力所能改变的。如果修德积福可以延年益寿，我一直不是一个作恶的人；如果做善事对延长生命没有作用，还有什么福佑可以祈求呢？赦免是国家的大事，至于佛道之事，皇上经常告诉我们只是为了保存异域传来的宗教罢了，经常担心它会成为国家治理的危害。怎么能够因为我一个妇人而扰乱国家的法度呢？不能听你的建议。"

【注释】 ①危笃：指病情危急。 ②瘳：病愈。 ③入道：皈依宗教，出家为僧尼或道士。

【评解】 唐仲友评价长孙皇后说："国运昌盛，并不是偶然的，帮助国运昌盛的一定有贤良的皇妃。就汉代和唐代来说，长孙皇后比汉光武帝的阴皇后以及汉明帝的马皇后都要贤良，有古代后妃的美德，没有后世皇妃的缺陷。唐太宗把她称为贤内助，很恰当啊。"

贡赋第三十三

贞观二年,太宗谓朝集使曰:"任土作贡,布在前典,当州所产,则充庭实①。比闻都督、刺史邀射声名②,厥土所赋,或嫌其不善,逾意外求,更相仿效,遂以成俗。极为劳扰,宜改此弊,不得更然。"

【译文】 贞观二年(628年),唐太宗对各地进京汇报情况的朝集使说:"根据土地状况确定贡赋,自古就写在典章之中,本州所产的物品,就可以作为贡赋。近来听说有些地方的都督、刺史追求名声,自己土地出产的贡赋物品,有的嫌弃其不好,特意到其他地方去寻求,争相仿效这种风气,于是就演化为习俗。这样对人民造成非常大的劳烦和骚扰,应当革除这个弊端,不能够再这样做了。"

【注释】 ①庭实:陈列于朝堂的贡献物品。 ②邀射:追求,谋取。

【评解】 贡赋历代都是人民的沉重负担,无论执行的结果如何,唐太宗能够认识到这一点,还是非常明智的。

贞观中,林邑国贡白鹦鹉①,性辩慧②,尤善应答,屡有苦寒之言③。太宗愍之,付其使,令还出于林薮④。

【译文】 贞观年间,林邑国贡奉来一只白鹦鹉,天性聪明而富有辩才,尤其善于应答人们的提问,经常说耐不住寒冷之类的话。唐太宗怜悯它,交还给使节,并命令他将其放归野外。

【注释】 ①林邑国:古国名,故地在今越南中南部,公元九世纪后期改称占城。 ②辩慧:聪明而富于辩才。 ③苦寒:因寒冷而痛苦。 ④林薮:山林与泽薮,这里指野外。

【评解】 "恻隐之心,人皆有之。"唐太宗此举,亦向世人表明他的仁爱之心。

贞观十二年,疏勒、朱俱波、甘棠遣使贡方物①,太宗谓群臣曰:"向使中国不安,日南、西域朝贡使亦何缘而至②?朕何德以堪之?睹此翻怀危惧。近代平一天下,拓定边方者③,惟秦皇、汉武。始皇暴虐,至子而亡。汉武骄奢,国祚几绝。朕提三尺剑以定四海,远夷率服,亿兆义安④,自谓不减二主也。然二主末途⑤,皆不能自保,由是每自惧危亡,必不敢懈怠。惟藉公等直言正谏,以相匡弼。若惟扬美隐恶,共进谀言,则国之危亡,可立而待也。"

【译文】 贞观十二年(638年),疏勒、朱俱波、甘棠派遣使节来贡奉地方出产的物品,唐太宗对大臣们说:"假如中国不安定,日南、西域朝贡的使者为什么会来呢?我有什么德行承受呢?看到这些我心里反而心怀畏惧。近世以来统一天下,平定边疆的,只有秦始皇和汉武帝,秦始皇施政暴虐,到他儿子时就亡国了。汉武帝骄奢淫逸,国家差点灭亡。我手执三尺之剑平定四海,远方的民族都来归顺,万民安定,自认为功绩不低于上述二位君主。然而二位君主晚年,都不能够保全自己的基业,因此经常自己感觉到灭亡的危险,就丝毫不敢懈怠。希望借助你们的直言诤谏,来匡正辅弼我。你们如果只是歌功颂德而隐瞒我的过失,都来进阿谀逢迎之言,那么国家倾危灭亡的命运,可能马上就会到来了。"

【注释】 ①疏勒、朱俱波、甘棠:均为西域古国名。 ②日南:郡名,汉武帝时设立,在今越南中部,东汉末以后并入林邑国。 ③边方:边地、边疆。 ④乂安:安定。 ⑤末途:晚年。

【评解】 居安思危是《贞观政要》中的主要治国理念之一,唐太宗没有被眼前兴盛的局面所迷惑,说明他还是具有长远眼光的。

贞观十八年,太宗将伐高丽,其莫离支遣使贡白金①。黄门侍郎褚遂良谏曰:"莫离支虐杀其主②,九夷所不容③,陛下以之兴兵,将事吊伐④,为辽东之人报主辱之耻⑤。古者讨弑君之贼,不受其赂。昔宋督遗鲁君以郜鼎⑥,桓公受之于大庙,臧哀伯谏曰:'君人者将昭德塞违⑦,今灭德立违,而置其赂器于大庙,百官象之,又何诛焉?武王克商,迁九鼎于雒邑,义士犹或非之,而况将昭违乱之赂器置诸大庙,其若之何?'夫《春秋》之书,百王取则,若受不臣之筐篚⑧,纳弑逆之朝贡,不以为愆,将何致伐?臣谓莫离支所献,自不合受。"太宗从之。

【译文】 贞观十八年(644年),唐太宗打算攻打高丽,高丽的莫离支派使臣前来贡奉白金。黄门侍郎褚遂良进谏说:"莫离支虐杀了自己的君主,为各族所不容,陛下因此兴兵讨伐,做的是吊民伐罪的事情,为辽东人报君主受辱之耻。古代讨伐弑君之贼,不接受他们的贿赂。当年宋国的华父督送给鲁国国君郜鼎,鲁桓公接受了放在太庙里,臧哀伯劝谏说:'做国君者应当彰明德行,杜绝错误的行为,如今消灭德行,树立错误的行为,并且把他的赃物放在太庙之上,百官都来学习他,又能处罚谁呢?周武王消灭了殷商,把九鼎迁到了洛邑,正直的人还有人提出非议,更何况将彰明违逆作乱行为的赃物放在太庙里,为什么要这样做呢?'《春秋》这部书,是百代君王借鉴的法则,如果接受不守臣节之人的礼物,接纳弑君叛逆之人的朝贡,不认为是过错,还有什么理由可以讨伐叛逆呢?我认为莫离支所贡奉的东西,不应当接受。"唐太宗听从了他的建议。

【注释】　①莫离支：高丽官名。《旧唐书·东夷列传》中说："犹中国兵部尚书兼中书令职也。"　②莫离支虐杀其主：《旧唐书·东夷列传》记载："(贞观)十六年，西部大人盖苏文摄职有犯，诸大臣与建武议欲诛之。事泄，苏文乃悉召部兵，云将校阅，并盛陈酒馔于城南，诸大臣皆来临视。苏文勒兵尽杀之，死者百余人。焚仓库，因驰入王宫，杀建武，立建武弟大阳子藏为王。自立为莫离支，犹中国兵部尚书兼中书令职也，自是专国政。"　③九夷：古代称东方的九种民族。亦指其所居之地。《后汉书·东夷传》中说："夷有九种。曰：'畎夷、于夷、方夷、黄夷、白夷、赤夷、玄夷、风夷、阳夷。'"《尔雅·释地》"九夷"疏则指玄菟、乐浪、高骊、满饰、凫更、索家、东屠、倭人、天鄙。　④吊伐：即吊民伐罪，慰问受害的百姓，讨伐有罪的人。　⑤辽东：高丽在辽河以东，故称。　⑥宋督遗鲁君以郜鼎：《左传·桓公二年》记载："宋殇公立，十年十一战，民不堪命。孔父嘉为司马，督为大宰，故因民之不堪命，先宣言曰：'司马则然。'已杀孔父而弑殇公，召庄公于郑而立之，以亲郑。以郜大鼎赂公，齐、陈、郑皆有赂，故遂相宋公。夏四月，取郜大鼎于宋。戊申，纳于大庙。非礼也。臧哀伯谏曰：'君人者将昭德塞违，以临照百官，犹惧或失之。故昭令德以示子孙：是以清庙茅屋，大路越席，大羹不致，粢食不凿，昭其俭也。衮、冕、黻、珽、带、裳、幅、舄、衡、紞、纮、綖，昭其度也。藻、率、鞸、革音、鞶、厉、游、缨，昭其数也。火、龙、黼、黻，昭其文也。五色比象，昭其物也。钖、鸾、和、铃，昭其声也。三辰旂旗，昭其明也。夫德，俭而有度，登降有数。文物以纪之，声明以发之，以临照百官，百官于是乎戒惧，而不敢易纪律。今灭德立违，而置其赂器于大庙，以明示百官，百官象之，其又何诛焉？国家之败，由官邪也。官之失德，宠赂章也。郜鼎在庙，章孰甚焉？武王克商，迁九鼎于雒邑，义士犹或非之，而况将昭违乱之赂器于大庙，其若之何？'公不听。"宋督：即华父督，春秋时宋国大臣。郜鼎：郜国所造之鼎。　⑦昭德塞违：彰明美德，杜绝错误。《左传·桓公二年》孔颖达疏曰："昭德，谓昭明善德，使德益彰闻也；塞违，谓闭塞违邪，使违命止息也。"　⑧筐篚：盛物竹器，方曰筐，圆曰篚。这里代指为礼物。

【评解】　"君子爱财，取之有道。"义利之辩一直都是中国思想史上的一个重要的议题，而中国传统主流的观点，便是重义轻利，不能为了获取利益而抛弃道义。

　　贞观十九年，高丽王高藏及莫离支盖苏文遣使献二美女，太宗谓其使曰："朕悯此女离其父母兄弟于本国，若爱其色而伤其心，我不取也。"并却还之本国。

【译文】　贞观十九年(645年)，高丽王高藏和莫离支盖苏文派使臣送来两个美女，唐太宗对高丽使臣说："我怜悯这两名女子远离了故国的父母兄弟，如果喜爱她们的美貌而伤了她们的心，我是不会这样做的。"一并把她们退还本国。

【评解】　在中国历史上，用美女送人，自古就有企图迷惑别人心智、乱人之国的嫌疑，唐太宗自然也深知这一点，所以没有上当，同时还借此表明了自己的仁爱、恻隐之心。

辩兴亡第三十四

贞观初,太宗从容谓侍臣曰:"周武平纣之乱,以有天下;秦皇因周之衰,遂吞六国。其得天下不殊,祚运长短若此之相悬也?"尚书右仆射萧瑀进曰:"纣为无道,天下苦之,故八百诸侯不期而会。周室微,六国无罪,秦氏专任智力,蚕食诸侯。平定虽同,人情则异。"太宗曰:"不然,周既克殷,务弘仁义;秦既得志,专行诈力。非但取之有异,抑亦守之不同。祚之修短,意在兹乎!"

【译文】 贞观初年,唐太宗闲暇间对身边侍从的大臣说:"周武王平定商纣王之乱,于是拥有了天下;秦始皇乘周朝衰落之机,于是吞并了六国。他们在取得天下上没有什么不同,国运的长短为什么差距如此之大呢?"尚书右仆射萧瑀进言说:"商纣王做的都是无道之事,人民因此而感到困苦,所以八百诸侯虽然没有约定却会师共同讨伐他。周王室衰微,六国没有罪过,秦国却一味使用智谋和暴力,蚕食诸侯。平定天下的结果虽然相同,但人民对他们的态度却不一样。"唐太宗说:"不是这样,周朝消灭殷商之后,一心弘扬仁义;秦朝获得成功之后,一味推行诈术和暴力。不但在取天下上有差异,在守天下上也有不同。国运的长短,我想就是这个原因吧!"

【评解】 历史的发展总是连续的,现在必须在以前的基础上发展。因此,历史经验和知识对于现在有着重要的作用,以史为鉴始终是学习智慧的最好途径之一。在中国历史上,唐太宗李世民当属善于以史为鉴的一个典型。

贞观二年,太宗谓黄门侍郎王珪曰:"隋开皇十四年大旱,人多饥乏。是时仓库盈溢,竟不许赈给,乃令百姓逐粮。隋文不怜百姓而惜仓库,比至末年,计天下储积,得供五六十年。炀帝恃此富饶,所以奢华无道,遂致灭亡。炀帝失国,亦此之由。凡理国者,务积于人,不在盈其仓库。古人云:'百姓不足,君孰与足?'但使仓库可备凶年①,此外何烦储蓄!后嗣若贤,自能保其天下;如其不肖,多积仓库,徒益其奢侈,危亡之本也。"

【译文】 贞观二年(628年),唐太宗对黄门侍郎王珪说:"隋朝开皇十四年时大旱,人民大多饥饿贫乏。这时官府的仓库中都堆得满满的,竟然不同意对饥民进行赈济,而是让老百姓自己寻找粮食。隋文帝不怜惜人民而爱惜仓库,等到开皇末年,天下仓库中积攒的仓储,可以使用五六十年。隋炀帝依仗这样丰饶的财物,所以奢侈无道,于是导致了国家灭亡。隋炀帝失掉国家,这也是原因之一。治理国家,重要的是积累人心,而不在于填满仓库。古人说:'百姓不富足,国君怎么能富足?'只要使仓库里有能够防范年成不好的储备就可以了,此外为什么还要有更多的储蓄呢!后代如果贤明,自然能够守住天下;如果不贤明,仓库中的积累再多,只是增加他们的奢侈,这是国家危亡的本源啊。"

【注释】 ①凶年:荒年。

【评解】 唐太宗亲眼看到强大富足的隋朝仅仅存在了二三十年就垮台了,这给他留下了极深刻的印象,因此他经常和大臣们在一起讨论隋朝灭亡的原因,以从中吸取教训。

贞观五年,太宗谓侍臣曰:"天道福善祸淫,事犹影响①。昔启民亡国来奔②,隋文帝不吝粟帛,大兴士众营卫安置,乃得存立。既而强富,子孙不思念报德,才至始毕③,即起兵围炀帝于雁门。及隋国乱,又恃强深入,遂使昔安立其国家者,身及子孙,并为颉利兄弟之所屠戮④。今颉利破亡,岂非背恩忘义所至也?"群臣咸曰:"诚如圣旨。"

【译文】 贞观五年(631年),唐太宗对身边侍从的大臣说:"天道的规律是给行善的人以保佑给作恶的人以灾祸,感应迅速就如同影子和回声一样。当年启民可汗因国家灭亡了前来投奔,隋文帝不吝惜粮食布帛,动用了大批百姓和士兵来守卫、安置他,他才得以生存发展。突厥富强了之后,他的子孙不想着如何报答恩德,才到了始毕可汗,就起兵将隋炀帝围困于雁门。等到隋朝国家混乱之后,他们又依仗自己国家的强大深入中原,于是使得当初那些帮助他们安家立国的人,到了子孙辈上时,都被颉利可汗兄弟所屠杀。如今颉利可汗破败灭亡,难道不是因为忘恩负义所导致的吗?"群臣都说:"的确像圣上所说的那样。"

【注释】 ①影响:影子和回声,用以形容感应迅捷。如《尚书·大禹谟》有:"惠迪吉,从逆凶,惟影响。"孔安国传曰:"吉凶之报,若影之随形,响之应声,言不虚。" ②启民:启民可汗,即东突厥的突利可汗,逃难到隋后被封为启民可汗。 ③始毕:启民可汗的儿子始毕可汗。 ④颉利:启民可汗的三子、始毕可汗的弟弟颉利可汗。

【评解】 在中国传统哲学中,"天"是一个非常重要的概念。从内容上说,其含义十分丰富。把"天"当做最高主宰,认为它能够生成一切、统治一切,是中国古代天的基本含义之一。这一观念,既可以为统治者统治的合法性做论证,又可以提供一种神秘的力量来约束人民,所以备受历代统治者所青睐。

贞观九年,北蕃归朝人奏:"突厥内大雪,人饥,羊马并死。中国人在彼者,皆入山作贼,人情大恶①。"太宗谓侍臣曰:"观古人君,行仁义、任贤良则理;行暴乱、任小人则败。突厥所信任者,并共公等见之,略无忠正可取者。颉利复不忧百姓,恣情所为,朕以人事观之,亦何可久矣?"魏征进曰:"昔魏文侯问李克②:'诸侯谁先亡?'克曰:'吴先亡。'文侯曰:'何故?'克曰:'数战数胜,数胜则主骄,数战则民疲,不亡何待?'颉利逢隋末中国丧乱,遂恃众内侵,今尚不息,此其必亡之道。"太宗深然之。

【译文】 贞观九年(635年),从北方少数民族地区回朝的人上奏说:"突厥境内下了大雪,人民遭受了饥荒,羊马等牲口都死了。中原人在那个地方的,都到山里做了贼寇,社会风气大为恶化。"唐太宗对身边侍从的大臣说:"看看古代的君主,施行仁义之道、任用贤良之人的国家就能够治理好;施行暴乱之政、任用小人国家就会败亡。突厥所信任的人,我们大家都看到了,没有一个是忠诚正直值得称道的。再加上颉利可汗不把老百姓放在心上,任意妄为,我根据人之常情观察,怎么能够长久呢?"魏征进言说:"当年魏文侯问李克:'诸侯之中谁先灭亡?'李克说:'吴国先亡。'魏文侯问:'为什么呢?'李克说:'吴国屡战屡胜,多次胜利君主就会骄傲,频繁从事战争人民就会疲困,不灭亡将要怎样呢?'颉利可汗趁隋朝末年中原混乱,于是依仗人马多而入侵内地,如今还不止息,这是必然灭亡之道啊。"唐太宗对此深表赞同。

【注释】 ①人情:民间风俗,社会风气。 ②李克:战国时魏国的改革家李悝。

【评解】 社会历史发展并非没有规律可循,从别人"吃一堑"中使自己"长一智",是让自己少走弯路的重要途径。

贞观九年,太宗谓魏征曰:"顷读周、齐史,末代亡国之主为恶多相类也。齐主深好奢侈①,所有府库用之略尽,乃至关市无不税敛。朕常谓此犹如馋人自食其肉,肉尽必死。人君赋敛不已,百姓既弊,其君亦亡,齐主即是也。然天元、齐主若为优劣②?"征对曰:"二主亡国虽同,其行则别。齐主懦弱③,政出多门,国无纲纪,遂至亡灭。天元性凶而强,威福在己,亡国之事,皆在其身。以此论之,齐主为劣。"

【译文】 贞观九年(635年),唐太宗对魏征说:"近来我读北周和北齐的史书,末代亡国的君主作恶的情形很多都是相似的。北齐君主特别喜欢奢侈,国家府库中的储备几乎让他用尽了,以至于关隘市集无不征收赋税。我常说这就如同嘴馋的人自己吃自己的肉,肉吃完了一定会死。君主征收赋税不知道休止,百姓一旦困苦穷乏,君主也会灭亡,北齐君主就是这种情况。但是北周的天元皇帝和北齐的末代君主谁优谁劣?"魏征回答说:"二位君主亡国的结果虽然相同,但行为却有分别。北齐君主懦弱,政出多门,国家没有纲纪,于是导致了灭亡。北周的天元皇帝生性凶暴强悍,作威作福,独断专行,国家灭亡的结果,责任都在他身上。因此来说,北齐君主为劣。"

【注释】 ①齐主:这里指北齐末代君主高纬。 ②天元:指北周末代君主宇文赟,自号"天元皇帝"。 ③懧弱:即懦弱。懧,同"懦"。

【评解】 向古人学习智慧,不但是学习他们留下来的知识和学问,还有一个重要的方面就是从历史的兴替、发展中总结经验教训,为今天的实践服务。

卷　九

征伐第三十五

　　武德九年冬,突厥颉利、突利二可汗以其众二十万,至渭水便桥之北,遣酋帅执矢思力入朝为觇①,自张声势云:"二可汗总兵百万,今已至矣。"乃请返命②。太宗谓曰:"我与突厥面自和亲③,汝则背之,我无所愧,何辄将兵入我畿县④,自夸强盛?我当先戮尔矣!"思力惧而请命⑤。萧瑀、封德彝等请礼而遣之,太宗曰:"不然。今若放还,必谓我惧。"乃遣囚之。太宗曰:"颉利闻我国家新有内难⑥,又闻朕初即位,所以率其兵众直至于此,谓我不敢拒之。朕若闭门自守,虏必纵兵大掠。强弱之势,在今一策。朕将独出,以示轻之,且耀军容,使知必战。事出不意,乖其本图,制服匈奴,在兹举矣。"遂单马而进,隔津与语,颉利莫能测。俄而六军继至,颉利见军容大盛,又知思力就拘,由是大惧,请盟而退。

【译文】　武德九年(626年)冬,突厥的颉利和突利二可汗带领他们的部众二十万人,来到了渭水便桥以北,派部落首领执矢思力入朝窥探虚实,自己虚张声势说:"二位可汗统领兵马百万,如今已经到达了。"于是请求答复以回去复命。唐太宗说:"我和突厥当面亲自议定要友好亲善,你们则背弃了盟约,我扪心无愧,为什么率领兵马进入我的京城附近地区,还自夸强盛?我应当先把你杀掉!"执矢思力害怕了并请求保全性命。萧瑀、封德彝等人请求以礼送他回去,唐太宗说:"不能这样做。如果今天放他回去,他们一定会认为我怕他们。"于是派人将其囚禁起来。唐太宗说:"颉利听说我们国家刚刚发生了内乱,又听说我刚刚即位,所以率领他的人马长驱直入到了这里,以为我不敢和他对抗。如果我闭门自守,敌人一定会放纵人马大肆劫掠。强弱之间的气势对比,就在于今天的一个决策。我将要一个人出去,来表明我们对他们的轻视,同时展示我们的军容,使其知道我们一定要迎战。做的事情出乎他们意料,挫败他们的本来意图,制服胡人,在此一举。"于是单人独骑出城,隔着渡口与突厥可汗答话,颉利猜不透他的意图。不久唐朝的六军相继到来,颉利看到唐军军容强盛,又知道了执矢思力已被囚禁,于是大为恐惧,请求结盟后退还了。

【注释】　①酋帅:部落首领或叛乱者的首领。觇:侦察,窥视。　②返命:复命,回报。　③

和亲:指两方彼此友好亲善。 ④畿县:京都近旁的县份。 ⑤请命:请求保全性命。 ⑥内难:内乱,指玄武门兵变。

【评解】 北方的突厥一直是唐太宗的心腹之患,也是唐太宗在对外政策中的重点对象。唐朝初年,与突厥在实力对比上还不占优势,因此只能靠斗智斗勇,在气势上压倒对方,使敌人不敢轻易侵犯。

贞观初,岭南诸州奏言高州酋帅冯盎、谈殿阻兵反叛①。诏将军蔺謩发江、岭数十州兵讨之。秘书监魏征谏曰:"中国初定,疮痍未复,岭南瘴疠,山川阻深,兵运难继,疾疫或起,若不如意,悔不可追。且冯盎若反,即须及中国未宁,交结远人,分兵断险,破掠州县,署置官司。何因告来数年,兵不出境?此则反形未成,无容动众。陛下既未遣使人就彼观察,即来朝谒,恐不见明。今若遣使,分明晓谕,必不劳师旅,自致阙庭②。"太宗从之,岭表悉定。侍臣奏言:"冯盎、谈殿往年恒相征伐,陛下发一单使,岭外帖然。"太宗曰:"初,岭南诸州盛言盎反,朕必欲讨之,魏征频谏,以为但怀之以德,必不讨自来。既从其计,遂得岭表无事,不劳而定,胜于十万之师。"乃赐征绢五百匹。

【译文】 贞观初年,岭南各州上奏说高州的地方首领冯盎、谈殿依仗兵力反叛。于是唐太宗下诏命将军蔺謩征发江南、岭南等数十州的兵马讨伐他们。秘书监魏征劝谏说:"中原刚刚安定,在创伤灾难中还没有复原,岭南是瘴疠之地,山川重重阻隔,军队人马和物资的运输难以接继,疫病可能会发生,如果出兵达不到预期目的,后悔也来不及了。况且冯盎如果想造反,一定会在中原没有安定的时候,结交远方的民族,分兵阻断险要之处,攻打劫掠州县,设置官署衙门。为什么报告的消息来了数年,他们的兵马还没有离开自己的边境?这是造反的形迹还没有出现,不需要兴师动众。陛下既然没有派人到他那里去观察情形,即使招他前来入朝拜见,恐怕也不能使事情分明。如今如果派遣使节,把朝廷的意思明白地告诉他,一定不用再劳烦军队,他自己就会到朝廷来归顺。"唐太宗接受了他的建议,岭南地区都平定了。侍从的大臣说:"冯盎、谈殿往年的时候一直相互攻打,陛下派了一个使节,岭南地区就平定。"唐太宗说:"开始的时候,岭南各州都说冯盎反了,我下定决心要去讨伐他,魏征频频进谏,认为只要用恩德来进行安抚,一定不用征讨他们就会自己前来归顺。听从了他的计策,于是使得岭南没有发生兵戈之事,不用劳师动众就平定了,胜于动用十万人马。"于是赐给魏征绢帛五百匹。

【注释】 ①阻兵:依仗军队。 ②阙庭:即朝廷。

【评解】 俗话说:"众口铄金。"流言的力量是巨大的,"人言可畏"的道理几乎无人不知。因此,我们在做决定的时候,应该在必要的时候听听别人的意见,但也决不能别人说什么自己就相信什么,而是要经过自己的判断,才能做出科学的结论。这也是摆脱流言的控制,不要误中了流言的圈套的基本方法。

贞观四年,有司上言:"林邑蛮国,表疏不顺,请发兵讨击之。"太宗曰:"兵者凶器,不得已而用之。故汉光武云:'每一发兵,不觉头须为白。'自古以来穷兵极武,未有不亡者也。苻坚自恃兵强,欲必吞晋室,兴兵百万,一举而亡。隋主亦必欲取高丽,频年劳役,人不胜怨,遂死于匹夫之手。至如颉利,往岁数来侵我国家,部落疲于征役,遂至灭亡。朕今见此,岂得辄即发兵?但经历山险,土多瘴疠,若我兵士疾疫,虽克剪此蛮,亦何所补?言语之间,何足介意!"竟不讨之。

【译文】 贞观四年(630年),有关部门上疏说:"林邑这个蛮夷小国,在表章奏疏中有不顺从的言论,请求发兵讨伐他们。"唐太宗说:"兵器是危险的东西,不得已的时候才使用。所以汉光武帝说:'每一次发兵,不觉之间头发和胡须都白了。'自古以来穷兵黩武的,没有不灭亡的。苻坚依仗兵强马壮,决心吞并东晋,发兵百万,结果自己一举灭亡。隋炀帝也决心征服高丽,连年征发兵役徭役,人民怨愤不已,于是死于普通百姓之手。至于像颉利可汗,往年多次侵犯我们国家,他的部落因征发劳役而疲敝不堪,于是导致了灭亡。我如今看到了这种形势,怎么能够动不动就发兵呢?况且要经过高山险阻,很多地方是瘴疠之地,如果我的士兵发生瘟疫,即使消灭了这个蛮夷之国,又有什么益处呢?言语之间的事情,怎么值得介意呢!"最终没有前去征讨。

【评解】 贞观初年,唐太宗为了国内的安定和发展,还是很注意兵戈之事的,可惜晚年的时候随着骄傲情绪的滋长,战事变得频繁起来。

贞观五年,康国请归附①。时太宗谓侍臣曰:"前代帝王,大有务广土地,以求身后之虚名,无益于身,其民甚困。假令于身有益,于百姓有损,朕必有为,况求虚名而损百姓乎!康国既来归朝,有急难不得不救;兵行万里,岂得无劳于民?若劳民求名,非朕所欲。所请归附,不须纳也。"

【译文】 贞观五年(631年),康国请求归附。当时唐太宗对身边侍从的大臣说:"以前的帝王,很多都致力于拓展土地,以追求死后的虚名,对自身无益,人民也因此而很困顿。如果对自身有益,对百姓有损害,我一定不会去做,况且是追求虚名而损害百姓呢!康国既然前来归附,有急切的困难时则不得不救助;我们的人马行军万里,怎么能够不给老百姓造成劳顿呢?如果通过劳顿人民以求取名声,这不是我想要做的。请求归附的事情,不要接受。"

【注释】　①康国：西域古国名。

【评解】　唐仲友评价此事说："古代对待极边远的国家，都是这样的。唐太宗如果将他对待康国的政策推广到其他国家，不是更好吗？可惜的是他没有都这样做啊。"范祖禹也感叹说："如果让唐太宗做事一直如此，他的盛德也许可以少一些贬损吧！"

贞观十四年，兵部尚书侯君集伐高昌，及师次柳谷①，候骑言②："高昌王麴文泰死，克日将葬③，国人咸集，以二千轻骑袭之，可尽得也。"副将薛万均、姜行本皆以为然。君集曰："天子以高昌骄慢，使吾恭行天诛。乃于墟墓间以袭其葬④，不足称武⑤，此非问罪之师也⑥。"遂按兵以待。葬毕，然后进军，遂平其国。

【译文】　贞观十四年（640年），兵部尚书侯君集攻打西域的高昌国，人马驻扎在柳谷之后，担任侦察巡逻任务的骑兵说："高昌王麴文泰死了，已经约定了日期举行葬礼，整个国家的人都会聚集到一起，用两千轻骑兵前往袭击，就可以把他们都俘获。"副将薛万均、姜行本都认为这个建议可行。侯君集说："天子因为高昌王骄横傲慢，派我奉行天意代为讨伐。在他们举行葬礼时，于坟墓之间进行袭击，不符合用兵的道义准则，这样做称不上是讨伐罪人的军队。"于是按兵不动等待葬礼结束，然后才进军，于是平定了这个国家。

【注释】　①柳谷：西域地名，在今新疆吐鲁番附近。　②候骑：担任侦察巡逻任务的骑兵。　③克日：约定日期。　④墟墓：坟地，墓地。　⑤武：指使用武力所应遵守的道义准则。如《左传·僖公三十年》："因人之力而敝之，不仁。失其所与，不知。以乱易整，不武。"　⑥问罪之师：讨伐犯罪者的军队。

【评解】　因为双方力量对比悬殊，所以侯君集才能够从容地展示自己的仁德和道义。然而兵不厌诈，如果双方势均力敌，侯君集这样做恐怕要成为第二个宋襄公了。

贞观十六年，太宗谓侍臣曰："北狄世为寇乱①，今延陀倔强②，须早为之所。朕熟思之，惟有二策：选徒十万③，击而虏之，涤除凶丑④，百年无患，此一策也。若遂其来请，与之为婚媾。朕为苍生父母，苟可利之，岂惜一女！北狄风俗，多由内政⑤，亦既生子，则我外孙，不侵中国，断可知矣。以此而言，边境足得三十年来无事。举此二策，何者为先？"司空房玄龄对曰："遭隋室大乱之后，户口太半未复，兵凶战危，圣人所慎，和亲之策，实天下幸甚。"

【译文】　贞观十六年（642年），唐太宗对身边侍从的大臣说："北方的民族世世代代都侵扰我们，如今薛延陀强硬不肯屈服，须早对其进行处理。我经过深入思考,只有两个办法:挑选十万兵卒,击败并且控制他们,清除凶恶不善之人,使百年之内没有忧虑,这是一个办法。如果答应他们的请求,与他们结为婚姻。我作为天下百姓的父母,如果真的对百姓有利,怎么会爱惜一个女儿呢!北方民族的风俗,国事的处理多根据妻子的意见,等到生了儿子之后,也是我的外孙,不会侵犯中原,也是断然可知的。因此来说,边境上至少可以保持三十年无事。上述两个办法,哪一个更好呢?"司空房玄龄回答说:"经过隋朝大乱之后,人口大半还没有恢复,兵器凶恶战争危险,是圣人非常慎重的,和亲的办法,实在是天下的幸事。"

【注释】 ①寇乱:侵扰。 ②延陀:这里指薛延陀,中国古代北方民族,原为铁勒诸部之一,由薛、延陀两部合并而成。倔强:强硬不屈服。 ③徒:步兵,泛指兵卒。 ④涤除:清除。凶丑:凶恶不善之人。 ⑤内政:家内或宫内的事务,借指妻子。

【评解】 "和亲"是中国古代处理少数民族问题的一个常用的办法,因为华夏与夷狄有别,所以这种做法也往往受到人们的非议,因此一般只是作为权宜之计来使用。

贞观十七年,太宗谓侍臣曰:"盖苏文弑其主而夺其国政,诚不可忍。今日国家兵力,取之不难,朕未能即动兵众,且令契丹、靺鞨搅扰之,何如?"房玄龄对曰:"臣观古之列国,无不强陵弱,众暴寡。今陛下抚养苍生,将士勇锐,力有余而不取之,所谓'止戈为武'者也①。昔汉武帝屡伐匈奴,隋主三征辽左②,人贫国败,实此之由,惟陛下详察。"太宗曰:"善!"

【译文】 贞观十七年(643年),唐太宗对身边侍从的大臣说:"盖苏文杀了他的君主并夺取了国家的大权,实在无法容忍。如今我国的兵力,打败他并不困难,但我不能马上动兵,暂时让契丹人和靺鞨人搅扰他们,这样做怎么样?"房玄龄回答说:"我看古代的各个国家,无不是强国欺负弱国,大国打击小国。如今陛下安抚养育天下百姓,将士勇猛精锐,力量有余而不打败他,这就是所谓的'平息战乱,停止使用武器,才是真正的武功'的意思。当年汉武帝屡次攻打匈奴,隋炀帝三次征伐高丽,弄得人民贫穷国家败亡,的确都是这个原因啊,希望陛下认真思考。"唐太宗说:"好!"

【注释】 ①止戈为武:"武"的字形是"止"字加"戈"字,即止息战争之意。 ②辽左:即辽东,这里指高丽。

【评解】 穷兵黩武者轻则衰乱,重则灭亡。贞观年间连年对四方的突厥、吐谷浑、高丽等用兵,给国家和人民带来了沉重的负担,所以房玄龄才有这样的担心。

贞观十八年,太宗以高丽莫离支贼杀其主,残虐其下,议将讨之。

谏议大夫褚遂良进曰:"陛下兵机神算①,人莫能知。昔隋末乱离,克平寇难,及北狄侵边,西蕃失礼,陛下欲命将击之,群臣莫不苦谏,惟陛下明略独断,卒并诛夷。今闻陛下将伐高丽,意皆荧惑。然陛下神武英声,不比周、隋之主,兵若渡辽,事须克捷,万一不获,无以威示远方,必更发怒,再动兵众。若至于此,安危难测。"太宗然之。

【译文】 贞观十八年(644年),唐太宗因为高丽的莫离支残忍地谋杀了他的君主,又残酷暴虐地对待臣民,商量打算讨伐他。谏议大夫褚遂良进言说:"陛下用兵的智谋神妙,没有人能够事先猜透。从前隋朝末年天下混乱,陛下平定了祸乱,到了北方民族在边境入侵,西方的蕃国违背礼度,陛下打算派将讨伐,群臣没有不苦苦劝谏的,只有陛下谋略高明力排众议独立决断,终于把他们全部讨平。如今听说陛下将要讨伐高丽,众人心里都感到迷惑。然而陛下英明神武美名远扬,与北周、北齐的君主不能相提并论,兵马如果渡过辽河,战事必须取胜,万一失利,将没法以威名示于远方的民族,一定会更加发怒,再次兴兵。如果到了这个地步,安危就难以预测了。"唐太宗表示赞同。

【注释】 ①兵机:用兵的智谋。

【评解】 "智者之虑,杂于利害。"人们做事的时候,经常会只想着将要得到的利益,而忽略或者低估了行动中可能会出现的风险。刘邦正是犯了这样的错误,结果铸成大错,差一点命丧白登山。

贞观十九年,太宗将亲征高丽,开府仪同三司尉迟敬德奏言:"车驾若自往辽左①,皇太子又监国定州,东西二京②,府库所在,虽有镇守,终是空虚,辽东路遥,恐有玄感之变③。且边隅小国,不足亲劳万乘。若克胜,不足为武,倘不胜,翻为所笑。伏请委之良将,自可应时摧灭。"太宗虽不从其谏,而识者是之。

【译文】 贞观十九年(645年),唐太宗打算亲自征讨高丽,开府仪同三司尉迟敬德上奏说:"陛下如果亲自到辽东去,皇太子又在定州监国,东都和西京,是国家的仓廪之所在,虽然有人镇守,终归还是空虚,辽东路途遥远,恐怕有隋末杨玄感那样的变故。况且一个边疆小国,不足以亲自劳烦万乘之尊。如果取胜,不足以称得上武德,如果不胜,反而被人笑话。我希望您派一名良将,自然就可以马上消灭它。"唐太宗虽然没有听从他的劝谏,但有见识的人认为尉迟敬德说得有理。

【注释】 ①车驾:帝王所乘的车,用作帝王的代称。 ②东西二京:指东都洛阳和西京长安。 ③玄感之变:指隋朝末年,杨玄感趁隋炀帝东征高丽之际,在黎阳发动兵变叛乱。

【评解】 晚年的唐太宗热衷武力,甚至不听别人劝谏,这也是后人对他非议较多的一个方面。

礼部尚书江夏王道宗从太宗征高丽,诏道宗与李勣为前锋,及济辽水克盖牟城,逢贼兵大至,军中佥欲深沟保险①,待太宗至,徐进。道宗议曰:"不可,贼赴急远来,兵实疲顿,恃众轻我,一战可摧。昔耿弇不以贼遗君父,我既职在前军,当须清道以待舆驾。"李勣大然其议。乃率骁勇数百骑,直冲贼阵,左右出入,勣因合击,大破之。太宗至,深加赏劳。道宗在阵损足,帝亲为针灸,赐以御膳。

【译文】 礼部尚书江夏王李道宗跟随唐太宗征伐高丽,唐太宗令李道宗和李勣为先锋,等到他们渡过辽水攻克了盖牟城之后,恰好敌人大批人马到来,军中将士都打算挖深壕沟据守险要之处以防守,等唐太宗来,再慢慢进军。李道宗建议说:"不能这样做,敌人远道而来解救危困,兵马其实已经很疲惫,同时依仗自己人马多而轻视我们,一战可以将他们击垮。当年东汉的耿弇不把敌人留给君王,我的职责既然是作先锋,应当清理道路以等待天子的车驾到来。"李勣对他的建议深表赞同。于是李道宗率领几百骁勇骑兵,直冲敌人的阵地,左冲右突,李勣与他配合袭击,大败敌军。唐太宗到了,对他们大加赏赐和慰劳。李道宗在战场上伤了脚,唐太宗亲自为他针灸,并赐给他御膳。

【注释】 ①佥:都,皆。保险:据守险要之处。

【评解】 李道宗可谓深得用兵之道。正如《孙子兵法》中所说:用兵作战,要乘敌混乱之机战胜它,即乘敌之危,就势取胜。机不可失,时不再来,如果让机会白白溜走了,后悔也就没有用处了。

太宗《帝范》曰①:"夫兵甲者,国家凶器也。土地虽广,好战则民凋;中国虽安,忘战则民殆。凋非保全之术,殆非拟寇之方②,不可以全除,不可以常用。故农隙讲武,习威仪也;三年治兵③,辨等列也。是以勾践轼蛙④,卒成霸业;徐偃弃武,终以丧邦。何也?越习其威,徐忘其备也。孔子曰:'以不教民战,是谓弃之⑤。'故知弧矢之威⑥,以利天下,此用兵之职也。"

【译文】 唐太宗《帝范》中说:"武器盔甲,对于国家来说是凶险之器。土地虽然广阔,喜好战争人民就会凋敝;国家虽然安定,忽视战备人民就会懈怠。人民凋敝不是保全国家的方法,人民懈怠也不是抵御敌人的办法,既不可以完全抛弃,也不可以经常使用。所以农闲的时候讲习武事,是为了熟习威仪;每三年一练兵,是为了辨明等级队列。所以越王勾践伏轼向青蛙致敬,最终成就了霸业;徐偃王放弃武备,最终使国家灭亡。为什么这样呢?就是因为越国熟习威仪,徐国忽视武备。孔子说:'用没有经过训练的人民作战,就是抛弃他们。'因此可知武备的威力,在于使天下获利,这是用兵的目的之所在。"

【注释】 ①《帝范》:唐太宗李世民所撰的一部著作,主要阐述为君之道。 ②拟寇:即御寇。 ③治兵:指在秋季进行的练兵仪式,后泛指练兵。 ④勾践轼蛙:《吴越春秋·勾践伐吴外传》记载,越王勾践将伐吴,"恐军士畏法不使,自谓未能得士之死力,道见蛙张腹而怒,将有战争之气,即为之轼。其士卒有问于王曰:'君何为敬蛙虫而为之轼?'勾践曰:'吾思士卒之怒久矣,而未有称吾意者。今蛙虫无知之物,见敌而有怒气,故为之轼。'于是军士闻之,莫不怀心乐死,人致其命。"轼:古代设在车厢前供立乘者凭扶的横木,这里指伏轼致敬。 ⑤以不教民战,是谓弃之:出自《论语·子路》。 ⑥弧矢:弓箭,代指武功、武备。

【评解】 《孙子兵法》开篇便说:"兵者,国之大事,死生之地,存亡之道,不可不察也。"提出了军事和战争对于一个国家的重要性,认为战争关系到国家的存亡和人民的生死,必须十分谨慎,不要将它当作儿戏。"自古知兵非好战。"穷兵黩武只能是自取灭亡之道。

贞观二十二年,太宗将重讨高丽。是时,房玄龄寝疾增剧①,顾谓诸子曰:"当今天下清谧②,咸得其宜,惟欲东讨高丽,方为国害。吾知而不言,可谓衔恨入地。"遂上表谏曰:

臣闻兵恶不戢,武贵止戈。当今圣化所覃③,无远不暨。上古所不臣者,陛下皆能臣之;所不制者,皆能制之。详观古今,为中国患害,无过突厥。遂能坐运神策,不下殿堂,大小可汗,相次束手④,分典禁卫,执戟行间⑤。其后延陀鸱张⑥,寻就夷灭,铁勒慕义⑦,请置州县,沙漠已北,万里无尘⑧。至如高昌叛涣于流沙⑨,吐浑首鼠于积石⑩,偏师薄伐⑪,俱从平荡。高丽历代逋诛⑫,莫能讨击。陛下责其逆乱,杀主虐人,亲总六军,问罪辽碣⑬。未经旬日,即拔辽东,前后虏获,数十万计,分配诸州,无处不满。雪往代之宿耻,掩崤陵之枯骨⑭,比功校德,万倍前王。此圣主所自知,微臣安敢备说。

且陛下仁风被于率土⑮,孝德彰于配天。睹夷狄之将亡,则指期数岁;授将帅之节度,则决机万里。屈指而候驿,视景而望书,符应若神,筭无遗策⑯。擢将于行伍之中,取士于凡庸之末。远夷单使,一见不忘;小臣之名,未尝再问。箭穿七札⑰,弓贯六钧⑱。加以留情坟典,属意篇什⑲,笔迈钟、张⑳,词穷贾、马㉑。文锋既振,则宫徵自谐;轻翰暂飞㉒,则花葩竞发㉓。抚万姓以慈,遇群臣以礼。褒秋毫之善,解吞舟之网㉔。逆耳之谏必听,肤受之愬斯绝㉕。好生之德,禁障塞于江湖;恶杀之仁,息鼓刀于屠肆㉖。凫鹤荷稻粱之惠,犬马蒙帷盖之恩。降尊吮思摩之疮㉗,登堂临魏征之枢。哭战亡之卒,则哀动六军;负填道之薪,则情感天地。重黔黎之大命㉘,特尽心于庶狱㉙。臣心识昏愦,岂足论圣功之深远,谈天德之高大哉?陛下兼众美而有之,靡不备具,微臣深为陛下惜之重之,爱之宝之。

《周易》曰㉚:"知进而不知退,知存而不知亡,知得而不知丧。"又曰:"知进退存亡,而不失其正者,其惟圣人乎!"由此言之,进有退之义,存有亡之机,得有丧之理,老臣所以为陛下惜之者,盖谓此也。《老子》曰:"知足不辱,知止不殆。"臣谓陛下威名功德,亦可足矣;拓地开疆,亦可止矣。彼高丽者,边夷贱类,不足待以仁义,不可责以常理。古来以鱼鳖畜之,宜从阔略㉛。必欲绝其种类,深恐兽穷则搏。且陛下每决死囚,必令三覆五奏,进素食,停音乐者,盖以人命所重,感动圣慈也。况今兵士之徒,无一罪戾,无故驱之于战阵之间,委之于锋刃之下,使肝脑涂地,魂魄无归,令其老父孤儿、寡妻慈母,望輀车而掩泣㉜,抱枯骨而摧心㉝,足变动阴阳,感伤和气㉞,实天下之冤痛也。且兵,凶器;战,危事,不得已而用之。向使高丽违失臣节,而陛下诛之可也;侵扰百姓,而陛下灭之可也;久长能为中国患,而陛下除之可也。有一于此,虽日杀万夫,不足为愧。今无此三条,坐烦中国,内为旧主雪怨,外为新罗报仇,岂非所存者小,所损者大?

愿陛下遵皇祖老子止足之诚㉟,以保万代巍巍之名。发霈然之恩㊱,降宽之大诏,顺阳春以布泽㊲,许高丽以自新,焚凌波之船,罢应募之众,自然华夷庆赖㊳,远肃迩安。臣老病三公,朝夕入地,所恨竟无尘露,微增海岳。谨罄残魂余息,豫代结草之诚㊴。倘蒙录此哀鸣㊵,即臣死骨不朽。

太宗见表,叹曰:"此人危笃如此,尚能忧我国家。"虽谏不从,终为善策。

【译文】 贞观二十二年(648年),唐太宗打算再次讨伐高丽。这时,房玄龄病情加重,对儿子们说:"当今天下安宁,各方面都很恰当,只有打算东征高丽,将成为有害于国家之事。我知道而不说,可以说是要含恨而死了。"于是上表劝谏说:

我听说兵事忌讳没有休止,武功贵在止息战争。当今圣德教化所及,没有任何偏远之地达不到。上古时期所没有臣服的地区,陛下都能让他们臣服;所没有控制的地区,都能够加以控制。详察古今,成为中国的忧患和祸害的,没有哪个民族超过突厥。可陛下仍能够安坐庙堂之上制定出高妙的计策,没有离开殿堂,突厥的大小可汗,相继投降,分别让他们司职朝廷的禁卫,拿着武器在我们的军中服役。随后薛延陀嚣张凶暴,不久就被消灭,铁勒族仰慕陛下的仁义,请求在他们的地区设置州县,沙漠以北地区,方圆万里没有战事。至于像高昌在沙漠地区凶暴跋扈,吐谷浑在积石山一带反复无常,派一支偏师前往征讨,都把他们一举荡平。高丽历代逃避了诛罚,没有能够对他们讨伐打击。陛下责怪其叛逆暴乱,杀害君主虐待人民,亲自率领六军,逼近高丽前往问罪。不过十天,就将其攻克,前后俘获的人数,数以十万计,分配到各个州郡,没有一个州不满额。洗雪了历代积累的耻辱,掩埋了以前在此阵亡的将士的尸骨,比较功德,万倍于前代的君主。这都是圣明的君主自己知道的,微臣怎么敢一一细说。

况且陛下如风一般流布的仁德施及四境之内,孝敬的德行彰显可与上天之德相匹配。看到夷狄的国家将要灭亡,那么就能够推算出需要几年的时间;授权将帅指挥军队,那么就能够在万里之外进行决策。扳着指头等候使者,看着日影盼望书报,就如同神明一样完全准确,计划从来没有失策。从士卒之间提拔将领,从凡俗之间选拔贤士。远方的民族派来的使节,见一次就不会忘记;普通小吏的名字,从来没有问过第二次。射出的箭能穿透七层铠甲,拉开的弓力量能达到六钧,再加上留心典籍,着意诗篇,书法超过钟繇、张芝,辞赋压倒贾谊、司马相如。文锋已经显露,那么音律自然和谐;毛笔一经飞扬,那么百花竞相开放。用仁慈抚养百姓,用礼节对待群臣。褒扬细微善行,法网无限宽大。逆耳的劝谏一定会听,谗言一定会断绝。有爱护生命的美德,禁止在江湖中设置障碍;有厌恶杀生的仁慈,制止在肉铺中宰杀牲畜。飞禽承受稻粱喂养的恩惠,犬马蒙受帷幔遮盖的恩典。屈尊为李思摩吮吸伤口,登堂到魏征灵柩之前哭泣。为阵亡的将士痛哭,那么哀痛就会感动六军;亲自背柴草填平道路,那么真情就能感动天地。重视老百姓的生命,在刑狱诉讼之事上特别尽心尽力。我内心的见识昏昧,怎么能够完全谈论圣上功劳的深远,谈论天子品德的高大?陛下具有各种美德,无一不完备,我深为陛下珍惜重视,爱护珍视。

《周易》中说:"知道前进而不知道后退,知道生存而不知道灭亡,知道获得而不知道丧失。"又说:"知道前进、后退、生存和灭亡,并且不偏离正道的人,只有圣人吧!"因此可以说,前进中有后退的含义,生存中有灭亡的可能,获得中有丧失的道理,我之所以为陛下感到珍惜,就是说的这个道理。《老子》中说:"知道满足就不会有耻辱,知道停止就不会有失败。"我认为陛下的威名和功德,也是可以满足的了;拓展的土地和开辟的疆域,也是可以停止的了。高丽,边疆地区的一个劣等民族,不足以用仁义来对待他们,不能够用常理来要求他们。自古以来就把他们当鱼鳖一样来养育,应当本着宽容的原则。如果一定要灭绝他们的种族,则深恐野兽被逼急了就会拼死搏斗。况且陛下每次判决死刑犯,一定要让三次回复五次上奏,吃素食,停止音乐,原因就在于人命是很重大的事情,感动了陛下的仁慈之心。何况如今的这些士兵们,没有一个人是有罪过的,无故把他们驱赶到战阵之中,委派到刀锋之下,让他们肝脑涂地,魂魄在异乡游荡没有归宿,让他们的老父、孤儿、寡妻、慈母,看着运载灵柩的车子而掩面哭泣,抱着亲人的枯骨而撕心裂肺,足以使阴阳发生异常变化,损伤天地间的和谐之气,实在是让天下人感动的冤屈和悲痛的啊。同时,兵器,是凶险之器;战事,是危险之事,不得已的时候才使用。如果高丽违背了做臣子的礼节,则陛下诛罚他们是可以的;如果高丽侵扰百姓,则陛下消灭他们是可以的;如果高丽长久地会作为中国的祸害而存在,则陛下剪除他们是可以的。这三条中有一条,即使每天杀掉万人,也不足以感到惭愧。如今没有这三条原因中的任何一条,无故烦劳中国,对内为其原来的君主洗雪怨恨,对外为新罗报仇,难道不是所获得的太少,所损失的太多吗?

希望陛下能够遵照祖先老子"知道满足就不会有耻辱,知道停止就不会有失败"的告诫,以保持百代崇高的美名。施行盛大的恩泽,降下宽大的诏令,顺应德政的要求来布下恩泽,允许高丽改过自新,烧掉渡过波涛的船只,解散应召而来的士卒,自然华夏和夷狄都庆幸有了依靠,远方安宁近处稳定。我是年老多病的三公,早晚都可能入土,所遗憾的是没有微尘和滴露,以稍微对大海和高山有所增益。恭敬地竭尽残余的一点精神和气息,打算代替结草报恩的一点诚心。如果蒙恩采纳了我这个将死者的善言,我死了之后尸骨也会因此而不朽。

唐太宗看到表章,感叹道:"这个人病到如此严重的程度,竟然还能够为我的国家之事而忧心。"虽然最终没有听从他的劝谏,但这终归还是一个好的建议。

【注释】　①寝疾:卧病。　②清谧:清静,安宁。　③覃:遍及,广施。　④束手:捆绑双手,比喻无计可施或停止抵抗。　⑤行间:行伍之间,指军中。　⑥鸱张:像鸱鸟张翼一样,比喻嚣张,凶暴。　⑦铁勒:古代北方民族名。汉代时称丁零,北魏时称敕勒或铁勒。隋唐时铁勒各部分布于东至独洛河(今土拉河)以北、西至西海(今里海)的广大地区,分属东、西突厥。其漠北十五部中以薛延陀与回纥最为强大。　⑧无尘:没有征尘,指安定,没有战事。　⑨叛涣:凶暴跋扈。　⑩首鼠:反复无常,进退不定。《北史·氐吐谷浑等传论》中说:"氐、羌、吐谷浑等曰殊俗,别处边陲,考之前代,屡经叛服,窥觎首鼠,盖其本性。"　⑪偏师:指主力军以外的部分军队。薄伐:征伐,征讨。　⑫逋诛:逃避诛罚。　⑬辽碣:辽东和碣石,二者都临近渤海。　⑭崤陵之枯骨:指阵亡将士的尸骨。崤陵:即崤山,在河南省洛宁县北,为古代军事要地。公元前627年,晋国曾经在此地大败秦军,公元前624年秦军攻晋至此地,晋军不出,秦军掩埋上次战役阵亡将士的尸骨而还。　⑮仁风:如风一样流布的仁德,多用以颂扬帝王或地方长官的德政。率土:"率土之滨"之省,谓境域之内。　⑯筹:计划,谋划。遗策:失策,失算。　⑰七札:七层铠甲。札:甲的叶片。　⑱弓贯(wān)六钧:张满弓用力六钧。贯:通"弯",张满弓。六钧:出自《左传·定公八年》:"士皆坐列,曰:'颜高之弓六钧。'皆取而传观之。"杜预注曰:"颜高、鲁人。三十斤为钧,六钧百八十斤。古称重,故以为异强。"　⑲篇什:《诗经》的"雅"和"颂"以十篇为一什,所以诗章又称"篇什"。　⑳钟、张:指书法家钟繇、张芝。　㉑贾、马:指汉代的贾谊、司马相如,均擅长辞赋。　㉒轻翰:指毛笔。　㉓花蕊:花朵。　㉔吞舟:能吞舟的大鱼,常以喻人事之大者。出自《庄子·庚桑楚》:"吞舟之鱼,砀而失水,则蚁能苦之。" ㉕肤受之愬：指谗言。出自《论语·颜渊》："浸润之谮，肤受之愬，不行焉，可谓明也已矣。"肤受：一说为浮泛不实，如邢昺《论语》疏曰："皮肤受尘，垢秽其外，不能入内也。以喻谮毁之语，但在外萋斐，构成其过恶，非其人内实有罪也。"一说为利害切身。如朱熹《论语集注》："肤受，谓肌肤所受，利害切身。" ㉖鼓刀：敲击刀子的声音。宰杀牲畜时敲击其刀，使之发声，所以常用以代指屠杀牲畜。屠肆：屠宰场，肉铺。 ㉗降尊吮思摩之疮：指贞观十九年(645年)征伐高丽时，将军李思摩被流矢射中，李世民亲自为他吮吸伤口。 ㉘黔黎：黔首黎民，指百姓。大命：性命，生命。 ㉙庶狱：各种刑狱诉讼之事。 ㉚《周易》曰：下面两段引文均出自《周易·文言》。 ㉛阔略：宽恕，宽容。 ㉜輤(wèi)车：运载灵柩的车子。輤：小棺。 ㉝摧心：指极度伤心。 ㉞感伤：触犯，损伤。 ㉟皇祖老子：唐朝将同为李姓的老子尊为自己的祖先。 ㊱霈然：原指雨雪充沛貌，比喻赐予盛大的恩泽。 ㊲阳春：比喻德政、恩泽。 ㊳庆赖：出自《尚书·吕刑》："一人有庆，兆民赖之。"后以"庆赖"指庆幸得到依靠。 ㊴结草：出自《左传·宣公十五年》："魏武子有嬖妾，无子。武子疾，命颗(武子之子)曰：'必嫁是。'疾病，则曰：'必以为殉。'及卒，颗嫁之，曰：'疾病则乱，吾从其治也。'及辅氏之役，颗见老人结草以亢杜回，杜回踬而颠，故获之。夜梦之曰：'余，而所嫁妇人之父也。尔用先人之治命，余是以报。'"后以"结草"比喻受厚恩而虽死犹报。 ㊵哀鸣：出自《论语·泰伯》："鸟之将死，其鸣也哀，人之将死，其言也善。"后以"哀鸣"比喻将死者的善言。

【评解】 老子说："夫唯兵者，不祥之器，物或恶之，故有道者不处。"(《老子·三十一章》)"以道佐人主者，不以兵强天下。"(《老子·三十章》)"用兵有言，吾不敢为主而为客，不敢进寸而退尺。"(《老子·六十九章》)孔子对待战争同样极为谨慎，"子之所慎：齐、战、疾。"(《论语·述而》)面对春秋时期诸侯之间相互征伐的局面，他无奈地说："天下有道，则礼乐征伐自天子出；天下无道，则礼乐征伐自诸侯出。"(《论语·季氏》)可见，"慎战"是各个学派有识之士的共识。

贞观二十二年，军旅亟动①，宫室互兴，百姓颇有劳弊。充容徐氏上疏谏曰②：

贞观已来，二十有余载，风调雨顺，年登岁稔，人无水旱之弊，国无饥馑之灾。昔汉武帝，守文之常主，犹登刻玉之符③；齐桓公，小国之庸君，尚涂泥金之事④。望陛下推功损己，让德不居。亿兆倾心，犹阙告成之礼；云、亭伫谒⑤，未展升中之仪⑥。此之功德，足以咀嚼百王⑦，网罗千代者矣。然古人有云："虽休勿休。"良有以也。守初保末，圣哲罕兼。是知业大者易骄，愿陛下难之；善始者难终，愿陛下易之。

窃见顷年以来，力役兼总⑧，东有辽海之军，西有昆丘之役⑨，士马疲于甲胄，舟车倦于转输⑩。且召募役戍，去留怀死生之痛；因风阻浪，人米有漂溺之危⑪。一夫力耕，年无数十之获；一船致损，则倾覆数百之粮。是犹运有尽之农功，填无穷之巨浪；图未获之他众，丧已成之我军。虽除凶伐暴，有国常规，然黩武玩兵，先哲所戒。昔秦皇并吞六国，反速危祸之基；晋武奄有三方⑫，翻成覆败之业。岂非矜功恃大，弃德轻邦，图利忘害，肆情纵欲？遂使悠悠六合⑬，虽广不救其亡；嗷嗷黎庶⑭，因弊以成其祸。是知地广非常安之术，人劳乃易乱之源。愿陛下布泽流仁，矜弊恤乏，减行役之烦⑮，增雨露之惠。

妾又闻为政之本，贵在无为。窃见土木之功，不可遂兼。北阙初建，南营翠微，曾未逾时⑯，玉华创制，非惟构架之劳，颇有功力之费。虽复茅茨示约，犹兴木石之疲。假使和雇取人⑰，不无烦扰之弊。是以卑宫菲食，圣王之所安；金屋瑶台，骄主之为丽。故有道之君，以逸逸人；无道之君，以乐乐身。愿陛下使之以时，则力不竭矣；用而息之，则心斯悦矣。

夫珍玩技巧⑱，为丧国之斧斤；珠玉锦绣，实迷心之酖毒。窃见服玩鲜靡，如变化于自然；职贡奇珍⑲，若神仙之所制。虽驰华于季俗⑳，实败素于淳风。是知漆器非延叛之方，桀造之而人叛；玉杯岂招亡之术，纣用之而国亡。方验侈丽之源，不可不遏。夫作法于俭，犹恐其奢；作法于奢，何以制后？伏惟陛下明照未形，智周无际，穷奥秘于麟阁㉑，尽探赜于儒林㉒。千王治乱之踪，百代安危之迹，兴亡衰乱之数，得失成败之机，固亦包吞心府之中，循环目围之内，乃宸衷久察㉓，无假一二言焉。惟知之非难，行之不易，志骄于业著，体逸于时安。伏愿抑志裁心，慎终成始，削轻过以添重德，择今是以替前非，则鸿名与日月无穷，盛业与乾坤永泰！

太宗甚善其言，特加优赐甚厚。

【译文】　贞观二十二年(648年)，军队屡屡有所行动，宫室一座接一座地兴建，老百姓感到劳累疲弊。嫔妃充容徐氏上疏劝谏说：

贞观以来，二十多年，风调雨顺，年年丰收，人民没有水旱的困扰，国家没有饥馑的灾害。当初的汉武帝，是遵守先王法度的寻常的君主，还举行封禅活动；齐桓公，是小诸侯国的平凡的国君，还进行封禅之事。希望陛下能够推让功劳自己谦卑，礼让功德而自己不贪占。亿万人民仰慕，但还缺乏向上天禀告成功的礼仪；云云、亭亭二山期待您的到来，但还没有进行祭告上天的典仪。这样的功德，足可以包含百王，囊括千代。但是古人说："即使被称赞，也不要沾沾自喜。"的确是有原因的。守住开端并坚持到最后，圣哲都难以同时做到。因此可知业绩大的人容易骄傲，希望陛下将其作为难以做到的事情；善始者难以善终，希望陛下将其当做容易做到的事情。

我见近年来，针对不同对象的武力征伐往往同时进行，东边有征伐高丽的军队,西边有征伐龟兹的战役,士卒和人马因为战事而疲惫,船工车夫因为转运物资而困倦。况且招募服役和驻防的士卒,离开和留下时都怀有生离死别的伤痛;由于风浪阻隔,人马和粮草有被冲走或淹没的危险。一个劳力努力耕作,一年不到几十石的收获;一艘船只损毁,则会倾覆数百石军粮。这就是运输有限的农业收获,去填充没有穷尽的风浪;贪图还没有获得的他国的民众,丧失我国已经建成的军队。虽然剪除凶恶征伐暴虐,是国家的正常事务,然而穷兵黩武,是先哲所戒慎的。当初秦始皇吞并了六国,反而加快了危险和灾祸的到来;晋武帝统一了三国,反而成就了覆没和败亡的结果。这难道不是自夸功绩自恃强大,抛弃道德轻视国家,追逐利益忘记危害,放纵情感和欲望的结果吗?于是使辽阔无际的天地,虽然广大也不能挽救其败亡;愁怨的百姓,因为衰落而带来灾祸。因此可知使地域广大不是永远安定的办法,人民劳顿乃是容易混乱的根源。希望陛下能够广布恩泽推行仁德,哀怜疲敝体恤困乏,减少因劳役而跋涉的烦扰,增加如雨露滋润般的恩惠。

我又听说国家治理的根本,最重要的是无为。我认为土木建筑的事情,不能够同时进行。北边的宫阙刚刚建好,又在南面营建翠微宫,没过多久,玉华宫又开始建造,不只是有建筑的劳苦,还要花费很多时间和力量。虽然一再强调要俭朴,但还是产生了土木建造的劳顿。即使由官府出资雇佣人力,也不是没有烦扰人民的弊端。所以住低矮的宫室吃粗劣的饮食,圣明的帝王觉得很安心;黄金装饰的房屋美玉镶嵌的楼台,骄纵的君主认为很华丽。所以有道的君主,用闲适来使百姓安乐;无道的君主,用享乐来使自己快乐。希望陛下根据时节役使百姓,那么民力就不会衰竭;使用他们又让他们能够得到休息,那么他们心里就会感到愉悦。

珍贵的玩物和精巧的技能,是灭亡国家的刀斧;珍珠、美玉、华丽的服饰,实为迷惑心智的毒药。我看到服饰和玩赏之物艳丽浮华,就像自然变化出来的;各方进贡的奇珍异宝,好像神仙制造的一样。虽然追逐奢华是衰败之世颓败的风俗,但毕竟也会败坏淳朴的风气。因此可知漆器尽管不是招致叛乱的物品,但夏桀制造了就引起了人民的背叛;玉杯难道是招致灭亡的途径,但商纣使用了就导致了国家的灭亡。经验教训表明,奢侈华丽的根源,不能够不制止。依据节俭的原则制定法度,还恐怕会产生奢侈;依据奢侈的原则制定法度,怎么能够节制后人呢?希望陛下明确考察还没有发生的事情,思考问题要尽量全面,从麒麟阁中探寻奥秘,在读书人中探寻道理。历代君王治乱的经验,各个时期安危的教训,兴亡衰乱的规律,得失成败的关键,就一定能够包藏于心中,萦回于眼前。那么陛下的心中就能够永远明晰,不需要依赖于一个人两个人的话。知道道理不是困难的事情,实行起来却并不容易,心志在功业显著时骄傲,身体在时局安定时安逸。希望陛下抑制自己的意愿,培养自己的心志,自始至终都能够谨慎,减少轻微的过错以增加重要的德行,选择今天正确的做法来代替以前错误的行为,那么盛名就会像日月一样无穷,伟业就会像天地一样永固!

唐太宗很赞赏她的建议,特别给予优厚的赏赐。

【注释】 ①亟(qì):屡次,一再。 ②充容:唐宋时期后宫名号,唐初以昭仪、昭容、昭媛、修仪、修容、修媛、充仪、充容、充媛为九嫔。 ③登:祭祀时进献。刻玉之符:即玉牒,封禅时的一种文书,借指封禅。 ④泥金之事:古代帝王行封禅礼时所用的玉牒有玉检、石检,检用金缕缠住,用水银和金屑泥封。借指封禅。 ⑤云、亭:云云、亭亭二山的并称,均为古代帝王封禅处。伫:企盼,期待。 ⑥升中:古帝王祭天上告成功的典仪。如《礼记·礼器》有:"是故因天事天,因地事地,因名山升中于天。"郑玄注曰:"升,上也。中,犹成也。谓巡守至于方狱,燔柴,祭天,告以诸侯之成功也。" ⑦咀嚼:引申为并吞,侵吞。 ⑧力役:以武力征伐。兼总:同时具有。 ⑨昆丘之役:指西征龟兹的战役。昆丘:昆仑山。 ⑩转输:运输。 ⑪漂溺:冲走或淹没。 ⑫奄有:全部占有。三方:指魏、蜀、吴三国。 ⑬悠悠:辽阔无际。 ⑭嗷嗷:众口愁怨声。 ⑮行役:指因服兵役、劳役或公务而出外跋涉。 ⑯逾时:一会儿,片刻。 ⑰和雇:官府出价雇用人力。 ⑱技巧:精巧的技能或技能精巧的物品。 ⑲职贡:藩属或外国对于朝廷按时的贡纳。 ⑳季俗:末世颓败的风俗。 ㉑麟阁:即麒麟阁,在未央宫中。汉宣帝时曾绘霍光等十一功臣像于阁上,以表扬其功绩。 ㉒探赜:探索道理。 ㉓宸衷:帝王的心意。

【评解】 对于徐氏的谏章,戈直给予很高评价,说:"做臣子的向国君进谏,古人将其比喻为批龙鳞,即使是士大夫也认为是很难的事情,何况是妇人女子呢!……嫔妃之中,竟然还有像徐氏这样的人。看她进谏的奏疏,即使是资深的儒生也不能超过她多少。呜呼,真是贤淑啊!"

安边第三十六

贞观四年,李靖击突厥颉利,败之,其部落多来归降者。诏议安边之策,中书令温彦博议:"请于河南处之。准汉建武时,置降匈奴于五原塞下,全其部落,得为捍蔽,又不离其土俗,因而抚之,一则实空虚之地,二则示无猜之心,是含育之道也①。"太宗从之。秘书监魏征曰:"匈奴自古至今,未有如斯之破败,此是上天剿绝,宗庙神武。且其世寇中国,万姓冤仇,陛下以其为降,不能诛灭,即宜遣发河北,居其旧土。匈奴人面兽心,非我族类,强必寇盗,弱则卑伏,不顾恩义,其天性也。秦、汉患之者若是,故时发猛将以击之,收其河南以为郡县。陛下以内地居之,且今降者几至十万,数年之后,滋息过倍②,居我肘腋③,甫迩王畿④,心腹之疾,将为后患,尤不可处以河南也。"温彦博曰:"天子之于万物也,天覆地载,有归我者则必养之。今突厥破除,余落归附,陛下不加怜愍,弃而不纳,非天地之道,阻四夷之意,臣愚甚谓不可,宜处之河南。所谓死而生之,亡而存之,怀我厚恩,终无叛逆。"魏征曰:"晋代有魏时,胡部落分居近郡,江统劝逐出塞外,武帝不用其言,数年之后,遂倾瀍洛⑤。前代覆车,殷鉴不远。陛下必用彦博言,遣居河南,所谓养兽自遗患也。"彦博又曰:"臣闻圣人之道,无所不通。突厥余魂,以命归我,收居内地,教以礼法,选其酋首,遣居宿卫,畏威怀德,何患之有?且光武居河南单于于内郡,以为汉藩翰,终于一代,不有叛逆。"又曰:"隋文帝劳兵马,费仓库,树立可汗,令复其国,后孤恩失信⑥,围炀帝于雁门。今陛下仁厚,从其所欲,河南、河北,任情居住,各有酋长,不相统属,力散势分,安能为害?"给事中杜楚客进曰:"北狄人面兽心,难以德怀,易以威服。今令其部落散处河南,逼近中华,久必为患。至如雁门之役,虽是突厥背恩,自由隋主无道。中国以之丧乱,岂得云兴复亡国以致此祸?夷不乱华,前哲明训,存亡继绝,列圣通规。臣恐事不师古,难以长久。"太宗嘉其言,方务怀柔,未之从也。卒用彦博策,自幽州至灵州,置顺、祐、化、长四州都督府以处之，其人居长安者近且万家。

自突厥颉利破后，诸部落首领来降者，皆拜将军中郎将，布列朝廷，五品以上百余人，殆与朝士相半。惟拓拔不至，又遣招慰之，使者相望于道。凉州都督李大亮以为于事无益，徒费中国，上疏曰："臣闻欲绥远者必先安近。中国百姓，天下根本，四夷之人，犹于枝叶，扰其根本以厚枝叶，而求久安，未之有也。自古明王，化中国以信，驭夷狄以权。故《春秋》云：'戎狄豺狼，不可厌也；诸夏亲昵，不可弃也⑦。'自陛下君临区宇，深根固本，人逸兵强，九州殷富，四夷自服。今者招致突厥，虽入提封⑧，臣愚稍觉劳费，未悟其有益也。然河西民庶，镇御藩夷，州县萧条，户口鲜少，加因隋乱，减耗尤多，突厥未平之前，尚不安业，匈奴微弱以来，始就农亩，若即劳役，恐致妨损，以臣愚惑，请停招慰。且谓之荒服者，故臣而不纳。是以周室爱民攘狄，竟延八百之龄；秦王轻战事胡，故四十载而绝灭。汉文养兵静守，天下安丰；孝武扬威远略，海内虚耗，虽悔轮台⑨，追已不及。至于隋室，早得伊吾，兼统鄯善，且既得之后，劳费日甚，虚内致外，竟损无益。远寻秦、汉，近观隋室，动静安危，昭然备矣。伊吾虽已臣附，远在藩碛，民非夏人，地多沙卤⑩。其自竖立称藩附庸者，请羁縻受之⑪，使居塞外，必畏威怀德，永为藩臣，盖行虚惠而收实福矣。近日突厥倾国入朝，既不能俘之江淮，以变其俗，乃置于内地，去京不远，虽则宽仁之义，亦非久安之计也。每见一人初降，赐物五匹，袍一领，酋长悉授大官，禄厚位尊，理多糜费。以中国之租赋，供积恶之凶虏，其众益多，非中国之利也。"太宗不纳。

十三年，太宗幸九成宫。突利可汗弟中郎将阿史那结社率阴结所部，并拥突利子贺罗鹘夜犯御营，事败，皆捕斩之。太宗自是不直突厥⑫，悔处其部众于中国，还其旧部于河北，建牙于故定襄城⑬，立李思摩为乙弥泥熟俟利苾可汗，以主之。因谓侍臣曰："中国百姓，实天下之根本，四夷之人，乃同枝叶，扰其根本以厚枝叶，而求久安，未之有也。初不纳魏征言，遂觉劳费日甚，几失久安之道。"

【译文】　贞观四年(630年)，李靖率军攻打突厥的颉利可汗，并打败了他，原归属于他的部落有很多都来归降。唐太宗下诏商议安定边境的办法，中书令温彦博说："请在黄河以南安置他们。依据汉光武帝建武年间的做法，把归降的匈奴人安置在五原塞之下，保全他们的部落，让他们作为边境的屏障，同时还不丧失他们自己的风俗，用这个方法来安抚他们，一则可以充实空虚的地区，二则可以显示我们不存有猜忌之心,这是包容化育的做法。"唐太宗听从了他的建议。秘书监魏征说:"匈奴从古至今,没有遇到过这样的破败,这既是上天要灭绝他们,也是因为我朝神武。况且他们世代入侵中原,百姓都与他们有冤仇,陛下认为他们已经投降,不能灭绝他们,也应当把他们遣送至黄河以北,居住在他们原来的土地上。匈奴人人面兽心,不是我们的同类,强大的时候就为寇为盗,弱小的时候就低声下气,不考虑恩德道义,是他们的天性。秦汉时期所担心的事正在于此,所以经常派猛将进攻他们,夺取了他们控制的黄河以南地区,设置了郡县。陛下让他们在内地居住,并且如今投降的人接近十万,十年之后,繁衍就会超过一倍,居住在我们的切近之地,非常靠近京城,就如同心腹中的疾病,将成为后患,非常不应该把他们安置在黄河以南。"温彦博说:"天子对于万物,就像天覆盖万物,地承受一切一样,有归附我的就一定要养育他们。如今突厥被击破,剩余的部落归附我们,陛下对他们不加以怜悯,而是抛弃他们不接纳,不符合天地养育万物之道,阻断了四方民族仰慕我们的心意,我认为这样非常不应该,应当把他们安置在黄河以南。这就是所谓的将要死亡的使他们生存下来,将要灭亡的使他们保存下来,他们心中记住我们深厚的恩德,永远都不会叛逆。"魏征说:"晋取代魏时,胡人的部落分居在近处的各郡,江统劝晋武帝把他们驱逐到塞外,晋武帝没有听从他的建议,数年之后,就使洛阳失陷了。前代有教训,借鉴不是很远。陛下一定要听温彦博的话,把他们安置在黄河以南,这就是所谓的养虎遗患。"温彦博又说:"我听说圣人之道,没有不通达的地方。突厥的剩余部众,把性命交给我们,收容他们让他们居住在内地,用礼义法度教化他们,选拔他们的首领,将其委派为宫廷禁卫,他们畏惧威严感念恩德,有什么可以担忧的呢?况且汉光武帝让黄河以南地区匈奴的单于居住在内地的州郡,作为汉朝的屏障,到汉代结束,他们也没有叛逆。"又说:"隋文帝动用兵马,耗费资财,帮突厥树立可汗,让他们恢复国家,后来突厥人忘恩负义不守信用,将隋炀帝围困在雁门关。如今陛下仁德深厚,顺从他们的心愿,黄河以南、黄河以北,任凭他们居住,各个部落都有酋长,相互之间没有隶属关系,势力分散,怎么能够成为祸害呢?"给事中杜楚客进言说:"北方胡人人面兽心,难以用恩德感化,易于用威势压服。如今让他们的部落散居在黄河以南,逼近中原,时间长了一定会成为祸患。至于雁门关一役,虽然有突厥忘恩负义的因素,自然也是因为隋朝的君主无道。中国因此而时局动乱,怎么能够说是因为兴复灭亡了的国家而招致了这次灾祸呢?夷狄不能扰乱华夏的秩序,这是先哲明确的训诫,使将要灭亡者得以保存,将要断绝者得以延续,这是各位圣王的通行准则。我怕不师法古人,国家难以长久。"唐太宗赞赏他的话,但因正在推行怀柔的政策,没有听从。最终采用了温彦博的建议,从幽州到灵州,设置了顺、祐、化、长四州都督府用以安置突厥部落,突厥人居住在长安者接近一万家。

自从颉利可汗被击败之后,各个部落的首领来投降者,都被封为将军中郎将,他们遍布朝廷,五品以上的就有一百多人,几乎占到全部朝廷官员的一半。只有拓拔没有来归附,唐太宗又派遣使节前去招降慰问他,使者在道路上往来不绝。凉州都督李大亮认为这样做没有用处,只是耗费中国的财物,上疏说:"我听说想要平定远方者一定会首先安定近处。中国的百姓,是天下的根本,四方民族之人,好比是枝叶,扰动根本以厚实枝叶,而想要追求长治久安,是从来没有的事情。自古以来圣明的君王,用信用来教化中国,用权谋来控制夷狄。所以《春秋》中说:'戎狄如同豺狼一样,不能满足;中原各国要相互亲密,不能够抛弃。'自从陛下君临天下,加深并稳固了国家的根本,人民安逸军队强盛,九州殷实富庶,四方民族自愿臣服。如今招降突厥,虽然并入了版图,但我稍微感觉劳烦耗费太多,不明白这样做有什么益处。然而河西地区的百姓,因抵御夷狄部落,导致州县萧条,人口稀少,加上由于隋朝的混乱,人口很少,突厥没有平定之前,还不能安心生产,匈奴削弱之后,才开始进行耕作,如果马上让他们从事劳役,恐怕会造成妨碍和损害,以我的愚蠢糊涂之见,请求停止招降慰问的行动。况且既然称边远地区为荒服,因此只使其臣服而不与其结交。所以周王室爱护人民排斥夷狄,竟然延续了八百年之久;秦王朝轻动战事对付胡人,所以四十年就灭亡了。汉文帝休养士兵安心防守,天下安定而丰饶;汉武帝显扬威势图谋远方,国内空虚耗竭,虽然在《轮台罪己诏》中表示悔恨,但挽回已经不可能了。到了隋朝,很早就取得了伊吾,并且统治着鄯善,已经取得了这些地区之后,劳烦花费日益加重,耗空国内追求外族土地,最终只有损伤没有益处。远看秦汉,近看隋朝,动静安危,是非常明显的。伊吾虽然已经称臣归附,但远在沙漠戈壁,人民不是华夏族,土地大多是沙石盐碱地。对于那些自称是藩属附庸者,请以怀柔政策接受他们,让他们居住在塞外,他们一定会畏惧威严感怀恩德,永远作为臣属之国,这是用虚的恩惠而获得实的收益。近来突厥整个国家都入朝归服,既然不能俘获到江淮地区,以改变他们的风俗,于是安置在内地,离京城不远,虽然表示的是宽厚仁慈之义,但终究不是长久安定之计。经常看到一个人刚归降,就赐给五匹绢帛,一领袍子,部落首领都授以高官,俸禄优厚地位尊贵,这必然要增加耗费。用中国的租税田赋,供给作恶多端的凶恶敌人,他们人数增加,对中国并非有利啊。"唐太宗没有采纳他的建议。

贞观十三年(639年),唐太宗巡幸到九成宫。突利可汗的弟弟中郎将阿史那结社率暗地里纠结部属,并支持突利的儿子贺罗鹘在夜里袭击御营,事情失败,把他们都捕杀了。唐太宗从此不认为突厥人正直可靠,后悔将其部众安排在中国,于是让他们的旧部返回到黄河以北,将王庭设置在原来的地址襄城,立李思摩为乙弥泥熟俟利苾可汗,作为他们的君主。于是对身边侍从的大臣说:"中国的百姓,的确是天下的根本,四方民族之人,好比是枝叶,扰动根本以厚实枝叶,而追求长治久安,是从来没有的事情。当初没有听从魏征的建议,于是感觉劳烦和耗费日益增加,差点背离了长治久安之道。"

【注释】　①含育：包容化育。　②滋息：繁殖，增生。　③肘腋：胳膊肘和胳肢窝，比喻切近之地。　④甫迩：靠近，接近。　⑤瀍（chán）洛：瀍水和洛水的并称。洛阳城地处瀍水两岸，洛水之北，因此多以二水连称代指洛阳。　⑥孤恩：负恩，背弃恩德。　⑦戎狄豺狼，不可厌也；诸夏亲昵，不可弃也：出自《左传·闵公元年》。诸夏：周代分封的中原各个诸侯国，泛指中原地区。　⑧提封：疆域，版图。　⑨轮台：指《轮台罪己诏》。轮台为古地名，在今新疆轮台南，本为仑头国（又称轮台国），汉武帝时被李广利所灭，置使者校尉，并屯田于此。汉武帝晚年，对其一生致力于开拓西域，使国力大损深表悔恨，于是弃轮台之地，并下诏罪己。　⑩沙卤：沙石盐碱地。　⑪羁縻：笼络，怀柔。　⑫直：认为……正直。　⑬建牙：指少数民族建置王庭。

【评解】　自古如何安置归降士众便是一个难题，甚至有将归降之人全部杀害以绝后患者。在如何安置突厥人的问题上，魏征和温彦博各执一词，最终唐太宗接受了温彦博的建议，以致为内廷的安定留下了隐患。因此后世在评论此事时，大多倾向于魏征的建议，认为"若用魏征之言，使处河北，于边无忧，于国无费，不亦善乎！"

　　贞观十四年，侯君集平高昌之后，太宗欲以其地为州县。魏征曰："陛下初临天下，高昌王先来朝谒，自后数有商胡称其遏绝贡献，加之不礼大国诏使，遂使王诛载加。若罪止文泰①，斯亦可矣。未若因抚其民而立其子，所谓伐罪吊民，威德被于遐外②，为国之善者也。今若利其土壤以为州县，常须千余人镇守，数年一易。每来往交替，死者十有三四，遣办衣资，离别亲戚。十年之后，陇右空虚，陛下终不得高昌撮谷尺布以助于中国。所谓散有用而事无用，臣未见其可。"太宗不从，竟以其地置西州，仍以西州为安西都护府，每岁调发千余人防遏其地。

　　黄门侍郎褚遂良亦以为不可，上疏曰："臣闻古者哲后临朝，明王创业，必先华夏而后夷狄，广诸德化，不事遐荒。是以周宣薄伐，至境而反；始皇远塞，中国分离。陛下诛灭高昌，威加西域，收其鲸鲵③，以为州县。然则王师初发之岁，河西供役之年，飞刍挽粟④，十室九空，数郡萧然，五年不复。陛下每岁遣千余人而远事屯戍，终年离别，万里思归。去者资装⑤，自须营办，既卖菽粟，倾其机杼。经途死亡，复在言外。兼遣罪人，增其防遏，所遣之内，复有逃亡，官司捕捉，为国生事。高昌途路，沙碛千里，冬风冰冽，夏风如焚，行人遇之多死。《易》云'安不忘危，治不忘乱。'设令张掖尘飞，酒泉烽举⑥，陛下岂能得高昌一人菽粟而及事乎？终须发陇右诸州，星驰电击。由斯而言，此河西者方于心腹，彼高昌者他人手足，岂得糜费中华，以事无用？陛下平颉利于沙塞，灭吐浑于西海。突厥余落，为立可汗；吐浑遗萌[7]，更树君长。复立高昌，非无前例，此所谓有罪而诛之，既服而存之。宜择高昌可立者，征给首领，遣还本国，负戴洪恩，长为藩翰。中国不扰，既富且宁，传之子孙，以贻后代。"疏奏，不纳。

至十六年，西突厥遣兵寇西州，太宗谓侍臣曰："朕闻西州有警急[8]，虽不足为害，然岂能无忧乎？往者初平高昌，魏征、褚遂良劝朕立麴文泰子弟，依旧为国，朕竟不用其计，今日方自悔责。昔汉高祖遭平城之围而赏娄敬，袁绍败于官渡而诛田丰，朕恒以此二事为诫，宁得忘所言者乎！"

【译文】　贞观十四年（640年），侯君集平定高昌之后，唐太宗打算在原高昌国的土地上设置州县。魏征说："陛下刚刚登上帝位的时候，高昌王最先来朝见，此后多次有经商的胡人说高昌王阻隔他们来唐朝进贡，加之他们对我国的使臣不礼貌对待，于是使天子对他的诛罚一年年地增加。如果责罚只针对麴文泰一个人，也就可以了。不如借机安抚高昌的人民并且立麴文泰的儿子为王，这就是所谓的讨伐罪人安抚人民，威严和恩德施及边远地区，这是治理国家最好的做法。如今如果贪爱他们的土地在那里设置州县，就经常需要一千多人在那里镇守，几年一换。每次来往交替，死亡和失散的就有十分之三、四，戍卒还要置办衣服盘缠，离别亲人。十年之后，陇右地区就会空虚，陛下最终也不会得到高昌的一撮谷子一尺布以有助于中国。这就是所谓的耗费有用的来追求无用的，我没有看到这样做有什么合理之处。"唐太宗没有听从，最终在原高昌国的地区设置了西州，又改西州为安西都护府，每年调集派遣一千多人防守其所管辖的地区。

黄门侍郎褚遂良也认为这样做不合适，上疏说："我听说自古以来圣哲之君临朝治理天下，明智之王创立基业，一定是先考虑华夏之后才考虑夷狄，广施教化，不去追求遥远荒芜之地。所以周宣王征伐，到自己的边境上就返回；秦始皇到远处去设置关塞，中原地区分崩离析。陛下消灭了高昌，威严及于西域，降服了凶恶的敌人，在他们统治的地区设置州县。然而在军队刚出发的那年，河西地区作为供役地的时候，迅速地转运粮草，造成十室九空，几个郡都萧条，五年没有恢复。陛下每年派一千多人到远方驻防，他们终年与家人别离，在万里之外盼望回家。离开的人的旅费和行李，自然需要置办，已经卖了粮食，又要卖光布帛。途中死亡失散的，就更不用说了。同时还要派遣犯了罪的人，以增加那里的防守，所遣送的人之中，也有逃走的，官府重新捉拿，为国家增加了事端。去高昌的路途，沙漠千里，冬天寒风凛冽，夏天酷热如焚，行人赶上这种气候大多会死掉。《周易》中说'安定的时候不要忘记危险，有序的时候不要忘记混乱。'假设与西域交界的张掖、酒泉地区战火重燃，陛下难道能够从高昌地区得到一个人的粮草以用于战争吗？最终还是要从陇右各州进行征发，如流星闪电一样运送过去。

因此而言,河西地区好比是心腹,高昌不过是他人的手足,怎么能够耗费中国的钱财,去做无用的事情?陛下在沙漠地区平定了颉利可汗,在西海地区消灭了吐谷浑。突厥剩余的部落,为他们树立了可汗;吐谷浑残余的人民,重新为他们树立了君主。重新恢复高昌国,不是没有先例,这就是所谓的有罪者就诛罚,已顺服的就存养。应当选择高昌国中可以立为君主者,征选为首领,送回本国,他们感念天大的恩德,就会长久地作为藩国屏障。中国不会受到侵扰,既富足又安宁,流传给子孙,遗赠给后代。"奏疏呈上去,没有被采纳。

到贞观十六年(642年)时,西突厥派兵侵略西州,唐太宗对身边侍从的大臣说:"我听说西州有危急的战事,虽然不足为害,然而怎么能够不让人感到忧虑呢?当初刚平定高昌的时候,魏征、褚遂良劝我立麹文泰的子弟为国王,让高昌依旧作为一个国家,我最终没有采纳他们的建议,如今才开始悔悟自责。当初汉高祖遭遇平城之围而赏赐了娄敬,袁绍官渡失败而杀掉了田丰,我经常用这两件事来告诫自己,怎么能够忘记对我进言的人呢!"

【注释】 ①文泰:指高昌王麹文泰。 ②徼外:边远地区,蛮荒之地。外:服外,荒外。 ③鲸鲵:即鲸,雄曰鲸,雌曰鲵。比喻凶恶的敌人。 ④飞刍挽粟:谓迅速运送粮草。如颜师古注《汉书·主父偃传》"又使天下飞刍挽粟"说:"运载刍槀,令其疾至,故曰飞刍也。挽谓引车船也。" ⑤资装:指旅费和行李。 ⑥张掖、酒泉:均为和西域接壤地区。尘飞、烽举:均指发生战争。 ⑦遗萌:指劫后残余的人民。 ⑧警急:即危急。

【评解】 "安边"中的这两件事,都表明了唐太宗的好大喜功倾向。正如范祖禹所说:"魏征的建议中,利害关系说得不是不透彻,以唐太宗的智慧,难道还不能明白吗?只是因为他好大而喜远,夸功而邀名,不能够用道义来约束自己的思想,所以才听不进忠言,还打算要超过前世所有其他的帝王。"

卷 十

行幸第三十七

贞观初,太宗谓侍臣曰:"隋炀帝广造宫室,以肆行幸。自西京至东都,离宫别馆,相望道次①,乃至并州、涿郡,无不悉然。驰道皆广数百步,种树以饰其傍。人力不堪,相聚为贼。逮至末年,尺土一人,非复己有。以此观之,广宫室,好行幸,竟有何益?此皆朕耳所闻,目所见,深以自诫。故不敢轻用人力,惟令百姓安静,不有怨叛而已。"

【译文】 贞观初年,唐太宗对身边侍从的大臣说:"隋炀帝大量地建造宫室,以用于出巡时享乐。自西京长安到东都洛阳,离宫别馆,沿途连绵不绝,以至于并州、涿郡,无不是这样。车马大道都有数百步宽,路旁种了树木作为装饰。人民无力承担,聚在一起成为盗贼。到了末年,哪怕是一尺土、一个人,都不再是他自己所有。因此看来,扩建宫室,喜欢出巡,最终有什么用处呢?这都是我所亲耳听到,亲眼看到的,深深地以此作为自己的借鉴。所以不敢轻易地动用民力,只想使百姓生活安定,不发生怨愤叛乱而已。"

【注释】 ①道次:道中,路旁,沿途。

【评解】 《淮南子·泰族训》中说:"为治之本,务在宁民;宁民之本,在于足用;足用之本,在于勿夺时;勿夺时之本,在于省事,省事之本,在于节用;节用之本,在于反性。未有能摇其本而静其末,浊其源而清其流者也。"即治国的根本,务必在于安定民生;安定民生的根本又在于使人民财物充足;而财物充足的根本在于不能侵夺农时;不侵夺农时取决于减少徭役兴建之类的事;而减少这类的事又取决于人的节欲观念。而节欲观念的形成基于人对清淡恬静天性的回归。没有摇动了树的根部而树梢却静止的事,也没有弄浑浊了水源而让流水清澈的事。统治者要节制自己的欲望,不要为了满足自己的贪欲而使老百姓频受骚扰,这是获得民心的根本途径。

贞观十一年,太宗幸洛阳宫,泛舟于积翠池,顾谓侍臣曰:"此宫观台沼并炀帝所为,所谓驱役生民,穷此雕丽,复不能守此一都,以万民为虑。好行幸不息,民所不堪。昔诗人云:'何草不黄?何日不行①?''小东大东,杼轴其空②。'正谓此也。遂使天下怨叛,身死国灭,今其宫苑尽为我有。隋氏倾覆者,岂惟其君无道,亦由股肱无良。如宇文述、虞世基、裴蕴之徒,居高官,食厚禄,受人委任,惟行谄佞,蔽塞聪明,欲令其国无危,不可得也。"司空长孙无忌奏言:"隋氏之亡,其君则杜塞忠谠之言,臣则苟欲自全,左右有过,初不纠举,寇盗滋蔓,亦不实陈。据此,即不惟天道,实由君臣不相匡弼。"太宗曰:"朕与卿等承其余弊,惟须弘道移风,使万世永赖矣。"

【译文】 贞观十一年(637年),唐太宗来到洛阳宫,泛舟于积翠池,回头对身边侍从的大臣说:"这些宫观台榭池沼都是隋炀帝建造的,这就是经常说的驱使人民,无节制地追求这样雕饰华丽的东西,而又不能守住这个都城,为百姓着想。喜欢出巡而不知道休止,人民无法承受。当初有诗人说:'什么野草不枯黄?什么时候不奔忙?''近东远东各国家,织机之上都空虚。'说的就是这个意思。于是导致天下怨愤叛乱,自己死掉国家灭亡,如今这些宫殿苑囿都归我所有。隋朝灭亡的原因,难道仅仅是因为它的君主无道吗,还因为辅佐的大臣不贤良。如宇文述、虞世基、裴蕴等人,身居高位,享受厚禄,接受了人家的委任,只知道做谄媚奸佞之事,蒙蔽阻塞君主的视听,想要使国家没有危险,是不可能的。"司空长孙无忌陈奏说:"隋朝灭亡,从他们的君主的角度说是因为杜绝阻塞忠诚正直之言,从大臣的角度说是因为都想苟且保全,身边的人有过错,开始时不监察检举,盗寇开始蔓延之后,也不据实陈奏。因此,隋朝灭亡不只是因为天道,其实是由于君臣不互相匡正辅佐。"唐太宗说:"我与你们承继了隋朝残留下来的陋弊之俗,只应当弘扬道义转移风俗,使千秋万代永远赖以发展。"

【注释】 ①何草不黄?何日不行:出自《诗经·小雅·何草不黄》。 ②小东大东,杼轴其空:出自《诗经·小雅·大东》。小东、大东:东方较近之国和较远之国。杼轴:织布机上的两个部件,即用来持纬的梭子和用来承经的筘,代指织布机。

【评解】 不可否认,欲望是人与生俱来的,正如《吕氏春秋》中所说的那样:人天生贪心有欲望,耳朵想听美妙的音乐,眼睛想看绚丽的色彩,嘴巴想吃可口的东西。这些欲望,是人人都有的,无论出身是高贵还是低贱,天性是聪明还是愚笨,都是如此。高明的人之所以区别于一般人,就在于他们知道什么是适度,并且能够保持适度。人只有心灵不被物欲所蒙蔽,才有可能保持清醒的头脑。

贞观十三年,太宗谓魏征等曰:"隋炀帝承文帝余业,海内殷阜,若能常处关中,岂有倾败?遂不顾百姓,行幸无期,径往江都,不纳董纯、崔象等谏诤,身戮国灭,为天下笑。虽复帝祚长短,委以玄天,而福善祸淫①,亦由人事。朕每思之,若欲君臣长久,国无危败,君有违失,臣须极言。朕闻卿等规谏,纵不能当时即从,再三思审,必择善而用之。"

【译文】　贞观十三年(639年),唐太宗对魏征等人说:"隋炀帝继承了隋文帝遗留下来的基业,国内富庶,如果能够一直留在关中,怎么能够败亡呢?而他不为百姓着想,无休无止地出巡,一直到了江都,不采纳董纯、崔象等人的建议,自己被杀国家灭亡,被天下人讥笑。虽然帝业的长短,是由上天决定的,但为善得保佑作恶受惩罚,也是由人的作为所决定的。我每次想到这个道理,如果想要使君臣的地位长久,国家没有危险败亡,君主一旦有违礼或过失,大臣应当极力劝谏。我听到你们的劝谏,即使不能马上遵从,经过再三考虑,一定会选择善言而采纳的。"

【注释】　①福善祸淫:赐福给为善的人,降祸给作恶的人。

【评解】　"福祸无门,惟人自招。"肆无忌惮、为所欲为,最终必将自食其果。

贞观十二年,太宗东巡狩,将入洛,次于显仁宫,宫苑官司多被责罚。侍中魏征进言曰:"陛下今幸洛州,为是旧征行处,庶其安定,故欲加恩故老。城郭之民未蒙德惠,官司苑监多及罪辜,或以供奉之物不精,又以不为献食。此则不思止足,志在奢靡,既乖行幸本心,何以副百姓所望?隋主先命在下多作献食,献食不多,则有威罚。上之所好,下必有甚,竞为无限,遂至灭亡。此非载籍所闻,陛下目所亲见。为其无道,故天命陛下代之。当战战栗栗,每事省约,参踪前列,昭训子孙,奈何今日欲在人之下?陛下若以为足,今日不啻足矣;若以为不足,万倍于此,亦不足也。"太宗大惊曰:"非公,朕不闻此言。自今已后,庶几无如此事。"

【译文】　贞观十二年(638年),唐太宗东巡,将要进入洛阳城,驻扎在显仁宫,宫苑里的许多官吏都受到责罚。侍中魏征进言说:"陛下如今出巡洛阳,是因为这是从前出征时路过的地方,希望它安定,所以打算施恩于地方父老。城郭之内的居民没有蒙受到恩惠,宫苑中的有关人员多有被责罚者,有的是因为贡奉的物品不精美,还有的是因为他们不为您进献食物。这就是不想着知止和知足,一心想要奢侈浮华,既然违背了出巡的本意,怎么能够符合老百姓的期待?隋朝君主从前命令下面的人多进献食品,如果进献食品不充足,就有威刑惩罚。上面人的爱好,下面的人一定变本加厉,争相做没有限度的事情,于是导致了国家灭亡。这不是典籍中记载的,是陛下亲眼所见。因为隋炀帝无道,所以上天命陛下取代他。这就应当谨慎戒惧,每件事情都要减省节约,参照前人的美德,给子孙留下光辉的榜样,为什么今天要甘居人后呢?陛下如果感觉满足,如今的供应不异于已经充足了;如果感觉不满足,即使超过现在的万倍,也还不充足。"唐太宗大惊说:"不是你,我听不到这样的话。从此之后,希望不再发生这样的事。"

【评解】　人的欲望是无穷的,富有四海仍然觉得不满足,这可以说是所有贪婪的统治者走向灭亡的共同特征。

畋猎第三十八

秘书监虞世南以太宗颇好畋猎,上疏谏曰:"臣闻秋狝冬狩①,盖惟恒典;射隼从禽,备乎前诰。伏惟陛下因听览之余辰②,顺天道以杀伐,将欲摧班碎掌③,亲御皮轩④,穷猛兽之窟穴,尽逸材于林薮⑤。夷凶剪暴,以卫黎元,收革擢羽,用充军器,举旗效获⑥,式遵前古。然黄屋之尊⑦,金舆之贵⑧,八方之所仰德,万国之所系心,清道而行,犹戒衔橛⑨。斯盖重慎防微,为社稷也。是以马卿直谏于前⑩,张昭变色于后⑪,臣诚细微,敢忘斯义?且天弧星毕⑫,所殪已多⑬,颁禽赐获⑭,皇恩亦溥。伏愿时息猎车⑮,且韬长戟⑯,不拒刍荛之请,降纳涓浍之流⑰,袒裼徒搏⑱,任之群下,则贻范百王,永光万代。"太宗深嘉其言。

【译文】 秘书监虞世南因为唐太宗非常喜欢打猎,上疏劝谏说:"我听说秋冬时节狩猎,是一贯的制度;追逐射猎飞禽,在前人的告诫中已很详备。我想陛下在处理朝政之余,顺应天道进行杀伐,打算猎杀虎豹熊罴,亲自驾驶着用虎皮装饰的车子,围困洞窟中的猛兽,猎尽森林中的野兽。消灭凶残剪除暴虐,以保卫老百姓,收集皮革拔取羽毛,用于军用器械,举起旌旗收获猎物,这是遵照古人的典制。然而尊为帝王,贵为天子,八方仰慕您的德行,万国之事挂在心头,清扫道路行走,尚且要警惕车马倾覆的危险。这样特别谨慎细微地防备,是为了国家。因此前有汉代司马相如直言劝谏汉武帝,后有三国张昭严肃阻止孙权,我尽管很卑微,但怎敢忘记这个道理?况且天弧星一样的弓箭和密如星辰的网罗,所杀死的已经很多了,分赏给臣属猎物,皇恩也已经很广博。希望能够暂时停止狩猎的车辆,暂且收起长戟,不要拒绝草野之人的请求,俯身采纳低微之人的建议,把脱掉衣服徒手搏斗之事,交给臣下去做,那么就能够给后世的百代君王留下典范,光辉万代永存。"唐太宗非常赞赏他的言论。

【注释】 ①狝(xiǎn):秋天打猎。 ②听览:听朝和浏览奏章,代指处理朝政。 ③摧班碎掌:指猎杀虎豹熊罴。班:同"斑",虎豹等猛兽身上的斑纹、斑点。掌:熊罴等野兽有力的蹄掌。 ④皮轩:用虎皮装饰的车子。 ⑤逸材:健壮有力的野兽或牲畜。 ⑥效获:打猎的收获。 ⑦黄屋:古代帝王专用的黄缯车盖。借指帝王之车或帝王。 ⑧金舆:古代帝王乘坐的黄金装饰的车子。借指帝王之车或帝王。 ⑨衔橛:即"衔橛之变",指车马倾覆的危险,比喻意外发生的事故。　⑩马卿直谏:指汉代司马相如劝谏汉武帝热衷于追逐、与野兽搏斗之事。　⑪张昭变色:指三国时张昭严肃劝谏孙权骑马追逐猛虎之事。　⑫天弧:星名,共九星,形如弓弧,正对着天狼星。毕(bì):掩捕鸟兔的长柄小网。　⑬殪(yì):杀死。　⑭颁:赏赐,分赏。　⑮猎车:帝王等出猎时所乘之车。　⑯韬:收起,束敛。　⑰涓浍:小水流,常比喻地位低微。　⑱袒裼:脱去上衣。

【评解】　唐太宗出身军旅,不难想象他对驰骋田猎的热爱。但人的欲望和嗜好不能没有限度,否则必将为其所累。

谷那律为谏议大夫,尝从太宗出猎,在途遇雨,太宗问曰:"油衣若为得不漏①?"对曰:"能以瓦为之,必不漏矣。"意欲太宗弗数游猎,大被嘉纳。赐帛五十段,加以金带。

【译文】　谷那律为谏议大夫,曾经跟随唐太宗外出打猎,在途中遇到了下雨,唐太宗问他:"雨衣怎样做才能够不漏雨?"谷那律回答说:"如果能用瓦来做,一定不会漏雨。"意思是想要让唐太宗留在宫殿里,不要经常出外打猎,深得唐太宗赞赏并被采纳。赐给他五十段丝帛,还加上一条金带。

【注释】　①油衣:用桐油涂制而成的雨衣。

【评解】　古人说,"良药苦口利于病,忠言逆耳利于行",是要求人们要多听不同的声音,同时看到别人有什么缺点也要坦率地指出来,但是又说,"良言一句三冬暖,恶语伤人六月寒",告诫人们要讲求说话的艺术,要顾及对方的感受。批龙鳞、逆圣听纵然可贵,但像谷那律这样机智地劝谏,也是值得赞赏的。

贞观十一年,太宗谓侍臣曰:"朕昨往怀州,有上封事者云:'何为恒差山东众丁于苑内营造? 即日徭役,似不下隋时。怀、洛以东,残人不堪其命①,而田猎犹数,骄逸之主也。今者复来怀州田猎,忠谏不复至洛阳矣。'四时蒐田②,既是帝王常礼,今日怀州,秋毫不干于百姓。凡上书谏正,自有常准,臣贵有词,主贵能改。如斯诋毁,有似咒诅。"侍中魏征奏称:"国家开直言之路,所以上封事者尤多。陛下亲自披阅,或冀臣言可取,所以侥幸之士得肆其丑。臣谏其君,甚须折衷,从容讽谏。汉元帝尝以酎祭宗庙③,出便门,御楼船,御史大夫薛广德当乘舆免冠曰:'宜从桥。陛下不听臣言,臣自刎,以颈血污车轮,陛下不入庙矣。'元帝不悦。光禄卿张猛进曰:'臣闻主圣臣直,乘船危,就桥安。圣主不乘危④,广德言可听。'元帝曰:'晓人不当如是耶!'乃从桥。以此而言,张猛可谓直臣谏君也。"太宗大悦。

【译文】　贞观十一年(637年),唐太宗对身边侍从的大臣说:"我昨天去怀州,有人上秘密奏章说:'为什么总是差遣山东的百姓在宫苑内从事建造?今日的徭役,似乎不少于隋朝之时。怀州、洛阳以东,残存的百姓连活命都困难,而狩猎活动还是如此频繁,这是个骄奢淫逸的君主啊。如今又来怀州狩猎,忠诚的劝谏没法再传到洛阳了。'四季打猎,已经是帝王固定的礼制,如今在怀州,与百姓秋毫无犯。凡是上书劝谏匡正,自然有固定的规范,臣属贵在有建议,君主贵在能改正。如此诋毁,好像是诅咒一样。"侍中魏征上奏说:"国家开辟直言进谏的道路,所以上秘密奏章的人更多。陛下亲自披阅,或许是希望臣下的建议可取,所以心怀侥幸的人有机会放纵他们的丑行。臣子向君主进谏,特别需要掌握适中的原则,心平气和地进行讽喻劝谏。汉元帝曾经因为要去宗庙祭祀,出了便门,乘坐楼船,御史大夫薛广德挡住皇帝的车子脱掉帽子说:'应当走桥。陛下如果不听我的建议,我就自刎,让脖颈的血弄脏车轮,陛下也不用到宗庙去了。'汉元帝不高兴。光禄卿张猛进言说:'我听说君主圣明则大臣正直,乘船危险,走桥安全。圣明的君主不冒险,薛广德的建议可以听从。'汉元帝说:'劝导人不就应当像张猛这样吗!'于是从桥上过去。因此来说,张猛的做法可以算得上是正直的臣子劝谏君主。"唐太宗非常高兴。

【注释】 ①残人:剩余的百姓。 ②蒐(sōu)田:春季的田猎,也泛指田猎。蒐:春猎。 ③酎祭:献祭,进行祭祀。 ④乘危:登上或踏上危险之地,即冒险。

【评解】 请人帮助也好,劝诫别人也好,都要注意说话的分寸和艺术。否则,如果说话过于莽撞或者不恰当,不但达不到自己的目的,甚至会引起对方的不快。

贞观十四年,太宗幸同州沙苑,亲格猛兽,复晨出夜还。特进魏征奏言:"臣闻《书》美文王不敢盘于游田①,《传》述《虞箴》称夷羿以为戒②。昔汉文临峻坂欲驰下③,袁盎揽辔曰:'圣主不乘危,不侥幸,今陛下骋六飞④,驰不测之山,如有马惊车败,陛下纵欲自轻,奈高庙何?'孝武好格猛兽,相如进谏:'力称乌获,捷言庆忌,人诚有之,兽亦宜然。猝遇逸材之兽,骇不存之地,虽乌获、逢蒙之伎不得用,而枯木朽株尽为难矣。虽万全而无患,然而本非天子所宜。'孝元帝郊泰畤⑤,因留射猎,薛广德称:'窃见关东困极,百姓离灾。今日撞亡秦之钟,歌郑、卫之乐,士卒暴露,从官劳倦,欲安宗庙社稷,何凭河暴虎⑥,未之戒也?'臣窃思此数帝,心岂木石,独不好驰骋之乐?而割情屈己,从臣下之言者,志存为国,不为身也。臣伏闻车驾近出,亲格猛兽,晨往夜还。以万乘之尊,暗行荒野,践深林,涉丰草,甚非万全之计。愿陛下割私情之娱,罢格兽之乐,上为宗庙社稷,下慰群寮兆庶。"太宗曰:"昨日之事偶属尘昏⑦,非故然也,自今深用为诫。"

【译文】 贞观十四年(640年),唐太宗到同州的沙苑,亲自与猛兽搏斗,还早上出去夜里才回来。特进魏征上奏说:"我听说《尚书》中赞美周文王不敢在狩猎时游乐,《左传》中转述《虞箴》的话将后羿作为借鉴。当年汉文帝在陡坡前打算疾驰而下,袁盎抓住马辔头说:'圣明的君主不冒险,不抱侥幸心理,如今陛下驾驶车马,在危险的山上疾驰,如果遇上马惊了或车坏了,陛下即使愿意轻视自己的安危,又怎么对得起高祖呢?'汉武帝喜欢和猛兽格斗,司马相如劝谏说:'乌获可以称得上力气大,庆忌可以称得上跑得快,的确有这样的人,野兽也是这样。如果突然遇到健壮有力的野兽,在难以躲藏的地方惊慌失措,即使有乌获、逢蒙一样的技艺也用不上,而枯木头烂树枝都可能成为羁绊。即使考虑得万分周到而没有忧患,然而这也不是天子应当做的。'汉元帝在南郊祭祀上天,借机停留下来打猎,薛广德说:'我看到关东地区困苦到极点,百姓遭受着灾难。如今撞击灭亡了的秦朝留下的钟,歌唱郑、卫的靡靡之音,士卒暴露于野外,随从的官员疲劳倦怠,想要使国家安定,为什么还要冒险行事,不加警惕呢?'我想这几个皇帝,心难道像木头石头一样,单单不喜欢驰骋田猎的快乐吗?而他们割舍欲望控制自己,听从臣下之言的原因,是心里想着国家,不是为了自身。我听说陛下的车驾近来外出,亲自与猛兽格斗,早上出去晚上才回来。以天子的尊贵,黑夜行走于荒野之中,走过深深的树林,越过茂密的草地,是非常不安全的做法。希望陛下割舍追求个人欲望的娱乐,停止以与野兽格斗的方式来取乐,上为国家着想,下安群臣百姓之心。"唐太宗说:"昨天的事情因为一时糊涂,并非一直这样,从此之后要深深引以为戒。"

【注释】 ①盘:娱乐,欢乐。 ②夷羿:东夷人的首领后羿。 ③峻坂:陡坡。 ④六飞:指皇帝的车马。古代皇帝的车驾六马,疾行如飞,故名。 ⑤郊泰畤:指冬至日帝王在京城南郊祭祀上天的活动。 ⑥凭河暴虎:徒步过河,空手搏虎,比喻冒险行事。 ⑦尘昏:因灰尘蒙蔽而昏暗,借指一时糊涂。

【评解】 "乐极生悲",历史上因不知节制欲望和爱好而丧身亡国的例子比比皆是,如商纣王,春秋时的卫懿公、陈灵公,南北朝时的陈后主等。

贞观十四年,冬十月,太宗将幸栎阳游畋,县丞刘仁轨以收获未毕,非人君顺动之时,诣行所①,上表切谏。太宗遂罢猎,擢拜仁轨新安令。

【译文】 贞观十四年(640年),冬季十月,唐太宗将要到栎阳打猎,县丞刘仁轨因为庄稼还没有收获完毕,不是君主顺天时而行动的时候,到天子所在的地方,上表恳切地劝谏。唐太宗于是停止了打猎,并提拔刘仁轨为新安县令。

【注释】 ①行所:即行在所,天子巡行所到的地方。

【评解】 "不作无益害有益"、"先知稼穑之艰难",这些古训都是告诫统治者在施政中应始终坚持惠民利民的原则,防止因为腐化堕落、危害人民而失掉民心,从而破坏了统治的根基。

灾祥第三十九

贞观六年,太宗谓侍臣曰:"朕比见众议以祥瑞为美事,频有表贺庆。如朕本心,但使天下太平,家给人足,虽无祥瑞,亦可比德于尧、舜。若百姓不足,夷狄内侵,纵有芝草遍街衢,凤凰巢苑囿,亦何异于桀、纣?尝闻石勒时①,有郡吏燃连理木,煮白雉肉吃,岂得称为明主耶?又隋文帝深爱祥瑞,遣秘书监王劭著衣冠②,在朝堂对考使焚香,读《皇隋感瑞经》。旧尝见传说此事,实以为可笑。夫为人君,当须至公理天下,以得万姓之欢心。若尧、舜在上,百姓敬之如天地,爱之如父母,动作兴事,人皆乐之,发号施令,人皆悦之,此是大祥瑞也。自此后诸州所有祥瑞,并不用申奏。"

【译文】 贞观六年(632年),唐太宗对身边侍从的大臣说:"我近来发现大家议论认为出现吉祥的征兆是好事,频繁有人上表庆贺。根据我的本意,只要使天下太平,家家充裕人人富足,即使没有吉祥的征兆出现,德行也可以比得上尧、舜。如果百姓不富足,夷狄侵入内地,纵使灵芝草满街都是,凤凰把巢筑到御花园里,又与桀、纣有什么不同呢?我曾经听说石勒的时候,有个郡中的官吏烧连理木,煮白雉鸡的肉吃,难道石勒称得上明主吗?还有,隋文帝非常喜欢出现吉祥的征兆,派秘书监王劭穿着礼服,在朝廷上对着各地来京的朝集使焚香,朗诵《皇隋感瑞经》。以前曾经听到传说这件事,实在觉得可笑。作为君主,应当用至公之道治理天下,以赢得人民的欢心。就像尧、舜居于帝位的时候,百姓敬重他们如同天地一样,爱戴他们如同父母一样,国家有所举措,人民都很乐意,发号施令,人民都很喜悦,这是最大的吉祥征兆。从今以后各州所出现的吉祥征兆,都不用再上奏。"

【注释】 ①石勒:十六国时后赵的建立者,羯族。 ②衣冠:这里特指礼服。

【评解】 《尚书·泰誓上》中说:"惟人,万物之灵。"以神为中心的神权政治思想,向以人为中心的世俗政治思想转变,这是历史的巨大进步。

贞观八年,陇右山崩,大蛇屡见,山东及江、淮多大水。太宗以问侍臣,秘书监虞世南对曰:"春秋时,梁山崩①,晋侯召伯宗而问焉,对曰：'国主山川，故山崩川竭，君为之不举乐，降服乘缦②，祝币以礼焉③。'梁山，晋所主也。晋侯从之，故得无害。汉文帝元年，齐、楚地二十九山同日崩，水大出，令郡国无来献，施惠于天下，远近欢洽，亦不为灾。后汉灵帝时，青蛇见御座；晋惠帝时，大蛇长三百步，见齐地，经市入朝。按蛇宜在草野，而入市朝，所以为怪耳。今蛇见山泽，盖深山大泽必有龙蛇，亦不足怪。又山东之雨，虽则其常，然阴潜过久④，恐有冤狱，宜断省系囚，庶或当天意。且妖不胜德⑤，修德可以销变。"太宗以为然，因遣使者赈恤饥馁⑥，申理冤讼⑦，多所原宥⑧。

【译文】 贞观八年(634年)，陇右地区发生了山崩，大蛇屡屡出现，山东及江淮地区经常发大水。唐太宗问身边侍从的大臣，秘书监虞世南回答说："春秋的时候，吕梁山发生了山崩，晋国国君招来大夫伯宗进行咨询，伯宗回答说：'国家的命运取决于境内山川的变化，所以山崩河干，国君应因此而不听音乐，脱去上衣乘坐没有文饰的车谢罪，进行用缯帛等做祭品进行祈求免灾的典礼。'吕梁山，是晋国所主祭的大山。晋国国君听从了这个建议，因此没有发生灾祸。汉文帝元年，齐、楚等地的二十九座山同一天发生了山崩，大水汹涌而出，汉文帝下令各个郡国不要再来进献贡品，对天下施行恩惠，远近的人民都很欢乐和洽，也没有发生灾祸。后来汉灵帝时，青蛇出现在皇帝的宝座上；晋惠帝时，大蛇有三百步长，出现在齐地，经过市集而进入朝堂。按说蛇应该在草野之中，而入了集市朝堂，所以可以称为怪事。如今蛇出现在大泽之中，是因为深山大泽中一定有龙蛇，也不足为怪。另外，山东的大雨，虽然是正常的现象，但阴晦幽暗太久，恐怕是有冤屈的案件，应当仔细审问在押的囚犯，也许可以符合天意。况且怪异压不过德行，修养德行可以消除灾变。"唐太宗认为他说得对，于是派遣使者前去赈济、抚恤灾民，使冤案得以昭雪，很多人都被谅情赦罪。

【注释】 ①梁山：吕梁山，春秋时属晋地。 ②降服：脱去上衣以示谢罪。如杜预注《左传·昭公十三年》："王问虋栎，降服而对"说："降服，如今解冠也。谢违命。"乘缦：乘坐没有任何装饰的车。 ③祝币：用缯帛等作为祭品进行祭祀祈祷，是古代帝王祈求免灾的祭祀典礼。 ④阴潜：阴晦幽暗。 ⑤妖：反常、怪异的事物。 ⑥饥馁：饥饿，这里指饥饿的灾民。 ⑦申理：为受冤屈的人昭雪。 ⑧原宥：谅情赦罪。

【评解】 中国古代的灾异谴告之说对于约束封建统治者的行为，防止他们无所忌惮，是具有一定的积极作用的。

贞观八年，有彗星见于南方，长六丈，经百余日乃灭。太宗谓侍臣曰："天见彗星，由朕之不德，政有亏失，是何妖也？"虞世南对曰："昔齐景公时彗星见，公问晏子。晏子对曰：'公穿池沼畏不深，起台榭畏不高，行刑罚畏不重，是以天见彗星，为公戒耳！'景公惧而修德，后十六日而星没。陛下若德政不修,虽麟凤数见,终是无益。但使朝无阙政①,百姓安乐,虽有灾变,何损于德?愿陛下勿以功高古人而自矜大,勿以太平渐久而自骄逸,若能终始如一,彗见未足为忧。"太宗曰:"吾之理国,良无景公之过。但朕年十八便为经纶王业②,北剪刘武周,西平薛举,东擒窦建德、王世充,二十四而天下定,二十九而居大位,四夷降伏,海内乂安。自谓古来英雄拨乱之主无见及者,颇有自矜之意,此吾之过也。上天见变,良为是乎?秦始皇平六国,隋炀帝富有四海,既骄且逸,一朝而败,吾亦何得自骄也?言念于此,不觉惕焉震惧!"魏征进曰:"臣闻自古帝王未有无灾变者,但能修德,灾变自销。陛下因有天变,遂能戒惧,反复思量,深自克责,虽有此变,必不为灾也。"

【译文】 贞观八年(634年),有彗星出现在南方,长有六丈,过了一百多天才消失。唐太宗对身边侍从的大臣说:"天空出现了彗星,是因为我没有修养好德行,治理国家有所不足和过失,这个异常现象预示着什么?"虞世南回答说:"从前齐景公的时候有彗星出现,齐景公向晏子咨询。晏子回答说:'您挖掘池沼怕不深,建造台榭怕不高,实施刑罚怕不重,所以天空出现了彗星,对您提出警告啊!'齐景公害怕了而开始修养德行,十六天之后彗星消失了。如果陛下不修行德政,即使有麒麟、凤凰屡屡出现,最终也是没有用处的。只要使朝廷施政没有弊端,百姓安居乐业,即使有灾异变化,对德行又有什么损伤呢?希望陛下不要因为功劳高过古人而自高自大,不要因为天下已经太平很久了而自己变得骄奢淫逸,如果能够始终如一,彗星出现也不足以成为让人感到忧虑的事情。"唐太宗说:"我治理国家,的确没有齐景公那样的过错。但我十八岁开始就为了帝王之业而筹划经营,在北方剪除了刘武周,在西方平定了薛举,在东方擒获了窦建德和王世充,二十四岁的时候天下平定,二十九岁时登上帝位,四方的民族都归降顺服,海内安定祥和。我自己以为自古以来的英雄和平定乱世的君主还没有比得上我的,颇有一些自高自大的感觉,这是我的过错。上天出现反常现象,真是为此吗?秦始皇平定六国,隋炀帝富有四海,既骄横又放纵,不久就失败了,我又有什么可以自我骄傲的呢?话说到这里,不觉大为惶恐惊惧!"魏征进言说:"我听说自古以来的帝王没有从未遇到过灾变的,只要能够修养德行,灾变自然消失。陛下因为天上有反常现象,于是能够警惕恐惧,反复思考,深深地自我责备,虽然有这个反常现象,一定不会成为灾祸。"

【注释】 ①阙政:有缺陷或弊病的政治措施。 ②经纶:原意为整理丝缕、理出丝绪和编丝成绳,引申为筹划治理国家大事。

【评解】 我国上古文献《尚书·高宗肜日》认为"天既孚命正厥德。"即上天给予命令以端正其德行。从西周时统治者就认为,修养好自己的德行,是取得上天眷顾的重要前提,因此提出了"以德配天"、"修德配命"、"敬德保民"等进步思想。

贞观十一年,大雨,谷水溢①,冲洛城门,入洛阳宫,平地五尺,毁宫寺十九②,所漂七百余家③。太宗谓侍臣曰:"朕之不德,皇天降灾。将由视听弗明,刑罚失度,遂使阴阳舛谬④,雨水乖常。矜物罪己,载怀忧惕。朕又何情独甘滋味?可令尚食断肉料⑤,进蔬食。文武百官各上封事,极言得失。"中书侍郎岑文本上封事曰:

臣闻开拨乱之业,其功既难;守已成之基,其道不易。故居安思危,所以定其业也;有始有卒,所以崇其基也。今虽亿兆义安,方隅宁谧⑥,既承丧乱之后,又接凋弊之余,户口减损尚多,田畴垦辟犹少。覆焘之恩著矣⑦,而疮痍未复;德教之风被矣,而资产屡空。是以古人譬之种树,年祀绵远⑧,则枝叶扶疏⑨;若种之日浅,根本未固,虽壅之以黑坟⑩,暖之以春日,一人摇之,必致枯槁。今之百姓,颇类于此。常加含养,则日就滋息;暂有征役,则随日凋耗;凋耗既甚,则人不聊生;人不聊生,则怨气充塞;怨气充塞,则离叛之心生矣。故帝舜曰:"可爱非君?可畏非民?"孔安国曰:"人以君为命,故可爱。君失道,人叛之,故可畏。"仲尼曰:"君犹舟也,人犹水也。水所以载舟,亦所以覆舟。"是以古之哲王虽休勿休,日慎一日者,良为此也。

伏惟陛下览古今之事,察安危之机,上以社稷为重,下以亿兆在念。明选举,慎赏罚,进贤才,退不肖。闻过即改,从谏如流。为善在于不疑,出令期于必信。颐神养性⑪,省游畋之娱;去奢从俭,减工役之费⑫。务静方内,而不求辟土;载橐弓矢⑬,而不忘武备。凡此数者,虽为国之恒道,陛下之所常行。臣之愚昧,惟愿陛下思而不怠,则至道之美与三、五比隆,亿载之祚与天地长久。虽使桑穀为妖⑭,龙蛇作孽,雊雉于鼎耳⑮,石言于晋地⑯,犹当转祸为福,变灾为祥,况雨水之患,阴阳恒理,岂可谓天谴而系圣心哉?臣闻古人有言:"农夫劳而君子养焉,愚者言而智者择焉。"辄陈狂瞽,伏待斧钺。

太宗深纳其言。

【译文】　贞观十一年(637年),天降大雨,谷水溢出,冲坏了洛阳城门,进入洛阳宫,平地水深五尺,毁坏宫殿和官署十九处,冲毁民居七百多家。唐太宗对身边侍从的大臣说:"我没有德行,皇天降下灾祸。可能是由于我视听不明,刑罚失度,于是阴阳错乱,雨水违背常情。哀怜百姓责怪自己,心中既忧虑又恐惧。

我又怎么能够吃得下美味？应当让掌管我饮食的部门断绝肉食,只进奉蔬菜。文武百官每人上密封的奏章,竭力陈说政事的得失。"中书侍郎岑文本上秘密奏章说:

我听说开创平定乱世的基业,取得成功已经很困难;守住已经成功的基业,做起来更加不容易。因此居安思危,是为了稳定基业;有始有终,是为了加厚根基。如今虽然百姓生活安定,边境平安无事,但现在既是刚刚经过了社会混乱,又承接了隋末延续下来的萧条局面,人口大量减少,田地很少开垦。所施的恩惠已经很显著了,但战乱的创伤还没有平复;德政教化的风气已经延及很广了,但财产还很匮乏。所以古人用种树进行比喻,年岁久远,那么枝叶就繁茂;如果种的时间不长,根本还没有稳固,虽然将肥沃的黑土培在树根,用春日的阳光使其温暖,若有一个人去摇晃它,也一定会导致树木干枯。如今的百姓,与这很相似。一直加以宽待养育,那么就会不断繁衍增加;一旦有征发役使,那么就会日渐凋敝损失;凋敝损失已经严重,那么就会民不聊生;民不聊生,那么就充满怨气;充满怨气,那么就会产生背离叛逆之心。所以帝舜说:"可以爱戴的难道不是国君吗？可以敬畏的难道不是老百姓吗？"孔安国说:"人民把国君当做生命的依靠,所以值得爱戴。君主无道,人民背叛他,所以值得敬畏。"孔子说:"君主就像舟一样,人民就像水一样。水可以承载起舟,也可以倾覆舟。"所以古代圣明的君主即使有值得赞美的地方也不会自夸,一天比一天更谨慎,实在是由于这个原因啊。

希望陛下能多浏览一些古往今来的事迹,考察国家安危的关键,上以社稷为重,下以万民为念。明确人才选拔的制度,谨慎地赏罚,进用贤良的人才,黜退无才无德之辈。听到别人提出自己的过错马上改正,采纳别人的劝谏如同水流一样顺畅。做好事遵循不犹豫的原则,发号令要追求一定言而有信。保养精神元气,减少出游打猎的娱乐;去掉奢侈行为,遵循节俭的原则,减少土木工程的花费。要追求国内的安定,而不去追求开拓疆土;收藏起弓箭等武器,但不要忘记了武备。以上数条,虽然是治国的一般法则,也是陛下经常实行的,但以微臣的愚昧,还是希望陛下经常思考而不懈怠,那么最好的政治制度的完善程度就可以与三皇五帝比高,亿万年的福运就可以像天地一样长久。即使桑树和榖树生长异常,龙蛇兴妖作怪,雉鸡在鼎耳上鸣叫,石头在晋国说话,也应当能够变灾祸为福祉,变灾祸为吉祥,况且雨水带来灾害,是阴阳变化的正常情况,怎么能够把它当做上天的谴告而记在您心里呢？我听说古人说过:"农夫劳作而君子保养,愚者进言而智者选择。"妄自陈述愚昧无知之见,卑恭地等待承受刑戮惩戒。

唐太宗深切赞同并采纳了他的建议。

【注释】　①谷水:洛水的支流,出渑池流经洛阳。　②宫寺:皇宫和官署。　③漂:冲走,冲毁。　④舛谬:错乱。　⑤尚食:掌管帝王饮食的官署。　⑥方隅:四方和四隅,即边疆。　⑦覆焘:即"覆帱",覆被,覆盖。比喻施恩,加惠。　⑧年祀:年岁。　⑨扶疏:树木枝叶繁茂。　⑩壅：在植物根部培土或施肥。黑坟(fèn)：肥沃的黑土。如《尚书·禹贡》有："厥土黑坟，厥草惟繇。"毛传曰："色黑而坟起。"陆德明《释文》引马融曰："(坟)有膏肥也。"坟：土质肥沃。　⑪颐神养性：保养精神元气。　⑫工役：土木工程。　⑬载櫜(gāo)：收藏起。櫜：收藏弓矢、盔甲的袋子，引申为收藏。　⑭桑穀为妖：桑穀，两种树木的名字，古人迷信认为桑穀生于朝为不祥。如《尚书·咸有一德》附《〈亡书〉序》有："伊陟相大戊，亳有祥，桑穀共生于朝。"孔颖达疏曰："桑穀二木，共生于朝。朝非生木之处，是为不善之征。"　⑮雉雊于鼎耳：据《史记·殷本纪》记载："帝武丁祭成汤，明日，有飞雉登鼎耳而呴，武丁惧。祖己曰：'王勿忧，先修政事。'……武丁修政行德，天下咸驩，殷道复兴。"雊：雉鸣叫。　⑯石言于晋地：《左传·昭公八年》记载："八年春，石言于晋魏榆。晋侯问于师旷曰：'石何故言？'对曰：'石不能言，或冯焉。不然，民听滥也。抑臣又闻之曰：作事不时，怨讟动于民，则有非言之物而言。今宫室崇侈，民力凋尽，怨讟并作，莫保其性。石言，不亦宜乎？'于是晋侯方筑虒祁之宫。"

【评解】　灾异谴告虽然与科学不符，但却能够为至尊无上的统治者不时提供一些反思自身言行的机会，从而使他们在国家治理过程中不至于偏离正道太远。

慎终第四十

贞观五年,太宗谓侍臣曰:"自古帝王亦不能常化,假令内安,必有外扰。当今远夷率服,百谷丰稔,盗贼不作,内外宁静。此非朕一人之力,实由公等共相匡辅。然安不忘危,治不忘乱,虽知今日无事,亦须思其终始。常得如此,始是可贵也。"魏征对曰:"自古已来,元首股肱不能备具,或时君称圣,臣即不贤;或遇贤臣,即无圣主。今陛下明,所以致治。向若直有贤臣①,而君不思化,亦无所益。天下今虽太平,臣等犹未以为喜,惟愿陛下居安思危,孜孜不怠耳!"

【译文】 贞观五年(631年),唐太宗对身边侍从的大臣说:"自古以来帝王也不能够永远保持太平的局面,假如内部安定,一定会有来自外部的侵扰。如今远方的民族都来臣服,粮食丰收,盗贼没有出现,内外宁静。这不是我一个人的力量,实在是你们一起匡正辅佐的结果。但是安定的时候不忘记危险,有序的时候不忘记混乱,虽然了解今天的形势,也应当思考如何保持下去。一直这样,才称得上可贵。"魏征回答说:"自古以来,君主和大臣不能同时达到完美,有的当时的君主称得上圣明,但大臣却不贤良;有的出现了贤良的大臣,却没有圣明的君主。如今陛下圣明,所以能够将国家治理得井井有条。假如碰巧有贤良的大臣,但君主不考虑教化百姓,也是没有用处的。天下如今虽然太平,我们也还没有认为可以高兴,希望陛下居安思危,孜孜不倦啊!"

【注释】 ①向若:假如。直:遇,逢。

【评解】 居安思危无论是对于个人、家庭、还是国家来说,都是一条重要的准则。

贞观六年,太宗谓侍臣曰:"自古人君为善者,多不能坚守其事。汉高祖,泗上一亭长耳,初能拯危诛暴,以成帝业,然更延十数年,纵逸之败,亦不可保。何以知之?孝惠为嫡嗣之重①,温恭仁孝,而高帝惑于爱姬之子,欲行废立;萧何、韩信功业既高,萧既妄系,韩亦滥黜,自余功臣黥布之辈惧而不安,至于反逆。君臣父子之间悖谬若此,岂非难保之明验也?朕所以不敢恃天下之安,每思危亡以自戒惧,用保其终。"

【译文】 贞观六年(632年),唐太宗对身边侍从的大臣说:"自古以来君主追求善德善行的,大多不能够坚持到底。汉高祖,只不过是泗水岸边的一个亭长罢了,最初的时候能够拯救危难征伐暴虐,因此成就了帝业,然而再过了十几年,放纵欲望导致的失败,也让他没能将美德保持到最后。怎么得出这个结论呢?汉惠帝居于嫡长子的重要地位,温和、谦恭、仁慈、孝敬,然而汉高祖被所宠爱的姬妾的儿子所迷惑,打算废黜太子并重新立太子;萧何、韩信的功勋业绩已经很高了,萧何被无端囚禁,韩信也被随意贬黜,其余功臣如黥布等人恐惧不安,以至于反叛。君臣父子之间如此背礼荒谬,难道不是善德难以保持的明证吗?我之所以不敢自恃天下安定,经常考虑到危险和灭亡来让自己警惕和畏惧,就是为了能够保持到最后。"

【注释】 ①嫡嗣:嫡长子,皇位继承人。

【评解】 有句谚语说:谁笑到最后,谁笑得最好。但能够做到善始善终,的确需要毅力,尤其是对于权力至高无上的封建君主来说,因为缺乏外在的约束力量,更是一件困难的事情。

贞观九年,太宗谓公卿曰:"朕端拱无为,四夷咸服,岂朕一人之所致?实赖诸公之力耳!当思善始令终,永固鸿业,子子孙孙,递相辅翼。使丰功厚利施于来叶①,令数百年后读我国史,鸿勋茂业粲然可观②,岂惟称隆周、炎汉及建武、永平故事而已哉③!"房玄龄因进曰:"陛下拊挹之志④,推功群下,致理升平,本关圣德,臣下何力之有?惟愿陛下有始有卒,则天下永赖。"太宗又曰:"朕观古先拨乱之主皆年逾四十,惟光武年三十三。但朕年十八便举兵,年二十四定天下,年二十九升为天子,此则武胜于古也。少从戎旅,不暇读书,贞观以来,手不释卷,知风化之本,见政理之源。行之数年,天下大治而风移俗变,子孝臣忠,此又文过于古也。昔周、秦以降,戎狄内侵,今戎狄稽颡⑤,皆为臣妾⑥,此又怀远胜古也。此三者,朕何德以堪之?既有此功业,何得不善始慎终耶!"

【译文】 贞观九年(635年),唐太宗对公卿说:"我实行无为而治,四方的民族都归服了,难道是我一个人做到的吗?的确是依赖大家之力啊!我们应当考虑善始善终,永远使这伟大的基业稳固,子子孙孙,一代代地相互辅佐帮助。让巨大的功业丰厚的利益延及后代,让人几百年后读我朝的历史,巨大的功勋宏大的事业清晰可见,难道只称道强盛的周朝、兴旺的汉朝以及汉光武帝、汉明帝时候的往事吗!"房玄龄于是进言说:"陛下内心谦虚,把功劳推给众臣下,国家实现安定有序,本来是与您的德行直接相关,我们出了什么力了呢?希望陛下有始有终,那么就会成为天下永远的依靠。"唐太宗又说:"我看古代那些平定乱世的君主都超过四十岁,只有汉光武帝刘秀三十三岁。但我十八岁就起兵,二十四岁平定天下,二十九岁做了天子,这是在武功上胜过古人。我年轻时就在军队中,没有时间读书,贞观初年以来,手不释卷,以明白社会风气教化的根本,发现国家实现有序的根源。这样坚持了几年,天下治理得非常有序并且实现了移风易俗,儿子孝敬臣子忠心,这又是文德胜过古人。秦、汉之后,北方的民族侵入内地,如今北方的民族都诚心臣服,都成为藩属,又是在安抚远方上胜过古人。这三个方面,我有什么德行来担当?既然有了这样的功业,怎么能够不善始慎终呢!"

【注释】　①来叶:后代。　②粲然:明白貌,明亮貌。　③隆周:强盛的周朝。炎汉:汉代自称以火德王,故称炎汉。建武:这一年号历史上多次被使用,这里指汉光武帝刘秀的年号。永平:汉明帝的年号。　④拗抑:谦让,谦逊。　⑤稽颡:古代一种跪拜礼,屈膝下拜,以额触地,表示极度的虔诚。　⑥臣妾:古时对奴隶的称谓,男曰臣,女曰妾,后泛指统治者所役使的民众和藩属。

【评解】　从这段对话可以看出,唐太宗虽然口头谦虚,内心中却是志得意满的。

贞观十二年,太宗谓侍臣曰:"朕读书见前王善事,皆力行而不倦,其所任用公辈数人,诚以为贤。然致理比于三、五之代,犹为不逮,何也?"魏征对曰:"今四夷宾服,天下无事,诚旷古所未有。然自古帝王初即位者,皆欲励精为政,比迹于尧、舜;及其安乐也,则骄奢放逸,莫能终其善。人臣初见任用者,皆欲匡主济时,追纵于稷、契①;及其富贵也,则思苟全官爵,莫能尽其忠节。若使君臣常无懈怠,各保其终,则天下无忧不理,自可超迈前古也。"太宗曰:"诚如卿言。"

【译文】　贞观十二年(638年),唐太宗对身边侍从的大臣说:"我读书看到前代君主做过的好事,都以他们为榜样力行不倦,所任用的你们这几个人,确实认为都是贤臣。但是国家治理所达到的成就同三皇五帝时代比起来,还是赶不上,为什么呢?"魏征回答说:"如今四方民族归服,天下太平无事,的确是自古所没有的。然而自古以来帝王刚刚登上帝位的,都打算振奋精神治理国家,做出的事可以同尧舜相比;等到安定和乐了之后,就骄奢淫逸,不能将他们的善行坚持到最后。做臣子的刚见到任用他的人,都打算匡扶君主拯救时世,效法后稷和契;等到富贵之后,则考虑苟且保全官爵,不能将他们忠诚的节操保持到最后。如果能够使君臣永远都不懈怠,各自保持到最后,那么就不用忧虑天下治理不好了,自然可以超越前人。"唐太宗说:"的确像你说的这样。"

【注释】　①追纵:追随,效法。纵,同"踪"。

【评解】　国家治理需要上下同心合力,因此魏征认为君臣都要善始善终。

贞观十三年，魏征恐太宗不能克终俭约，近岁颇好奢纵，上疏谏曰：

臣观自古帝王受图定鼎，皆欲传之万代，贻厥孙谋。故其垂拱岩廊①，布政天下。其语道也，必先淳朴而抑浮华；其论人也，必贵忠良而鄙邪佞；言制度也，则绝奢靡而崇俭约；谈物产也，则重谷帛而贱珍奇。然受命之初，皆遵之以成治；稍安之后，多反之而败俗。其故何哉？岂不以居万乘之尊，有四海之富，出言而莫己逆，所为而人必从，公道溺于私情，礼节亏于嗜欲故也？语曰："非知之难，行之为难；非行之难，终之斯难。"所言信矣。

伏惟陛下年甫弱冠，大拯横流②，削平区宇，肇开帝业。贞观之初，时方克壮，抑损嗜欲，躬行节俭，内外康宁，遂臻至治。论功则汤、武不足方，语德则尧、舜未为远。臣自擢居左右，十有余年，每侍帷幄，屡奉明旨。常许仁义之道，守之而不失；俭约之志，终始而不渝。一言兴邦，斯之谓也。德音在耳，敢忘之乎？而顷年以来，稍乖曩志，敦朴之理，渐不克终。谨以所闻，列之于左：

陛下贞观之初，无为无欲，清静之化，远被遐荒。考之于今，其风渐坠，听言则远超于上圣，论事则未逾于中主。何以言之？汉文、晋武俱非上哲，汉文辞千里之马，晋武焚雉头之裘。今则求骏马于万里，市珍奇于域外，取怪于道路③，见轻于戎狄，此其渐不克终一也。

昔子贡问理人于孔子④，孔子曰："懔乎，若朽索之驭六马。"子贡曰："何其畏哉？"子曰："不以道导之，则吾仇也，若何其无畏？"故《书》曰："民惟邦本，本固邦宁⑤。"为人上者，奈何不敬？陛下贞观之始，视人如伤，恤其勤劳，爱民犹子，每存简约，无所营为。顷年以来，意在奢纵，忽忘卑俭，轻用人力，乃云："百姓无事则骄逸，劳役则易使。"自古以来，未有由百姓逸乐而致倾败者也，何有逆畏其骄逸而故欲劳役者哉？恐非兴邦之至言，岂安人之长算？此其渐不克终二也。

陛下贞观之初，损己以利物，至于今日，纵欲以劳人，卑俭之迹岁改，骄侈之情日异。虽忧人之言不绝于口，而乐身之事实切于心。或时欲有所营，虑人致谏，乃云："若不为此，不便我身。"人臣之情，何可复争？此直意在杜谏者之口，岂曰择善而行者乎？此其渐不克终三也。

立身成败，在于所染，兰芷鲍鱼⑥，与之俱化，慎乎所习，不可不思。陛下贞观之初，砥砺名节，不私于物，惟善是与，亲爱君子，疏斥小人。今则不然,轻亵小人⑦,礼重君子。重君子也,敬而远之;轻小人也,狎而近之。近之则不见其非,远之则莫知其是。莫知其是,则不闻而自疏;不见其非,则有时而自昵。昵近小人,非致理之道;疏远君子,岂兴邦之义?此其渐不克终四也。

《书》曰:"不作无益害有益,功乃成;不贵异物贱用物,人乃足。犬马非其土性不畜,珍禽奇兽弗育于国。"陛下贞观之初,动遵尧、舜,捐金抵璧⑧,反朴还淳。顷年以来,好尚奇异,难得之货,无远不臻;珍玩之作,无时能止。上好奢靡而望下敦朴,未之有也。末作滋兴⑨,而求丰实,其不可得亦已明矣。此其渐不克终五也。

贞观之初,求贤如渴,善人所举,信而任之,取其所长,恒恐不及。近岁以来,由心好恶,或众善举而用之,或一人毁而弃之;或积年任而用之,或一朝疑而远之。夫行有素履,事有成迹,所毁之人,未必可信于所举,积年之行,不应顿失于一朝。君子之怀,蹈仁义而弘大德;小人之性,好谗佞以为身谋。陛下不审察其根源,而轻为之臧否⑩,是使守道者日疏,干求者日进⑪。所以人思苟免,莫能尽力。此其渐不克终六也。

陛下初登大位,高居深视,事惟清静,心无嗜欲,内除毕弋之物⑫,外绝畋猎之源。数载之后,不能固志,虽无十旬之逸⑬,或过三驱之礼。遂使盘游之娱,见讥于百姓,鹰犬之贡,远及于四夷。或时教习之处⑭,道路遥远,侵晨而出⑮,入夜方还。以驰骋为欢,莫虑不虞之变,事之不测,其可救乎?此其渐不克终七也。

孔子曰:"君使臣以礼,臣事君以忠⑯。"然则君之待臣,义不可薄。陛下初践大位,敬以接下,君恩下流,臣情上达,咸思竭力,心无所隐。顷年以来,多所忽略。或外官充使,奏事入朝,思睹阙庭⑰,将陈所见,欲言则颜色不接,欲请又恩礼不加,间因所短,诘其细过,虽有聪辩之略,莫能申其忠款。而望上下同心,君臣交泰⑱,不亦难乎?此其渐不克终八也。

"傲不可长,欲不可纵,乐不可极,志不可满⑲。"四者,前王所以致福,通贤以为深诫。陛下贞观之初,孜孜不怠,屈己从人,恒若不足。顷年以来,微有矜放,恃功业之大,意蔑前王,负圣智之明,心轻当代,此傲之长也。欲有所为,皆取遂意,纵或抑情从谏,终是不能忘怀,此欲之纵也。志在嬉游,情无厌倦,虽未全妨政事,不复专心治道,此乐将极也。率土义安,四夷款服,仍远劳士马,问罪遐裔⑳,此志将满也。

亲狎者阿旨而不肯言,疏远者畏威而莫敢谏,积而不已,将亏圣德。此其渐不克终九也。

昔陶唐、成汤之时,非无灾患,而称其圣德者,以其有始有终,无为无欲,遇灾则极其忧勤,时安则不骄不逸故也。贞观之初,频年霜旱,畿内户口并就关外,携负老幼,来往数年,曾无一户逃亡,一人怨苦,此诚由识陛下矜育之怀,所以至死无携贰㉑。顷年已来,疲于徭役,关中之人,劳弊尤甚。杂匠之徒,下日悉留和雇㉒;正兵之辈,上番多别驱使㉓。和市之物不绝于乡间㉔,递送之夫相继于道路。既有所弊,易为惊扰,脱因水旱㉕,谷麦不收,恐百姓之心,不能如前日之宁帖。此其渐不克终十也。

臣闻"祸福无门,唯人所召","人无衅焉㉖,妖不妄作"。伏惟陛下统天御宇十有三年,道洽寰中,威加海外,年谷丰稔,礼教聿兴㉗,比屋喻于可封㉘,菽粟同于水火。暨乎今岁,天灾流行。炎气致旱,乃远被于郡国;凶丑作孽,忽近起于毂下㉙。夫天何言哉?垂象示诫,斯诚陛下惊惧之辰,忧勤之日也。若见诫而惧,择善而从,同周文之小心,追殷汤之罪己。前王所以致理者,勤而行之;今时所以败德者,思而改之。与物更新,易人视听,则宝祚无疆,普天幸甚,何祸败之有乎?然则社稷安危,国家治乱,在于一人而已。当今太平之基,既崇极天之峻;九仞之积,犹亏一篑之功。千载休期㉚,时难再得,明主可为而不为,微臣所以郁结而长叹者也㉛。

臣诚愚鄙,不达事机,略举所见十条,辄以上闻圣听㉜。伏愿陛下采臣狂瞽之言,参以刍荛之议,冀千虑一得,衮职有补㉝,则死日生年,甘从斧钺。

疏奏,太宗谓征曰:"人臣事主,顺旨甚易,忤情尤难。公作朕耳目股肱,常论思献纳。朕今闻过能改,庶几克终善事。若违此言,更何颜与公相见?复欲何方以理天下?自得公疏,反复研寻,深觉词强理直,遂列为屏障㉞,朝夕瞻仰。又寻付史司,冀千载之下识君臣之义。"乃赐征黄金十斤,厩马二匹。

【译文】 贞观十三年(639年),魏征怕唐太宗不能够把俭朴节约的美德保持到最后,近年来非常喜欢奢侈放纵,上疏劝谏说:

我看自古以来的帝王顺应天命建立国家,都打算将其传承万代,以给后代留下顺应天下人心的谋略。所以他们在朝廷上垂衣拱手,对天下进行治理。他们说到治国之道,一定是重视淳朴而抑制浮华;他们对人进行评价,一定是敬重忠良而鄙视邪佞；他们谈论制度，则是杜绝奢靡而崇尚俭约；他们提到物产，则是看重粮食布帛而轻视奇珍异宝。然而登上帝位之初，都会遵照这些规则并实现社会的稳定有序；国家稍微安定之后，大多都违背了这些规则而败坏了社会风气。这是为什么呢？难道不是因为居于国家至尊，拥有天下财富，说出话来不允许别人违逆，做出事来就让人一定要顺从，至公之道被个人私情所淹没，礼仪规矩被爱好欲望所损伤的缘故吗？有人说："明白道理并不难，实行起来却困难；实行起来并不难，坚持到底最困难。"这句话说得很对啊。

陛下刚刚二十岁的时候，就大力挽救天下的动乱，平定天下，开创帝业。贞观初年，陛下正当身体强壮，抑制爱好和欲望，亲自厉行节俭，国家内外安定，于是实现了大治。论功业则商汤、周武王不足以与您相提并论，论德行则与尧、舜相差也不远。我自从被选拔为陛下身边的近臣，已经十多年了，每次在朝廷上侍从，屡屡接受英明的旨意。陛下常常赞同仁义之道，要坚决遵循而不偏离；俭朴节约的志向，自始至终不会背弃。一句话可以使国家兴盛，说的就是这种情况。善言还在耳边，难道敢忘记吗？但近年来，陛下与从前的志向稍稍有些偏离，敦厚朴实的原则，渐渐变得无法保持到最后。谨根据我所听到的情况，陈述于下：

贞观初年，陛下无为无欲，清简的教化，远及偏远荒僻之地。考察今天的情况，这种风气渐渐丧失，听您说话远远超过最圣明的圣人，如果论及您的所作所为则并不比一般的君主高明。为什么这样说呢？汉文帝、晋武帝都不是最圣明的君主，汉文帝拒绝接受千里马，晋武帝烧掉雉鸡头上的羽毛做的裘装。如今您却向千里之外搜求骏马，到国外去求购奇珍异宝，让众人感到奇怪，被外族所轻视，这是渐渐无法保持到最后的第一个表现。

当初子贡向孔子请教如何治理百姓，孔子说："要谨慎戒惧，像用腐朽的绳索驾驭六匹马拉的车一样。"子贡说："为什么要这样恐惧呢？"孔子说："如果不用道义对老百姓实行引导，老百姓就会成为我的仇敌，怎么会不感到恐惧呢？"所以《尚书》中说："老百姓是国家的根本，根本稳固国家就安宁。"作为人民的君主为什么不恭敬谨慎呢？贞观初年，陛下对待人民就像对待伤病者一样体贴，体恤他们的勤恳辛劳，爱护人民就如同对待自己的子女一样，经常心存简约，不进行宫室的建造。近年来，陛下心中追求奢侈放逸，忽略忘记了谦卑节俭，随意地驱使人民，还说："老百姓没有事情做就会骄纵安逸，让他们出劳力当差服役他们就容易驱使。"自古以来，没有因为老百姓安逸快乐而导致国家灭亡的，又怎么有反而他们骄纵安逸而故意劳累役使他们的呢？这恐怕不是能使国家兴旺的高明言论，难道是安定人民的长远打算吗？这是渐渐无法保持到最后的第二个表现。

贞观初年，陛下克制自己而追求有利于百姓，到了今天，却放纵自己的欲望而劳累人民，谦卑节俭的做法每年都在改变，骄纵奢侈的心理每天都有新变化。虽然忧虑人民的话不绝于口，但使自己身体安乐的事情的确切实地记在心里。有时打算要进行建造，怕有人劝谏，于是说："如果不做这件事，我自己感到有所不便。"从做臣子的情感考虑,怎么能够再争论呢?这样说的意图只是为了制止劝谏者说话,怎么能说是选择善言而遵照实行呢?这是渐渐无法保持到最后的第三个表现。

为人处世的成败,在于周围环境的熏染,接触香草还是鲍鱼,都会被熏染而与它们具有同样的气味,对于习染要非常谨慎,这个道理不能不思考。贞观初年,陛下努力修养节操,对人没有偏私,只接近有德行的人,亲近、喜爱君子,疏远、排斥小人。如今则不一样,轻慢小人,礼重君子。重视君子,对他们敬而远之;轻视小人,却亲近地接近他们。接近了就看不到他们的错误,远离了就不了解他们的正确。不了解他们的正确,那么不用离间就会自然疏远;看不到他们的错误,那么有时自己就会主动去亲近他们。亲近小人,不是实现国家治理目标的途径,疏远君子,难道是使国家兴旺的道理吗?这是渐渐无法保持到最后的第四个表现。

《尚书》中说:"不做没有用处的事情来危害有用的事情,于是能够成功;不因看重奇异的物品而轻视日常的用品,于是人民富足。犬马的本性不适宜本地的自然条件则不豢养,珍禽异兽不要养在国都之中。"贞观初年,陛下行动遵循尧舜之道,抛弃黄金扔掉玉璧,返归素朴回归淳厚。近年来,您喜欢奇异的东西,难得的物品,无论多远都要寻到;珍贵的玩赏物的制作,没有一刻停止。上面喜欢奢侈浮华而期望下面敦厚淳朴,从来没有这样的事情。奢侈用品的制作和流通繁荣,而追求国家富足,无法实现也是很明显的。这是渐渐无法保持到最后的第五个表现。

贞观初年,陛下求贤若渴,爱惜别人举荐的人,相信并且任用他们,择取别人的长处,唯恐做得不够。近年来,您根据内心的好恶,有的因众人称善而被任用,可能因一人诋毁而被抛弃;有的连年得到信任并被任用,可能因一旦怀疑而被疏远。行为有一贯的方式表现,做事有确定的结果,进行诋毁的人,未必比举荐的人更可信,连年以来做的事情,不能突然在一朝而被抹杀。君子的胸怀,是按照仁义的要求行动并弘扬大的德行;小人的性情,是喜欢进谗言和谄媚奸佞以为自己打算。陛下不仔细考察其根源,而轻易地对人物进行评价,这会使遵循道义的人日益疏远,追求功名利禄的人日益被进用。因此人如果考虑苟且使自身免祸,就不能竭尽全力。这是渐渐地无法保持到最后的第六个表现。

陛下刚刚登上帝位的时候,高瞻远瞩、深谋远虑,做事只追求清静简约,心里没有爱好欲望,在宫内清除各种打猎的用具,在外面杜绝打猎的根源。几年之后,就不能够再坚守这个意志,虽然没有像太康那样长时间地游乐,但或许也已经超过了三驱的礼节。于是使得游猎的娱乐,被老百姓所讥讽,鹰犬作为贡品,由偏远的四方各少数民族进贡过来。有时狩猎的场所,道路遥远,拂晓出去,夜里才能够回来。把纵马驰骋当做欢乐,不考虑可能会出现意想不到的变故,真要出了意想不到的事情,还可以挽救吗?这是渐渐无法保持到最后的第七个表现。

孔子说:"国君根据礼节来使用臣属,臣下忠诚地侍奉国君。"既然这样,那么君主对待臣属,礼义是不能忽视的。陛下刚登上帝位时,恭敬地对待臣下,君主的恩德向下流布,臣子的忠心向上传达,都想着能够竭心尽力,心里没有任何隐藏。近年来,对此却多有忽略。有时外地的官员充当使节,到朝廷上陈奏事情,想着见到天子,将要陈奏自己的意见,他们想要说话您不能和颜悦色对待,想有所请求您又不能施以恩惠和礼遇,或者因为他们的缺点,责备他们细微的过错,他们虽然有高明而有见识的谋略,也不能表达他们的忠心。这样期望上下同心,君臣和谐,不是很困难吗?这是渐渐无法保持到最后的第八个表现。

"骄傲不能产生,欲望不能放纵,欢乐不能无度,心志不能自满。"这四条,前代的君王用它赢得福祉,通达贤能的人将其作为深刻的警诫。贞观初年,陛下孜孜不倦,委屈自己顺从人民,常常像做得还不够一样。近年来,稍微有些骄傲放纵,自恃功劳业绩很大,心里蔑视前代的帝王,自负智识高明,心里轻视同时代的人,这是骄傲产生了。打算做事情,都取决于是否符合自己的意愿,即使有时抑制自己的情感接受劝谏,终究不能忘怀,这是欲望放纵了。内心追求娱乐游玩,在感情上没有厌倦,虽然没有完全妨碍政事的处理,也不能够专心思考国家的治理之道,这是欢乐将要无度。国内安定,四方臣服,仍然不顾路途遥远使人马困乏劳累,到边远之地去兴师问罪,这是心志将要自满。亲近的人顺从旨意而不肯言语,疏远的人畏惧威严而不敢进谏,不断累积,将要损害陛下的德行。这是渐渐无法保持到最后的第九个表现。

从前唐尧、商汤的时候,国家不是没有灾害,而后人称他们有至高无上的德行,是因为他们善始善终,无为无欲,遇到灾害就极端忧心并勤奋处理,社会安定则不骄纵不放逸的缘故。贞观初年,连年霜灾和旱灾,京城近郊的人民全都去了关外,扶老携幼,来来往往多年,没有一户逃亡,一人有怨言,这实在是因他们意识到陛下哀怜爱护的心情,所以到死也没有产生二心。近年来,人民疲于徭役,关中人民,劳苦困顿尤其严重。各种工匠,服役期满之后都被留下了由官府雇用;正在服役的士兵,轮流执勤之外大多还另有使用。强行摊派在乡里接连不断,从事运输的劳动力在道理上绵延不绝。老百姓已经产生了困顿,就容易被惊扰,万一由于水旱灾害,粮食没有收成,恐怕老百姓的心里,不会再像以前一样安宁稳定。这是渐渐无法保持到最后的第十个表现。

我听说"福祸没有定数,是人自己招致的","人如果没有过失,灾异不会随意发生"。陛下统治天下已经十三年了,道义遍及全国,威严施与海外,年年粮食丰收,礼义教化繁荣,家家户户因堪受旌表而愉悦,人民因大豆、小米像水火一样充足而慷慨。到了今年,天灾流行。天气炎热导致干旱,波及全国各个地区;凶顽丑恶之人为非作歹,忽然在近如京城之处发生。天如何说话呢?通过垂示征兆展示告诫,这的确是陛下应当惊慌恐惧的时候,应当忧虑勤奋的日子了。如果看到告诫而恐惧,选择善言而遵从,就可以和周文王的小心谨慎一样,可以赶得上商汤责罚自己的做法。前代君王用以安定天下的方法,勤勉地实行;如今可能导致社会风气败坏的做法,思考并改正。根据事物的变化适时革新,改变人民的看法和说法,那么就能够使国家的基业永远延续,天下百姓感到万分幸运,怎么会产生祸乱和败亡呢?这样看来,社稷是安定还是危险,国家是有序还是混乱,系在一个人身上。如今太平的基业,已经达到了像天一般高;九仞的积累,就差一筐土的工作。千载难逢的好时候,时机难以再次遇到,但圣明的君主可以做而没有去做,这是我之所以忧烦纠结于心并长叹的原因。

我的确愚昧鄙陋,不通达事情的枢要,简要地陈述所见到的十条,擅自将其陈奏上去希望让圣上听到。希望陛下采纳臣下狂妄盲目的建议,参考鄙陋之人的议论,希望能够千虑一得,对帝王的职责有所补益,那么我虽死犹生,甘愿接受刑罚处置。

奏疏陈奏上去,唐太宗对魏征说:"臣子侍奉君主,顺应旨意非常容易,违逆心意特别困难。你作为我的耳目股臂,经常陈述自己的思考进献上来供采纳。我如今听到自己有过错就能够改正,希望将善德善行坚持到底。如果违背了今天这些话,还有什么颜面与你相见?又将用什么办法来治理天下?自从得到你的奏疏,反复研读思考,深深觉得言语有力道理正确,于是写在屏风上,朝夕恭敬地瞻览。接着又交给史官,希望千年之后人们能了解君臣之间的处事准则。"于是赐给魏征黄金十斤,御马两匹。

【注释】 ①岩廊:高峻的廊庑,借指朝廷。 ②横流:大水不循道而泛滥,比喻动乱、灾祸。 ③道路:路上的行人,代指众人。 ④子贡问理人于孔子:这段对话出自《孔子家语·致思》。 ⑤民惟邦本,本固邦宁:出自《尚书·五子之歌》。 ⑥兰芷:兰草与白芷,都是香草。 ⑦轻亵:轻慢。 ⑧捐金抵璧:抛弃黄金扔掉玉璧,比喻不看重财物。出自葛洪《抱朴子·安贫》:"上智不贵难得之财,故唐虞捐金而抵璧。" ⑨末作:古代指工商业,特指奢侈物品的制作和流通。 ⑩臧否:品评,褒贬。 ⑪干求:求取,谋取,多用于功名利禄等。 ⑫毕弋:毕为捕兽所用之网,弋为射鸟所用的系绳之箭,泛指打猎活动。 ⑬十旬之逸:《尚书·五子之歌》记载:"太康尸位,以逸豫灭厥德,黎民咸贰,乃盘游无度,畋于有洛之表,十旬弗反。"后以"十旬之逸"代指长时间的游乐。 ⑭教习:教练,训练。古代常以打猎作为训练军队的手段。这里指狩猎活动。 ⑮侵晨:接近天亮,拂晓。 ⑯君使臣以礼,臣事君以忠:出自《论语·八佾》。 ⑰阙庭:朝廷,代指天子。 ⑱交泰:出自《周易·泰卦》:"天地交,泰。"指天地之气融通,则万物各遂其生,故谓之泰。后"交泰"引申为君臣之意互相沟通,上下同心。 ⑲傲不可长,欲不可纵,乐不可极,志不可满:出自《礼记·曲礼上》。 ⑳遐裔:边远,边远之地。 ㉑携贰:有二心。 ㉒下日:指服役期满之日。 ㉓上番:轮流执勤。 ㉔和市:古代指官府按价向民间购买实物,至唐代以后,实际成为强行摊派、掠夺民财民物。 ㉕脱:假使,万一。 ㉖衅:过失,罪过,缺陷。 ㉗聿:语气助词。 ㉘比屋:家家户户。"比屋可封"比喻教化遍及四海,家家都有德行,堪受旌表。喻:同"愉"。 ㉙毂下:辇毂之下,指京城。 ㉚休期:美好的时期。 ㉛郁结:指忧思烦冤纠结不解。 ㉜辄:擅自,专擅。 ㉝衮职有补:出自《诗经·大雅·烝民》:"衮职有阙,维仲山甫补之。"郑玄笺曰:"衮职者,不敢斥王之言也。王之职有阙辄能补之者,仲山甫也。"衮职:指帝王的职责。 ㉞屏障:屏风。

【评解】 魏征的《十渐不克终疏》作为历史上的名篇,的确是任何时代握有一定权力者所应当认真体会的。

贞观十四年,太宗谓侍臣曰:"平定天下,朕虽有其事,守之失图①,功业亦复难保。秦始皇初亦平六国,据有四海,及末年不能善守,实可为诫。公等宜念公忘私,则荣名高位,可以克终其美。"魏征对曰:"臣闻之,战胜易,守胜难。陛下深思远虑,安不忘危,功业既彰,德教复洽,恒以此为政,宗社无由倾败矣。"

【译文】 贞观十四年(640年),唐太宗对身边侍从的大臣说:"平定天下,我虽然做到了这件事,但守天下如果失去主意,功劳业绩也难以保持下去。秦始皇刚平定六国的时候,占有了四海,等到晚年的时候不能很好地守住,的确可以作为借鉴。你们也应当记住公事忘掉私情,那么荣耀的名声高贵的地位,可以保持善始善终的完美。"魏征回答说:"我听说,战胜敌人容易,守住胜利果实困难。陛下深思远虑,安定的时候不忘记危险,功劳业绩已经彰显,德行教化又广播周边,坚持用这样的做法治理国家,国家就没有理由倾覆败亡了。"

【注释】 ①失图:失去主意。

【评解】 勤谨谦下是成功的基础,而傲慢怠惰则是失败的征兆。一个人想永远立于不败之地,就一刻也不能放松自己,不论以前取得了多大的成就。

贞观十六年,太宗问魏征曰:"观近古帝王,有传位十代者,有一代两代者,亦有身得身失者。朕所以常怀忧惧,或恐抚养生民不得其所,或恐心生骄逸,喜怒过度。然不自知,卿可为朕言之,当以为楷则。"征对曰:"嗜欲喜怒之情,贤愚皆同。贤者能节之,不使过度;愚者纵之,多至失所。陛下圣德玄远,居安思危,伏愿陛下常能自制,以保克终之美,则万代永赖。"

【译文】 贞观十六年(642年),唐太宗问魏征:"看近古时代的帝王,有传承帝位十代的,有一代两代的,也有自己取得天下自己又失去的。我之所以经常心怀忧虑恐惧,有时是害怕抚慰养育人民不能达到目的,有时是害怕会心生骄纵安逸,欢喜和愤怒超过限度。然而我自己却无法觉察出来,你可以为我说说,我将把你的话当成法则。"魏征回答说:"爱好、欲望、喜悦、愤怒等感情,贤明的人和愚钝的人都同样具有。贤明的人能够对情感进行节制,不使其超过限度;愚钝的人放纵感情,经常导致行为失当。陛下圣明的德性玄妙高远,能够居安思危,希望陛下能够始终自我节制,以保持善始善终的完美,那么万代都将永远以您为依靠。"

【评解】 只有始终克制欲望、谨慎谦恭,善始善终才有可能。